Age of Revolutions

역사는 어떻게 진보하고 왜 퇴보하는가

지은이 파리드 자카리아

예일대학교를 졸업하고 하버드대학교에서 정치학 박사 학위를 받았다. 국제 정치 전문지 《포린어페어스》의 최연소 편집장과 《뉴스위크》 편집장을 역임하며 권위 있는 미 시사 주간지 《네이션》이 '차세대 키신저'로 지목할 만큼 국제 정치에 대한 탁월한 안목으로 주목받았다. 21세기에 가장 중요한 외교 정책 자문가 가운데 한 명으로 꼽히며, 현재 CNN의 간판 국제 정세 프로그램인 〈파리드 자카리아 GPS〉를 진행하고 있다. 저서로 《팬데믹 다음 세상을 위한 텐 레슨》《하버드 학생들은 더 이상 인문학을 공부하지 않는다》《흔들리는 세계의 축》《자유의 미래》《From Wealth to Power(부에서 권력으로)》 등이 있으며, 편저로 《The American Encounter(미국과의 조우)》, 공저로 《코로나 이후의 세상》《21세기 패자는 중국인가》가 있다.

THE AGE OF REVOLUTIONS

Copyright © 2024, Fareed Zakaria
All rights reserved

Korean translation copyright © 2025 by Bookie Publishing House, Inc.
Korean language edition is published by arrangement with Fareed Zakaria c/o The Wylie Agency (UK) Ltd.

이 책의 한국어판 저작권은 Wylie Agency (UK) Ltd.를 통한 저자와의 독점 계약으로 도서출판 부키에 있습니다.
저작권법에 의해 한국 내에서 보호를 받는 저작물이므로 무단 전재 및 복제를 금합니다.

역사는 어떻게 진보하고 왜 퇴보하는가

1600년부터 오늘까지, 진보와 반동의 세계사

파리드 자카리아 지음
김종수 옮김

부·키

옮긴이 **김종수**

서울대학교 국제경제학과를 졸업하고 한국개발연구원KDI 연구원, 중앙일보 워싱턴 특파원, 경제부장, 논설위원으로 일했다. 코람코자산신탁 사장을 거쳐 현재 바람길 네트웍스 대표로 있다. 《경제는 당신이 대통령이야》와 《경제가 민주화를 만났을 때》에 공저자로 참여했고, 《중국은 어떻게 실패하는가》《숫자에 약한 사람을 위한 우아한 생존전략》《미국이 몰락하는 날》《승자독식》《기쁨 없는 경제》《팩트를 알면 두렵지 않다》 등을 번역했다.

역사는 어떻게 진보하고 왜 퇴보하는가

초판 1쇄 발행 2025년 9월 29일 | **초판 5쇄 발행** 2025년 11월 19일

지은이 파리드 자카리아 | **옮긴이** 김종수 | **발행인** 박윤우 | **편집** 김유진 박영서 박혜민 백은영 성한경 유소영 장미숙 | **홍보 마케팅** 박서연 정미진 정시원 조아현 함석영 | **디자인** 박아형 이세연 | **경영지원** 이지영 주진호 | **발행처** 부키(주) | **출판신고** 2012년 9월 27일 | **주소** 서울시 마포구 양화로 125 경남관광빌딩 7층 | **전화** 02-325-0846 | **팩스** 02-325-0841 | **이메일** webmaster@bookie.co.kr | **ISBN** 979-11-93528-86-0 03900

잘못된 책은 구입하신 서점에서 바꿔드립니다.

만든 사람들 **디자인 표지** 오필민 · **본문** 박아형 | **조판** 홍보현 | **편집** 장미숙

유대교의 불문율집《미슈나》에는
"스승의 음덕을 입기를 바란다"라는
한 현자의 말이 인용되어 있다.
내 여정에 도움을 주셨고, 감사하게도 음덕을 입은
선생님들과 스승들께 이 책을 바친다.
쿠슈완트 싱, 기릴랄 자인, 로빈 윙크스, 폴 케네디, 새뮤얼 헌팅턴,
스탠리 호프만, 로버트 케오헤인, 조지프 나이 주니어,
제임스 호지 주니어, 레슬리 겔브, 리처드 스미스, 마크 휘태커,
조너선 클라인, 리처드 플리플러, 제프 주.

이 책에 대한 찬사

오늘날의 세계를 이해하는 데 없어서는 안 될 책이다. 파리드 자카리아는 우리 시대의 핵심 질문을 다루고 있다. 우리가 겪고 있는 사회적 혼란과 그에 따른 정치적 역풍의 원인은 무엇인가? 그는 400년의 역사를 현재의 불안에 대한 깊은 이해와 연결하여 기술, 경제, 정치의 변화가 어떻게 상호 작용하는지를 보여 준다. 우리는 역사상 가장 혁명적 시대에 살고 있으며, 그로 인한 혼란이 진보, 개방된 시장, 기술을 찬양하는 사람들과 이에 저항하는 사람들 사이의 충돌로 이어졌다. 자카리아는 우리가 앞으로 나아가는 여정에 도덕적 의미를 불어넣고 자유, 개인의 권리, 민주주의의 이상에 대한 자부심을 회복해야 한다고 주장한다. 그 결과 역사에 대한 대단히 흥미로운 시각과 미래의 영감을 주는 비전을 제시한다.
- 월터 아이작슨(전기 작가, 《일론 머스크》《스티브 잡스》《레오나르도 다빈치》 저자)

강력하다. 자카리아의 책은 독자들이 이 영광스럽고 지속적인 자유주의 여정의 일부가 된 것에 영광과 감사를 느끼도록 도와줄 것이다. 그는 우리 자유주의자들이 경제적 이익만 제공할 수 있는 것이 아니라 우리 삶의 방식에 대한 정신적·시민적 근거를 제시해야 한다는 것을 잘 알고 있다.
- 데이비드 브룩스(저널리스트, 작가, 《사람을 안다는 것》《두 번째 산》 저자), 《뉴욕타임스》

이 순간의 복잡성을 이해할 수 있는 사상가는 거의 없는데 파리드 자카리아는 그것을 능숙하게 해낸다.
- 에릭 슈밋(전 구글 CEO, 《새로운 질서》 공저자), 《월스트리트저널》

눈부신 책을 쓴 저자에게 축하를 보낸다. 정말 많은 내용이 담겨 있는 책이다. 구절구절마다 사실마다 표시하며 읽었다. 이 책을 읽는 것만으로도 아이큐가 10점 올라갈 것이다.
- 니콜라스 크리스토프(《뉴욕타임스》 칼럼니스트)

자카리아는 정책 전문가와 TV 그리고 그 사이의 많은 지점을 파악하고 있다. 인도 태생의 이 학자는 미국에서 가장 잘 알려진 세계 정세 전문가라고 할 수 있다. 그러나 그의 기준에서도 이 책은 놀라울 정도로 야심 차다. … 이 책은 일반 독자와 학자 사이의 간극을 성공적으로 메우고 있다. 새로운 관점을 제공하는 쉬운 책이다. 이는 결코 만만한 일이 아니다.
- 에드워드 루스, 《파이낸셜타임스》

시스템의 부패는 고칠 수 있을까 아니면 치명적일까? 이 책에서 자카리아는 이러한 질문의 틀을 정확하게 잡아 주는 귀중한 도움을 준다. 결국 미국과 글로벌 시스템이 이 모든 허리케인급 변화의 바람에 얼마나 견고하게 버틸 수 있을까? 위태로운 것은 현대성 그 자체이다.
- 마이클 허시, 《포린폴리시》

자카리아는 우리가 발전할 수 있고 또 발전하고 있다고 믿는다. 그러나 그는 역사가 인류의 번영을 향해 끊임없이 나아가는 경향이 있다는 가정을 경계한다. 자카리아의 책은 자동 온도 조절 반응을 불러일으킨 혁명과 지속된 혁명을 구별하려는 시도를 대표한다.
- 기디언 루이스-크라우스, 《뉴요커》

자카리아는 생동감 넘치는 작가이자 훌륭한 이야기꾼이다. … 그는 너무 빨리 진행되고 너무 많은 사람을 쫓아내는 혁명에 대해 경고한다. 지난 40년 동안 세계 경제가 융성하면서 바로 그런 일이 벌어진 것 같다.
- 팀 우(컬럼비아대학교 법학 교수), 《뉴욕타임스》

차례

들어가는 말・다양한 형태의 혁명들 15

혁명이라는 말의 기원 20 | 국제 정치의 근본적 재편 26 | 변화와 그에 따른 불만 35 | 좌파와 우파의 기원 41

| 1부 |
무엇이 한 시대를 혁명적으로 만들었는가

1   최초의 자유주의 혁명, 네덜란드 ・49

　　허접한 상인 공화국, 베네치아 52 | 최초의 세계화 주역, 스페인과 포르투갈 55 | 네덜란드는 네덜란드인이 창조했다 58 | 종교개혁의 역할 64 | 세계 최초의 자유주의 혁명 66 | 해군력으로 이룬 팍스 홀랜디카 69 | 가장 위대한 보물, 금융 시스템 72 | 파괴적 혁신의 혜택 74 | 분권화된 최초의 근대적 공화국 79 | 자유주의 사상에 대한 반발과 역풍 82 | 영국에서 기사회생한 자유주의 85

2   온건했으나 진정으로 혁명적인 명예혁명, 영국 ・89

　　평등주의적인 영국의 정치 구조 90 | 근대화를 이끈 경제 구조 93 | 개혁에서 혁명으로 96 | 돌아온 절대주의 100 | 정체성 정치와 초당적 협력 105 | 몰락의 함정에 빠진 네덜란드 109 | 자본주의의 세계적 확산 112 | 낙관주의자들의 휘그 사관 116

3 분열과 혼란을 남긴 혁명, 프랑스 • 119

잘못 꼬여 버린 혁명 124 | 급진주의의 대두 129 | 비운의 자유주의자 라파예트 131 | 극단적 포퓰리스트 로베스피에르 134 | 독재자이자 황제 나폴레옹 140 | 오래된 술병에 담긴 새 포도주 143 | 자유라고 불리는 고독 148 | 군사화된 민족주의의 위험 153 | 실패로 끝난 국가 통제주의 158 | 프랑스 혁명의 폭력적 유산 161 | 화산처럼 일어난 잇따른 혁명 165 | 프랑스 혁명을 삼킨 영국의 산업 혁명 172

4 혁명의 모태이자 전 세계를 근대화한 산업 혁명 • 175

기술 혁신이 이룬 일상생활의 변화 181 | 여가의 발명 185 | 산업화로 촉발된 여성 해방 188 | 음울한 사탄의 공장 190 | 러다이트와 자유주의자 194 | 혁명을 막기 위한 개혁 200 | 배가 부르면 혁명도 없다 204 | 자유방임적 좌파, 반시장적 우파 207 | 곡물법으로 인한 정당의 분열 211 | 수정궁인가, 원형감옥인가 215 | 새로운 정치, 오래된 상처 220 | 대영 제국의 승리 223

5 미국의 산업화로 이룬 변화, 미국 혁명 • 229

미국은 어떻게 산업화되었나 233 | 미국의 극적인 변신 237 | 사회주의가 설 자리는 없었다 240 | 새로운 정체성, 새로운 정치 244 | 인류를 금 십자가에 못 박지 말라 246 | 1896년의 정치 구도 재편 249 | 마지막 진보적 공화당원 253 | 현대 미국의 탄생 256

| 2부 |
혁명적 힘과 반발이 불러온 현대의 혁명

6   불평등과 상대적 박탈감의 심화, 세계화 혁명   • 267

세계화의 본격화 271 | 거리의 한계를 극복하다 272 | 국제주의의 탄생 275 | 무역 전쟁과 무력 전쟁 277 | 세계화의 종말과 관세 281 | 재탄생한 세계화와 새로운 경제 질서 283 | 교통 기술 혁명, 제트기의 시대 288 | 경기 침체에 대한 신자유주의 개혁 290 | 초고속으로 치달은 세계화 294 | 세계화에 대한 불만의 기원 299 | 차이나 쇼크인가, 세계화 쇼크인가 303 | 충격에 대한 이해 306 | 1990년대 경제 호황의 파산 310 | 세계화에 대한 급격한 기류 변화 315

7   모두가 고독한 왕이 된 세상, 정보 혁명   • 319

〈젯슨 가족〉은 틀렸다 323 | 모든 사람을 왕으로 만든 세상 328 | 나 홀로 볼링하기 332 | '어떤 곳'인가, '아무 곳'인가 336 | 세상의 절반은 어떻게 사는가 340 | 새로운 인쇄기, 소셜 미디어 343 | 오래된 부족주의, 새로운 네트워크 347 | 로봇이 (아직은) 일자리를 빼앗지 않는 이유 353 | 생명공학의 혁명 360 | 디스토피아를 넘어서 367

8   두려움과 불안이 이끈 정체성 혁명   • 371

사회적 욕구의 단계 이론 375 | 좌파의 분열 378 | 미국의 반체제 문화 운동 381 | 유럽의 거센 세속화 물결 383 | 사회 변화와 침묵하는 다수 386 | 이름 없는 문제, 페미니즘 운동 393 | 새로운 대각성 운동 398 | 떠오르는 제3의 길

402 | 불안정한 중도 노선 405 | 유럽의 티핑 포인트 409 | 문화적 분열 411 | 미국의 정치적 부족주의 416 | 사회 불안의 상징 이민 문제 418 | 신은 죽었고 우리가 그를 죽였다 420 | 극단적 변화가 두려운 보수 422 | 문화 전쟁이 만든 기묘한 동맹 425

9 지정학적 긴장과 상호 의존성 사이, 지정학적 이중 혁명 • 429

팍스 아메리카나의 기원 437 | 주변부 국가의 부상 445 | 중국의 부상과 야망 450 | 질서를 깨뜨리려는 훼방꾼 러시아 454 | 너무 강하거나 너무 약하거나 458 | 위험에 처한 독재 정권 463 | 서구의 사상적 패권에 대한 두려움 467 | 자유롭지도, 국제적이지도, 질서정연하지도 474 | 국내외의 반자유주의적 민주주의 482

맺음말・풍요와 자유의 대가, 고독과 상실감의 시대 485

격변의 시대, 어떻게 할 것인가 495 | 자유에 대한 믿음 502

감사의 말 514 | 옮긴이 말 519

주 528 | 찾아보기 572

끊임없는 생산의 혁명과 모든 사회적 조건의 계속된 교란, 끊임없는 무질서와 동요가 부르주아 시대를 이전의 모든 시대와 구별 짓는다. 굳게 얼어붙어 고정된 모든 관계는 구태의연한 편견 및 주장과 함께 휩쓸려 나가고, 새로 형성된 모든 관계는 정착되기도 전에 고루해진다. 견고한 것은 모두 녹아내려 허공에 흩어지고, 거룩한 것은 모두 모독당하며, 인간은 마침내 어쩔 수 없이 자신의 진정한 삶의 조건과 동족과의 관계를 냉철하게 마주하게 된다.

— 카를 마르크스, 프리드리히 엥겔스, 《공산당 선언》

들어가는 말

다양한 형태의 혁명들

　　코미디언 로빈 윌리엄스Robin Williams는 자신의 스탠드업 코미디에서 종종 정치를 소재로 삼았다. 그는 사람들에게 단어의 기원을 상기시키는 것으로 시작하곤 했다. 로빈은 '정치Politics'는 다수를 뜻하는 라틴어 '폴리Poli'와 피를 빨아먹는 생물을 뜻하는 '틱tics'에서 유래했다고 설명했다.¹ 그는 항상 큰 웃음을 자아냈다. 그러나 사실 이 단어는 고대 그리스어에서 시민을 뜻하는 '폴리테스polites'에서 유래했으며, 폴리테스는 도시 또는 공동체를 뜻하는 '폴리스polis'에서 나왔다. 기원전 4세기에 쓰인 아리스토텔레스의 《정치학Politics》은 공동체를 다스리는 방법에 관한 책으로, 권력의 본질과 정치 체제의 유형, 혁명의 원인 등 오늘날 우리에게 익숙한 정치의 모든 요소를 다룬다. 정치는 수천 년 동안 크게 변하지 않은 몇 안 되는 인간 활동 가운데 하나이다. 정치의 외형은 변했지만 권력 투쟁과 권력의 행사라는 정치의 핵심적 관심사는 변하지 않았다. 기원전 64년, 로마 최고의 연설가 키케로Cicero는 집정관 선거에 출마했다. 키케로의 남동생은 선거에서 형의 승리를 위해 지침서를 쓰기로 했다. 때때로 너무 이상주의적인 형에게 필요한 실용적 교훈을 담은 글이었다. 그의 제안 중에는 '모든 사람에게 모든 것을 약속하라', '항상 가장 열정적 지지자들에게 둘러싸인 모습으로 대중 앞에 나서라', '유권자들에게 상대 후보의 섹스 스캔들을 떠올리게 하라'는 등의 내용이 들어 있었다. 2000년 넘게 지난 오늘날 정치 컨설턴트들은 이와 똑같은 조언을 제공하는 대가로 거액의 보수를 받는다.

정치는 이러한 변치 않는 특성에도 불구하고 최근 몇 세기 동안 고대나 중세에 살았던 사람들에게는 낯설었음 직한 특정한 이념적 형태를 띠게 되었다. 현대 정치는 전 세계에 걸쳐 '좌파the Left'와 '우파the Right'의 경쟁으로 특징지을 수 있었다. 브라질, 미국, 독일, 인도 등 세계 어느 곳에서든 좌파와 우파의 단순한 구분은 어떤 인물의 정치적 입장에 관해 많은 부분을 말해 주었다. 좌파는 경제 규제와 재분배를 강화하는 강력한 국가를 지향하는 입장이고, 우파는 정부 개입이 적은 자유로운 시장을 지지하는 입장이라는 것이다. 이러한 좌우 이념 구분은 오랫동안 전 세계 정치 지형을 지배했고, 선거와 공개 토론 및 정책을 규정했으며, 심지어 폭력과 혁명을 유발하기도 했다. 하지만 오늘날에는 이 같은 근본적 이념 구분이 허물어졌다.

2016년 도널드 트럼프Donald Trump와 그의 대통령 선거 출마를 생각해 보자. 트럼프는 기괴한 성격과 공공 정책에 대한 무지, 민주적 규범의 조롱 등 여러 면에서 과거와는 사뭇 다른 인물이다. 그러나 트럼프가 다른 사람들과 가장 크게 차이 나는 점은 아마도 이념적 측면일 것이다. 미국 공화당은 수십 년 동안 '레이건 공식'이라고 표현할 수 있는 일련의 이념적 노선을 지지해 왔다. 로널드 레이건Ronald Reagan은 제한된 정부, 낮은 세금, 정부 지출 삭감, 강력한 군사력, 해외 민주주의의 증진 등을 주창하여 엄청난 인기를 얻은 공화당원이었다. 그는 또한 낙태 금지 등 사회적으로 보수적인 공약을 내세우기도 했지만 종종 이러한 공약의 세부 항목을 경시했고, 일단 취임한 이후에는 보수적 공약을 상당수 무시했다. 레이건은 그를 지지하는 많은 팬에게 미국의 자유 시장, 무역 개방, 관대한 이민 정책을 찬양하고, 미국의 민주주의 모델을 전 세계에 전파하고자 했던 밝고 낙관적인 인물이었다.

트럼프는 레이건 공식의 구성 요소 대부분을 반대했다. 그는 낮은 세금과 낙태 제한 등 일부 레이건 공식과 동일한 정책을 옹호하기는 했지만 시간과 에너지의 대부분을 매우 다른 의제에 할애했다. 트럼프의 한 시간짜리 선거 유세 연설은 다음 네 줄로 요약할 수 있다. '중국이 여러분의 공장을 빼앗고 있다.' '멕시코인이 여러분의 일자리를 빼앗고 있다.' '무슬림이 여러분을 죽이려 한다.' '내가 그들을 모두 물리치고 미국을 다시 위대하게 만들겠다.' 그의 발언은 민족주의, 국수주의, 보호주의, 고립주의의 메시지였다. 트럼프는 공화당의 정통적 경제 정책의 핵심 요소 대부분과 결별했고, 사회보장과 의료보험(메디케어) 같은 재정 지원 혜택을 삭감하지 않겠다는 약속 등 수십 년 동안 유지된 공화당의 재정 보수주의를 뒤집었다. 그는 조지 부시George W. Bush의 아프가니스탄과 이라크에 대한 군사적 개입을 비판했고, 민주주의 확산을 위한 지정학적 대외 정책을 비난했다. 실제로 트럼프는 최근 기억에 남는 거의 모든 공화당 지도자를 맹비난했고, 공화당의 모든 생존 대통령과 거의 모든 생존 대권 후보가 그를 거부했다.[2] 트럼프는 레이건의 신화 앞에서는 굽실거리면서도 레이건과는 사뭇 다른 인물이었다. 그는 분노하고 비관하는 인물로, 미국이 파멸했다고 경고하면서 신화적인 과거로 돌아갈 것을 약속했다.

전통적 우익 이데올로기와 결별한 우파가 트럼프만은 아니다. 사실 그는 전 세계적 추세의 일부이다. 영국에서는 보리스 존슨Boris Johnson이 이끄는 보수당이 대규모 지출 정책을 공개적으로 수용했다. 존슨과 다른 브렉시트Brexit(영국의 유럽연합 탈퇴_옮긴이) 지지자들은 영국이 유럽연합과의 자유 무역을 폐기하면 어려움을 겪을 것이라고 주장한 보수 경제학자들의 의견을 무시했다. 헝가리의 포퓰리스트 지도자 빅토르 오르반Viktor Orbán은 대규모 정부 사업과 이민자 및 소수 민족에 대한 공격을 마구 뒤섞은 정책을 펼친다. 이탈리아의 우파 지도자 조르자 멜로니Giorgia Meloni는 소비주의와 시장 자본주의를 비난하면서 민족, 종교, 문화 등 정체성에 기반한 새로운 민족주의 운동을 추구한다. 유럽 밖에서는 인도의 나렌드라 모디Narendra Modi가 경제 성장과 개혁을 추진해 왔지만 모디와 그의 당은 무슬림, 기독교인, 여타 사회적 소수자를 희생시키는 대신 힌두 민족주의를 고취하는 의제를 열렬히 추구하고 있다. 브라질의 자이르 보우소나루Jair Bolsonaro의 우파 정당은 자신들의 정강 정책을 국제주의자와 좌파, 소수자에 의해 길을 잃었던 브라질을 과거의 기독교 중심의 국가로 되돌리는 것이라고 설명했다. 이 같은 이질적 우파 운동과 함께 기득권층을 향한 경멸 및 기존 질서를 해체하려는 열망을 공유하는 좌파 운동도 생겨났다. 미국의 버니 샌더스Bernie Sanders나 영국의 제레미 코빈Jeremy Corbyn 같은 이들은 집권에 실패했지만 칠레, 콜롬비아, 멕시코 등 보수 정당이 오랫동안 집권했던 라틴 아메리카 국가에서는 좌파 포퓰리스트가 정권을 잡았다.

국가마다 우파 포퓰리스트와 좌파 포퓰리스트가 내세우는 공약은 서로 다르지만 언론의 자유, 의회의 절차, 국가 기관의 독립성과 같은 규범과 관행을 무시하는 태도를 공유한다. 자유 민주주의는 결과가 아니라 규범에 관한 것이다. 우리는 특정 발언을 지지하기보다는 표현의 자유를 옹호한다. 특정 후보를 지지하기보다는 자유롭고 공정한 선거가 이루어지기를 원한다. 우리는 법령에 의해서가 아니라 합의와 타협을 거쳐 법을 만든다. 그러나 그런 과정에 불만을 품고 자신들만의 가치를 확신하면서 상대방을 혐오하는 나머지 그들이 생각하기에 '나쁜' 표현으로 간주되는 발언을 금지하거나, 독단적으로 정책을 수립하거나, 심지어 민주적 절차를 조작하려는 사람이 점점 늘어나고 있다. 목적이 수단을 정당화하는 셈이다. 이러한 위험한 반反자유주의적 성향은 우파에 더 널리 퍼져 있지만 좌우 모두에 그런 사례가 있다. 멕시코의 안드레스 마누엘 로페스 오브라도르Andrés Manuel López Obrador가 좌파의 전형적인 반자유주의 포퓰리스트이다.

2006년 토니 블레어Tony Blair 전 영국 총리는 21세기는 "전통적인 좌우 경계"가 사라지는 시대라고 예견했다. 대신에 이제 '개방 대 폐쇄'라는 커다란 분열이 일어나고 있다.[3] 시장, 무역, 이민, 다양성 및 개방적이고 자유로운 기술을 찬양하는 사람들이 이 분열의 한쪽에 있고, 이 모든 움직임을 의심의 눈초리로 바라보며 폐쇄, 둔화, 차단을 원하는 사람들이 다른 한쪽에 있다. 이러한 구분은 기존의 좌파와 우파의 구분과 일치하지 않는다. 혁명적 시대의 한 가지 징후는 정치가 새로운 노선을 따라 뒤섞인다는 것이다.

혁명이라는
말의 기원

나는 로마에서 가장 오래된 광장 중 하나인 캄포 데 피오리에서 스티브 배넌Steve Bannon과 함께 서 있었는데, 그때 배넌이 광장 중앙에 서 있는 동상을 가리켰다. 때는 2018년 6월이었고, 그 무렵 배넌은 이탈리아 선거에서 총득표율의 절반을 차지한 성격이 매우 다른 포퓰리즘 정당의 연합을 격려하기 위해 피렌체에 머물고 있었다. 그의 메시지는 이 두 집단이 전통적 정치 스펙트럼에서는 멀리 떨어져 있는 것처럼 보이지만 새로운 정치 지형에서는 동맹 관계에 있다는 것이었다. 두 정당은 모두 무역, 이민, 유럽연합에 대한 '폐쇄적' 정책을 수용하고, 수십 년간 이탈리아를 지배하며 자유 시장 개혁, 무역 개방, 유럽 통합, 문화적 다원주의를 지지해 온 기존의 좌파와 우파 정당에 반대했다. 배넌은 단 몇 달이지만 트럼프의 백악관 수석 전략가를 지낸 다채롭고 논란의 여지가 많으며 불안정한 인물이다. 그의 전성기는 오래전에 지나갔다. 배넌은 정책에 직접 영향을 미치거나 도덕적 나침반이 되지는 못했지만 전 세계를 휩쓸고 있는 포퓰리즘에 대한 통찰력을 지니고 있었다. 배넌은 올리브 오일부터 티셔츠까지 온갖 것을 파는 수십 명의 주변 상인을 지나치고 나서는, 후드로 얼굴을 거의 가린 채 늘어뜨린 옷을 입은 어둡고 침울한 동상의 인물을 찬양하기 시작했다. 그 동상은 서기 1600년에 바로 그 자리에서 순교한 철학자이자 수도사였던 조르다노 브루노Giordano Bruno의 기념비였다. 배넌은 브루노에 빠진 나머지 몇 년 전에는 브루노에 관한 다큐멘터리를 촬영하기도 했지만 완성하지는 못했다.

배넌이 브루노를 존경하는 이유는 그가 당시의 기성세력이었던 가톨릭교회에 공개적으로 도전한 반항적 급진주의자였기 때문이다. 브루노는 지구가 세상의 중심이 아니며 우주는 실제로 무한하다고 주장하면서 교회의 가장 중요한 교리에 반대했다. 배넌은 천체가 지구 주위를 돌지 않는다고 주장한 이탈리아의 유명 천문학자에 대해 "오늘날 우리에게 영웅인 갈릴레오Galileo도 실제로는 (자신의 주장을) 철회했다"라면서 "사실 500년 전에 자신의 주장을 철회하지 않아서 화형을 당한 것은 바로 여기 있는 브루노였다"라고 말했다. (자유로운 사상과 이단을 탄압하려고 세워진 교황청 종교재판소가 캄포 광장을 바라보는 곳에 서 있었다.)

나는 배넌에게 이탈리아의 영웅(브루노_옮긴이)과 그의 미국인 후원자(트럼프_옮긴이) 사이에는 한 가지 중요한 차이점이 있다고 지적했다. 브루노는 진보주의자였다. 그는 훗날 계몽주의의 기초가 되는 사상을 주장하며 보수주의자와 전통주의자에 맞섰다. 배넌은 브루노의 그런 측면에는 신경 쓰지 않았다. 그에게 브루노는 기존 권력 구조에 도전하는 대담한 자유 사상가였기 때문이다. 배넌은 본질적으로 가능한 한 전방위로 기성 체제를 공격하여 무너뜨리려는 혁명가이다. 그는 레닌의 혁명 전술을 흠모한다. 배넌은 혼란의 시기에는 단호한 급진주의만이 유일한 선택지라고 믿었기에 브루노에게 끌렸다고 인정했다. 배넌은 "조지 소로스가 얼마 전 이탈리아 선거에 대해 우리는 혁명적 시대에 살고 있다고 말했다"라면서, "나는 그 말을 믿으며, 우리는 근본적인 구조 조정을 목격하고 있다고 생각한다"라고 덧붙였다.

우리가 사회의 급진적이고 갑작스러우며 때로는 폭력적 변화를 설명하려고 '혁명revolution'이라는 단어를 사용하는 것은 이상하다.

이 단어가 처음 쓰인 과학 분야에서는 완전히 다른 의미로 이 말을 사용한다. 원래 '레볼루션'은 고정된 축을 중심으로 그 주위를 도는 물체의 지속적 움직임, 그리고 종종 행성과 항성의 일정한 궤도 운동을 말한다. 이는 질서와 안정성, 물체를 항상 원래 위치로 되돌리는 일정한 패턴의 움직임을 의미한다. 지구는 태양 주위를 정해진 궤도를 따라 예측 가능한 방식으로 공전한다. 레볼루션의 두 번째 의미는 첫 번째 의미 직후에 사용되기 시작해 현재 가장 일반적으로 쓰이는 것으로, '갑작스럽고 급진적이거나 완전한 변화', '근본적 변화' 또는 '전복顚覆'을 뜻한다.[4] 이는 사람들을 원래 있던 곳에서 멀리 떨어진 곳으로 이동시키는 움직임을 말한다. 프랑스 혁명은 이러한 의미로 쓰인 이 단어의 전형적 용례이다.

왜 한 단어에 거의 정반대의 두 가지 정의가 있을까? 이 영어 단어는 '되돌리다'는 뜻의 라틴어 '레볼베르revolvere'에서 유래했다. 이 단어는 '회전하다revolve'뿐 아니라 왕이나 체제에 대한 충성을 '되돌리다'라는 개념에서 발전한 '반란revolt'이라는 단어도 낳았다. 아마도 이 두 가지 의미 사이에는 묘한 친화력이 있는 것 같다. 천문학자 니콜라우스 코페르니쿠스Nicolaus Copernicus가 이 단어를 과학적 의미로 처음 사용한 가장 유명한 사례에서 알 수 있듯이, 이 단어는 처음부터 중의성重義性을 지니고 있었다. 1543년 코페르니쿠스는 이 단어를 과학적 의미로 처음 사용한 논문집 《천구天球의 회전에 관하여the Revolutions of Heavenly Spheres》를 발표했다. 코페르니쿠스는 '레볼루션'이라는 용어를 '회전'이라는 통상적 의미로 사용했으나, 그의 논문은 지구를 우주의 중심에서 주변부로 이동시켜 우주에 대한 우리의 이해를 급진적으로 재편하는 (혁명적) 이론을 제시했다. 코페르니쿠스의 이론은 천문학과 신학을 모두 근본적으로 뒤집은 방식이었기에, 그가 불을 댕긴 인식의 대전환은 '코페르니쿠스 혁명the Copernican Revolution'으로 알려졌다. 그의 이론은 레볼루션이라는 단어의 두 가지 의미에 모두 해당하는 '혁명적revolutionary' 이론이었던 셈이다.

우리 시대는 일반적으로 사용되는 의미에서 혁명적 시대이다. 어디를 둘러보아도 극적이고 급진적 변화를 볼 수 있다. 안정적이고 익숙해 보였던 국제 체제는 이제 떠오르는 중국과 실지 회복을 노리는 러시아의 도전으로 빠르게 변화하고 있다. 각 국가 내에서는 전통적인 좌우 구도를 넘어서는 새로운 움직임이 자리 잡으면서 기존의 정치 질서가 완전히 뒤집히는 것을 목격하고 있다. 경제적으로는 공산주의 붕괴 이후 자유 시장을 중심으로 형성된 합의가 무너지면서 사회와 경제가 이 미지의 바다를 어떻게 항해해야 할지에 대한 깊은 불확실성이 존재한다. 이 모든 것의 배경에는 디지털 혁명의 본격적 개화와 새롭고 파괴적 결과를 가져올 인공지능(AI)의 등장이 있다.

사실 전례가 없어 보이는 이 순간 또한 레볼루션이라는 단어의 또 다른 의미인 '되돌림 또는 회전'에 해당한다. 즉 혁명적 시대는 우리가 시작했던 곳으로 되돌아가고자 하는 복고적 욕구를 불러일으키기도 하기 때문이다. 급격한 변화 뒤에는 단순하고 질서정연하며 순수했던 과거의 황금기에 대한 동경과 반발이 뒤따른다. 이는 우리가 역사를 통해 알 수 있는 패턴이다. 화약과 대포의 시대가 열렸음에도 귀족은 기사도를 그리워했고, 러다이트Luddites는 산업화의 미래를 막으려고 기계를 부수었으며, 오늘날 정치인은 가족의 가치를 내세우며 시계를 되돌려 국가를 다시 위대하게 만들겠다고 약속한다.

현대사는 과거와 폭넓고 근본적인 단절을 여러 번 겪었다. 그 중 일부는 계몽주의와 같은 지적인 것이었고, 다른 일부는 기술적이고 경제적인 것이었다. 실제로 세계는 1차 2차 3차, 그리고 현재 4차에 이르는 수많은 산업 혁명을 거쳤다. 그 외에도 훨씬 더 많은 정치 및 사회 혁명이 있었으며, 그러한 혁명은 오늘날에도 여전히 일어나고 있다.

지난 수십 년 동안 우리는 기술적 경제적 변화가 가속화되고, 정체성에 대한 개념이 흔들리며, 지정학이 급격히 변경되는 등 격동의 세상을 지켜보았다. 냉전 체제는 형성된 지 불과 수십 년 만에 균열되기 시작해 새로운 질서에 밀려났다. 많은 사람이 이러한 변화의 속도와 본질에 대해 찬사를 보냈으나 다른 이들은 이를 비난했다. 그러나 무엇보다도 이러한 변화의 가속화가 다양한 반발과 역풍을 불러일으켰다는 점에서 우리는 이 변화가 물리적, 심리적으로 얼마나 파괴적이었는지를 이해할 필요가 있다. 우리는 이러한 변화를 제대로 이해하고 대응해야만 한다.

이 책 서두에 인용한 경구警句를 생각해 보자. "견고한 것은 모두 녹아내려 허공에 흩어지고, 거룩한 것은 모두 모독당하며, 인간은 마침내 어쩔 수 없이 자신의 진정한 삶의 조건과 동족과의 관계를 냉철하게 마주하게 된다." 이 문구는 전통 사회의 붕괴를 한탄하며 더 단순한 시대로의 회귀를 갈망하는 오늘날의 우파 지식인이 썼을 법한 말처럼 들린다. 하지만 사실 이 글은 오늘날과 유사한 혁명적 시대였던 1848년에 출판되었다. 당시는 과거의 농경 사회가 새로운 산업 사회로 빠르게 대체되고 정치, 문화, 정체성, 지정학 등이 모두 구조적 변화의 거센 바람에 휩쓸리던 시기였다. 그리고 이 문구는 보수주의자가 아니라 카를 마르크스Karl Marx와 프리드리히 엥겔스Friedrich Engels가 《공산당 선언The Communist Manifesto》에서 썼다. 마르크스는 자본주의와 기술이 불러온 엄청난 파괴적 영향과 그로 인해 야기된 많은 문제를 잘 이해했지만, 이러한 문제에 대한 그의 해결책은 언제 어디서 적용되었든 재앙적인 것으로 드러났다. 이런 선언이 오늘날에는 우파에서 나올 법하다는 것은 우리가 과거의 이념적 구분을 뒤집는 새로운 정치의 시대로 진입하고 있음을 생생하게 보여 준다.

국제 정치의 근본적 재편

이러한 국가 내 혁명은 국가 간 혁명인 국제 정치

의 근본적 재편과 동시에 일어나고 있다. 1945년 이후 75년 이상 세계는 놀랍도록 안정적이었다. 첫째, 거의 반세기 동안 냉전 시대 핵무기로 무장한 두 초강대국은 서로를 억제했다. 두 강대국의 치열한 경쟁은 한국과 베트남 같은 곳에서 유혈 충돌로 이어지기도 했지만, 3차 세계대전을 일으킬 수 있었던 가장 강력한 국가들 사이에서는 교착 상태가 지속되었다. 그러다가 1991년 소련이 붕괴하고 나서 우리는 로마 멸망 이후 역사상 매우 드물게 단 하나의 초강대국만 존재하는 시대에 접어들었다.

가장 가까운 비슷한 사례는 전성기의 대영 제국이었지만, 19세기 영국은 중요한 지정학적 무대인 유럽에서 늘 여러 강대국 가운데 위대한 강대국의 하나로 남아 있었고, 모든 강대국이 끊임없이 우위를 차지하려고 경쟁을 벌였다. 그러나 1991년 이후 미국은 세계 모든 곳에서 다른 모든 국가 위에 우뚝 솟았고, 이는 전례를 찾아볼 수 없는 일극一極 체제를 낳았다. 즉 강대국 간의 경쟁 자체가 사라지는 결과를 낳은 것이다. 역사에서는 대부분 가장 부유하고 강력한 국가들 간의 정치적 군사적 대결이 국제 관계를 규정했고, 국제 질서를 본질적으로 긴장되고 불안정하게 만들었다. 그러나 1991년 이후 갑자기 경쟁의 부재로 인한 평온이 찾아왔다. 경쟁자라고 할 만한 나라가 있을 수 없었다. 중국은 여전히 전 세계 국내총생산(GDP)의 2퍼센트도 채 되지 않는 빈곤한 개발도상국이었다. 러시아는 공산주의 붕괴의 후유증에 시달리고 있었다. 러시아의 GDP는 1990년대에 50퍼센트나 감소했고, 심지어 2차 세계대전 당시보다 더 큰 폭으로 줄어들었다. 일본이나 독일 같은 경제적 경쟁국조차 미국과는 맞설 상대가 되지 못했다. 일본은 오랜 침체기에 접어들었고, 독일은 동쪽 절반을 새로 통일된 국가에 통합하느라 정신이 팔려 있었다.

일극 체제 국면에서 미국은 자신의 이미지에 맞춰 세계를 개조하기로 결심했다. 미국은 때로는 지나치게 몸을 사리는 바람에, 때로는 지나치게 개입하는 바람에 실수를 저지르기도 했다. 그러나 두 가지 중요한 효과가 있었다. 첫째, 일극 체제는 지정학적 갈등과 군비 경쟁, 강대국 간의 전쟁이 없는 세계적인 안정의 시대를 창출했다. 둘째, 미국의 이상理想이 세계의 이상이 되었다. 미국은 전 세계가 세계화, 자유화, 민주화를 이루도록 독려했다. 시장과 사회, 정치 시스템이 모두 개방되었고, 기술은 전 세계 사람을 광범위한 개방형 플랫폼으로 연결했다. 이 모든 것이 인간의 타고난 욕망의 표현으로 자연스럽고 필연적인 것으로 보였다. 미국인은 확실히 그렇게 생각했다.

과거에 비해 정치가 덜 중요해졌다는 인식이 팽배했다. 경제가 정치를 압도했다. 1990년대에 인도의 한 고위 관리가 나에게 자신이 속한 정당이 패배하더라도 상대 정당도 투자를 유치하고 효율성을 개선하며 성장할 방법을 찾아야 한다는 점을 인식했기에 비슷한 정책을 시행할 것이라고 믿는다는 말이 기억에 남는다. 마거릿 대처Margaret Thatcher가 십여 년 전에 영국에서 자유방임 정책을 정당화하면서 "대안이 없다"고 말했듯이 말이다. 사회의 안정, 낮은 인플레이션, 글로벌 협력, 기술 발전의 시기였던 1990년대와 2000년대 초반에는 경제 자유화가 필연적이라는 생각이 구현되는 것처럼 보였다. 그러나 이는 사실이 아니었다. 실제로 이러한 변화의 움직임은 미국의 압도적 군사력과 경제력을 바탕으로 한 세계 일극 체제의 굳건한 힘에 의해 뒷받침된 것이었다. 전 세계적으로 자유 민주주의가 확산된 것도 마찬가지였다.

여기서 한 가지 언급해 둘 중요한 것이 있다. 이 책을 통틀어 내가 '리버럴liberal'이란 말을 사용할 때는 일반적으로 '좌익left wing'과 같은 뜻으로 혼용되는 현대 미국에서의 '함의connotation'를 의미하지 않는다. 그보다는 계몽주의 시대에 군주제와 종교적 권위에 반대하여 나온 이념인 '고전적 자유주의classical liberalism'를 지칭한다. 리버럴이란 말은 오늘날 우파와 좌파가 서로 선점하려고 다투는 논쟁적 용어이지만 일반적으로 개인의 권리와 자유, 종교의 자유, 개방된 무역과 시장 경제, 법치 질서 내에서의 국제 협력 등을 의미하는 것으로 받아들인다. 로널드 레이건과 빌 클린턴Bill Clinton은 이런 의미에서 모두 고전적 자유주의자였다. 다만 레이건은 경제적 자유를, 클린턴은 (자유를 행사할 수 있도록 하기 위한) 기회의 평등을 더 강조했다.

오늘날 새롭게 등장한 포퓰리스트는 좌우를 막론하고 모든 자유주의적 원칙과 제도를 공격한다. 그들은 표현의 자유와 같은 중립적 절차를 의심하며, 자신들이 혐오하는 발언은 응징해야 한다고 믿는다. 공화당 소속 마이크 존슨Mike Johnson 하원 의장은 미국 건국의 근간 중 하나인 정교 분리 원칙을 공개적으로 비판해 왔다. 극단적으로 이러한 반자유주의 포퓰리스트는 자신들이 지지하는 후보의 당선 또는 정책의 통과라는 더 높은 목표를 이루려고 선거 민주주의의 규칙마저 기꺼이 폐기할 작정이다. 실제로 마이크 존슨은 2020년 조 바이든Joe Biden의 대통령 당선을 무효화하기 위한 전략의 설계자 중 한 명이었다.

과거의 영국과 현재의 미국처럼 자유주의 패권 국가가 지배하는 국제 시스템은 자유주의 가치의 확산을 고취한다. 그러나 이러한 연관성은 역으로 작용할 수도 있다. 미국의 지배력이 약화되기 시작하면서 개방성과 자유주의는 압박을 받기 시작했다. 미국은 여전히 막강한 힘을 가지고 있지만, 일극 체제의 정점에 서 있었던 때만큼의 거인(초강대국)은 아니다.

미국의 패권에 대한 첫 번째 도전은 9.11 테러라는 최초의 거센 역풍이었다. 9.11 테러는 자유주의가 아직 자리를 잡지 못한 채 이슬람 근본주의가 계몽주의적 가치에 격렬하게 반대해 온 세계 일부 지역에서 비롯된 악랄한 공격이었다. 그러나 그로 인한 피해의 상당 부분은 (세상을 바꿀 힘이 없는 테러리스트 집단에 불과했던) 공격자가 아니라 미국의 대규모 과잉 대응에서 나왔다. 무엇보다도 미국은 아프가니스탄 점령에 이어 이라크 침공을 결정하면서 국력을 약화시켰다. 이 두 전쟁의 실패는 미국의 군사력에 대한 신화를 깨뜨렸다. 더 큰 문제는 이라크 침공으로 미국이 오랫동안 옹호해 온 '규칙에 기반한 질서rules-based order'라는 원칙을 스스로 깨트리는 모습을 보였다는 점이다. 뒤이어 2008년 글로벌 금융 위기가 발생하면서 미국의 경제력에 대한 신화가 무너지기 시작했다. 1990년대만 해도 미국 경제는 역동적이고 효율적인 금융 시스템으로 세계의 모범이 되는 것처럼 보였다. 개발도상국은 미국식 성공이 자국에서도 구현되기를 기대하며 미국식 시스템의 여러 부분을 부러워하면서 모방하곤 했다. 그러나 금융 위기가 닥치자 미국식 금융 시스템에 숨겨진 치명적 위험이 드러났고, 많은 사람이 미국식 금융 시스템은 모방할 가치가 거의 없다는 사실을 깨달았다. 중국의 최고 지도자 중 한 명인 왕치산王岐山은 금융 위기 당시 행크 폴슨Hank Paulson 재무 장관에게 "당신은 나의 스승이었지만 당신네 시스템을 둘러봐라.[5] 더 이상 당신에게서 뭘 배워야 할지 모르겠다"라고 말했다.

이 모든 일이 벌어지면서 미국의 정치적 안정에도 균열이 생겼다. 의회는 예산안 통과와 같은 가장 기본적 기능을 수행할 수 있는 능력을 상실했다. 정부 셧다운shutdown(기능 중단 또는 폐쇄) 위협은 일상이 되었다. 워싱턴의 오랜 규범과 관행은 약화되거나 심지어 완전히 무너졌다. 각종 법안에 대한 필리버스터filibuster(의회 안에서 다수파의 독주를 막으려고 합법적 수단으로 의사진행을 지연시키는 무제한 토론_옮긴이)가 일상화되었고, 한때 신속하게 통과되던 인준안 처리는 느리게 진행되어 정부 업무에 차질을 빚었다. 부채 한도 증액은 국가 채무 불이행(국가 부도)의 위험을 무릅쓴 실존적인 당파 싸움이 되었다. 정치적 양극화가 남북 전쟁 이후 볼 수 없었던 최고

조로 치달았다.⁶

이것은 양비론兩非論으로 치부할 문제가 아니다. 미국의 양대 정당 중 하나인 공화당은 자유 민주주의 규범보다는 혁명적 급진주의를 지속하는 데 더 관심이 있는 포퓰리즘에 점령당했다. 트럼프 대통령은 국내외에서 오랫동안 인정받은 전통적 정책에 의문을 제기하거나 뒤엎는 바람에 많은 동맹국으로 하여금 미국의 신뢰성을 우려하게 만들었다. 여기에다 트럼프는 미국 역사상 어떤 대통령도 감히 하지 못했던 일, 즉 선거 패배를 뒤집고 권력을 유지하려는 시도를 감행했다. 트럼프의 끈질긴 재집권 노력은 2021년 1월 6일 미 의회의사당 폭동으로 절정에 달했다. 그의 선도 아래 또 다른 전례 없는 움직임이 미국 하원에서 벌어졌다. 하원 공화당 의원 다수는 수십 건의 법원 판결이 모든 부정선거 혐의를 기각했음에도 불구하고 조 바이든의 대통령 당선인증에 반대표를 던졌다. 언덕 위의 찬란한 도시(미 의회의사당Capitol Hill을 가리킴_옮긴이)는 더 이상 빛나지 않았다.

미국이 새로운 도전국과 맞닥뜨리지 않았다면 미국의 위상 약화는 훨씬 덜했을 것이다. 지난 30년 동안 전 세계적으로 성장의 물결이 일면서 중국, 인도, 브라질, 튀르키예 같은 국가가 모두 힘과 자신감을 얻으면서 이른바 '주변국의 부상the rise of the rest'이라고 불리는 현상이 발생했다. 물론 현재까지 가장 파괴적인 두 가지 요인은 중국의 부상과 러시아의 국제무대 복귀였다. 이들은 국제 사회에 새롭고 근본적인 긴장을 불러일으켰다. 30년간의 '역사적 휴지기

holiday from history' 이후 우리는 다시 한 번 강대국 간의 경쟁과 갈등으로 형성된 세계에 살게 되었다.[7] 이러한 적대감은 무역, 여행, 기술 등 우리 모두를 하나로 묶어 줄 것 같았던 요소를 방해했고, 매일 새로운 장벽이 생겨나게 했다. 코로나 팬데믹으로 인해 나라마다 보다 자립적인 길을 모색함에 따라 보호주의와 민족주의 경향도 가속화되었다. 그리고 우크라이나 전쟁은 우리를 가장 오래된 형태의 지정학적 분쟁인 영토 분쟁의 시대로 되돌려 놓았다. 우리는 많은 사람이 2차 세계대전을 다룬 역사책이나 흑백 다큐멘터리에서나 볼 수 있다고 믿었던 전쟁의 양상을 직접 목격하게 되었다. 무자비한 폭격으로 무너지는 유럽 도시와 고향을 떠나 피난길에 나선 수백만 명의 민간인, 불타는 폐허 속으로 진입하는 탱크들 말이다. 중동에서 미국의 힘이 약해지자 지역 강대국은 그 공백을 메우려 했고, 시리아에서 예멘과 가자지구에 이르기까지 긴장이 고조되고 격렬한 지역 분쟁이 발생했다. 아시아에서는 중국이 더 큰 영향력을 추구하고, 여러 이웃 국가는 떠오르는 아시아 패권국에 맞서려고 미국의 지원을 요청하면서 고전적 세력 균형의 정치가 다시 부활했다. 협력의 언어는 민족주의, 경쟁, 갈등의 이야기로 대체되었다.

　전쟁 위험이 도사리고 있지 않은 곳에서도 새로운 분위기가 조성되고 있다. 30년 동안의 자유화, 민주화, 개방화 이후 우리는 그에 대한 거센 역풍을 목격하고 있다. 금융 위기 이후 시장 경제는 빛을 잃어 가고 있다. 오늘날 어디를 둘러봐도 정치가 경제를 압도한다. 영국은 브렉시트를 통해 정치적 의도 이외에는 달리 설명할 수 없는 이유로 최대 시장인 유럽연합과의 특혜 무역 관계를 단절하기로 결정했다. 중국의 시진핑習近平은 자국을 상위권 국가의 반열에 끌어올린 시장 중심의 접근 방식을 폐기하는 대신 국가 통제를 강화했다. 도널드 트럼프는 국경 장벽을 세우는 데는 성공하지 못했지만 1930년 허버트 후버Herbert Hoover 대통령이 스무트 홀리 관세법Smoot-Hawley Tariff Act에 서명한 이후 그 어떤 미국 대통령이 부과한 관세보다 높은 관세를 외국 상품에 부과했다. 트럼프의 후임자인 조 바이든은 자신의 지출 계획 중 많은 부분을 '미국산 구매' 조항으로 묶어 두어야 한다고 주장했다. 다른 국가도 이런 추세를 따르려고 시도했다. 전 세계적으로 각각의 국가는 성장과 효율성보다 자국의 자생적 회복력과 자급자족, 국가 안보를 우선시하고 있다. 한때 찬사와 격려를 받았던 이민은 언급하기를 꺼리는 금기어가 되었고, 나라마다 이민자를 곱지 않은 시선으로 바라보고 있다. 여성의 낙태할 권리처럼 되돌릴 수 없을 것 같았던 사회 문화적 인식의 변화도 역전되었다.

"우리는 보다 개방적인 사회에 대한 도전을 수용할 것인가, 아니면 그에 맞서 방어할 것인가?" 2006년 토니 블레어가 제기한 질문이다. 점점 더 많은 지도자가 '폐쇄적 길'을 선택했다. 다시 한 번 그들은 이번에도 달리 대안이 없다고 믿는다.

변화와
그에 따른 불만

　　　　　　무엇이 한 시대를 혁명적으로 만드는 것일까? 혁명적 시대에 예측 가능한 다른 결말이 있을까? 그리고 이 모든 것은 어떻게 끝날까? 이 책에서 내가 답하고자 하는 몇 가지 질문이다. 나는 과거 혁명의 시대를 되돌아보고 혁명의 기원과 그 여파를 이해한 다음 현 시대를 살펴봄으로써 이러한 질문에 답하려 한다.

　수 세기에 걸친 군주제에 맞서 현재 세계를 지배하는 공화주의 정부 형태를 탄생시킨 최초의 자유주의 혁명인 근대의 여명기부터 시작해 보자. 그 혁명은 16세기 말과 17세기 초에 네덜란드에서 일어났지만, 혁명의 핵심 구성 요소가 1688년 영국으로 확산되지 않았다면 세상을 바꾸지 못했을지도 모른다. 후자의 사건은 1689년 지지자 중 한 명이 '명예혁명Glorious Revolution'이라고 지칭한 것으로, 그 혁명의 결과로 의회가 우위를 차지하게 되었다. 장기적으로 이 혁명은 영국을 세계를 선도하는 산업 강국이 되는 길로 이끌었고, 그 대영 제국보다 더 오래 지속된 자유주의 이상과 관행을 널리 전파했다. 그런 다음 처참하게 실패한 프랑스 혁명과 믿기 어려울 정도로 성공한 산업 혁명을 살펴본다. 이 두 혁명은 매우 다른 방식으로 현재 우리가 살고 있는 세상을 형성했다.

　마지막으로 책 후반부에서는 이전의 많은 시대와 마찬가지로 경제, 기술, 정체성, 지정학 등 여러 영역에 걸쳐 혁명적 변화가 동시에 일어난 현 시대를 이해해 보려 한다. 오늘날의 이러한 혁명은 각각 한 장Chapter씩 할애했다. 내가 연구한 사례에는 다양한 변형이 있지만 기본 패턴은 유지된다. 먼저 기술의 엄청난 발전과 경제 활동 및 세계화의 가속화에 따른 광범위한 구조적 변화를 볼 수 있다. 이러한 단절과 변화는 또 다른 중요 변화인 정체성 변화를 촉발한다. 사람들이 새로운 기회와 도전에 직면하면서 스스로를 다르게 정의하기 시작하는 것이다. 이를 두고 오늘날의 이른바 정체성 정치identity politics의 시대를 설명하는 것 같다고 생각할 수도 있지만, 경제 부흥과 인쇄기와 같은 신기술이 국민들 사이에 새로운 정체성을 탄생시켰던 16세기 후반의 네덜란드를 생각해 보면 그렇지 않음을 알 수 있을 것이다. 당시 네덜란드인은 스스로를 개신교도이자 네덜란드인으로 여겼으며, 가장 중요하게는 그들의 가톨릭 군주였던 합스부르크 제국과는 별개의 존재로 받아들였다.

유럽과 미국이 산업화하면서 비슷한 변화가 일어났다. 상류 지주 계층의 역할이 바뀌었고, 새로운 범주의 '근로 계층working class'이 탄생했다. 보수주의자란 한때 시장, 상인, 생산자를 깊이 의심하는 지주 귀족을 의미했는데, 당시에는 자유주의자가 이들의 이익을 옹호했다. 그러나 서구에서 산업화가 혈통이 아닌 돈에 기반한 완전히 새로운 엘리트를 탄생시키면서 이러한 정체성은 곧 바뀌었다. 보수주의는 새로운 상업 엘리트를 옹호하게 되었고, 자유주의자는 근로 계층과의 연대를 지향하게 되었다. 최근 기술의 비약적 발전과 세계화가 본격화된 후기 산업 시대가 열리면서 정체성 혁명이 일어나고 있다. 문화가 무대의 중심으로 이동하고, 한때 좌익이었던 노동자가 우익으로 옮겨 가고 있다. 이러한 정체성 혁명은 때로는 긍정적 확인을 통해 자신의 출신 배경에 자부심을 심어 주기도 하고, 때로는 다른 사람에 대한 불만과 적대감을 불러일으키는 부정적 방식으로 나타나기도 한다. 어느 쪽이든 정체성 혁명은 강력하고 큰 파장을 일으킨다.

기술, 경제, 정체성이라는 이 세 가지 혁명적 힘은 거의 늘 반발과 역풍을 불러일으켜 새로운 정치를 만들어 낸다. 인간은 그토록 많은 변화를 그렇게 빨리 받아들일 수는 없다. 이전 시대부터 이어져 온 낡은 정치는 때로 이 변화 속도를 따라가지 못한다. 정치인은 자신의 견해를 수정하고 새로운 연합을 찾는 등 변화에 적응하려고 동분서주한다. 그 결과는 '개혁과 현대화' 또는 '탄압과 반란'으로 나타난다. 그리고 이 두 가지 결과가 결합된 폭발성 있는 조합으로 나타나기도 한다.

오늘날 각국에서 벌어진 내부적 변화는 지정학적 혁명도 불러일으켰다. 특히 야심 찬 중국과 공격적인 러시아를 비롯해 여러 국가가 미국 주도의 자유주의 질서에 도전하고 있다. 중국의 부상은 그들을 강대국 반열에 오르게 한 경제 및 기술 혁명에 힘입은 바가 크다. 반면에 블라디미르 푸틴Vladimir Putin의 러시아는 국가의 구조적 쇠퇴에 대응하기 위해 정체성 정치와 맹목적 애국주의를 활용했다.

오늘날 세계적으로 벌어지는 수많은 극적 변화를 감안해 보면 우리는 역사상 가장 혁명적 시대를 살고 있다. 이러한 변화가 늘 동시에 일어나는 것은 아니며, 모든 혁명이 같은 방식으로 진행되는 것도 아니다. 나는 일련의 혁명적 요소를 종종 우연의 일치라고 설명해 왔지만, 모든 경우에서 원인과 결과를 명확하게 구분하는 것은 불가능하다. 각 혁명은 다소 차이가 있다. 하지만 이 모든 변화는 상호 작용하며 서로를 강화하는 듯하다. 이런 변화는 일종의 반발과 역풍을 불러일으키는 경향이 있다. 과거의 사례를 보면 변화를 잘 관리하면 안정적이고 성공적인 결과를 가져오는 반면에, 잘못 관리하면 암울한 실패로 치닫는다는 것을 알 수 있다. 역사를 통틀어 볼 때 더 큰 집단적 번영과 더 많은 개인의 자율성 및 존엄성을 향한 실질적 진전이 있었다. 시대의 변화에 뒤처진 사람들이 필사적으로 과거에 집착하고 끈질긴 결의로 맞서 싸우는 등 강력한 반작용도 있었다. 하지만 결국에는 테니슨의 시에서 아서 왕이 원탁의 기사 중 마지막 기사인 베디비어 경Sir Bedivere에게 말했듯이, "낡은 질서는 바뀌고 새로운 질서에 자리를 내준다."[8]

나는 모든 혁명을 다 다룰 수 없고 그러지도 않을 것이다. 미국 독자는 아마도 이 책에서 미국 혁명American Revolution이 그다지 중요한 역할을 하지 않는다는 사실에 놀랄 것이다. 미국 혁명은 그 정치적 과감성에도 불구하고 사회의 더 깊숙한 구조를 즉각적으로 변화시키지는 못했다. (미국 혁명은 독립 전쟁이라고 생각하는 편이 더 낫다. 많은 식민지 주민은 처음에는 영국 정부가 '빼앗았다'고 믿었던 영국인으로서의 권리를 지키기 위해 애썼다.) 이 책에서는 세상을 바꾼 다른 많은 혁명은 거의 다루지 않는다. 공산주의자의 정권 탈취와 이슬람주의자의 봉기는 의심할 여지 없이 중대한 결과를 가져왔다. 이러한 혁명은 종종 경제 및 기술의 격변과 새로운 정체성의 형성에서 비롯되었으며, 그런 의미에서 서구의 초기 혁명과 관련 있다. 급속한 근대화가 이란을 불안정하게 만들었고, 사람들을 이슬람 근본주의로 이끌었으며, 이란 혁명을 통해 샤shah(과거 이란의 왕_옮긴이)의 축출로 끝난 과정을 생각해 보라. 일부 혁명은 내가 논의하는 혁명에서 직접적인 영향을 받아 촉발되었다. 레닌Vladimir Lenin의 러시아 혁명은 프랑스 혁명을 의식적으로 차용했고, 마오쩌둥毛澤東의 중국 혁명도 프랑스 혁명의 영향을 받았으며 그 결과 또한 참혹했다. 그러나 나는 전 세계에서 일어난 각각의 혁명을 일일이 설명하기보다는 전 세계 정치에 긴 그림자를 드리운 일종의 대서사시인 서구의 주요 혁명사에 집중하기로 했다.

여기서 하려는 이야기는 시장이 국가보다 더 잘 작동하느냐를 둘러싼 논쟁보다 더 깊고 근본적이다. 과거와 미래 사이의 밀고 당김에 관한 이야기이다. 16세기 이후 기술 및 경제의 변화는 크나큰 발전을 가져왔지만 동시에 엄청난 혼란을 초래했다. 혼란과 그 혜택의 불평등한 분배는 큰 불안을 불러일으켰다. 변화와 불안은 결국 사람들이 새로운 의미와 공동체를 찾는 정체성 혁명으로 이어진다. 그리고 이러한 모든 힘이 모여 정치 혁명을 일으킨다. 이 이야기 전반에 걸쳐 우리는 두 가지 대립되는 줄거리를 보게 될 것이다. 진보와 성장, 파괴, '급격한 진전이라는 의미의 레볼루션' 등을 뜻하는 '자유주의liberalism'와 퇴행과 제한, 향수, '과거로의 회귀라는 의미의 레볼루션' 등을 뜻하는 '반反자유주의illiberalism'가 그것이다. 레볼루션의 이러한 이중적 의미는 오늘날까지도 지속되고 있다. 도널드 트럼프는 자신을 혁명가revolutionary라고 생각한다. 그러나 그는 세상을 1950년대로 되돌리고 싶어 하는 반자유주의자이다.

나는 이러한 추세를 편견 없이 관찰하기만 하는 사람이 아니다. 나는 경제 성장, 기술 혁신, 문화적 개방성 등이 대다수 사람에게 자신의 운명을 더 잘 통제하면서 더 나은 삶을 살 수 있도록 도움을 주었다고 믿는다. 나는 여러 시대에 걸쳐 제기된 급격한 변화와 개인의 자유와 자율성의 증대에 대한 많은 우려를 존중하고 이해하지만, 상상 속의 안락한 과거로 돌아가고 싶지는 않다. 많은 사람에게 희미하게 기억되는 과거의 '황금기golden age'는 사회의 광범위한 영역이 대체로 권력과 번영에서 배제되었기에 실상은 그다지 빛나던 시기가 아니었기 때문이다. 나는 '공동체'가 사회적 순응주의, 억압, 가부장제 등과 밀접하게 연관된 인도에서 자랐다. 나는 때때로 변화의 속도를 늦출 필요가 있으며, 엘리트가 급진적이고 추상적인 진보의 개념을 대중에게 강요하지 않도록 주의해야 하고, 뒤처진 사람도 지금보다 더 많은 도움을 받을 자격이 있다고 생각한다. 사회는 분열되지 않고도 큰 혼란을 흡수할 수 있는 유기적 특성을 가졌음을 인식하는 것이 중요하다. 하지만 결국 장기적으로 볼 때 단 하나의 가능한 길은 앞으로 나아가는 것뿐이다.

우리는 지금의 혁명적 시대가 어떤 형태로 전개될지, 즉 진보와 역풍 가운데 어느 쪽이 앞으로의 몇 년을 지배하게 될지 확실하게 예견할 수는 없다. 미래는 우리가 예측할 수 있는 확정된 사실이 아니다. 미래는 앞으로 수년, 수십 년 동안 인간의 행동과 상호 작용에 따라 달라질 것이다. 역풍은 때때로 일시적인 후퇴 즉 진보의 과정에서 나타나는 한 국면처럼 보일 수 있다. 그러나 이란의 경우처럼 어떤 사회는 수십 년 동안 반동적인 정권 아래 지낼 수도 있다. 우리는 또 기후 변화와 같이 새롭고 때로는 전례 없는 도전에 직면하고 있다. 기후 변화는 그 자체로 인류에 의해 촉발된 환경적 반응이다. 이 문제를 해결하지 못한다면 다른 모든 것을 압도하는 하나의 혁명적 사건이 될 수 있으며, 이 혁명은 다른 많은 것과 함께 정치를 변화시킬 것이 분명하다. 미래는 많은 가능성에 열려 있으므로 우리가 원하는 미래를 이루는 방향으로 노력을 경주해야 한다.

좌파와 우파의 기원

개방과 폐쇄로 나뉜 새로운 정치와 문화를 다루기에 앞서 먼저 대체되고 있는 옛 질서, 즉 전통적 좌파와 우파의 분열을 알아보자. 애초에 이러한 분열은 어디에서 비롯된 것일까? 우리는 어떻게 사람들을 좌익과 우익으로 나누어 생각하게 되었을까? 이 용어는 18세기 후반 프랑스 혁명 시대에서 나왔다. 그리고 이 용어는 논란의 여지가 있지만 피에르 아드리앙 파리스Pierre-Adrien

Pâris라는 건축가의 작품이라고 할 수 있다.

파리스는 최고 수준의 재능을 가진 사람은 아니었다. 하지만 그는 일 처리에 능숙했고, 특히 중정과 정원을 추가하거나 개조하는 일을 맡는 경우가 많았다. 그는 파리 오페라극장과 엘리제궁 등의 건축 프로젝트에 참여하기도 했다. 파리스는 마침내 프랑스 왕정의 터전이었던 베르사유 궁전의 큰 방을 설계해 달라는 요청을 받았는데, 1789년 그곳에서 국왕에게 자문을 제공하는 일종의 의회 격인 삼부회三部會, Estate General가 열렸다. 당시에는 아무도 몰랐지만 프랑스 정치에서 이 시기는 프랑스 혁명이라는 세계사적 변화와 극적 사건으로 가득 차게 된다. 이러한 격변의 분위기는 좌파와 우파의 분열을 낳았다.

삼부회가 처음 열렸을 당시의 좌석 배치는 중세 이후 지속된 프랑스의 국가 권력 구조를 반영했다. 국왕 또는 국왕의 대리인이 중앙에 앉고, 국왕의 오른쪽에는 성직자가 왼쪽에는 귀족이, 국왕을 정면으로 바라보는 회의실 뒤쪽에는 일반 국민이 앉았다. 그러나 평민은 곧 중세 신분제에 기반한 삼부회(사제, 귀족, 평민)를 진정한 법 제정 권한을 가진 하나의 통합 기관인 국민의회National Assembly로 합치도록 몰아붙였다.

새로운 입법부의 역할은 사소한 재정 문제를 처리하는 것으로부터 교회의 권력과 군주제의 미래 등 훨씬 더 큰 문제를 다루는 것으로 옮겨 갔다. 토론이 더 격렬해지면서 계급과 지역에 따라 좌석을 나누던 방식은 이념적 성향이 같은 사람들끼리 뭉쳐서 자발적으로 자리를 배치하는 방식으로 바뀌었다. 1789년 8월 29일, 보수파였던 고빌 남작Baron de Gauville은 일기에서 "우리는 서로 상대방을 인식하기 시작했고, 종교와 왕에게 충성하는 사람들은 반대편 진영에서 무분별하게 내뱉는 고함, 연설, 욕설 등을 피하려고 의장석 오른쪽에 자리 잡았다"라고 기록했다.[9] 이렇게 해서 프랑스에서는 기존 질서를 지키려는 우파와 민중의 힘을 앞세우려는 좌파의 분열이 시작되었다. 프랑스 혁명의 불길 속에서 형성된 이 분열이 2세기가 지난 지금까지도 여전히 우리가 정치를 좌파와 우파로 나누어 이야기하는 이유이다.

좌파가 기세를 올리고 루이 16세가 국민과 권력을 공유하게 되면서 정부의 본거지가 베르사유에서 파리로 옮겨졌다. 루이 16세에게는 루브르라는 도심의 별궁이 있었기 때문에 이전이 쉬운 일이었다. 그러나 국민의회는 도심에 별도의 청사가 필요했고, 피에르 아드리앙 파리스가 다시 한 번 튈르리 궁전의 실내 승마장을 입법부 회의실로 개조하는 작업에 참여했다.

이 개조 작업이 큰 성공을 거둔 것 같지는 않다. 새 공간은 환기가 잘 되지 않는 길고 좁은 구조였다. 더 중요한 것은 방의 모양 때문에 이전의 타원형 배열이 직사각형 배열로 바뀌었고, 의장석 좌우로 길게 열을 지어 좌석이 배치되었다는 점이다. 이 새로운 기하학적 구조는 이전 회의실에서 이미 발생했던 이념 대립의 경향을 더욱 악화시켰다. 역사학자 티모시 태킷Timothy Tackett은 "이런 회의장 구조는 모든 사람에게 왼쪽이나 오른쪽 어느 한쪽에 앉도록 강

요했고, 이는 의회의 양극화에 한 가지 원인을 제공하는 물리적 현실이었다"라고 썼다.[10]

몇 년 후 좌우 분열은 프랑스 정치에 깊이 자리 잡았고, 모두가 협력과 합리적 정치에 해로운 것으로 여겨졌다. 그래서 의회는 왼쪽과 오른쪽을 구분하는 통로가 없는 반원형 좌석 배치로 회의실을 재구성하기로 결정했고, 일부는 가운데 앉았다. 그러나 정치적 성향에서 더 깊은 분열은 이미 시작되었다.

실제로 이러한 이념적 분열은 곧 프랑스를 넘어 전 세계로 퍼져 나갔다. 프랑스 혁명에 적대적이었던 영국에서는 프랑스 혁명과 그와 연관된 대의大義를 지지하는 집단이 산발적으로 생겨났다가 정부에 의해 강제로 해체되었다. 하지만 19세기 후반 영국 개혁가들의 요구는 프랑스인에게는 익숙한 것이었다. 예컨대 인민 헌장주의자Chartists로 불리던 집단은 보편적 남성 참정권, 의회 의원에 대한 재산 자격 제한 철폐, 비밀투표를 통한 연례 총선거 실시 등을 요구했다. 영국 하원에서는 인민 헌장주의 지지자들이 '의회 좌파parliamentary left'로 불리곤 했다. 또 이탈리아에서도 자유주의자들이 '좌파la sinistra'라는 기치 아래 선거와 군주 권력의 제한, 개인의 권리라는 주제를 내세운 주장을 펼쳤다. 독일에서는 국가 권력에 대한 존중이 강하고 개인의 권리에 대한 관심이 덜하다는 점에서 좌파적 논의가 뒤늦게 나왔고 그 내용도 약간 달랐다. 그러나 독일에도 민주주의자인 '좌파'가 존재했다.

프랑스 혁명이 일어난 지 수십 년 후인 1848년, 유럽 대부분에서는 옛 질서를 파괴하고 보다 민주적인 새 질서를 도입하려는 운동이 격렬하게 일어났다. 이 운동은 흔히 좌파 또는 좌익 급진주의자로 묘사되는 사람들이 주도했다. 단기적으로 1848년에 각국에서 벌어진 혁명은 실패했다. 하지만 이후 몇 년 동안 이들 혁명가의 아이디어 중 많은 부분이 여러 나라에서 조용히 채택되었다. 당연히 이러한 좌파의 압력은 좌익이 일으키는 혼란에 반대하고 기존 질서를 지키려고 헌신하는 보수 운동인 우파의 대응을 불러일으켰다. 자유주의자가 러시아나 오스트리아 헝가리의 확고한 군주제를 비난한 것과 똑같이, 보수주의자는 종종 군주제를 이상적인 것으로 형상화했다. 자유주의자와 군주제 옹호론자 사이의 분열은 국제 정치에도 그대로 반영되었다. 정치적 변화를 억압하려는 공통 열망으로 연합한 절대 군주들은 한데 뭉쳐서 민주적 봉기를 진압하고 자유의 투사를 물리쳤다. 따라서 좌파 대 우파의 논쟁은 낡은 전제주의 군주제 질서가 변화를 요구하는 새로운 민주 세력에 맞서는 포괄적 논쟁으로 발전했다. 20세기에 들어서면서 이 분열은 경제를 중심으로 재해석되었다. 세계대전과 냉전을 거치면서 이 분열은 계속되었다. 그러나 이제 종전의 좌우 분열은 그 수명을 다했고, 오늘날 우리는 새로운 분열을 목격하고 있다.

프랑스 혁명은 구질서와 새로운 질서 사이의 격렬한 투쟁이었지만 사실 프랑스 자체가 근대 정치의 발상지는 아니었다. 프랑스 혁명의 실패는 이를 명백히 보여 준다. 혁명 기간에 제정된 최초의 헌법은 곧 이의가 제기되고 다른 헌법에 자리를 내주었다. 그 최초의 헌법 문서가 인준된 이래 프랑스는 15개의 헌법을 더 채택했고, 3개의 군주제와 2개의 제국, 5개의 공화정, 사회주의 공동체, 준파시스트 정권 등에 의해 통치되어 왔다.

근대 정치의 성공적 확립은 덜 격렬한 혁명을 통해 다른 곳에서 시작되었다. 그곳에서는 이후 입헌 정부가 잘 작동했고 경제가 번성했다. 그곳은 미래의 강대국에게 길을 열어 준 유럽 북부의 물에 잠긴 작은 나라였다.

1부

무엇이
한 시대를
혁명적으로 만들었는가

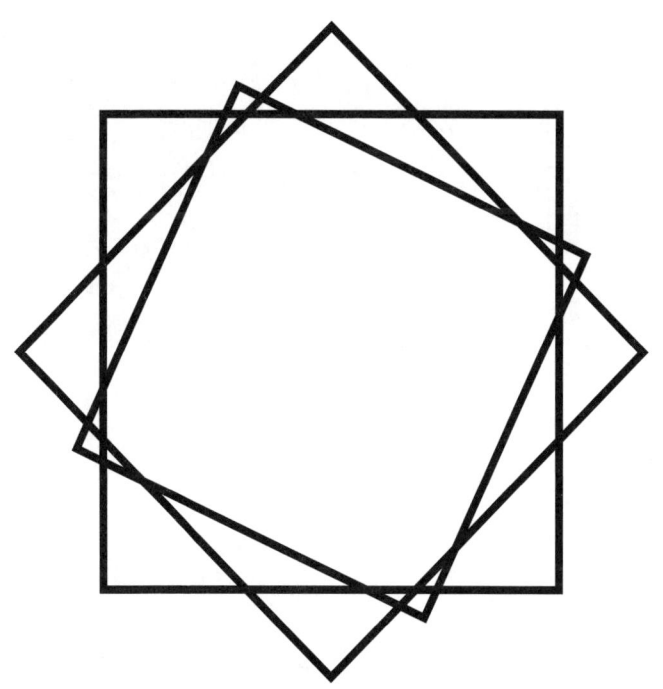

1

최초의 자유주의 혁명, 네덜란드

몇 년 전만 해도 그리스인, 유대인, 스코틀랜드인이 어떻게 세상을 '구원'하거나 '발명'했는지를 둘러싼 책이 붐을 이루었다.[1] 그런 맥락에서라면 네덜란드는 근대 정치와 경제를 발명했다고 주장할 수도 있을 것이다. 17세기에 소규모 네덜란드 지방 연합United Provinces of the Netherlands은 유럽 대륙에서 가장 높은 1인당 국민소득을 자랑하는 가장 부유한 국가가 되었다. 1588년 네덜란드 공화국the Dutch Republic(또는 연방이라고 알려짐)이 수립되면서 네덜란드는 약 200년간 지속된 성공적인 사회, 경제, 정치 질서를 만들어 냈고, 이를 통해 세계 최고 수준의 국가 반열에 올랐다. 네덜란드는 황금기에 세계에서 가장 재능 있는 예술가들을 배출했다. 렘

브란트Rembrandt와 베르메르Vermeer를 비롯한 화가는 세계 최초의 상인 사회 이미지, 즉 제조업자와 무역업자들의 초상화를 선보였다. 네덜란드 예술가는 당시 가정의 내부를 묘사하면서 아무리 소박한 가정일지라도 벽에 풍경화와 초상화가 걸린 모습을 보여 주었다. 그림 속 그림을 통해 엘리트 계층뿐 아니라 중산층과 노동 계층 역시 미술품을 일상적으로 접할 수 있었음을 드러낸 것이다. 정치적으로 네덜란드 체제는 당시 다른 유럽 국가의 표준이었던 절대 군주제를 거부하고 공화주의적 대의제 형태를 수용한 점에서 특출했다. 사이먼 샤마Simon Schama나 조나단 이스라엘Jonathan Israel 같은 학자가 지적했듯이 개인의 권리를 존중하고, 시장과 무역을 포용하며, 종교적 소수자를 관용한 네덜란드는 서구에서 고전적 자유주의가 가장 먼저 번성했던 국가였다.[2]

네덜란드는 또 근대 세계에서 국력을 정의하는 새로운 기준을 정립했다. 즉 지배적인 국가는 인구가 가장 많거나 군대가 가장 강한 나라가 아니라 경제가 가장 번영하고 혁신 기술을 가진 국가라는 것이다. 위대한 경제 사학자 앵거스 매디슨Angus Madison은 기술과 노동 생산성 면에서 세계의 선두 주자라는 기준에서 볼 때 "지난 4세기 동안 세계를 선도한 국가는 단 세 나라뿐이었다"라고 주장했다. 1890년경부터 그 선두 국가는 미국이었으며, 19세기 대부분의 기간은 영국이었다. 그리고 그 이전에는 "네덜란드가 최고의 주인공이었다"라고 매디슨은 주장했다.[3] 네덜란드는 황금기를 보낸 지 거의 5세기가 지난 오늘날에도 지구상에서 가장 높은 평균 소득을 자랑하는 국가 중 하나이며, (부, 기대수명, 교육 등 삶의 질을 측정하는) 유엔 인간개발지수에서 꾸준히 상위 10위권에 오른다. 인구가 1700만 명에 불과한 작은 나라치고는 나쁘지 않은 성과이다.

1566년, 네덜란드의 몇몇 공국이 스페인의 합스부르크 왕가에 반기를 들었을 때만 해도 이 반란이 세계사에 미칠 영향을 예견한 사람은 거의 없었을 뿐 아니라, 춥고 홍수가 잦은 해안을 따라 형성된 소읍小邑의 집합체인 작고 습한 네덜란드가 근대 국민 국가를 이룰 것이라고는 상상조차 못 했다. 그렇다면 왜 프랑스, 스페인, 오스만투르크 같은 위대한 육상 제국이 아닌 네덜란드였을까? 그 답은 당시 유럽을 휩쓸고 있던 세 가지 큰 변화의 물결에서 찾을 수 있다. 그 세 가지 변화는 더 이상 변방이 아니게 된 서방 세계가 대항해 시대the Age of Exploration를 열면서 새롭게 시작된 '세계화globalization', 끊임없는 전쟁과 경제적 팽창 정책에 자극받은 기술과 금융의 '혁신innovation', 개신교 종교개혁Protestant Reformation으로 촉발된 급진적 '정체성 혁명identity revolution' 등이다.

기존의 많은 제국은 이러한 구조적 변화를 두려워하고 저항했다. 그러나 네덜란드 공화국은 지리적, 정치적, 문화적 요인 덕분에 16세기 유럽에서 이 세 가지 혁명을 모두 활용한 유일한 국가였다. 그럼으로써 네덜란드는 유럽은 물론이고 세계에서 가장 번영한 국가가 되었다. 오늘날 세계화, 기술 혁신, 정체성 혁명의 거대한 변화를 겪고 있는 우리에게 네덜란드 이야기는 많은 것을 시사한다. 네덜란드의 부상과 황금기 그리고 몰락에 관한 이야기는 무역, 개방성, 자유로운 사고의 힘이 얼마나 중요한지를 보여 준다. 이와 함께 네덜란드의 사례는 경제 성장과 이념 변화로 인해 많은 사람이 뒤처지게 될 경우 발생하는 심각한 위험 또한 드러낸다.

허접한 상인 공화국, 베네치아

네덜란드 공화국에 앞서 중요한 선구자 역할을 한 나라가 있었다. 네덜란드와 똑같이 규모가 작고 저지대에 자리 잡았으며 기업가 정신이 강했지만, 결국은 근대 세계의 모델이 되는 데에는 실패한 국가였다. 바로 베네치아이다. 15세기까지 베네치아와 이탈리아의 다른 르네상스 공화국은 그들이 이룬 부富와 과학적 성취로 다른 유럽 국가의 부러움을 샀다. 가장 오래되고 강력한 도시 국가였던 베네치아는 상인들이 중동을 거쳐 아시아에서 직물, 향신료, 기타 이국적 상품을 수입하며 경제와 정치의 주도권을 쥐고 있었다. 기술적으로 진보한 베네치아 해군은 동지중해를 장악하고 크로아티아에서 그리스와 키프로스에 이르는 항구와 영토로 이루어진 제국을 건설했다. 베네치아인은 강력했을 뿐 아니라 창의적이었다. 그들은 복잡한 상거래를 추적하려고 복식부기라는 회계법을 완성했다. 베네치아인은 도시 국가의 지도자가 사망하면 자동으로 왕좌를 후계자에게 물려주는 대신 선거를 통해 권력을 이양하는 방식을 제도화하여 정치적으로도 혁신을 이루었다. 왕과 황제가 지배하는 유럽에서 베네치아는 독보적 존재였다. 베네치아는 훨씬 더 큰 경쟁국들이 군림하는 세계에서 독자적 주권을 주장하며, 스스로를 '가장 평온한 공화국'이라는 인상적인 최상급 표현으로 지칭했다.

그러나 근대 국가를 수립하려는 베네치아인의 노력은 결국 실패로 돌아갔다. 시간이 지나면서 그들의 정치 제도는 경직되었다. 베네치아의 최고 통치자인 총독의 권력은 점차 약화되었고, 귀족 파벌이 이 도시 국가를 지배했다. 이 과두 정치가들은 위험을 무릅쓴 모험과 공적을 통해 성장해 귀족의 지위를 얻은 야심 찬 상인의 후손이었다. 그러나 이 부유한 엘리트들은 다음 사람들이 올라올 사다리를 치워 버렸다. 그들은 신참자에게는 귀족 지위를 부여하기를 거부했고 정치권력을 독점했다. 베네치아 대공의회Great Council는 1297년 세라타Serrata 또는 폐쇄 조치Lockout로 알려진 법을 시작으로 스스로를 선거직이 아닌 세습직이라고 선언했다. 새로운 피의 유입이 차단된 이 허접한 상인 공화국은 자기들만의 부패한 귀족 체제로 변했다. 권력 브로커의 이러한 오만한 태도는 이탈리아 본토와 지중해 주변에 있는 다른 베네치아 영토로까지 확대되었다. 당시 베네치아 공화국에 속한 주민의 90퍼센트 이상이 베네치아가 소유권을 가진 영토의 집합체인 '광역 베네치아 제국the broader Venetian Empire'에 거주하고 있었다.[4] 이 영토 집합체는 베네치아 본토에 거주하는 10퍼센트의 엘리트 시민에게 봉사하려고 세금으로 걷은 돈과 원자재를 대주는 수탈 기업의 역할을 했다. 베네치아 공화국은 중심부와 주변부 사이에 적대적 관계가 형성된 기생적 중앙 집권 체제로 전락했다.

베네치아의 혁신성도 전체 사회가 폐쇄적으로 변하면서 약화되었다. 베네치아의 전성기에 기술적, 미학적 경이로움 가운데 하나는 다른 어떤 지역의 유리 제품보다 더 정교한 것으로 여겨지던 무라노섬Murano의 유리 제품이었다.[5] 그러나 베네치아는 유리 산업에서 선두를 유지하려고 모든 유리 제조업자를 무라노에 강제 수용하고, 공화국을 떠나려는 유리 제조업자를 투옥하거나 심지어 유리 제조의 비법을 외국인에게 유출한 사람을 처형하는 강압적 전략을 썼다. (더 말할 필요도 없이 이러한 조치는 새로운 발명을 장려하지 못했다.) 군사적으로도 베네치아는 이탈리아 내의 경쟁국은 물론이고 프랑스, 합스부르크 왕가, 떠오르는 오스만 제국 등 사방에서 위협에 직면했다. 베네치아 해군이 베네치아 본토의 도시는 방어할 수 있었지만, 더 넓은 광역 베네치아 제국은 육로 공격에 취약했다. 베네치아가 유럽 대륙과 지리적으로 인접했다는 사실은 지성적 측면에서도 단점으로 작용했다. 베네치아는 유럽의 지적 정통성인 로마 가톨릭교회의 경직되고 위계적 경향에 얽매여 있었다. 이 도시 국가는 종교재판소의 이단 사냥꾼과 반종교개혁의 검열로부터 스스로를 보호할 수 없었다. 베네치아의 유대인은 고통을 겪었고 일체의 반론과 이론異論이 사라져 버렸다.

무엇보다도 베네치아는 스스로 성공의 희생자가 되었다. 베네치아의 동방 무역에 대한 독점적 지위는 서유럽 열강이 대서양을 거쳐 아시아로 향하는 대체 경로를 찾도록 자극했다. 이들 열강은 아시아 상품을 간절히 원했지만, 중국으로부터 길게 이어진 공급망에서 발생하는 독점적 가격 인상에 불만을 품었다. 이 때문에 그들은 베네치아를 포함한 모든 중개인을 없애고 싶어 했다. 서유럽 열강은 대서양을 따라 내려가 아프리카를 돌아가는 항로를 개척함으로써 중개인을 배제하는 데 성공했고, 이는 서유럽의 부상과 한때 자랑스러웠던 베네치아 공화국의 쇠퇴를 예고했다.

최초의 세계화 주역, 스페인과 포르투갈

이 변화를 주도한 국가는 유럽의 남서쪽 대서양 연안에 위치한 또 다른 작은 국가였다. 바로 포르투갈이다. 포르투갈은 인근 북아프리카에 무역로를 개척하려는 야망을 품고 있었고, 1415년 포르투갈 국왕인 주앙 1세João I는 모로코의 도시 세우타를 정복했다. 주앙 1세는 아들 엔히크Henrique 왕자를 이 도시의 통치자로 임명했고, 야심 찬 왕자는 곧 인근 섬과 서아프리카 해안으로의 탐험을 후원하여 '항해왕 엔히크Henrique'라는 별명을 얻는다. 포르투갈은 주변 섬을 식민지로 삼고 아프리카 서부 해안에 여러 교역소를 세워 대규모 농장 제도plantation system와 대서양 노예 무역의 토대를 마련했다. 포르투갈의 선원은 계속해서 남쪽으로 더 멀리 나아갔다. 1488년 바르톨로뮤 디아스Bartolomeu Dias는 아프리카 남부 해안의 희망봉을 돌았다. 그로부터 10년 후에 바스쿠 다 가마Vasco da Gama는 이 항로를 따라 인도까지 항해함으로써 동양으로 향하는 새로운 길을 열었다.

1492년, 또 한 명의 탐험가가 대담한 항해로 세계를 뒤흔들었다. 크리스토퍼 콜럼버스Christopher Columbus는 베네치아의 라이벌이었던 제노바에서 태어났지만 젊은 시절 포르투갈로 이주하여 당대 최고의 선원들 사이에서 훈련받았다. 그는 1480년대 수년간 대서양 주변을 상선을 타고 항해한 끝에 포르투갈 왕실에 대담한 계획 한 가지를 제시했다. 대서양을 건너 서쪽으로 항해하여 동양으로 가자는 것이었다. 포르투갈이 이 제안을 묵살하자 콜럼버스는 이 계획을 들고 포르투갈의 이웃이자 숙적인 스페인으로 갔고, 스페인은 그의 탐험에 자금을 지원하는 데 동의했다. 물론 콜럼버스는 아시아에 도달하지 못했다. 하지만 그의 도박은 유럽이 아메리카 대륙에서 국가적으로 후원하는 탐험과 개발 활동에 나서는 계기가 되었다.

콜럼버스의 탐험은 또한 두 해양 왕국 간의 경쟁을 촉발시켰다. 1494년, 스페인과 포르투갈은 토르데시야스 조약Treaty of Tordesillas을 통해 새로 발견한 영토를 분할하기로 한다는 합의에 이르렀다. (이 합의는 나중에 교황에 의해 인준되었다.) 조약은 합의한 자오선의 서쪽 영토는 스페인에, 동쪽 영토는 포르투갈에 권리를 부여한다는 내용이었다. 이 협상에서 스페인이 더 나은 결과를 얻었다. 미개척

영토의 대부분이 이 선의 서쪽에 있는 것으로 드러났고, 스페인은 엄청난 기세로 이 지역의 원주민을 정복해 아메리카 대륙에서 막대한 부를 얻어 냈다. 포르투갈은 아메리카 대륙에서는 브라질을 차지하는 데 그쳤으나 그들은 아시아에 상업적으로 진출하는 데 더 집중했다. 포르투갈은 때로는 평화적으로 때로는 정복을 통해 인도, 인도네시아, 중국, 일본에 이르는 광범위한 무역 거점 네트워크를 구축했다. 스페인 역시 필리핀을 정복해 마닐라를 주요 교역 거점으로 삼아 극동 지역 무역에 참여했다.

바야흐로 세계화 시대가 시작되었다. 물론 실크로드가 오랫동안 여행자와 상거래로부터 멀리 떨어진 아시아 지역을 연결하는 통로 역할을 해왔다. 하지만 이제 처음으로 세계의 주요 경제권이 모두 선원과 상인의 전 세계적 네트워크로 상호 연결되었다.

이 첫 번째 세계화 혁명은 그 후에 나타난 세계화 혁명과 마찬가지로 기술 혁명과 밀접하게 연관되어 있었다. 스페인과 포르투갈의 정복자들은 원주민보다 훨씬 뛰어난 해군 및 군사 기술을 자랑했다. 예를 들어 이들은 3~4개의 돛대에 500톤 이상의 적재 용량을 가진 대형 무장 상선과 함께 쉽게 조종할 수 있는 소형 범선을 발명했다. 스페인과 포르투갈은 이런 선박 제조 기술을 정확한 천문 항법과 결합하여 장거리 항해를 가능하게 했다. 중국은 수 세기 전에 이미 첨단 해군 기술을 개발했지만, 1500년대 초에 이르러 이들 원양 항해용 함대를 모두 파괴하고 내륙 국가로 돌아섰다. 원양에서 유럽인이 타의 추종을 불허하는 우위를 점하게 된 것이다.

스페인과 포르투갈은 점점 더 멀리 항해하면서 새로운 무기를 도입했다. 16세기에는 서유럽의 많은 지역에서 (역사가들이 말하는) 군사 기술 혁신이 일어나고 있었다.[6] 유럽은 산이 많고 숲이 우거져 분열이 촉진되었다. 여러 공국에게 정복보다는 방어가 더 쉬워진 결과 거의 끊임없는 분쟁이 일어났다. 그 때문에 유럽은 지구상에서 가장 위대한 전쟁 기술의 혁신가가 되었다. 유럽 대륙의 육군은 더 정확한 석궁, 더 치명적인 대포, 더 강력한 요새, 더 전술적인 병력 배치 등 화력과 전술 면에서 극적인 발전을 이루었다. 한편 해군은 함선에 대포를 창의적으로 장착하여 효율적인 전쟁 수행 기계로 탈바꿈시킴으로써 해상 전투 방식을 혁신했다. 선박 자체도 더 크고 정교해졌다. 그 결과 유럽인들이 더 넓은 세계로 진출하자 그들의 군사력은 원주민 집단보다 훨씬 더 강력하고 치명적이었다. (물론 이는 서반구 원주민 인구의 최대 90퍼센트를 전멸시킨 유럽 병원균의 치명적 영향에 비하면 아무것도 아니다.[7] 서양의 공세에도 불구하고 이를 견뎌 냈을 만큼 강력한 육상 국가였던 중국과 오스만 제국과 비교해도 유럽인은 군사적으로 모든 면에서 앞섰다.

네덜란드는 네덜란드인이 창조했다

　　16세기만 해도 네덜란드를 차세대 대제국이나 미

래의 모델로 보는 사람은 거의 없었을 것이다. 그들의 분권화된 정치 체제는 구시대적이고 심지어 후진적인 것으로 여겨졌기 때문이다. 당시 모든 곳에서 자리 잡아가고 있던 근대적 정부 형태는 절대군주제였다. 중세는 지역의 부족장이 서로 권력을 차지하려고 경쟁하고, 군주는 근거가 빈약한 통치권을 얻으려고 그들과 동맹을 맺어야 하는 혼탁한 권위의 시대였다. 그러나 중세가 쇠퇴하면서 이러한 지역 영주의 권위는 약화되었고 왕이 점점 더 많은 권력을 장악했다. 16세기에 이르러 유럽의 군주는 재정적 군사적 우위를 확보하여 권력을 중앙 집권화했으며, 가톨릭교회의 영향력에 도전하면서 계속 성장하는 수도에서 대규모 왕국을 통치했다. 프랑스의 루이 14세와 스페인의 펠리페 2세와 같이 근대화를 이끈 위대한 통치자들이 지배하는 시대가 시작된 것이다. 여러 권력의 중심부가 경쟁하던 어수선한 중세 세계는 수도를 중심으로 세금 징수와 전쟁 등 당시의 핵심적인 두 가지 주요 과제를 더 잘 수행할 수 있는 효율적이고 잘 조직된 국가 체제에 밀려나고 있었다.

네덜란드는 달랐다. 네덜란드에서 한 명의 통치자나 국가 원수를 찾아보려 했다면 헛수고였을 것이다. 권력은 선출된 군주, 소란스러운 의회, 상인 협회, 길드 등으로 이루어진 소도시와 지방 정부의 집합체에 있었다. 네덜란드에서는 작은 도시와 공동체가 각각 자신들의 영역 내에서 권력을 행사했다. 사람들은 어떤 일이든지 해내려면 함께 협력해야 했다. 권한은 분산되어 있었다.

이 지역은 왜 중앙 집중화의 대세에 저항했을까? 아마도 지리적 특성 때문이었을 것이다. 유럽의 다른 지역에서는 광활하고 비옥한 땅을 일종의 족장이 다스렸고, 족장은 이 농지에서 일하는 농노들을 통치했다. 역사학자 마르크 블로흐Marc Bloch가 설명했듯이, 봉건적 조직으로 알려진 '장원manorial' 제도는 중세 사회의 모든 측면에 적용되었다. 족장은 경제적, 정치적, 사회적으로 자신의 농노를 지배했다. 그러나 시간이 지나면서 장원의 영주는 차례로 왕에게 굴복해야 했다.

유럽에서 봉건제의 종말과 근대화의 승리를 다룬 이야기는 부분적으로 귀족 계층의 약화와 강력한 군주의 등장에 관한 이야기이기도 하다. 이 왕족은 오래된 봉건 영지를 해체하고 엘리트에게 이전에 공공 공유지로 보유했던 토지의 재산권을 부여함으로써 자신의 권력을 공고히 했다. 바로 엔클로저encloser라고 알려진 과정이다. 이 토지 소유권 획정 운동은 그로 인해 많은 사람이 피해를 입었지만, 당시 가장 중요한 경제적 자산이었던 토지를 거래 가능한 상업적 자산으로 전환함으로써 시장 경제의 기초를 마련하는 중요한 평준화 효과를 가져왔다.

반면에 네덜란드에서는 토지가 농노에 의해 경작되는 소수 귀족의 소유물이 아니었다. 우선 토지가 거의 없었다. 현재 네덜란드를 구성하는 국토 대부분은 유럽 대륙에서 흘러온 여러 강이 하구에 토사를 퇴적해 반도와 섬을 만들었던 빙하기에 형성되었다. 인간은 그곳에 겨우 정착할 수는 있었지만 처음에는 습지 토양 때문에 농사를 짓기 어려웠다. 해수가 범람하거나 안정적으로 담수를 확보하기 어려운 땅에 살았던 초기 정착민은 늘 물이 너무 많거나, 너무 적은 문제에 부딪혔다. 생존을 위해서는 상시적인 물 관리가 필수적이었다. 처음에 거주민들은 인공 언덕인 '터프terps'를 만들어 홍수가 날 때마다 주민 전체가 그곳으로 피신했다.[8] 11세기 무렵에는 해수의 유입을 통제하려고 제방을 쌓았다. 그리고 중세 후반에는 토사와 주변의 다른 자재를 쌓아 토지를 매립하고 영토를 확장하는 등 자연이 미완성으로 남겨 둔 일을 스스로 하기 시작했다. 그래서 "신은 지구를 창조했지만 네덜란드인은 네덜란드를 창조했다"라는 문구가 네덜란드 건국의 모토가 되었다.

물을 관리하고 영토를 개간하는 과정은 네덜란드 혁명 이전에도 토지가 백작이나 공작의 재산이 아니라, 그보다는 바다로부터 토

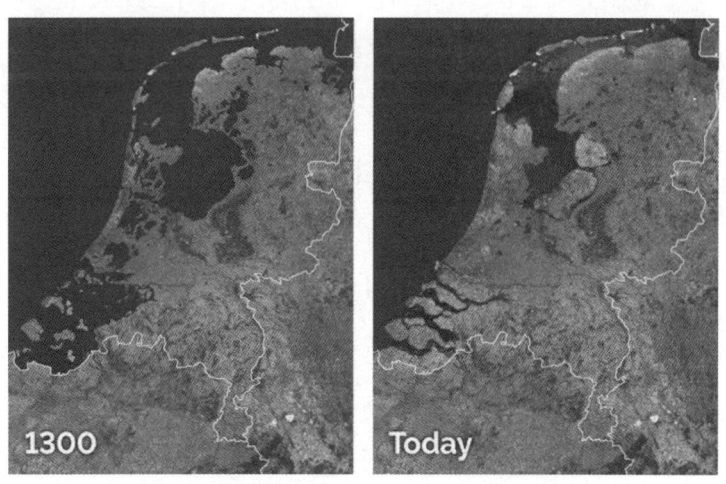

1300년부터 현재까지 네덜란드의 육지 면적을 보여 주는 지도.

1 최초의 자유주의 혁명, 네덜란드 · 61

지를 지키려고 노력한 사람들에게 속했다는 것을 의미했다. 17세기의 위대한 자유주의 철학자 존 로크John Locke는 인류가 자신의 노동과 토지를 결합하여 사유 재산을 창출한다는 견해를 확립한 것으로 유명하다. 이 같은 로크의 이론은 네덜란드에서 가장 잘 구현되었다.

결국 네덜란드에서는 장원제가 완벽히 발전한 적이 없었다. 대신에 역사학자 얀 드 브리스Jan de Vries의 말을 빌리자면, 네덜란드에는 "자유로운 농민과 구획된 농지, 토지의 사적 통제"가 존재했다.⁹ 유럽의 이웃 국가들이 중앙의 수도가 지배하는 광활한 농경지를 특징으로 하는 데 비해, 네덜란드는 소도시들의 집합체였다. 유럽 대부분이 농촌이었던 시대에 네덜란드인은 도시민이었던 것이다. 다른 나라에서 토지는 농민이 경작했으나 소유권은 왕과 귀족, 교회에 있었다. 네덜란드의 도시는 광범위하고 다양한 산업을 자랑했다. 1514년 네덜란드에서는 근로 인구의 4분의 1 미만이 농업에 종사했고 절반 이상은 무역, 운송, 제조업에 몸담았다.¹⁰

네덜란드 모델과 전형적인 유럽 경제 사이의 차이는 건축에서도 확인할 수 있다. 18세기까지 네덜란드 공화국은 군주제였던 이웃 나라 프랑스보다 더 부유했다. 암스테르담의 1인당 소득은 파리의 4배에 달했다.¹¹ 하지만 주변의 수천 에이커에 달하는 광활한 영지를 다스리던 보르비콩트Vaux-le-Vicomte 같은 대저택에 해당하는 건축물은 네덜란드에 거의 없다. 대신 암스테르담의 붐비는 운하를 따라 빽빽이 들어선 우아한 외관의 타운하우스들을 볼 수 있다. 네덜란드의 부는 소읍과 도시의 상인에게 돌아갔다. 네덜란드판 베르사유라고 할 수 있는 헤트 루Het Loo는 프랑스 궁전의 사치스럽고 화려한 장식이 거의 없는 소박한 사냥용 별장일 뿐이다.

네덜란드인이 국토를 건설하고 유지하려면 정교한 제방과 수문에서부터 풍차로 구동되는 양수기에 이르기까지 여러 가지 놀라운 신기술을 발명할 수밖에 없었다. 그러나 곳곳에 흩어져 있는 도시들 간 협력을 촉진하고 세수를 늘리려면 정치적으로도 혁신을 이루어야 했다. 이를 위해 네덜란드는 물 관리 또는 배수 위원회(헴라드샤펜heemraadschappen)를 설치하고 소비세와 같은 보편적 세금을 부과했다. 이 모든 것은 권력이 공유되고 대중이 자신들의 통치 방식에 이해관계를 가졌음을 의미했다. 정부는 시민 집단을 결속시켜 공동으로 의사결정을 하고, 그 결과로 발생하는 비용과 혜택 또한 집단적으로 공유하는 방식으로 작동했다.

이는 정부 운영과 정책 결정에 관한 한 당시 유럽이나 다른 어느 곳에서도 볼 수 없었던 독특한 정치 형태였다. 이 같은 네덜란드의 정치는 중앙 집권제에 도전하고 전 유럽을 뒤흔들게 될 변화의 움직임을 싹틔우는 비옥한 토양이 되었다. 그 변화의 움직임이 바로 유럽 대륙을 근대 세계로 이끌게 될 '정체성 혁명identity revolution'이다.

종교개혁의 역할

"모든 사람이 두 가지 일은 반드시 스스로 해야 한다. 즉 신앙과 죽음은 자신만이 행할 수밖에 없다." 서른세 살의 아우구스티누스회 사제 마르틴 루터Martin Luther에게서 비롯된 이 신조는 그가 유럽에서 가장 강력한 기관인 가톨릭교회에 대한 공격을 시작한 계기가 되었다. 1517년 루터가 비텐베르크에 있는 모든 성도교회의 문에 내붙였다고 전해지는 95개조 논제(반박문)를 통해, 그는 개신교 종교개혁Protestant Reformation으로 알려진 일련의 신학 논쟁과 교회의 위계질서에 대항한 종교 전쟁을 촉발시켰다. 루터의 직접적인 불만은 가톨릭의 부패와 악명 높은 '면죄부'(죄인의 영혼이 새치기로 천국에 갈 수 있도록 해 주는 뇌물)의 발행에 관한 것이었지만, 그의 가톨릭교회를 향한 도전은 더 광범위하게 종교에 대한 비판적 사고의 진전을 자극했고, 이러한 사상의 변화는 루터 사후에도 그 흐름이 계속되었다. 루터는 가톨릭교회의 하향식 권위를 약화시킴으로써 개인의 사유를 위한 문을 열었다.

루터의 혁명을 가능하게 한 것은 인쇄기였다. 이 발명품은 문자 정보의 형태를 수도원에서 수작업으로 꼼꼼하게 베낀 중세 성경처럼 엘리트층을 대상으로 한 희귀 문서에서 대중 독자를 위한 저렴한 책과 팸플릿으로 변화시켰다. 종교개혁은 사상을 전파하는 데 있어 이 새로운 기술이 중간 매개자를 없애는, 즉 중개인을 배제시키고 정보를 직접 접하도록 하는 힘을 가졌음을 보여 주었다. 더 이상 멀리 떨어진 주교가 글을 읽을 줄 모르고 순종적 대중을 상대로 라틴어 성경을 해석하지 않게 되었다. 대신 루터는 신자 개개인이 선악을 판단할 수 있도록 독일어 번역본을 직접 제작했다. '모든 신자가 사제'라는 새로운 지적 분위기 속에서 어느 한 사람의 생각이 지혜를 독점할 수는 없었다. 루터조차 예외는 아니었다. 루터 자신도 곧 루터주의를 훨씬 뛰어넘는 신념을 가진 여러 동료 개혁가와 불화를 겪었다.

개신교의 폭발적 확산은 이성, 개인주의, 과학의 부상이라는 더 거대하고 고조되는 변화의 일부를 형성했다. 종교개혁이 다른 분야의 진보를 유발한 것일까? 그 당시에는 다양한 요인이 작용했지만 종교개혁은 분명 그런 변화를 일으키는 데 영향을 주었다. 사회학자 막스 베버Max Weber는 훗날 북유럽의 성공을 '프로테스탄트 근로 윤리'의 공으로 돌리기도 했다. 이 주장은 논란의 여지가 있지만 분명한 것은 16세기에 이르러 중세의 교리와 미신이 비판적 사고, 인문학적 탐구, 경험적 실증에 밀려나기 시작했다는 사실이다. 이러한 지성적 추세는 유럽 전역에 광범위한 정치적 영향을 미쳤고, 유럽 대륙을 종교를 둘러싼 길고 피비린내 나는 분쟁에 빠뜨렸다.

세계 최초의
자유주의 혁명

북유럽에서 개인주의적 신앙을 추구하는 경향이 강해지면서 네덜란드인은 스스로의 해방을 꿈꾸게 되었다. 16세기 초에 이미 네덜란드 거주민은 멀리 떨어진 스페인의 합스부르크 왕가가 부과한 세금 인상에 불만을 품고 있었다. 그러나 그들의 불만이 한계에 이른 것은 재물이 아니라 종교 문제였다. 네덜란드는 독립적 사유를 하는 사람과 종교적 반대자의 피난처였기 때문에 개신교 종교개혁이 네덜란드 전역으로 빠르게 확산되었고, 인구의 상당수가 프랑스 신학자 장 칼뱅John Cavin의 이름을 딴 개신교의 한 분파인 칼뱅주의Calvinism로 개종했다. 독실한 가톨릭 신자였던 합스부르크 왕가가 이 이단 세력을 탄압하려 들자, 1566년 네덜란드 귀족들이 모여 합스부르크 총독에게 박해에 항의하는 탄원서를 제출했다. 그해 말, 저지대 국가the Low Countries(유럽 북해 연안의 네덜란드, 벨기에, 룩셈부르크 등으로 이루어진 지역_옮긴이)의 칼뱅주의 폭도는 자신들이 우상 숭배로 여기는 가톨릭 상징물의 존속에 반대하며 봉기했다. 그들은 스테인드글라스를 부수고 성인 조각상을 허물었으며 종교화를 훼손했다. 안트베르펜(앤트워프Antwerp)에서는 열성적 칼뱅주의자들이 이 도시에서 가장 유명한 가톨릭교회 중 하나인 성모교회를 습격하여 무참하게 약탈했다. 이 광경을 본 한 목격자는 "지옥 같았다"라고 썼다.[12] 충격을 받은 한 가톨릭 연대기 기록자는 "폭도들이 성찬 빵을 짓밟고, 그것이 마치 그리스도의 몸이 아닌 것처럼 그 위에 악취 나는 오줌을 쌌다"라고 전했다.[13] 현재의 벨기에와 네덜란드에 해당하는 지역 전체에 확산된 이 성상 파괴 운동은 '성상에 대한 공격'을 뜻하는 '빌덴스토름Beeldenstorm'으로 알려졌다. (오늘날 우상 파괴자iconoclast는 대중적 신념이나 인습을 비유적으로 공격하는 사람을 지칭한다.) 역설적이게도 이 돌발적 폭력 사태는 세계 최초의 자유주의 혁명을 일으킨 봉기의 일부가 되었다.

합스부르크 왕 펠리페 2세는 카스티야에 있는 제국의 수도에서 이 지역의 통치자를 해임하고 새로운 총독을 임명했지만 불안은 더욱 깊어졌다. 1566년과 1567년에 걸쳐 충돌이 확산되자 합스부르크 왕실은 제국의 통치와 교회 교리를 강제로 집행하려고 군대를 파견했다. 이 부대의 사령관이었던 알바 공작the Duke of Alba은 이단이나 반란 혐의를 받는 사람들을 재판하는 악명 높은 재판소인 분란 공의회Council of Troubles를 설립하여 학살의 수위를 한층 높였다. 안트베르펜 시장이 고문을 당하고 참수되는 등 지역 지도자들도 처벌을 피할 수 없었다. 분노한 네덜란드인이 '피의 법정Bloedraad'이라고 불렀던 이 재판소에서 1000건이 넘는 사형 선고가 내려졌다.

남부 네덜란드는 이러한 압력에 굴복했다. 항상 가톨릭에 더 충실했던 이 지역은 스페인 제국 안에 남았다. (그리고 결국 현대의 벨기에가 되었다.) 그러나 북부에서는 합스부르크 왕가의 잔인한 탄압이 실패로 돌아갔다. 이 지역 주민은 자치권과 칼뱅주의 신앙을 지키기 위해 격렬하게 싸웠다. 1579년과 1580년에 걸쳐 이들은 위트레흐트 연합the Union of Utrecht에 서명하여 네덜란드 지방 연합을 결성했다. 이들의 독립 투쟁이 오래 끌면서 '80년 전쟁Eighty Years' War'으로 역사에 기록되었고, 결국 네덜란드가 승리를 거두었다. 이 연합의 창설은 네덜란드가 사실상 스페인 왕실로부터 독립한 순간을 의미한다.

위트레흐트 연합이 만든 새로운 정치 질서는 근대의 두 가지 큰 흐름을 예고했다. 첫째, 중앙 집권보다 지방 분권을 강조하여 지방 당국에 상당한 권한을 남겨 두고 중앙 정부에는 일부 기능만 이양했다. 권력 구조에 관한 이러한 발상은 오늘날 유럽연합의 핵심 토대가 되었으며, '보완성subsidiarity'의 원칙과 함께 각국 정부는 가능한 한 많은 권한을 보유했다. (미국 건국자들이 확립한 분권형 연방주의 시스템에서도 위트레흐트 연합의 영향을 찾아볼 수 있다.) 둘째, 위트레흐트 연합은 종교와 종교적 사상의 자유를 공식적으로 확립하면서 로마가 수 세기에 걸쳐 시행했던 이념적 독점 체제로부터의 단절을 분명히 했다.

세계화에 힘입어 스페인은 유럽에서 가장 강력한 국가로 부상했다. 그러나 네덜란드는 스페인 지배의 멍에를 벗어던지는 데 성공했고, 곧 과거의 지배국을 능가하는 나라가 되었다. 세계화의 초기 선구자였던 스페인은 근대 초기에 들어서면서 가장 성공한 국가가 아닌 것이 드러났다. 이는 중요한 교훈이다. 즉 규모와 힘으로 새로운 시대를 맞이하는 나라는 종종 시대를 주도하지 못하는 데 비해, 새로운 시대에 가장 잘 적응하는 국가는 번영한다는 사실이다. 스페인의 모델은 하향식 통치와 강력한 억압을 기반으로 했고, 무역보다는 영토 확장과 부의 착취에 더 중점을 두었다. 네덜란드 혁명의 승리는 낡은 힘의 논리가 경제적 기술적 정교함에 자리를 내어 준 시대의 도래를 알렸다. 이러한 후자의 특성은 권력이 절대왕정의 궁정을 넘어 일반 시민에게로 분산된 사회에서 더욱 융성했다.[14]

해군력으로 이룬 팍스 홀랜디카

유명한 네덜란드의 풍차는 이 나라의 여러 혁신이 어떻게 서로를 기반으로 지속적 경제 성장을 이룰 수 있었는지를 잘 보여 준다. 풍차는 곡물을 도정하거나 물을 퍼내 경작지를 조성하는 데 사용되다가, 다음에는 제재소를 비롯한 모든 종류의 산업 공정에 동력을 공급하기 시작했다. 풍차로 돌아가는 제재소는 다시 네덜란드가 우수한 선박을 생산할 수 있도록 목재를 공급했다.[15] 네덜란드에서는 더 나은 선박과 함께 자기 나침반의 정교화 등을 포함한 지도 제작과 항해술도 발전시켰다. 이러한 이점 덕분에 팍스 홀랜디카Pax Hollandica(홀랜드가 주도한 해상 평화maritime peace. 홀랜드Holland는 네덜란드 위트레흐트 연합을 주도하는 지방이었고 종종 전체 연합을 대표하는 약칭으로 불렸다)가 태어났다. 네덜란드 무역상과 상인은 이를 이용해 더 많은 부와 영향력을 창출했다.

지리적 여건은 초기 네덜란드가 창의력을 발휘하는 원동력이 되었다. 당시의 지정학적 상황이 네덜란드에 새로운 혁신의 물결을 일으킨 것이다. 네덜란드는 스페인과 전쟁을 벌이면서 과거에 늘 사용하던 스페인과 포르투갈의 항구 네트워크에 접근하지 못하게 되었다. 네덜란드는 익숙한 시장에서 배척당했고 새로운 시장을 찾아야만 했다. 따라서 네덜란드는 북아메리카의 뉴 암스테르담New Amsterdam에서 남아프리카의 케이프타운Cape Town과 인도네시아 군도의 바타비아Batavia에 이르기까지 완전히 새로운 무역 네트워크를 구축했다.

네덜란드인이 사용할 수 있었던 가장 중요한 수단은 당시 전 세계의 부러움을 샀던 상업용 선박이었다. 이 나라의 대표적 선박 플라이트fluyt는 적은 수의 선원으로도 운항할 수 있는 넓은 선체의 화물선으로, 경이로운 선박이 아닐 수 없었다. 플라이트의 화물 적재 능력은 선원 1인당 최대 12톤으로, 기껏해야 선원 1인당 5톤을 실을 수 있는 영국의 최대 선박을 쉽게 능가했다.[16] 그 결과 네덜란드는 경쟁국의 절반에 불과한 비용으로 매우 효율적인 운송의 이점을 누릴 수 있었다.[17] 약 400년 후 표준화된 해운 컨테이너선과 마찬가지로 플라이트는 전 세계 무역에 큰 활력을 불어넣었다.

플라이트의 성공 비결은 순전히 기술적 측면만이 아니었다. 이 선박은 전투용 장비가 없었기 때문에 무역에 매우 효과적으로 기능했다. 플라이트는 속도를 내려고 만들어지지 않았고, 결정적으로 필요한 선원이 적었으며, 군사 장비가 거의 없었다. 당시 대부분의 플라이트에는 대포가 전혀 탑재되지 않았다. 이들 선박만으로는 완전히 무방비 상태였다는 뜻이다. 하지만 이런 선박이 단독으로 항해에 나선 것은 아니었다. 이들은 네덜란드 해군의 보호를 받았다. 네덜란드는 무시무시한 대규모 함대를 보유하고 있었다. 네덜란드 함대의 목적은 해외로 진출해 외국 영토를 정복하는 것이 아니라, (물론 일부 정복도 했지만) 주로 '팍스 홀랜디카'를 시행하여 네덜란드 상인이 안전하게 바다를 이용할 수 있도록 하는 것이었다. 이는 국가의 보호 아래 자유 무역이 번성할 수 있도록 한 많은 관민public-private 파트너십 중 가장 눈에 띄는 사례였다.

그리하여 자유 무역이 번성했다. 1590년대부터 1740년대까지 이 작은 공화국은 전 세계 해운을 지배했고 그와 함께 상품, 돈, 아이디어의 교류도 좌우했다. 네덜란드는 전성기에 총적재량이 56만 8000톤에 이르는 상선 선단을 보유했는데, 이는 한 역사가의 계산에 따르면 "프랑스, 영국, 스코틀랜드, 신성 로마 제국, 스페인, 포르투갈을 합친 선단의 적재량보다 더 많은 양이었다."[18] 네덜란드인은 유럽을 넘어 전 세계에서 가장 뛰어난 기술 혁신가로 인정받았다. 17세기 후반 러시아를 현대화하고자 했던 표트르 대제는 선박 건조부터 시계 제작, 가로등에 이르기까지 모든 분야에서 최신 기술을 찾아 나섰다. 그는 이 모든 것을 암스테르담에서 발견했다. 기술에 집착하던 표트르 대제는 1697년 암스테르담을 방문했을 때, 암스테르담의 조선소에서 선박 목수 견습생으로 잠시 일하기도 했다.[19]

가장 위대한 보물,
금융 시스템

　네덜란드인은 자신들의 기술적 이점을 금융 혁신으로 보완했다. 네덜란드의 주요 천연자원 중 하나는 풍요로운 바다의 산물 특히 청어였다. 어떤 사람은 이 강렬한 풍미의 생선을 질색할 수도 있지만 이 냄새 나는 해산물은 네덜란드가 지배하는 크고 새로운 유형의 경제 활동의 기초를 형성했다. 전통적 어업 투자 방식은 조업에 나서는 배 한 척마다 자금을 대는 형태였다. 하지만 많은 어선이 수익을 내기도 전에 침몰하는 경우가 많았기 때문에 이러한 투자는 위험했다. 그 결과 네덜란드인은 자본을 모아 여러 원정 항해나 선박에 투자함으로써 위험을 분산시켰다. 정부는 분쟁 조정을 위한 법적 틀을 제공해서 이러한 투자에 도움을 주었지만, 가장 중요한 정부의 역할은 경쟁 선박(주로 영국 선박)이 방해하지 못하도록 네덜란드 어민에 대한 해군의 보호를 확대하는 것이었다. 네덜란드에서 정부는 스스로를 자신들과 국가를 부유하게 만들 수 있는 상인 활동의 파트너로 여겼다. 이것이 바로 네덜란드가 우리가 알고 있는 이윤 추구형 사업 모델을 발명한 계기였다.

　국제 무역이 증가하면서 도자기부터 직물과 향신료에 이르기까지 과거에는 유럽인 대부분이 접근할 수 없는 영역이었던 많은 제품이 유통되기 시작했다. 무역 덕분에 서민도 설탕, 담배, 커피와 같은 기호품을 안정적으로 공급받는 데 익숙해졌고, 돈이 더 많은 사람은 상아, 백단향, 비단 등의 고가품에 탐닉했다. 한편 네덜란드 경제는 다른 방식으로도 민주화되었다. 가장 중요한 변화는 암스테르담 증권거래소를 통한 경제 민주화였다. 증권거래소에서는 부유한 투자자와의 인맥 없이도 누구나 공개 시장에서 자금을 조달할 수 있게 되었다.

증권거래소는 1602년 여러 소규모 회사의 합병으로 설립된 네덜란드 동인도회사Dutch East India Company에서 시작되었다. 이 회사는 역사상 최초로 공개 시장에서 사고팔 수 있는 주식을 대중에게 판매한 것으로 알려졌다. 공개 시장을 통한 주식 매각은 이 회사가 자본을 조달하는 데 도움이 되었다. 또한 동인도회사는 네덜란드 정부로부터 부여받은 동방 무역에 대한 독점권과 함께 원격지의 영토를 정복하고 그곳에서 세금을 부과할 수 있는 공식 권한도 누렸다. 이 회사는 40척의 전함, 150척의 무역선, 1만 명의 병사, 2만 명의 선원, 5만 명에 가까운 민간 직원을 보유한 최초의 다국적 기업이자 세계 최대의 상업적 기업이었다.[20] 회사 수입도 어마어마했다. 역사학자 블래닝T. C. W. Blanning은 네덜란드 동인도회사에 "세계에서 가장 부유한 기업"이라는 별명을 붙였다.[21]

1609년에 설립된 암스테르담은행은 상인이 통화를 교환하고, 예금을 하며, 신용(대출, 보증 등)을 얻고, 한 계좌에서 다른 계좌로 돈을 이체해 채무를 정산할 수 있도록 하는 등 모든 무역 거래가 원활하게 이루어지도록 뒷받침했다. 암스테르담은행은 암스테르담시의 주도로 설립되어 정부 지원을 받았지만 독립적이고 자율적 기관으로 기능했다. 이 은행은 엄밀히 말해 중앙은행은 아니었지만 금융 시스템의 안정을 유지하는 역할을 했다. 1660년대 암스테르담을 방문한 영국의 정치가 윌리엄 템플William Temple은 이 은행을 "실재하든 가상이든 세계 어디에도 없는 가장 위대한 보물"이라고 불렀다.²² 경제학자 애덤 스미스Adam Smith도 이 은행에 매료되어 《국부론The Wealth of Nations》에서 그 작동 원리를 자세히 설명했다. 네덜란드는 성城이나 대포가 아니라 은행과 상인 덕분에 명성을 얻었다는 말이 있을 정도였다. 여러 제국이 약탈로 막대한 국고를 쌓은 데 비해 이 작은 공화국은 독창성과 노력으로 가치를 창출하는 데 탁월했다.

파괴적 혁신의 혜택

네덜란드는 특히 협력적 정부 형태를 갖춘 국제 무역의 중심지로, 오랫동안 다름을 관용하는 것으로 명성을 떨쳤다. 유럽 전역에서 자신의 고국으로부터 반역자나 이단으로 낙인찍힌 사람들이 네덜란드에서 피난처를 찾았다. 예컨대 1492년 스페인에서 유대인이 추방되었을 때 그들 중 상당수가 네덜란드에 정착했다. 그러나 네덜란드가 진정한 의미의 개방적 사상의 자유 시장이 된 것은 가톨릭교회와 결별한 네덜란드 혁명 이후부터였다. 종교 재판관과 검열관을 향한 혐오감이 일반적이었던 네덜란드에서는 다른 곳에서라면 억압받았을 다양한 철학 분파가 번성할 수 있었다. 반종교개혁으로 알려진 탄압과 검열의 어두운 장막이 가톨릭이 지배하는 유럽 전역에 드리워지자, 개신교 사회는 가톨릭 사회보다 훨씬 더 많은 과학자를 배출하기 시작했다.²³

특히 암스테르담은 박해를 피해 유럽 전역에서 온 개신교 신자의 안식처였다. 암스테르담은 심지어 네덜란드의 다른 지역에서 온 신교도의 피난처이기도 했다. 1576년 스페인군이 당시 무역의 중심지였던 안트베르펜을 잔인하게 약탈했을 때 추방된 수만 명의 신교도가 암스테르담에서 안전한 피난처를 찾았다. 안트베르펜과 그 밖의 지역에서 네덜란드 전 군주의 가혹한 탄압은 대규모 두뇌 유출을 유발했고, 이는 관용적인 네덜란드인에게는 유익한 결과를 낳았다. 1580년부터 1630년까지 암스테르담 상인 공동체의 3분의 1이 개신교 난민이거나 난민의 자녀들이었다.²⁴ 이 이민자들 대부분은 무일푼으로 도착했지만 부족한 자금은 인내와 노력으로 보충했다.²⁵

철학자 스피노자Baruch Spinoza만큼 다름을 관용하고 재능을 존중하는 네덜란드의 성향을 잘 보여 주는 인물은 없다. 종교재판을 피해 도망친 포르투갈 유대인 난민의 자녀인 스피노자는 암스테르담에서 태어나 낮에는 광학 렌즈 연마사로 일하며 네덜란드의 주요 과학자를 위해 현미경과 망원경을 제작했다. 그러나 그는 여가 시간에 종교적 교조를 신랄하게 비판하고 개인의 자유를 찬양하는 글을 쓴 것으로 훨씬 더 큰 명성을 얻었다. 계몽주의의 가장 초창기 급진적 인물 중 한 명인 스피노자는 종교에 회의적이라는 이유로 암스테르담의 유대인 공동체로부터 파문당했지만, 암스테르담에서 계속 살며 저술 활동을 하는 데는 아무런 문제가 없었다. 계몽주의 거장이었던 그의 동료 데카르트René Descartes 역시 고국 프랑스의 억압적 분위기에서 지내기보다는 네덜란드 공화국에서 평생을 살았을 만큼 네덜란드는 자유로웠다. 이러한 지식인들 덕분에 암스테르담은 역사학자 러셀 쇼토Russell Shorto가 이 주제로 쓴 자신의 책에 부제로 붙인 것처럼 '세계에서 가장 자유로운 도시'라는 명성을 얻으며 자유 사상가들의 안식처로 자리 잡았다.

사실 혁신과 기업가 정신의 중심지로서 도시라는 개념 자체가 네덜란드에서 비롯되었을 개연성이 크다. 네덜란드는 유럽에서 인구 밀도가 가장 높은 나라였다.[26] 네덜란드는 당시로서는 매우 높은 수준의 도시화를 이루었으며, 1622년에는 인구의 최대 56퍼센트가 중소 도시와 도회지에 거주했다.[27] (반면에 한 세기가 지난 후 프랑스의 경우 그 수치는 8퍼센트에 불과했다.)[28] 암스테르담은 무엇보다 무역과 투자로 이룬 상업적 부를 바탕으로, 증권거래소뿐 아니라 운하용 선박을 이용한 대중교통과 비교적 깨끗한 상수도, 범죄를 억제하기 위한 세계 최초의 공공 가로등 시스템 등을 완비해서 최초의 근대적 도시로 변모했다.[29]

네덜란드에서는 처음으로 부유하고 교육받은 사람들이 도시 생활을 바람직하다고 생각했다. 5세기에 서로마 제국이 멸망한 이후 유럽의 엘리트는 대개 시골의 영지로 피신하거나 군주의 궁정에 모여들었다. 도시는 비좁고 질병이 만연했으며 노동자로 가득 찼다. 교육을 받은 성직자는 무지한 대중으로부터 멀리 떨어진 곳에 은둔했다. 물론 왕국에도 수도가 있었지만 그 자체로 경제의 중심지라기보다는 궁전이나 기타 왕실의 허영심을 채우기 위한 전시장이었던 경우가 더 많았다. 하지만 네덜란드에는 군주의 후원 없이도 서로 경쟁하는 도시화된 중심지들의 네트워크가 있었다.

이제 네덜란드의 상인, 은행가, 변호사, 공예가, 장인, 엔지니어 등 전문직 종사자가 도시에 밀집하게 되었다. 그럼으로써 이들은 근접성의 네트워크 효과로 실질적 이득을 누렸다. 더 좋은 망원경을 찾고 있던 상인은 스피노자와 같은 렌즈 연마 전문가를 쉽게 만날 수 있었다. 프랑스에서 추방된 작가는 데카르트의 지식인 서클 주변에서 같은 생각을 가진 반체제 인사들을 만날 수 있었고, 선동적 문건을 열성적으로 인쇄하려는 많은 언론사도 접할 수 있었다. 시장은 그 어느 때보다 더 큰 규모로 운영되어 중산층이 더 저렴하고 손쉽게 상품을 구매할 수 있었고, 세수가 증가하면서 네덜란드 정부는 도시를 더 쾌적하고 살기 좋은 곳으로 만드는 사회 기반 시설에 투자할 수 있게 되었다.

이 시대의 네덜란드인에게 이윤 추구는 엄청나게 부유한 사업가들만의 전유물이 아니었다. 1620년 암스테르담 노동 인구의 8분의 1은 상업화된 치즈 생산에 뛰어든 신생 낙농가부터 인도네시아 향신료 무역에 투자한 부유한 해운업자에 이르기까지 다양한 형태의 기업가로 구성되었다.[30] 이러한 비즈니스 친화적 문화는 당시 유럽에서 거의 유일했다. 역사학자 카렐 다비즈Karel Davids는 유럽의 다른 지역과 달리 "네덜란드 공화국에서는 이윤 추구가 불법적이거나 부도덕한 행위로 간주되지 않는 것이 일반적이었다"라고 강조했다.[31]

오늘날 우리는 네덜란드의 황금기를 특징짓는 호객 문화, 유행을 타는 소비, 호황과 불황의 투기적 변동 등을 잘 알고 있다. 단순한 꽃 수집과 거래로 시작된 것이 본격적인 투기 열풍으로 번진 1630년대의 악명 높은 튤립 버블 사태에서 볼 수 있듯이, 당시 네덜란드에서는 비이성적 과열 현상이 많았다. '튤립 광풍'이 절정에 달했을 때는 튤립 구근 하나가 네덜란드인의 평균 연봉보다 높은 가격에 팔리기도 했다. 하지만 이러한 과잉 소비는 근대 소비주의가 태동하는 과정의 피할 수 없는 대가였다. 역사학자 얀 드 브리스의 용어를 빌리자면, 네덜란드의 번영은 "근면 혁명industrious revolution"을 부추긴 (그리고 그로 인해 촉진된) 대중적 소비 혁명에 의해 이루어졌다. 평균적인 네덜란드 소비자의 삶은 적어도 튤립 투자가 추락하지 않았을 때까지는 그 어느 때보다 풍요로웠다. 국제 무역과 시장 확대, 부당한 아프리카 노예 노동 덕분에 설탕과 담배 같은 상품을 일반 네덜란드인도 일상적으로 살 수 있게 되었다. 그에 따라 노동자는 조금 더 많이 벌기 위해 조금 더 열심히 일하려는 동기가 생겼다.

분권화된 최초의
근대적 공화국

　　　　　　네덜란드인은 부유하고 혁신적이었을 뿐 아니라 그들의 정치 체제 또한 매우 대담했다. 대부분의 인류 역사에서 정치는 본질적으로 통치자(왕이나 여왕, 황제, 사제, 족장 등)를 중심으로 한 궁정 정치였으며, 그에 대한 영향력을 차지하려고 경쟁하는 측근과 친척의 권모술수로 이루어졌다. 가장 중요한 것은 통치자와의 유대 관계와 통치자를 대신해 군사력을 동원할 수 있는 능력이었다. 지역의 지주와 영주는 충성심, 군대, 돈을 제공하는 동맹 관계였다.

　　물론 예외도 있었다. 고대 로마의 정부는 공화정으로 시작했지만 로마가 약소국에서 강력한 제국으로 전환되면서 군주제로 변모했고, 그 후 천 년 동안 공화정은 단지 소규모 도시 국가들에서만 시행되었을 뿐이다. 계몽주의 시대 후반까지만 해도 많은 정치 철학자는 대의 기관은 지역 단위에서만 운영될 수 있다고 믿었고, 심지어 급진적 민주주의자인 장 자크 루소Jean-Jacques Rousseau도 자신의 고향인 제네바가 공화국에 적합한 규모임을 보여 준다고 믿었다. 그러나 네덜란드는 강대국으로 성장한 후에도 분권화된 공화주의의 뿌리에 충실했다. 더 정확히 말하자면 네덜란드는 부분적으로 분권화된 정치 구조를 유지했기에 강대국이 될 수 있었다.

　　네덜란드 공화국의 통치 구조는 연합 규약Articles of Confederation에 따른 미국과 비슷하게 통치 권한을 분담했다. 네덜란드에는 행정 수반인 총독Stadtholder이 있었지만 그는 왕이라기보다는 명목상의 최고위직에 가까웠다. 오라녀 가문House of Orange 출신의 귀족이 그 직책을 맡았을 경우조차 그들은 각 지방 의회에 종속된 준공식적 통치자일 뿐이었다. 사실 오라녀 가문은 왕권을 차지한 왕조라기보다는 대중적인 정치 가문이라고 표현하는 것이 더 정확하다. 루스벨트나 케네디 가문과 마찬가지로 이 가문도 연방 의회부터 지방 의회와 시 의회에 이르기까지 다양한 수준의 정치인을 관리해야 했다.

이 분권화된 시스템에서 가장 큰 권한을 가진 것은 지방 정부였다. 어떤 주라도 국가적 입법에 거부권을 행사할 수 있었다. 심지어 암스테르담이 있는 홀란트Holand는 7개 주 가운데 인구가 가장 많고 (전체 세수의 58퍼센트를 제공하는[32]) 부유한 주임에도 불구하고 동등한 여러 주 가운데 1위였을 뿐이다. 네덜란드의 도시와 지방은 끊임없이 협력할 수 있는 방안을 찾아야 했고, 특히 외부 위협에 직면했을 때 협력의 필요성은 더욱 컸다. 육지에서든 해상에서든, 경제적 기회를 포착하든 안보 위협을 관리하든, 자치 정부의 자발적인 상향식 의사결정 방식은 네덜란드 모델의 핵심이었다. 이는 대륙의 위대한 제국이 가졌던 하향식의 중앙 집권적 국가 통제 시스템과는 뚜렷한 대조를 이루었다.

이 새로운 정치 질서는 어떤 사회를 만들었을까? 일반인을 대우하는 데 있어 네덜란드는 예외적인 사회였다. 역사학자 조나단 이스라엘은 "17세기 유럽 어디에서도 볼 수 없었던 일상적 교통수단인 네덜란드 여객선을 타고 여행하던 많은 외국인 신사는 아주 평범한 사람들이 자신의 신분을 전혀 고려하지 않은 채 마치 그가 누구든 상관없다는 듯 자연스럽게 대화에 참여하는 것을 보고 당황했다"라고 적었다.[33] 이는 다양성, 평등성, 활기찬 에너지가 넘친다는 점에서 17세기 판 뉴욕 지하철의 모습이었다. 무슨 일이 일어날지, 누구를 만날지 알 수 없었다. 이스라엘은 네덜란드 공화국이 "유럽에서 남성과 여성, 주인과 하인, 귀족과 비귀족, 군인과 민간인 사이의 통상적으로 적절하다고 인식되던 관계를 뒤엎는 신학적, 지적, 사회적 난장판의 모태로 널리 인식되었다"라고 썼다.[34]

이러한 평등주의 요소는 네덜란드 공화국의 끊임없는 부상을 통해 부추겨졌고, 또 그러한 요인이 네덜란드 공화국의 성장을 가속화했다. 그러나 평등주의가 보편적으로 인기가 있었던 것은 아니다. 그다음에 일어나는 네덜란드 정치의 분열은 오늘날 우리 귀에도 친숙하게 들릴 만한 것이다. 네덜란드 공화국은 개방성, 관용, 다양성, 자유를 절대적 미덕으로 여기는 사람과 그러지 않는 사람으로 심각하게 분열되었다.

자유주의 사상에 대한
반발과 역풍

지금까지 네덜란드 공화국의 역사를 대략 그려 보았다. 하지만 자세히 들여다보면 네덜란드가 조화와 번영의 낙원이었던 것은 아니다. 아무리 성공한 나라일지라도 조화와 번영이 함께 하는 낙원이었던 경우는 없다. 늘 어수선한 상태였던 네덜란드는 상당한 불협화음과 불만이 내재되어 있었다.

네덜란드 공화국의 정치는 쇼토의 말을 빌리자면, "자유주의 사상은 더 나은 세상을 만들려는 약속을 담고 있다"라고 믿는 사람들과 "자유주의 사상은 그들이 아는 모든 것을 파괴하는 씨앗을 품고 있다"라고 생각하는 사람 간의 줄다리기였다.[35] (당시에 네덜란드는 '자유주의'라는 단어를 사용하지 않았지만 쇼토와 다른 여러 역사가는 네덜란드인이 비군주제 정치와 자유 시장, 자유 무역, 종교적 다원주의 등 자유주의적 사상과 관행을 받아들였다고 설득력 있게 주장한다. 이러한 사상과 관행은 나중에 자유주의로 일컬어졌다.) 광범위한 분열의 양쪽에는 우리에게 익숙한 진영이 자리 잡고 있었다. 종교적 보수주의는 칼뱅주의 교리를 엄격하게 고수한 반면에, 자유주의자는 개신교 교리를 보다 느슨하고 관용적으로 접근하는 방식을 취했다. 네덜란드 상인은 자유 무역과 세계화를 받아들였지만 다른 많은 경제 주체는 시장을 가로막는 장애물을 설치하려고 했다. 예를 들어 전통 장인은 특정 공예품에 대한 길드의 독점을 강요하고 관세 및 기타 보호주의적 규제를 위해 로비를 벌였다. 이러한 이념 차이는 지리적으로도 드러나는데, 해안 도시는 보다 관용적이고 기술주의적이며 자유 시장을 지지한 반면에, 시골 지역은 전통적이고 위계적이며 독단적 성향을 보였다. 네덜란드 경제가 성장하면서 자유주의 사상과 관행은 국가를 발전시켰지만 내부적으로는 불안정해졌다. 변화 속도가 너무 빨랐던 탓에 많은 사람이 그저 과거의 정상적이었던 상태로 되돌아가기를 원했다.

보수주의자는 네덜란드 귀족, 특히 오라녀 가문의 지도력을 추종했다. 오라녀 가문은 독립 투쟁 동안 애국적 민족주의의 근간을 제시했다. 합스부르크 왕가에 충성하던 가톨릭 신자에게 암살당한 오라녀공 빌렘 1세Prins van Oranje Willem I(영어로 침묵공 윌리엄William the Silent으로 불린다_옮긴이)는 순교자가 되어 '건국의 아버지'라는 유산과 오라녀 가문의 신화에 가까운 지위를 공고히 했다. 그러나 곧 이 오라녀 가문 추종 세력과 자유주의자라고 할 수 있는 부유한 도시 상인들 집단인 국가당States Party 사이에 분열이 일어났다. 국가당의 구성원은 진정한 민주주의자는 아니었지만 자유주의자였다. 이들은 엘리트 테크노크라시Technocracy(전문가들이 주도하는 국가 체제_옮긴이), 즉 실제로는 자신들처럼 똑똑하고 글을 잘 읽는 상인이 통치하는 국가 운영 방식을 신봉했다. 그들은 개방의 확대를 옹호하고 자신들이 지향하는 근대 국가의 역동성을 수용했지만 과거에 대한 향수의 감정은 전혀 품지 않았다.

이 두 그룹은 공식 정당이 아니라 지배 계급 내의 친목 단체에 가까웠다. 1600년대 첫 10년 동안 네덜란드 독립 전쟁이 계속되자 스페인은 네덜란드에 휴전을 제안했지만 영구적 종전을 의도한 것은 아니었다. 국가당은 이 제안을 받아들이길 원했지만 오라녀 가문의 추종자들은 전쟁을 계속하기를 요구했다. 국가당은 보다 자유로운 형태의 칼뱅주의를 지지한 반면에 오라녀 측은 칼뱅주의의 종교적 순수성을 신봉했다. 국가당은 또한 '국제법의 아버지'로 불리는 이 정파의 정신적 후원자 휴고 그로티우스Hugo Grotius가 개척한 '항행의 자유freedom of the seas'와 '국제 중재international arbitration'와 같은 새로운 개념을 받아들였다. 이 파벌은 잠시나마 역사상 지구에서 가장 자유주의적인 정부를 주도했다.

이 정부는 네덜란드의 해안 도시에서 제조업과 해운 부문에 더 나은 보수의 일자리를 창출함으로써 연이은 승리를 거두었다. 이민자는 기회를 찾아 네덜란드 항구로 몰려들었다. 그러나 그동안 내륙과 농촌 지역은 내내 어려움을 겪었다. 많은 농촌 지역이 요새와 주둔지의 군사적 지출에 의존하며 연명해 왔다. 그러나 스페인과의 전투가 중단되면서 경제가 피폐해지고 인구가 줄어들었다. 그 결과 이스라엘의 말을 빌리자면, "대부분의 홀란드 지역과 내륙 지역 간의 경제적 활력의 격차가 급격히 확대되었고, 이로 인해 농촌의 박탈감과 빈곤의 소용돌이가 고조되었다."[36]

길드는 문화적으로 칼뱅주의를 따르는 사회적 보수주의의 보루임을 자처하는 경향을 보였고, 국가당은 이를 후진적이라고 여겼다. 길드는 또한 경제적으로는 보호주의적 규제를 요구했고, 자유주의적인 국가당은 이를 비효율적이라고 여겼다. 1610년 위트레흐트 지방에서는 불만을 품은 길드가 시 정부를 장악하고 양조업 및 기타 도시 산업의 독점권을 요구하면서 긴장이 고조되었다. 상인이 주축이 된 지방 의회는 헤이그의 자유주의 지도부에 지원을 호소했고, 헤이그의 지도부는 군대를 파견해 길드 조합원을 진압했다. 빈곤한 소도시와 지방 소읍의 대도시에 대한 지역적 분노는 과거를 그리워하는 향수로 인해 더욱 증폭되었다. 일단 독립 전쟁이 끝나고 평화가 오자, 애국적 민족주의가 제공했던 사회적 결속력과 단일한 목적의식이 약화되었다. 보수적 칼뱅주의자는 네덜란드 공화국이 스페인의 가톨릭 이단자들과 의로운 전쟁을 벌였던, 즉 좋았던 옛 시절을 떠올렸다.

이제 도시는 네덜란드인이 아닌 이민자로 가득 찼다. 모두가 개신교도, 가톨릭 신자, 유대인을 막론하고 상대가 누구든 거래를 성사시켜 부자가 되는 데에만 관심이 있는 것처럼 보였다. 공교롭게도 네덜란드 보수주의자는 자신들의 소원을 이룬다. 새로운 전쟁이 다가오고 있었던 것이다.

영국에서 기사회생한 자유주의

네덜란드에서 자유주의가 부상하면서 네덜란드

의 보수주의자들뿐 아니라 유럽에서 가장 강력한 궁정이었던 프랑스에서도 반발을 불러일으켰다. 당시 프랑스가 시행한 절대주의적 중앙 집권제는 나름대로 미래 지향적 정치 모델임을 자처했다. 루이 14세 같은 '계몽적' 독재 군주들은 복잡하고 비합리적인 봉건적 특권층을 뚫고 나가 국가적 관료제를 갖춘 근대 국가를 건설할 수 있었다. 태양왕the Sun King 루이 14세는 의심의 여지가 없는 합리적 통치자로서, 모든 신민이 그를 중심으로 공전하는 궤도의 중심에 자리 잡았다.

네덜란드는 공화정이었고 관용적이었으며 영리를 목적으로 삼았다. 루이 14세는 이 세 가지 특성 때문에 네덜란드를 혐오했다. 그는 네덜란드인을 오만한 반역자이자 이단자로 보았고, 그들의 공화국을 유럽 정치의 골칫거리로 여겼다. 네덜란드가 종교재판을 피해 도망친 망명자들의 전문성을 활용하는 동안 루이는 자국의 소수 종교를 탄압하면서 인도주의적 재앙을 일으켰다. 프랑스의 개신교도인 위그노Huguenot에 대한 그의 탄압은 70년간의 통치 기간 동안 점점 더 가혹해졌고, 적어도 15만 명이 프랑스를 탈출하는 결과를 빚었다.[37] (이 대탈출exodus은 유럽의 양심 세력에 큰 충격을 주어 프랑스어 '망명 신교도réfugié'에서 유래한 '난민refugee'이라는 영어 단어가 생겼을 정도였다.)

데카르트뿐 아니라 프랑스의 자유 사상가와 각양각색의 반체제 인사는 오랫동안 암스테르담에서 안전한 피난처를 찾았다. 네덜란드가 루이의 종교적 이념적 적대 세력을 보호하면 할수록, 프랑스 왕정 모델의 우위는 계속 위태로울 수밖에 없었다. 루이는 당시의 절대주의 군주들이 그랬던 것처럼 전쟁을 해서 네덜란드 문제를 해결하기로 결심했다. 그는 네덜란드를 침공해 그들로 하여금 강제로 스스로를 낮추고 자신에게 경의를 표하도록 하는 한편, 네덜란드 영토의 대부분을 프랑스에 이양하도록 하고 싶었다. 그는 네덜란드 공화국의 대담한 실험을 완전히 박살 낼 생각이었다.

1672년 5월, 대규모 프랑스 군대가 네덜란드로 쏟아져 들어왔다. 도시가 차례로 함락되었고, 루이 14세는 말을 타고 의기양양하게 위트레흐트에 입성했다. 프랑스의 이른 승리로 인해 프랑스와의 평화로운 관계와 조화로운 자유 무역을 추구하던 자유주의 정부의 정책은 완전히 신뢰를 잃었다. 공화국의 국가당 지도자는 거리의 폭도에게 린치를 당했고, 전쟁 영웅 오라녀공 빌렘 1세의 증손자인 오라녀공 빌렘 3세가 리더십의 공백을 메웠다.

네덜란드 공화국은 살아남았지만 끔찍한 대가를 치렀다. 네덜란드는 침략을 막으려고 제방을 고의로 무너뜨려 거대한 해자를 만들었지만, 그로 인한 해수의 범람으로 수 세기에 걸쳐 끈질기게 간척해 온 땅이 물에 잠겼다. 거의 자살에 가까운 이 도박으로 네덜란드를 구하는 데는 성공했지만, 네덜란드는 영토의 상당 부분을 폐허로 만드는 대가를 치러야 했다.

1672년은 네덜란드인에게 '재앙의 해'란 뜻의 '람프야르Rampjaar'로 기억된다. 이 해는 여러모로 네덜란드의 황금기가 끝났다는 징후를 드러냈다. 이후 네덜란드인은 줄곧 침략의 위협 아래 살아야 했다. 암스테르담은 더 이상 유럽의 무역 및 금융 네트워크에서 예전과 같은 지배적 위치를 차지하지 못했고, 소수자를 위한 안전한 피난처 역할도 하지 못했다.

자유주의는 루이 14세 군대의 군홧발 아래 이곳에서 사망할 수도 있었다. 그러나 루이는 절대왕정의 힘을 보여 주려다 한 가지 결정적인 실수를 범했다. 자유주의 지도부가 몰락하면 네덜란드 귀족은 순종적인 꼭두각시 군주가 되리라고 생각해 22세의 오라녀공 빌렘 3세가 권력을 장악하도록 내버려 둔 것이다. 하지만 루이는 이 젊은 귀족을 잘못 판단했다. 빌렘 3세는 군주제를 선호한다는 점에서는 공화주의적 국가당에 비해 보수적 성향이 강했지만, 관용적 태도와 입법부를 존중한다는 면에서는 유럽 정치 무대의 다른 통치자들에 비해 자유주의적 성향을 보였다. 결국 이 야심 찬 네덜란드인은 영국 왕의 자리에 올라 해협 너머에 자유주의적 네덜란드 혁명의 씨앗을 심는다. 이 '명예혁명'을 통해 네덜란드의 정치 실험은 또 다른 유럽의 강력한 국가, 즉 조만간 근대의 첫 번째 세계 초강대국이 될 나라에 뿌리를 내린다.

2

온건했으나
진정으로 혁명적인
명예혁명, 영국

영국인은 정복왕 윌리엄 1세William the conqueror가 1066년에 온 이후 단 한 번도 침략을 당한 적이 없다고 주장하곤 한다. 그런 주장이 전적으로 옳은 것은 아니다. 영국은 1688년에 또 다른 윌리엄인 네덜란드 오라녀 가문의 빌렘 3세Willem III(영어 표기는 윌리엄 3세William III)에 의해 점령되었다. 영국은 350여 년 전 네덜란드의 침공 이후 예전과 완전히 달라졌다. 네덜란드의 침공과 그 결과는 '명예혁명the Glorious Revolution'으로 알려져 있지만, 오늘날 많은 사람은 이 사건을 유혈 사태 없이 온건하고 심지어 혁명적이지도 않으며 단지 영국의 전통적 상태를 회복한 사건으로 기억한다. 영국의 역사가 토머스 매콜리Thomas Macaulay는 이를 "철저히 방어적인 혁명"이라고 표현했다.¹ 실제로 1688년의 사건은 전투나 유혈 사태가 거의 일어나지 않는 등 수단은 온건했지만 그 효과는 진정으로 혁명적이었다. 네덜란드보다 더 큰 나라인 영국 왕국English kingdom이 네덜란드 공화국의 근대적 정치 제도와 다원주의를 채택하면서 영국-네덜란드의 융합이 이루어졌기 때문이다. 자유주의는 북해 건너편에서 새롭고 더 크고 영구적인 보금자리를 찾았다.

명예혁명은 사실 이전에 일어난 여러 혁명의 정점이었다. 먼저, 1500년경부터 북유럽 전역에서 수 세기에 걸쳐 경제 및 정체성 혁명이 일어났다. 이러한 혁명은 영국이 근대 국가로 도약하기 위한 여러 경쟁적 전망 사이에서 오락가락하는 동안 17세기 영국 정치의 틀을 형성했다. 1688년 이후 영국은 너무 경직되지도, 너무 혼란스럽지도 않은 적당한 정부 형태를 채택한다는 합의에 도달했고, 이는 영국이 지배국의 위치에 올라서며 세계를 재편할 수 있게 한 원동력이 되었다.

평등주의적인 영국의 정치 구조

그렇다면 최초의 근대 공화국의 수장이었던 네덜란드인이 어떻게 영국의 왕이 되었을까? 영국의 독특한 역사 발전 과정은 네덜란드의 제도와 사상이 뿌리내릴 수 있는 비옥한 토양을 제공했다. 영국의 역사는 네덜란드와 마찬가지로 지리적 특성에서 시작된다.

영국 해협으로 유럽 대륙과 분리된 로마의 브리타니아 지방은 이탈리아에 있는 제국의 중심부에서 가장 멀리 떨어져 있었으며, 늘 로마의 통치력이 느슨하게 미쳤다. 서기 5세기에 로마 제국의 서부 지방이 붕괴했을 때, 로마식 질서는 다른 어느 곳보다 영국에서 더욱 극적으로 무너졌다.[2] 엄격하게 계급화된 로마의 통치 체제는 물론이고 그와 유사한 어떤 것도 영국에서 자리 잡지 못했다. 그 대신 영국은 불화가 끊이지 않는 왕국들의 난장판이 되었다. 이러한 제국적 통치 구조의 미비로 인해 영국은 네덜란드의 성공을 뒷받침한 것과 똑같은 요소, 즉 권력을 두고 경쟁하는 여러 중심지가 태동할 수 있는 완벽한 인큐베이터가 되었다. 정치 권력은 특히 의회를 비롯해 다양한 집단과 기관에 의해 행사되었다.

영국의 의회 제도는 시간이 지나면서 점진적으로 발전했다. 중세 잉글랜드에는 강력한 지방 정부가 있었고, 이는 소규모 자치 단위인 주shire와 자치구borough로 조직되었다. 일단 이 작은 영지가 더 큰 왕국으로 통합되자 왕들은 '자문 위원회witenagemot'[3](지혜로운 사람들의 모임)에 '위탄witan'(현자賢者를 뜻하는 고대 영어)들을 모아 조언을 구하고 합의를 도출했다. 이러한 관행은 1066년 노르만의 정복 이후에도 변형된 형태로 계속 유지되었다. 그러다가 1215년 일부 귀족들이 반란을 일으켜 폭군인 존 왕King John으로 하여금 왕권에 대한 몇 가지 공식적인 제한을 받아들이도록 압력을 가했고, 이를 대헌장Magna Carta에 성문화했다. 이후에 즉위한 왕들은 세금 인상이나 법률 문제에 도움을 받으려고 저명인사와 성직자를 주기적으로 소환했다. 비교적 대표성을 가진 최초의 의회는 1295년에 열렸다.

의회parliament라는 단어는 '말하다'는 뜻의 고대 프랑스어 '파를레parler'에서 유래했지만, 중세 영국의 의회는 당시 유럽 대륙의 많은 궁정 회의나 지방 의회, 지역 회의 등과는 달리 단순히 대화를 나누는 자리 이상의 기능을 했다. 의회 구성원은 국왕의 자문역이었을 뿐 아니라 독자적인 입법권자의 역할을 하는 경우가 많았다. 대의제 의회는 단순히 왕권을 제한하는 데 그치지 않고 어떤 면에서는 왕권을 강화하는 역할도 했다. 국가 엘리트들의 동의를 얻기 위한 공식 기구는 더 강력한 전국적 통치를 가능하게 했다. 네덜란드의 경우에서 보듯이 정부 기구의 정통성이 커질수록 과세권도 강화되었다. 황금기의 네덜란드는 유럽에서 가장 높은 세금을 부과했고, 영국은 빈민에게 처벌이 아닌 구제救濟를 제공하는 엘리자베스 빈민법Elizabethan Poor Law을 통과시킴으로써 세계 최초로 실효성 있는 복지 국가를 세웠다. 중세 말기와 근대 초기(대략 1300년대부터 1600년대까지)에 걸쳐 프랑스, 스페인, 독일을 비롯한 유럽 대륙의 다른 여러 나라에서는 의회 제도가 무력화되거나 소멸했다. 역사학자 월터 샤이델Walter Schidel이 지적했듯이, 제법 강력한 의회를 가졌던 영국에서는 국가가 군주의 개인 소유물이 아니라 일종의 "납세자 공동체community of taxpayers"[4]의 형태로 운영되었다.

영국의 평등주의적 정치 구조를 더욱 강화한 것은 14세기 중반에 발생한 흑사병의 파급 효과였다. 유럽 인구의 약 30~50퍼센트를 앗아 간 흑사병은 곧 노동의 가치를 높이고 토지와 자본의 가치를 낮춰 평균 소득을 증가시켰다.[5] 유럽 대륙에서는 대부분의 국가가 흑사병 이후 인구가 원상복구되면서 경기 회복세가 주춤해졌다. 그러나 영국에서는 흑사병이 일반 농부와 노동자의 생활 수준을 지속적으로 높였다. (그 이유를 둘러싸고 학자들 사이에서 여전히 뜨거운 논쟁이 벌어지고 있다.)[6] 또 여성은 최저 생계 수준의 생활로 다시 추락하지 않으려고 결혼을 늦추고 자녀를 적게 낳는 이른바 '유럽식 결혼 풍조'에 동참하는 추세가 가속화되었다. (오늘날 이런 현상은 단순히 '인구 통계학적 이행移行'이라고 불리며, 페루에서 중국에 이르기까지 근대화 과정에 있는 사회에서 관찰된다.) 흑사병의 전반적 효과로 노동 인구가 줄어들면서 이들이 더 높은 생산성과 더 큰 협상력을 가지게 됨에 따라, 영국의 평민은 귀족과 상류 지주 계층에 대항할 수 있는 힘을 지니게 되었다. 일반 대중은 아직 공식적 권력을 갖지는 못했지만 권력을 지닌 이들에게 영향력을 행사했다.

근대화를 이끈 경제 구조

영국은 자유화와 근대화를 위한 혁명에 적합한 정치적 요소를 갖추고 있었다. 1688년 이전 몇 세기 동안 영국은 명예혁명을 가능케 한 경제 구조도 갖추었다.

우선 양모 산업부터 시작해 보자. 수 세기 동안 양모는 목동이 생계형 농업 수준에서 얻는 수익을 훨씬 넘어서는 소득을 올리도록 해 주었다. 15세기에 본격적으로 시작된 인클로저 운동enclosure movement(울타리를 쳐서 토지를 구획하는 조직적 활동_옮긴이)은 양모 산업에 의해 촉발되었다. 이 운동으로 공유지는 분할되어 사유화되었고, 그 대부분은 양을 방목할 수 있는 목초지로 바뀌었다. 인클로저 운동은 생계 위주의 소작농이 시장 지향의 대규모 농업으로 광범위하게 전환되도록 이끌었다. 한편, 비료와 재배 기술의 혁신은 더 적은 땅에서 더 많은 식량을 생산할 수 있게 함으로써 농업 산출량을 극대화하는 데 기여했다.

대규모 상업적 양모 생산이 개별 농지에서의 소규모 농업을 대체하면서, 제조업의 높은 임금이 농업에서 밀려난 농부를 도시로 끌어들였다. 목초지가 확대되고 농업 생산량이 증가했지만 이들 농부는 높아진 효율성에 큰 충격을 받았다. 이는 경제적 근대화가 오랫동안 사회 혼란이라는 대가를 치렀다는 사실을 상기시켜 준다. 영국은 인클로저 운동을 통해 안정감과 안전이 보장되고 유대가 긴밀한 중세의 마을을, 더 부유해졌지만 불안정성과 끊임없는 변화, 불평등으로 특징지어지는 근대 사회로 변모시켰다. 새로운 자본주의 세계에서는 돈을 버는 것이 부끄러운 일이 아니라 필수적 일이 되었다. 부르주아의 덕목인 수지타산Prudence(싸게 사서 비싸게 팔기)과 절제Temperance(저축하고 자산 축적하기)가 가장 중요해졌다.[7]

한편 지주도 현실과 동떨어져 현실에 개입하지 않는 귀족이기를 그만두었다. 이전까지 이들은 농노가 봉건적 소작료를 내기만 하면 농업 경영에는 거의 관심을 기울이지 않고 그저 당연한 권리로 군림하기만 했다. 영국의 상류 지주 계층gentry은 이윤에 굶주린 사업가를 닮아 갔다. 이런 점에서 영국 상류층은 점차 기업가 성향의 상인 및 장인으로 이루어진 신흥 부르주아 계급과 제휴하게 되었다.

따라서 새롭게 등장한 근대 경제의 잠재적 '패자losers'였던 두 부류, 즉 돈을 경멸하는 영주와 시장에 회의적인 농민이 점차 무대에서 사라졌다. 사회학자 배링턴 무어 2세Barrington Moore Jr.는 변화의 크기를 언급하면서 "영국에서는 다른 곳과 달리 대규모 보수 반동 세력의 제약을 받지 않고 근대화가 진행될 수 있었다"라고 썼다.[8] 영국의 상류층은 새로운 모험적 산업에 여전히 경계심을 품고 있었지만 적극적으로 반대하지는 않았다.[9] 실제로 그들은 운하, 부두, 광산과 같은 사회 기반 시설에 자본을 제공해서 산업화가 진행되는 데 간접적으로 도움을 주기도 했다.

영국의 근대화에 도움이 된 또 다른 구조적 요인은 영국의 도시화가 유럽의 다른 어느 곳보다 광범위하게 이루어졌다는 점이다. 영국에는 수도에 기반을 둔 하나의 주도적인 대도시가 아니라 각자의 경제적 영역에서 두각을 나타내는 독특하고 번성하는 도시가 많았다. 노리치, 콜체스터, 맨체스터는 모두 직물을 생산했다. 글로스터는 핀을 만들었고, 버밍엄은 단조鍛造 금속 도구를 제조했으며, 뉴캐슬은 석탄을 채굴했다. 런던은 영향력 있는 수도로서의 지위에도 불구하고 파리가 지방을 지배했던 방식으로 (또는 21세기에 런던이 공동화空洞化와 탈공업화 시대의 영국을 지배하는 방식으로) 영국의 자치주들을 통제하지는 않았다.

영국 경제의 역동성은 도시에만 국한되지 않았다. 시골도 번성하고 근대화되면서 초기 산업화의 호황에 동참했다. 영국의 시골 곳곳에 제분소, 광산, 공장이 우후죽순처럼 생겨났다. 18세기 초에는 영국의 농촌 노동자 가운데 40퍼센트가량이 농업 이외의 다른 업종에 종사했는데, 특히 광업과 제조업이 인기를 끌었다.[10] 이러한 모든 경제적 발전은 의회 정치에 참여할 수 있게 된 중산층과 산업화할 준비가 된 경제 구조 등과 함께 영국이 미래로 도약할 수 있는 발판을 마련했다.

개혁에서 혁명으로

구조적 조건은 유리했을지 모르지만 영국이 네덜란드 모델을 향해 가는 길은 매우 험난했다. 영국 정치의 역사는 네덜란드 정치사와 마찬가지로 개신교 종교개혁에 의해 극적으로 방향이 잡혔다. 1534년 헨리 8세는 이혼을 이유로 교황과 결별했다. 새로운 영국 국교회는 더 이상 로마 교황청에 응답하지 않았다. 이 결정은 헨리 8세의 사생활을 훨씬 넘어서 영국 전체에 큰 반향을 불러일으켰다. 단기적으로 영국의 군주정은 교회 재산을 흡수하고 종교적 위계질서의 통제권을 국유화하면서 더욱 강력해졌다. 장기적으로는 영국의 종교개혁이 교구민들로 하여금 권위에 의문을 제기하도록 부추기는 바람에 군주제에 불리하게 작용했다.

17세기까지 영국은 절대 군주제인 가톨릭 프랑스처럼 되기를 원하는 사람들과 분권화된 공화국인 개신교 네덜란드처럼 되기를 원하는 사람들로 나뉘었다. 두 모델 모두 내세울 만한 합리적 논거가 있었다. 야심에 찬 절대주의자 찰스 1세는 당연히 프랑스 방식을 선호했다. 그는 또 가톨릭 신자인 프랑스 여성과 결혼했는데, 공교롭게도 그 여성은 루이 13세의 누이였다.

찰스는 몇 가지 의혹에 더해 가톨릭식 위계 체계를 편드는 듯이 보이는 종교개혁을 단행했다. 한편 그는 1630년대 내내 의회의 동의 없이 세금을 올리려고 다양한 계획을 추진하는 등 고압적 자세를 보였다. 과거 수 세기 동안 이와 유사한 책략은 반란을 일으켰다. 찰스와 의회 사이의 끊임없는 불화는 결국 1642년 유혈 사태로 폭발했다. 영국인 8명 중 1명이 참여하고[11] 총 15만 명이 사망한[12] 영국 내전은 의회군의 승리로 끝났다.[13] 1649년 찰스 1세가 참수되고 군주제는 폐지되었으며, 영국 역사상 최초이자 유일하게 공화정이 선포되었다.

영국의 공화정 시대는 휴머니즘과 민주주의가 아니라 억압 때문에 역사 속으로 사라졌다. 찰스 1세의 처형으로 인해 폭력의 과격화와 정치적 내분으로 이어지는 악순환이 시작되었다. 이 폭력적 혼란은 엄격한 칼뱅주의 신정 체제theocracy를 사회에 강요하려는 청교도 강경파에게 힘을 실어 주는 등 많은 반자유주의 세력의 득세를 불러왔다. 그들은 연극을 '음탕한 재미와 경박함'으로 가득 찬 '쾌락적 구경거리'로 간주하며 연극 공연(심지어 셰익스피어까지!)을 금지했다.[14] 폭스 뉴스Fox News가 경종을 울리기 몇 세기 전에 이 엄격한 금욕주의자들은 크리스마스를 방탕하고, 이교도적이며, 경박하다고 비난하면서 실제로 크리스마스와의 전쟁을 선포하기까지 했다. 연기, 노래, 춤, 파티 등 모든 종류의 여흥에 대한 청교도들의 끊임없는 문화 전쟁은 새 정권의 인기에 타격을 입혔다. 이러한 끝없는 검열과 문화 통제에 대한 거부감은 1688년 훨씬 더 온건하고 자유로운 혁명의 길을 열었다.

 청교도 통치는 반발을 불러일으켰다. 귀족과 종교적 보수주의자는 의회에 맞서 왕권을 지지했다. 이들은 왕을 위해 무기를 들었고, 찰스가 참수되자 그의 후계자들을 몰래 빼돌려 국외로 망명시켰다. 청교도들은 국왕에 충성하는 이 무리를 '왕당파Cavaliers'로 지목해 내쫓았다. 왕당파란 별칭은 '기사도chivalry'와 같은 어원을 가진 말로, 이 집단은 실제로 기사와 숙녀가 축제 마당을 펼치는 잉글랜드의 모습, 각종 연회가 열리고 기사 가문의 문장紋章이 휘날리던 세상을 연상시켰다. 왕당파는 공식적으로는 성공회였지만 실제로는 가톨릭에 가까웠고, 기독교의 위계질서와 의식 및 여러 가지 볼거리를 좋아했다. 그들은 포도주, 여자, 노래를 즐겼으며 긴 머리를 하고 다녔다. 반면에 청교도들은 머리를 밋밋하고 둥글게 자르고 다녀 원두당Roundheads이라는 별명이 붙었다.

원두당의 통치는 일상적 문제뿐 아니라 국정 운영 방식 전반에서도 엄격하고 금욕적이었다.[15] 원두당의 공화정은 올리버 크롬웰Oliver Cromwell의 군사 독재 체제로 빠르게 전환되었다. 크롬웰은 자신이 보기에 너무 이기적이고 국정 운영에 소극적인 의원들에게 좌절감을 느낀 나머지 무력으로 의회를 해산하고 호국경the Lord Protector이라는 칭호를 얻었다. 1658년 크롬웰의 죽음은 마침내 반혁명의 문을 열었다. 크롬웰의 불운한 아들이 그의 자리를 물려받았지만 곧 쫓겨났다.

강경 왕당파는 온건파 의원들과 힘을 합쳐 영국의 공화정 실험을 종식시키고, 찰스 1세의 아들 찰스 2세를 옹립해 왕정을 복원했다. 새로 즉위한 왕은 '왕당파 의회'로 불릴 정도로 보수적인 의회의 지원을 받아 공위 시대Interregnum(최고 통치권자의 부재 기간) 동안 이루어진 많은 일을 무효화하며 원상태로 복원하기 시작했다. 새로운 통치 세력이 된 왕당파는 찰스 1세에 맞서 싸웠거나 이후 정권에 참여했던 사람들에게는 대부분 관대하게 일반 사면을 내렸다. 그러나 찰스 1세의 처형에 가담한 사람들은 처벌했다.[16] 이들 중 소수는 교수형에 처한 후 사지를 절단했다. 크롬웰의 시신은 발굴되어 교수형에 처해진 뒤 참수되었다.

찰스 2세는 시간이 지날수록 의회와 더 많은 불화를 겪었지만, 전반적으로 국가의 안정을 되찾고 군주제 권력을 재확립했다. 그는 25년 동안 재위하며 '즐거운 군주Merry Monarch'라는 별명이 붙을 정도로 통치를 즐겼다. 1685년 찰스 2세는 자연사했다. 그의 목은 온전히 붙어 있었다.

돌아온
절대주의

불행히도 찰스 2세의 동생 제임스 2세가 왕위를 물려받았다. 찰스 2세는 아버지의 이름을 공유했지만 실제로 찰스 1세를 닮은 아들은 제임스였다. 제임스 역시 프랑스식 절대 군주제를 갈망했다. 찰스 1세는 드러나지 않은 가톨릭 신자라는 의심을 받았지만 제임스는 공개적으로 가톨릭 신자임을 자처했다. 의회와 왕권의 재대결을 위한 무대가 마련된 셈이었다.

제임스의 종교는 그가 왕이 되기 전부터 이미 반대를 불러일으켰다. 원두당의 덜 급진적인 후손들로 이루어진 의회 내의 한 파벌은 제임스의 종교를 이유로 그를 후계자 계승권에서 배제하려 했다. 이로 인해 찰스 2세는 의회와 큰 분란을 겪었다. 제임스의 왕위 계승에 반대한 그룹은 휘그당the Whigs으로 알려졌고, 그의 왕위 계승 계획을 지지한 세력(한때 왕당파로 불렸던 파벌)은 토리당the Tories으로 알려지게 되었다. 결국 토리당이 승리하기는 했지만 그들 중 많은 사람이 제임스가 권력을 잡도록 내버려 둔 것을 후회하게 된다.

왕위에 오른 제임스는 의회를 자기 뜻대로 굴복시키고 칙령을 내려 친親가톨릭 정책을 시행하려는 강압적 시도로 인해 바로 반발을 불러일으켰다. 영주, 성직자, 상인, 평민 모두가 그의 통치에 저항했다. 1688년, 전국에서 여러 차례 소규모 봉기가 일어났다. 제임스의 적들은 피 냄새를 맡았다.

여기서 상황은 다시 전면적 내전으로 치닫는 대신 다른 방향으로 전개되었다. 휘그당과 토리당이 모두 포함된 영국의 귀족들이 네덜란드의 오라녀공 빌렘 3세에게 영국을 침공하여 권력을 장악하라고 제안한 것이다. 이 구상에는 나름대로 분명한 논거가 있었다. 빌렘 3세는 개신교도인 제임스의 딸 메리 스튜어트와 결혼했기 때문에 엄밀히 따지면 승계 서열에 있다는 것이다. 그러나 이는 영국과 네덜란드의 오랜 라이벌 관계를 감안할 때 뜻밖의 반전이 아닐 수 없었다.

영국과 네덜란드의 융합은 당연한 결과라고 생각할 수도 있을 것이다. 어쨌든 두 나라는 강력한 의회주의 전통 속에서 스페인 군대와 싸웠으며, 다 같이 가톨릭의 폭정에 위협을 느끼는 약소 개신교 국가였기 때문이다. 하지만 북해의 두 해양 강국은 힘을 합치는 대신 수십 년 동안 치열한 경쟁 관계에 있었고 심지어는 적대적이기까지 했다. 오라녀공 빌렘 3세가 영국을 통치하기 시작하면서 마침내 갈등이 종식되었다. 그리고 그는 네덜란드식 정치와 상업의 혁명적 혁신을 영국에 도입했다.

명예혁명 이전에 영국인은 오랫동안 네덜란드의 경제적 성공을 분개해 왔다. 왜 영국은 모든 양모를 네덜란드에 보내서 방적하고 직조해야 하는가? 특히 전 세계에 큰 피해를 입힌 네덜란드가 왜 세계 무역의 허브가 되어야만 하는가? 영국인은 이런 의문과 불만을 품었다. 네덜란드 동인도회사는 오늘날의 대기업과 마찬가지로 무자비하게 행동했으며, 말 그대로 극악무도한 기업 약탈을 일삼았다. 1623년 네덜란드 동인도회사의 현지 총독은 인도네시아의 한 작은 섬에서 영국 동인도회사에서 일하며 네덜란드의 인도네시아 무역 독점권을 침해하려던 상인 10명을 고문하고 처형하라고 명령했다. 암보이나Amboyna 학살로 알려진 이 잔혹 행위는 영국에서 커다란 항의를 불러일으켰고 반反네덜란드 노래, 연극, 시 등에 영감을 주었다. 1653년 런던에서 인쇄된 팸플릿에는 당시 영국인들의 네덜란드를 향한 독설이 고스란히 담겨 있다. "네덜란드인의 혈통도 또는 족보는 그들이 처음에 어떻게 사육되어 말똥처럼 더럽고 비천한 조상의 후손이 되었는지를 보여 준다."[17]

영국인에게 특히 굴욕적 순간은 1667년 여름 2차 영란 전쟁의 일부인 네덜란드의 기습 공격 동안 일어났다. 네덜란드 함대가 런던 근처의 메드웨이강에서 철수할 때까지 이들 함선은 가는 곳마다 파괴의 길을 냈고, 모든 영국인을 공포로 몰아넣었다. 돈이 바닥난 영국은 영국 해군의 주요 조선소를 지키기 위해 미약하게나마 방어에 나섰다. 많은 수의 영국 함선이 침몰했다. 일부는 네덜란드 함선에 의해 난파되었지만 대부분은 수로를 막고 공격을 중단하려는 필사적인 시도로 영국군이 고의로 침몰시킨 것이었다. 그러나 그러한 시도는 헛수고였다. 네덜란드는 영국의 사령선 로열 찰스호를 전리품으로 가져갔고, 배의 이름이 유래한 재위 중인 왕의 위엄도 함께 빼앗아 갔다. 네덜란드가 다른 항구를 위협하고 있다는 보도가 나오자 한 영국 해군 장교는 "맙소사, 악마가 네덜란드인을 마구 쏟아 내는 것 같다"라고 외쳤다.[18] 해군 행정관이었던 일기 작가 새뮤얼 페피스Samuel Pepys는 당시 상황을 좀 더 사실적으로 묘사했다. "지혜, 용기, 힘, 영국의 하천에 대한 지식 등 모든 면에서 네덜란드가 최고였으며, 그래서 전쟁을 자신들의 승리로 끝낼 수 있었다."[19]

17세기 내내 영국과 네덜란드는 서로의 상품에 관세를 부과하고 서로 상인과 어부를 약탈했으며 세 차례나 전쟁을 벌였다. 이 전쟁들 가운데 마지막 전쟁에서 뉴 암스테르담이 뉴욕이 되었다. 이 시기에 네덜란드인을 조롱하려고 등장한 여러 문구가 오늘날까지 남아 있는데, '네덜란드식으로 하기going Dutch'(인색하게 비용을 나누기)부터 '네덜란드식 용기Dutch courage'(술의 힘을 빌린 자신감)에 이르기까지 다양한 표현이 있다.

무역 전쟁과 무력을 동원한 실제 전쟁을 벌였음에도 많은 네덜란드인과 영국인이 화해가 필수 불가결하다고 생각하게 된 것은 두 나라가 모두 동일한 실존적 위협에 직면했기 때문이었다. 그것은 루이 14세의 팽창주의적 프랑스로부터의 위협이었다. 양측 모두 평화로운 무역을 통해 이득을 얻고, 각자 자국의 경제를 발전시키고 공동의 적을 상대할 수 있는 기회를 얻었다. 영란동맹Anglo-Dutch alliance의 지속적 가치를 인식한 영국 지도자들은 제임스 2세의 인기가 바닥을 친 것을 기화로 네덜란드 공화국 전역의 항구 도시에서 자금을 조달하고 군대를 모집하기 시작했다. 그들은 대담한 작전을 계획했다. 네덜란드 함대는 네덜란드 자체 군대와 잉글랜드 및 스코틀랜드에서 추방된 병사들로 구성된 침공군을 네덜란드에서 실어 나를 계획이었다. 영국 출신 침공군은 불만을 품은 귀족과 상인이 이끌었다.[20] 날씨와 운이 따라주었고, 일단 영국-네덜란드 연합 함대가 상륙하자 제임스 2세 군대의 상당수가 반란을 일으켰다. 영국의 절대 군주가 될 수도 있었던 제임스 2세는 프랑스로 도망쳤고, 프랑스 왕궁에서 루이 14세의 연금으로 여생을 보냈다.

빌렘 3세와 메리 왕비는 전투 한 번 없이 런던을 점령했고, 이 네덜란드 국왕 부부는 영국의 왕(윌리엄 3세)과 왕비(메리 2세)로 즉위했다. 명예혁명이 승리를 거둔 것이다. 새로운 왕실은 영국 역사상 처음으로 의회 법에 의해 권력을 부여받아 제한적인 입헌 군주가 되었다. 이는 영국의 정치적 근대화에 전환점이 되었다.[21] 당시 영국은 여전히 민주주의와는 거리가 멀었고, 1688년 혁명이 상향식으로 이루어졌다는 특징에도 불구하고 이 혁명은 주로 엘리트 집단에 의해 주도되었다는 점은 분명하다. 그런 점을 감안하더라도 정치의 폭은 크게 넓어졌다. 이때부터 영국은 궁정이 아니라 계급에 의해 통치되었다.

윌리엄 3세는 자유주의와 그 모순을 모두 아우르는 영국-네덜란드의 융합을 몸소 실천했다. 그는 영국의 국왕이 되기 훨씬 전부터 네덜란드 정치의 보수적 정파에 속해 있었고, 자유주의 경쟁자들에 의해 권좌에서 배제되었다. 군주제와 강력한 행정 권력에 반대하는 국가당은 윌리엄이 네덜란드 공화국의 총독이 되지 못하도록 막았다. 노회하고 무자비하면서 정치 공작에 능했던 윌리엄은 이 같은 국내 반대파를 프랑스에 나라를 팔아넘긴 배신자로 몰아붙여 이들에 대한 대중의 분노를 부추김으로써 결국 총독의 지위를 확보했다. 윌리엄은 자신이 속한 오라녀 가문을 추종하는 거리의 폭도들이 자신의 주요 경쟁자를 살해할 때조차 이를 외면했다. 1688년, 윌리엄 3세는 다시 한 번 음침한 반자유주의 세력을 이용하는 데 거리낌이 없었다. 그는 영국에서 반가톨릭적 편견을 이용해 대중의 지지를 얻었고, 사악한 제임스 왕이 수천 명의 아일랜드 군인을 배에 싣고 와서 영국 신교도들을 학살했다는 '아일랜드 공포' 같은 음모론을 그의 지지자들이 퍼뜨리도록 허용했다. 하지만 확고하게 권력을 잡은 윌리엄 3세 정부는 종교적 관용과 의회 통치를 받아들여 오늘날 우리가 알고 있는 근대 영국의 토대를 마련했다.

정체성 정치와 초당적 협력

수십 년에 걸친 분쟁 끝에 1688년의 명예혁명으로 영국은 종교적, 정치적 갈등이 완화되었다. 정치적 안정 덕분에 영국은 국익에 중점을 둔 실용적 나라로서 국가 정체성을 공고히 할 수 있었다. 역설적이게도 그 비결은 영국 사회를 더욱 강력한 새로운 융합체로 만드는 데 도움을 준 네덜란드의 사상과 제도의 채택이었다. 1688년의 명예혁명에 대한 흔한 설명은 개신교 국가의 가톨릭 통치자였던 제임스 2세가 애초에 실패할 운명이었다는 것이다. 그러나 역사학자 스티븐 핀커스Steven Pincus는 명예혁명이 전적으로 혹은 대부분 종파적 편견에 의해 유발되었다는 고정관념을 일축한다. 종교는 분명히 중요한 역할을 했다. 하지만 영국 가톨릭 신자의 많은 수가 제임스 2세의 통치 체제를 전복시키는 데 동참했다. 그들은 제임스 2세와 신앙을 공유했지만 그의 프랑스식 절대주의에는 거부감을 가졌다. 핀커스는 "영국인은 정체성 정치를 넘어서 움직이기 시작했다"라고 결론짓는다.[22] (여기서 핀커스가 말하는 정체성 정치는 종교적 정체성을 의미한다.)

명예혁명 과정에서 보수적 토리당과 자유주의적 휘그당은 영국을 황폐하게 만들었던 가톨릭 절대주의와 급진적 공화주의의 양극단을 거부하는 데 공감대를 형성했다. 1689년 윌리엄 3세와 메리 2세는 권리장전Bill of Rights을 통과시켜 의회와 국민의 일정한 특권을 인정했다. 여전히 왕과 왕비가 군림하고 있던 상황에서 새로운 정치 체제가 네덜란드 공화국의 정치 구조를 완전히 수용한 것은 아니었지만, 적어도 당시 영국에서는 더 나은 선택이었다. 영국은 군주가 통치하는 데서 오는 리더십과 안정감, 그에 더해 군주의 권위를 견제하는 여러 권력 기구가 경쟁하는 데서 오는 자유와 역동성이라는 두 가지 장점을 모두 얻었다. 이 시스템은 이윤을 추구하는 자본가 계급에게 영국의 성공에 참여하도록 힘을 실어 줌으로써 사회의 각계각층으로부터 최고의 정책을 '크라우드소싱 crowdsourcing'(여러 사람으로부터 정보나 아이디어, 도움 등을 구하는 방식_옮긴이)하고, 정치적 주고받기give-and-take를 통해 행동 방침을 결정할 수 있었다.[23] 영국 상인 계층의 확대된 영향력은 영국의 근대화가 본격적으로 시작되면서 국가라는 배의 중심을 잡아 주는 안정판 역할을 했다.

명예혁명은 한 정당이 영구적으로 집권하도록 한 것이 아니었다. 오히려 양극화의 위험에서 초당적으로 탈출한 것이었다. 그렇다고 휘그당과 토리당이 더 이상 의견 충돌이 없었다는 것은 아니다. 휘그당은 토리당을 가톨릭 폭군이라고 공격하고, 토리당은 휘그당을 국왕을 시해한 청교도라고 공격하는 등 분명히 의견 충돌이 있었다. 하지만 양측은 몇 가지 중요한 공통점을 발견했다. 가장 중요한 점은 양측이 국가의 재정 관리에서 의회의 중심적 역할을 확인했다는 것이다. 이제 입법부가 영국의 돈줄을 단단히 쥐게 됨에 따라 국내외 채권자는 영국이라는 국가가 빚을 갚을 것이라는 확신을 가질 수 있었다.[24] 휘그당과 토리당은 경제 정책의 접근 방식이 달랐지만(전자는 제조 업체를 장려하고 후자는 농촌 상류 지주 계층을 옹호했다) 두 정당 모두 왕조의 영광이나 종교적 열의가 아니라 영국의 번영이 국익을 결정한다는 관점을 받아들였다.[25]

영국은 종교 면에서도 네덜란드를 본받아 강압적 획일성 대신 혼란스러운 다원주의를 수용했다. 1689년의 관용법Act of Tolerance은 네덜란드식 종교적 관용을 영국으로 확대했다.[26] (이 법은 가톨릭을 대상에서 제외했지만 개신교는 모두 포함했다.) 종교가 정치적 분열의 핵심에서 벗어나면서 가톨릭 신자나 엄격한 청교도의 압도적 지배는 생각할 수 없게 되었다. 공직 보유와 대학 진학에 일부 제한이 남았지만, 침례교나 감리교와 같은 성공회 이외의 개신교 단체도 정치 질서에 위협적 세력처럼 보이지 않으면서 영국 성공회와 함께 번성할 수 있었다. 영국은 이제 확고한 개신교 국가가 되었지만 더 이상 종교적 내분으로 국력을 소모하지 않았다. 그에 따른 부수적 효과는 사상의 다양성이 보다 널리 환영받게 되면서 영국이 네덜란드의 뒤를 이어 획기적인 새로운 아이디어의 본거지로 자리 잡는 데 도움이 되었다는 점이다. 이것이 바로 아이작 뉴턴Isaac Newton과 존 로크가 활약하게 된 영국이었다. 실제로 로크는 명예혁명이 일어난 후에야 네덜란드에서의 망명 생활을 청산하고 귀국할 수 있었다.

유럽 전체가 영국이 정치적으로 안정되고 문화적으로 관용적인 나라가 되었다는 점에 주목했다. 암스테르담 출신의 금융가가 런던에 자리 잡았고, 네덜란드 정치가가 윌리엄 3세와 함께 이주하여 영국의 새 군주에게 외교 정책과 경제에 대한 자문을 제공했다. 1688년 이후의 이민 패턴은 영국이 네덜란드를 어느 정도 능가했는지를 보여 주었다. 프랑스의 개신교도인 위그노도 탄압을 피해 프랑스를 탈출하면서 네덜란드 대신 영국을 피난처로 선택하는 비중이 점점 더 커졌다. 이들은 1694년 영국 의회가 암스테르담은행의 성공을 모방해서 만든 새로운 금융 기관인 영란은행Bank of England

에 자신들이 저축한 돈을 맡겼다.[27] 이 은행의 초기 자본금 가운데 약 15퍼센트가 프랑스 출신 개신교 신자들로부터 나왔고,[28] 은행의 창립 헌장에는 위그노 성姓을 가진 이름이 다수 새겨졌다.[29]

명예혁명으로 인해 세 가지 중요한 발전이 이루어졌다. 첫째, 명예혁명은 오늘날의 기업 합병처럼 네덜란드와 영국의 거대 기업들 간에 국제 무역과 해운 분야에서의 이해를 통합시켰다. 둘째, 명예혁명 이후 영국은 왕당파와 공화파의 양극단을 거부했고, 새로운 합의를 도출하려고 양 정파가 휴전을 받아들일 정도로 정치가 온건해졌다. 셋째, 명예혁명으로 인해 영국은 프랑스의 절대주의 중앙 집권제 대신 네덜란드의 자유주의 관행을 채택했고, 특히 경제 영역에서 결정적으로 네덜란드의 상업적 근대화를 수용했다. 18세기에 들어서면서 영국은 네덜란드를 앞질렀다. 이후 몇 년 동안 영국과 네덜란드는 산업화를 위해 경쟁하면서 그 격차가 더욱 벌어진다.

몰락의 함정에 빠진 네덜란드

경제 사학자들은 인류의 경제 발전 과정에서 나타난 두 가지 '분화分化, divergence'를 이야기한다. 1600년대 영국과 네덜란드가 이룬 경제 기적을 '소분기Little Divergence'라고 하는데, 북해의 두 나라가 다른 유럽 국가가 겪고 있던 침체에서 벗어난 것을 가리킨다. 이후 19세기에 유럽의 경제적, 기술적, 지정학적 힘이 기하급수적으로 증가한 '대분기Great Divergence'가 있었다. 대분기로 인해 서구 국가 대부분이 다른 지역의 국가들보다 앞서게 되었고, 전 세계 강대국을 굴복시킬 수 있었다. 대분기는 산업화가 진행 중이던 영국이 주도했다. 영국(잉글랜드)은 1707년 스코틀랜드와 통합해 대영 제국이 되었다. 한때 발달이 빨랐던 네덜란드는 정체되었다.

영국은 네덜란드 공화국을 번영하게 만들었던 근대화의 특성을 채택했을 뿐 아니라, 옛 스승이었던 네덜란드를 제친 뒤 크게 앞질러 버렸다. 영국이 계속해서 성공 가도를 달린 데 반해 네덜란드가 뒤처진 이유는 무엇일까?

근본적으로 네덜란드인은 자신들이 얻은 명성에 안주했다. 네덜란드인을 상업에 능숙하도록 만들어 준 독창성, 운하, 기업, 시민 정신에도 불구하고 그들은 산업 경제에서는 뒤처졌다. 네덜란드의 풍차와 물레방아는 당시로서는 발전된 기술이었지만 석탄과 증기에 비하면 열악한 동력원이었다. 네덜란드인은 오랫동안 직물 제조업을 지배했지만, 이제는 석탄을 연료로 가동되는 영국의 직물 공장이 그들을 압도했다. 네덜란드가 그다지 눈에 띄게 기술적으로 앞서지 못했던 광업과 금속 가공 분야는 영국이 강점을 지녔고 산업 혁명Industrial Revolution의 기반이 되었다. 결정적으로 유럽에서 떨어진 섬나라 영국은 네덜란드보다 대륙의 군사적 위협으로부터 훨씬 더 안전했다. 이러한 견고한 지리적 기반 위에 영국은 주식 시장, 다국적 기업, 기업가 정신, 국제 무역 등 네덜란드의 혁신 기술을 받아들인 뒤 이를 더욱 발전시켜 더 넓은 범위의 사회에 더 큰 규모로 적용했다. 명예혁명 당시 영국의 노동력 규모는 네덜란드의 2배를 넘었다. 이러한 격차는 시간이 지나면서 스코틀랜드가 흡수되고 산업화가 시작되면서 인구 급증으로 더욱 벌어졌다.

1700년대 중반이 되자 네덜란드는 영국에 기술적 경제적 우위를 잃은 것이 분명해졌다. 이 시점에 네덜란드인은 흔히 볼 수 있는 함정에 빠졌다. 군사적으로 프랑스의 위협을 받고 외국의 관세에 시달리던 네덜란드 공화국은 자체적으로 보호주의 조치를 취했다. 한때 자유 무역의 가장 위대한 옹호자였던 국가가 이제 네덜란드 기술의 유출을 제한하고, 국내 제조업을 경쟁으로부터 보호했다.[30] 네덜란드가 과거 베네치아 꼴이 된 것이다.

한편, 북해 전역에서 중세 길드의 마지막 흔적이 사라지는 와중에도 네덜란드 도시는 제한적인 길드 시스템을 강화하고 심지어 새로운 길드를 설립하려고 애썼다.[31] 현직 관리와 지역 엘리트, 특수 이해 관계자는 자신들의 전통적 생계를 위협하는 네덜란드 외부로부터의 새로운 산업 기술의 도입을 막기 위해 결탁했다. 이 모든 행위가 네덜란드 산업을 살리기는커녕 기술 주도권을 영국에 넘겨주는 결과를 빚었다.

그 무렵 네덜란드는 더 이상 새로운 아이디어, 산업, 기술에 개방적이었던 과거의 신생국이 아니었다. 이제 네덜란드는 지난날을 회고하는 노쇠한 나라가 되었다. 나라를 지배하는 정치 분위기는 과거 네덜란드의 위대했던 시대를 그리워하는 것이었다. 이는 급속한 발전과 몰락 그리고 잃어버린 황금기에 대한 추억의 물결이라는 익숙한 이야기로 이어진다.

자본주의의 세계적 확산

네덜란드의 상업주의가 영국의 권력과 결합한 순간은 중세 세계가 종말을 고하는 시점으로 볼 수 있다. 고귀한 신분이나 종교적 순수성보다는 파운드와 실링으로 가치가 측정되기 시작했다. 과거 중세의 위계질서는 사라지고 권력, 지위, 부 등 계량화할 수 있는 척도로 대체되었다. 기독교적 미덕이나 기사도적 명예에는 가격을 매길 수 없었지만 지갑 속 돈은 측정할 수 있었다. 영국의 역사학자 헨리 메인Henry Maine은 이를 "신분status"세계에서 "계약contract"세계로의 전환이라고 부르며, 이 변화를 자율적 개인으로 이루어진 현대 사회의 필수 전제조건으로 파악했다.³²

계약의 세계가 점점 더 넓어지면서 영어의 영향력도 커졌다. 영어는 영국 제도British Isles에 포괄적 민족주의와 공유된 정체성을 가져다주었다. 오늘날 자유주의자들은 민족주의를 국제적 유대를 무너뜨리는 파괴적 힘으로 보곤 한다. 하지만 근대 초기에 민족주의는 어수선한 중세의 혼란에서 벗어나 더 광범위하고 기능적인 정치 형태로 통합하는 데 기여하는 등 대체로 건설적 역할을 했다. 1707년 스코틀랜드가 연합법Act of Union에 따라 잉글랜드에 합류하면서 새로운 국가는 언어적으로도 하나로 묶였다. 시장의 성장과 더불어 영어는 대영 제국 내에서 웨일스어와 스코틀랜드 게일어를 사용하는 지역으로 퍼져 나갔다. 대영 제국에 속한 여러 민족이 영어를 채택한 것은 강압에 의해서가 아니라 상업적으로 편리했기 때문이다. 대영 제국을 통치하려고 해외로 나간 군대와 행정관들 중 상당수는 현지 주민들로부터 오만한 '영국인'이라는 조롱을 받았지만 사실 이들은 스코틀랜드인이었다. 따라서 영어와 공동의 제국 프로젝트는 공유된 국가 정체성 형성을 가속화하여 작은 잉글랜드 왕국에서 대영 제국을 세웠으며, 수 세기 동안 지속되어 최근 수십 년간 더욱 강력해진 세계화를 위한 공용어를 탄생시키는 엔진 역할을 했다.

영국 사람이 공통의 언어와 기업가적 정체성을 공유하면서 그들의 사회적 취향도 영국 제도의 거친 해안을 넘어 확장되었다. 그런 변화는 아침 식사 같은 일상적 일에서도 찾아볼 수 있었다. 중세 농노와 일꾼은 아침에 음료를 마실 시간도 없고 돈도 없었지만 이제 영국인은 매일 중국산 차에 카리브해산 설탕을 넣어 마시게 되었다. 미국의 인류학자 시드니 민츠Sidney Mintz에게 영국식 차 문화의 출현은 "사회 전체의 변화"를 예고한 것으로, 처음 마신 차 한 모금은 아담이 처음 베어 문 금단의 사과 한 입과 같은 변화였다.[33] 즉 차 한 모금에서 자본주의와 세계화가 촉발된 것이다.

대륙의 다른 강대국과 달리 영국에서 소비적 충동은 엘리트만의 전유물이 아니었다. 가처분 소득의 증가로 영국의 빈곤층과 노동자 계급도 자유 시장의 과실을 누렸다. 18세기 말에 평균적인 영국인은 하루에 2450칼로리를 소비했지만, 평균적인 프랑스인은 하루 소비량이 1850칼로리에 불과했다.[34] 영국의 노동자는 유럽의 다른 나라 노동자보다 훨씬 더 많은 돈을 벌었고, 아시아와 아프리카에 사는 사람들보다는 아주, 아주 더 많은 돈을 벌었다. 대중적 풍요는 명백히 보였다. 소설가이자 경제학자였던 다니엘 디포Daniel Defoe는 1726년에 이를 다음과 같이 적었다.

영국의 제조업 노동자들은 유럽의 다른 어떤 나라의 노동 빈곤층보다 더 기름진 음식을 먹고, 더 단 음료를 마시며, 더 잘 살고, 더 일을 잘한다. 그들은 다른 어떤 나라에서보다 더 많은 임금을 받고 더 많은 돈을 먹고 마시는 데 쓴다.[35]

현대 역사가도 이에 동의한다. 그들이 계산한 바에 따르면 점점 더 강력해진 영국 정부가 거두어들인 세수의 약 60~80퍼센트는 새로운 소비재 즉 설탕, 차, 커피, 담배 등과 같은 기호품과 각성제에 부과되는 관세 및 소비세에서 나왔다.[36] 가처분 소득과 소비 지출이 급증하면서 세수도 크게 늘었다. 1500년부터 1780년대까지 1인당 평균 세금 징수액은 스페인에서 3배, 프랑스에서 5배씩 증가했고, 영국에서는 10배나 늘어났다.[37] 영국 정부는 국가의 장기적 성공이 전쟁 자금을 충분히 비축하는 데 달려 있음을 알고 있었다. 그래서 영국은 신중한 상업적 기업이라면 당연히 했음 직한 재투자를 했다. 영국은 자유로운 해상 무역로를 계속 유지하려고 세계에서 가장 강력한 국제적 대양 해군을 구축했다.

한 세기 전 네덜란드 해군과 마찬가지로 영국 해군도 활동 범위가 늘어나면서 혁신을 거듭했다. 영국의 방대한 함선 건조 프로그램은 세계 최초의 군산軍産 복합체라고 할 수 있는 해군 방위 산업이 크게 발전하는 원동력이 되었다. 대포를 제조하기 위한 방위 계약으로 거대한 제철소가 번성했다. 석탄을 때는 용광로는 광산에서 물을 퍼 올리는 최초의 증기 기관 개발을 촉발했다. 영국의 경쟁국은 기술력과 자금이 부족해 더 이상 경쟁할 수 없었고, 영국의 해군력은 압도적 우위를 점하게 되었다. 19세기 중반에 이르러 영국 해군은 다른 모든 국가의 함대를 합친 것과 비슷한 수의 함선을 보유했다.[38]

팍스 브리태니카Pax Britannica(영국의 지배에 의한 평화_옮긴이)가 팍스 홀랜디카보다 더 광범위하고 오래 지속된 것은 당연하다. 무역을 위해 바다를 안전하게 지키는 일은 네덜란드가 시작했으나 결국 영국이 마무리했다. 영국은 외국의 적에 대항하려고 영국 해군Royal Navy을 동원하기는 했지만 영국의 해군력은 주로 국기인 유니언 잭Union Jack을 게양하지 않은 외국 국적의 선박을 포함해 비무장 상선을 약탈하는 해적 행위를 진압하는 데 사용되었다. 이런 의미에서 영국은 동시대의 다른 국가보다 훨씬 덜 중상주의적이었다.

영국은 해군의 위세가 전 세계로 확장되면서 (중국과 벌인 아편 전쟁 때처럼 무력으로 시장을 개척하기도 했지만) 결국은 자유 무역을 수용하고 장려했다. 영국 해군 덕분에 영국 경제의 역동성이 세계적으로 확산되었고, 영국-네덜란드의 경제 기적 또한 세계화되었다.

낙관주의자들의 휘그 사관

수 세기 동안 물질적 조건과 개인의 자유가 어떻게 개선되었는지를 자세히 설명하는 학자들은 종종 '휘그 사관Whig history'의 약장수 취급을 받는다. 이 용어는 휘그당에서 유래한 것으로, 휘그 당원은 훗날 명예혁명을 멈출 수 없는 진보의 흐름으로 회고하면서 혁명 과정의 문제점을 호도하고 역사의 전개 과정에서 짓밟힌 사람을 외면했다. 그러나 휘그 사관은 1688년경 근대 정치와 경제가 등장한 이후 영국이 (그리고 더 나아가 전 세계가) 상상할 수 있는 모든 면에서 (물리적, 도덕적, 지적으로) 더 나아졌다고 믿는 낙관주의자들의 학파를 의미하게 되었다.[39] 이들의 관점에서 보면 대의 민주주의와 산업 자본주의는 인류 역사상 가장 중요한 발전이며, 우리는 현대에 태어난 행운에 감사해야 한다. 오늘날 휘그 사관을 대표하는 인물로는 스티븐 핑커Steven Pinker와 매트 리들리Matt Ridley 같은 학자가 있다.

오늘날 학계에서 '휘그 사관'은 유행이 지났다. 우리는 역사란 복잡하고, 진보는 측정하기 어려우며, 최근 몇 년 동안에도 많은 집단의 삶이 가혹했다는 이야기를 들었다. 이는 모두 사실이지만, 근대 초기의 사회에서 지속적 진보라는 개념이 얼마나 전례 없는 것이었는지는 명심해야 한다. 16~17세기에 시작된 과학, 기술, 산업의 부상은 진정으로 과거와의 단절을 의미했다. 근현대사에서 시간의 흐름에 따른 진보는 이론이 아니라 사실이다. 내가 일부 '휘그 사관'을 가진 역사가들과 다른 지점은 영국-네덜란드가 지나온 궤적에서 불가피하거나 자동적으로 이루어진 것을 전혀 찾지 못했다는 점이다. 영국-네덜란드의 궤적은 이전의 추세적 경로에서 이탈한 것이었기 때문이다. 자유주의는 루이 14세나 다른 절대주의 폭군에 의해 유럽 본토에서 쉽게 사라질 수 있었다. 자유주의는 네덜란드인들 사이에서 소멸되었거나 영국에 이식되지 못했을 수도 있었다. 대의 민주주의와 자본주의, 고전적 자유주의, 심지어 근대성 자체도 채 성장하기도 전에 요람에서 질식사했을 수도 있었다. 로마가 멸망한 후 수 세기 동안 유럽은 암흑기에 접어들었고, 정치 조직은 말할 것도 없고 기초 과학과 공학에 대한 지식까지 상실했다. 이 모든 일이 오늘날에 일어나리라고 상상하기는 어렵다. 그러나 자유 민주주의는 포퓰리즘, 선동, 기술에 의해 현대적 조건이 소멸되면 여전히 쇠퇴할 수 있다.

그러나 역사가 보여 준 바와 같이 네덜란드 혁명과 명예혁명은 성공했고 지속되었다. 사실 이 두 혁명이 불러온 급격한 변화는 성공한 혁명의 기준을 세웠고, 앞으로 실패한 혁명이 일어날 수 있는 무대를 마련했다. 네덜란드와 영국의 사례는 변화하는 사회에 상응하여 정치 제도가 상향식으로 개혁되었음을 보여 준다. 엘리트들이 주도적 역할을 했지만, 그들은 정치적 변화를 이끄는 과정에서 근저에 흐르던 경제적 변화와 정체성 변화의 결대로 따랐다. 미국 식민지 주민이 1776년 독립에 이를 때까지 몇 년 동안 '영국인으로서의 권리rights as Englishmen'를 요구했을 때, 그들은 1688년 명예혁명의 정신과 그 정신이 낳은 권리장전을 떠올렸다. 물론 영국에 대한 불만은 영국의 경쟁국인 프랑스의 지원을 받아 미국 독립을 위한 투쟁으로 바뀐다.

그러나 미국의 독립 전쟁을 지원하는 데 들어간 비용 때문에 프랑스 왕정은 파산했고 위기가 닥쳤다. 18세기 말 프랑스 지도자들은 미국의 선례에서 영감을 받아 왕정을 전복시켰다. 그러나 그들은 도가 지나친 개혁을 추진했고, 하향식 혁명을 이루려고 시도했으며, 극적 변화를 받아들일 준비가 되어 있지 않은 사회에 근대화를 강요했다. 그 결과는 끔찍한 실패로 드러났고, 이런 실패는 시대를 초월해 반복되었다.

3

분열과
혼란을 남긴 혁명,
프랑스

성난 폭도가 수도로 몰려와 입법부를 향해 나아갔다. 정당성을 잃은 지도자들에 대한 분노가 몇 달 동안 부글부글 끓어오른 끝에 이제 폭력적 난동으로 터져 나왔다. 인원이 너무 적었던 데다 이런 규모의 대중적 분노에 익숙하지 않았던 경비병은 침입자를 막으려고 정신없이 문을 걸어 잠그려 애썼다. 그러나 엄청난 규모의 군중과 그들의 맹렬한 기세는 막을 수 없었다. 문 앞에서 벌어진 몸싸움은 치명적인 상황으로 번졌다. 혼란스러운 교전 속에서 필사적이었던 경비병이 침입자에게 발포를 했고, 일부 격분한 폭도는 경비병을 구타해 죽였다. 그런 다음 폭도는 거의 무방비 상태로 방 안에 남겨져 웅크리고 있던 정치인을 덮쳤다. 겁에 질린

의원들은 허둥지둥 도망쳤다.

이는 2021년 1월 6일 워싱턴 D.C.에서 벌어진 일이 아니었다. 이 상황은 1792년 8월 10일 파리의 모습으로, 권력의 중심부였던 튈르리 궁Tuileries Palace이 습격을 받아 프랑스 혁명France Revolution의 피비린내 나는 암흑기가 시작되었다. 두 달 전, 루이 16세는 튈르리 궁에서 또 다른 군중에게 위협을 받아 혁명 기간 동안 자유의 상징이었던 붉은 모자를 쓰도록 강요당했다. (이 모자에는 워싱턴의 의사당을 습격한 폭도들이 내세웠던 '미국을 다시 위대하게Make America Great Again'라는 구호는 새겨져 있지 않았다.) 국왕은 국가의 안녕을 위해 건배하려고 포도주를 손에 쥐고 있었다. 그는 군중을 달래려고 마지못해 "국가 만세Vive la nation!"라고 내뱉으며 조심스럽게 한 모금 마셨다.

21세기 포퓰리즘이 프랑스 혁명의 혼란스러운 당파 정치와 꼭 일치하는 것은 아니다. 그러나 양극화와 극단주의로 점철된 프랑스 혁명의 그림자는 오늘날 역사 전반에 확대되고 있다. 많은 국가에서 현대의 좌파와 우파는 각기 자신들을 설명할 때 '혁명가'라는 단어를 사용해 왔다. 그러나 프랑스 혁명은 단지 수사적 비유가 아니었다. 급진적 이념론자들이 시대에 뒤떨어진 사회에 급격하고 과감한 변화를 강요하는 일이 실제로 벌어진 피비린내 나는 현실이었다. 프랑스에서 이러한 시도는 폭력적이고 극적으로 진행되었고, 엄청난 지각 변동을 초래한 끝에 실패로 돌아갔다.

프랑스 혁명의 대략적 윤곽은 익히 알려져 있다. 1789년 파산한 루이 16세는 세수가 필요했고, 오랫동안 열리지 않았던 자문 기구

루이 16세는 붉은 모자를 쓰고 "국가 만세"라고 외쳤다. ⓒ Public domain

폭도로 변한 군중이 루이 16세에게 '붉은 모자'를 쓰라고 강요하고 있다. ⓒ Public domain

성격의 의회를 소집했다. 그러나 대표성이 없고 무력한 이 기구에 참석한 평민은 재정 개혁안을 자동으로 인준하기를 거부했다. 대신 그들은 더 대표성 있는 새로운 입법부를 구성하고 성문화된 헌법을 제정할 것을 요구했다. 분노한 시민들은 연대하여 파리 거리를 활보하며 혁명적 정치 세력으로서 길거리 폭도의 위력을 보여주었다. 입법부는 프랑스 전역의 봉건제를 폐지하고 국왕의 권한을 축소했다. 새로운 민주주의의 시대가 열리는 듯했다.

그러나 그런 일은 일어나지 않았다. 이 사태를 예의주시하던 오스트리아와 프로이센이 프랑스를 침공했다. 공황 심리와 피해망상적 편집증이 파리를 사로잡았다. 혁명 지도자들은 루이 왕을 새로 발명된 단두대에서 처형하며 '공포의 시대Reign of Terror'로 알려진 유혈 사태를 일으켰다. 막시밀리앙 로베스피에르Maximilien Robespierre가 이끄는 급진파가 정권을 장악하고 모든 경쟁자를 반역자로 몰아세웠다. 민주주의와 표현의 자유를 위한 투쟁으로 시작된 프랑스 혁명은 급진주의와 탄압의 난장판으로 변했다.

이 무질서 속에 카리스마 넘치는 젊은 장군 나폴레옹 보나파르트Napoleon Bonaparte가 등장했다. 1799년 그가 권력을 잡고 나서 프랑스는 제국으로 변모했고 경쟁국의 연합군을 차례로 격파했다. 한때 나폴레옹이 장악했던 영역은 스페인에서 폴란드까지 뻗어 있었다. 그러나 1812년 러시아 침공에 실패하면서 나폴레옹의 치세는 종말을 고했다. 1815년, 또 다른 루이가 왕위에 올랐고 프랑스인의 이상주의적 꿈은 사망한 듯 보였다.

무엇이 잘못되었던 것일까? 무엇보다도 프랑스 혁명은 광범위한 사회적, 경제적, 기술적 변화로부터 자연적으로 발생한 것이 아니라, 몇몇 정치 지도자에 의해 강요된 혁명이 얼마나 위험한지를 잘 보여 준다. 프랑스 지도자들은 준비가 거의 되어 있지 않은 국가에 하향식 법령을 통해 근대화와 계몽주의를 강요하려 했다. 핵심 문제는 근대성이 발전하는 데는 수 세기는 아니더라도 적어도 수십 년은 걸린다는 점이다. 자유주의가 깊이 뿌리내린 국가에서는 네덜란드의 시청과 상인 협회, 영국의 의회 위원회와 합자 회사 같은 곳에서 근대성이 산발적으로 발전했다. 근대성은 경제 및 기술 혁신의 상향식 진행 과정을 거쳐 발전했으며, 나중에는 이러한 새로운 흐름의 방향을 잡는 숙련된 리더십과 결합되었다. 네덜란드와 영국의 지도자가 자국의 정치 제도를 명시적으로 바꾸려고 시도했을 때, 그러한 시도는 대개 정치의 표면 아래 사회 저변에서 이미 일어난 변화를 구현하고 확인하며 성문화하기 위한 것이었다. 네덜란드나 영국과는 달리 프랑스에서는 혁명의 지도자가 단번에 사회를 재편하려 했다. 그리고 그 혁명은 상향식이 아닌 하향식으로 이루어졌다.

프랑스 혁명은 또한 혁명의 정체성을 배타적인 범주로 구분할 경우 얼마나 쉽게 통제 불능의 상태로 치달을 수 있는지를 보여 준다. 모두가 애국자 또는 반역자 중 하나라면 누군가는 내쫓길 수밖에 없다. 프랑스 혁명의 극단주의, 양극화, 정체성 정치는 네덜란드와 영국 혁명의 온건주의, 다원주의, 자유주의와 극명한 대조를 이룬다. 사회의 변화는 유기적으로 이루어져야 한다. 변화를 너무 빠르게 강요하면 그에 따른 분열, 혼란, 반발로 인해 문명 자체가 무너질 수 있다.

사회가 혁명의 적과 친구(우리가 우파와 좌파라고 부르는 것)로 분열된 것은 프랑스 혁명의 피할 수 없는 유산 중 하나였다. 영국의 역사학자 허버트 버터필드Herbert Butterfield는 "모든 사람은 프랑스 혁명을 어떻게 볼 것인지 하나의 입장을 취해야 하며, 어떤 식으로든 그에 대한 결정을 내릴 수밖에 없다. 이는 우리가 세상을 살아가면서 기본적으로 가지는 가치관의 일부이기 때문"이라고 지적했다.[1] 오늘날에도 자유주의자와 보수주의자 간의 싸움은 1789년에 시작된 정치적 전쟁의 일부이다.

잘못 꼬여 버린 혁명

"프랑스 혁명의 원인은 무엇인가?"란 의문은 역사에서 중요하고 가치 있는 질문 가운데 하나이다. "로마 제국은 왜 멸망했을까?"라는 질문과 마찬가지로, 프랑스 혁명의 원인은 너무나 복잡해서 아무리 뛰어난 학자라도 단 하나의 만족할 만한 설명을 내놓지는 못할 것이다. 프랑스의 격변은 경직된 정치 구조와 끓어오르는 계급적 긴장, 영불 전쟁의 패배에 따른 충격, 반복되는 예산 위기, 무능한 리더십 등 여러 가지 원인이 복합적으로 작용한 탓으로 돌릴 수 있다.

우리의 목적에서 핵심 질문은 왜 혁명이 일어났는가에 대한 것이 아니라, (역사에서 혼란과 불안은 드물지 않은 일이므로) 프랑스 혁명은 왜 그토록 격렬하게 전개되었고, 왜 그토록 처참하게 실패했는가 하는 것이다. 네덜란드 혁명과 영국의 후속 혁명은 비교적 평화롭고 점진적인 변화를 가져왔다.[2] 이들은 폭정을 몰아내고 더 효과적인 정치 시스템을 구축하는 데 성공했다. 반면에 프랑스 혁명은 거리의 폭도, 단두대, 나폴레옹의 독재 등 일련의 섬뜩한 이미지를 떠올리게 한다. 프랑스 혁명은 자체 지표로 판단하더라도 의문의 여지없이 잘못 꼬였다.

처음에 프랑스 혁명은 국민이 왕에 대항하는 지극히 평범한 혁명처럼 보였다. 그 시작은 주로 재정 문제였다. 프랑스의 군주제는 베르사유의 왕실 변기를 은으로 만들 정도로 사치스럽기로 유명했지만, 실제로 왕실 재정의 등골을 휘게 만든 지출은 군사비였다. 1643년부터 1715년까지 '태양왕' 루이 14세의 통치 기간 동안 군대는 왕실 수입의 50퍼센트를 소비했고, 전시에는 그 비율이 80퍼센트를 넘었다.[3] 실제로 루이 14세가 유럽에서 벌인 끝없는 전쟁 비용을 대기 위해 은으로 만든 왕실 변기를 모두 녹여야 했다. 이후 더 많은 국제 전쟁이 벌어졌다. 그 중 하나로 프랑스는 1776년 미국 식민지 주민의 반란에 개입하여 대영 제국에 큰 타격을 입혔지만 결국 그로 인해 정부가 파산했다. 재정적 측면에서 보면 미국 혁명이야말로 그보다 더 피비린내 나는 프랑스 혁명을 직접적으로 유발한 셈이다.

1789년 5월, 자금난에 시달리던 루이 16세는 오랫동안 휴면 상태였던 프랑스 왕국의 입법 기관인 삼부회三部會, Estates General를 소집했다. 삼부회는 영국 의회와 같은 진정한 통치 기구라기보다는 자문 위원회에 가까웠다. 더욱이 삼부회는 175년 동안 단 한 번도 열린 적이 없었다! 루이는 이 회의가 새로운 세금을 승인해 주기를 바라며 약간의 재정 개혁을 단행하고 왕실 지출을 억제하겠다고 제안했다. 베르사유에서 모인 삼부회는 (마지막 그룹이 전체 인구의 약 98퍼센트를 차지했음에도 불구하고) 프랑스 내 계층을 대표하는 세 개의 신분별 집단(부部, estate), 즉 성직자(제1부)와 귀족(제2부), 기타 모든 사람(제3부)으로 나누었다. (주로 부유한 변호사들이 대표했던) 제3부가 왕이 제안한 형식적 개혁을 바로 거부했다. 이들은 미국 독립 전쟁의 영웅 라파예트 후작Marquis de Lafayette과 같은 자유주의 귀족과 시에예스 수도원장Abbé Sieyès 같은 개혁주의 성직자와 함께 근본적인 정치 변화를 요구했다. 평민들은 다른 두 부部와 통합해 하나의 국민의회를 만들 것을 주장했다. 그해 6월, 그들은 왕실의 여가를 위해 설계된 베르사유의 한 방에서 유명한 '테니스 코트의 서약Tennis Court Oath'을 하고, 자신들의 요구가 관철될 때까지 해산하지 않겠다고 맹세했다. 그들의 비전은 프랑스의 새로운 정치 질서 즉 헌법적 제한을 둔 군주제(입헌 군주제)였다. 며칠 후 루이는 마지못해 새 국민의회의 정통성과 새 헌법을 제정할 권리를 인정했다. 절대 군주제는 균열이 생겼고 이윽고 무너졌다.

베르사유 궁전 밖 거리에서도 혁명을 밀어붙이는 여러 사건이 일어났다. 1789년 7월 14일, 자극적인 언론인과 대중을 흥분시키는 연설가의 선동에 부화뇌동한 파리의 폭도가 왕실 폭정의 상징이 되어 버린 바스티유 감옥을 습격했다. 당시 수감된 죄수는 7명일 뿐이었지만 폭도는 전혀 신경 쓰지 않았다. 바스티유의 함락은 실질적으로는 거의 의미가 없었지만 일부 간수가 분노한 파리 시민에게 살해당하면서 혁명의 새로운 폭력적 국면을 상징했다. 의원들은 피에르 아드리앙 파리스가 설계한 화려한 베르사유 홀에서 회의를 계속했고, 이곳에서 느슨한 군주제를 지지하는 세력과 군주제 자체를 반대하는 그룹이 각각 우파와 좌파로 연합했다. 그러나 모든 당파를 엄습한 새로운 현실은 권력의 회랑corridors of power 밖에서 일어난 거리의 봉기가 하룻밤 사이에 정치 규칙을 다시 쓸 수 있다는 사실이었다.

바스티유 성벽이 무너지면서 '앙시앙 레짐Ancien régime'(혁명 이전의 구체제)은 사실상 붕괴했다. 지방에서는 대공포Great Fear로 알려진 공황 심리가 프랑스 전역을 휩쓸었다. 평민은 과거의 특권과 세금을 거부당해 원한에 찬 귀족이 농민을 굶겨 죽이려는 음모를 꾸미고 있다고 주장하는 등 갖가지 음모론이 만연했다. (로버트 단턴Robert Darnton은 프랑스에서 혁명 이전 수십 년 동안 각종 소문, 가십, 노래, 팸플릿 등이 확산된 것이 '혁명적 분위기revolutionary temper'를 조성했다고 주장한다.)[4] 농민은 봉건주의의 물리적 형상을 제거하겠다는 일념으로 수백 개의 성채를 약탈했고, 봉건적 의무를 증명하는 과거의 세금 문서를 불태웠으며, 영지를 완전히 초토화시켰다.

국민의회는 8월 들어 정신없이 서두른 밤샘 회의 끝에 봉건주의의 모든 법적 구조를 폐지하기로 의결했다. 농촌 지역의 농민은 자신들 손으로 직접 문제를 해결한다면서 봉건제 폐지 조치의 공식적 시행을 기다리지 않고 폭동을 계속했다. 경계심을 가지게 된 귀족은 출구를 찾기 시작했다. 곧 프랑스 귀족의 대규모 탈출이 이어졌다.

희망찬 초기에는 많은 관찰자가 영국에서 명예혁명이 이루어 낸 것처럼 프랑스 혁명도 의회의 우위, 안정적 재정, 법치, 개인의 자유와 종교적 관용 등을 갖춘 입헌 군주제를 성취할 것으로 기대했다. 이는 많은 프랑스 자유주의 혁명가의 명시적 목표였다. 이들은 혁명 초기에 헌법을 제정하고, 왕의 권한을 제한했으며, '인간과 시민의 권리 선언the Declaration of the Rights of Man and of the Citizen'(라파예트와 당시 프랑스 주재 미국 특사였던 토머스 제퍼슨Thomas Jefferson이 공동 집필)을 발표하고, 전국 선거를 실시하는 등 몇 가지 승리를 거두었다. 하지만 그들의 발밑에서 지각 변동이 일어나고 있었다.

급진주의의
대두

프랑스 외부에서 벌어진 사건이 내부에서 빚어진 사회의 불안정과 결합하면서 자유주의 혁명가의 입지를 약화시켰다. 유럽 각국은 처음에는 같은 군주제 국가로서의 초조감과 기회주의적 쾌감이 뒤섞인 표정으로 프랑스 혁명을 맞이했다. 프랑스가 혼란에 빠진 사이 경쟁국은 운신의 폭이 넓어졌다. 프로이센, 러시아, 오스트리아는 프랑스가 가졌던 힘의 공백을 틈타 공동으로 폴란드를 집어삼켰다. 이 바람에 폴란드는 거의 125년 동안 지도에서 사라졌다. 그러나 혁명의 밝은 희망이 희미해지자 프랑스의 이웃 국가는 긴장하기 시작했다.

프랑스 왕실의 탈옥 사건이 전환점이 되었다. 1791년, 새로운 헌정 질서에 의해 이미 권력이 축소된 루이 16세는 변장을 하고 국외로 탈출을 시도했다. 그는 혁명을 비난하는 도발적 서한과 오스트리아 보수 세력과 함께 반혁명을 꾀하고 있다는 내용의 유죄를 시인하는 듯한 통신문을 남겼다. 루이가 도주에 성공했다면 프랑스 혁명은 다른 역사적 갈림길로 접어들었을지도 모른다. 그러나 루이는 도주하던 길에서 발각되어 붙잡혔다. 베르사유에 산 적이 있었던 한 늙은 치안 판사는 본능적으로 국왕의 발 앞에 무릎을 꿇기까지 했다.[5] 6000명의 근위대와 무장 혁명군에게 둘러싸여 파리로 호송된 왕은 끔찍한 광경을 마주했다.[6] 한때는 신민臣民이었지만 이제는 시민市民이 된 군중은 완전한 침묵으로 그를 맞이했다. 국민의 아버지로 칭송받던 왕은 이제 도망자 신세가 된 반역자로 여겨졌다. 왕정의 정통성은 끝내 회복되지 않았고, 왕실은 파리 한복판에서 무장 경비원의 감시 아래 놓였다.

루이 16세의 목숨이 위태로워지자 유럽의 동료 군주들은 새로운 혁명 정권이 너무 위험하므로 더는 방치할 수 없다고 판단했다. 이 무렵 오스트리아와 영국 사이에 결정적 동맹이 이루어졌다. 극히 보수적인 오스트리아 정부는 절대 왕정에 대한 위협을 없애고자 했고, 더 자유주의적인 영국 정부는 평화와 안정을 원했기에 전쟁에 필요한 자금을 지원할 수 있었다. 그 결과 혁명을 무효화하기 위한 전쟁이 수십 년에 걸쳐 벌어졌다. 1792년 7월, 오스트리아와 프로이센은 프랑스 국왕을 석방시켜 왕권을 전면적으로 회복시키겠다는 목표를 천명하고 (그리고 오스트리아 태생의 마리 앙투아네트 왕비를 보호한다는 명분을 내세워) 프랑스를 침공했다.

전쟁은 혁명의 자유주의적 국면을 완전히 종결시켰고 더 암울한 전환기로 이끌었다. 이제 민족주의, 포퓰리즘, 권위주의가 대세를 이루었다. 프랑스 혁명은 반대 의견을 전혀 용납하지 않고 (매달 바뀌는) 혁명 주체의 정통성을 강압적으로 요구하면서 더 관용적이었던 영국-네덜란드식 경로에서 결정적으로 벗어났다.

애국적 열정으로 가득 찬 프랑스 대중은 점점 더 혁명의 이해관계를 실존적으로 생각하게 되었다. 외국 군대가 파리를 향해 진군하는 가운데 프로이센 장군 중 한 명인 브라운슈바이크 공작Herzog von Braunschweig, Duke of Brunswick은 수도 주민에게 포고문을 발표하여 왕실 부부에게 어떠한 해라도 끼친다면 도시를 "무력으로 완전히 파괴하여 영원히 잊지 못할 복수를 하겠다"라며 위협했다.[7]

이런 위협에 전혀 겁먹지 않은 파리의 길거리 폭도는 더욱 대담해졌다. 이어서 1792년 8월 튈르리 궁에서 봉기가 일어났다. 왕실을 위협하는 데 만족하지 못한 급진주의자는 왕정을 완전히 폐지하고 프랑스 공화국을 선포하려고 빠르게 움직였다. 의회는 국왕의 퇴위를 의결하고 그를 재판에 회부했다. 1793년 1월, 반역죄로 유죄 판결을 받은 서른여덟 살의 국왕은 혁명 광장에서 군중이 보는 가운데 참수되었다. 그러나 유혈 참극은 겨우 시작에 불과했다.

비운의 자유주의자 라파예트

프랑스에서는 점진적인 영국-네덜란드식 근대화의 길을 거부하고 보다 급진적인 평등주의 모델을 택했다. 그 이유는 무엇일까? 3명의 주요 인물의 삶을 통해 그 이유를 알 수 있다. 처음에는 헌신적 자유주의자였던 라파예트 후작이 프랑스를 온건한 개혁으로 이끌고자 했으나 실패했다. 그다음에는 집단 처형으로 프랑스 혁명의 이미지를 단두대와 영원히 연관시킨 급진적 포퓰리스트 막시밀리앙 로베스피에르가 등장했다. 마지막으로 로베스피에르가 몰락한 이후 벌어진 혼란 속에서 가장 성공적인 혁명 지도자 나폴레옹 보나파르트가 권력을 장악했다. 그는 대중의 애국심을 결집하고 국가를 근대화했지만 군사적 침략으로 혁명을 파멸로 이끌었다. 이 세 사람의 삶에서 우리는 프랑스 혁명이 실패한 자유주의와 급진적 포퓰리즘 그리고 최종적으로 권위적 국수주의로 변질되는 과정을 볼 수 있다.

라파예트는 프랑스 혁명 초기 자유주의를 구현한 인물이다. 입헌 군주주의자이자 개혁가였던 그는 자신의 조국을 위해 명예혁명이나 미국의 독립 혁명과 같은 것을 갈망했다. 실제로 라파예트는 미국군Continental Army 장교로서 미국의 독립 혁명에 참여했으며, 그곳에서 훗날 그에게 아버지 같은 존재가 된 조지 워싱턴George Washington과 긴밀한 관계를 맺었다. 라파예트는 미국이 영국의 왕정에서 벗어나도록 도와준 영웅으로 칭송받았다.

라파예트는 혁명적 풍운아로 프랑스에 돌아왔고 프랑스 혁명 초기에는 그 선봉에 섰다. 그는 미국처럼 군주가 없는 완전한 공화정을 원하지는 않았다. 자기 나라에는 완전한 공화정이 너무 급진적이고 불안정하다고 생각했기 때문이다. 그러나 라파예트는 자신의 귀족적 특권을 폐지하면서 보다 체계적이고 광범위한 민주적 개혁을 추진했다. 이때는 라파예트와 그의 동료 혁명가가 네덜란드와 영국을 변화시킨 것과 같은 자유주의적 성공을 거두어 가던 전도양양한 시기였다. 프랑스 국민은 국회에서 더 큰 목소리를 낼 수 있었다. 마침내 농업 부문의 규제를 완화하고, 무역에서 내부 장벽을 없앴으며, 세법을 합리화하여 (이전에는 면세 대상이었던) 귀족이 정당한 몫을 지불하도록 하는 등의 조치가 취해졌다. 그러나 남성의 보통 선거권universal suffrage이 거의 확립되었음에도 투표율은 실망스러울 정도로 낮았다. 시민들 대부분이 정치적 폭력의 위협에 너무 겁을 먹은 나머지 투표장에 나오지 않았기 때문이다. 1792년 선거에서는 투표율이 전국적으로 15퍼센트로 떨어졌고,[8] 혁명의 진원지였던 파리의 투표율은 이보다 훨씬 낮은 8.7퍼센트로 전국에서 최악이었다.[9]

혁명이 극단주의를 향해 치닫자 라파예트는 홀로 혁명의 대세를 거슬러 극단주의로의 진행을 멈추라고 외치는 상황에 처했다. (1955년 미국 최초의 보수적 주간지《내셔널 리뷰the National Review》의 창간사에서 윌리엄 버클리William F. Buckley Jr.가 썼던 '역사를 거슬러 멈추라고 외치는standing athwart history, yelling "Stop!"'이라는 표현을 인용_옮긴이) 라파예트는 좌우 극단주의자들로부터 혁명을 지키고 싶었다. 즉 그는 반혁명적 귀족이 개혁을 후퇴시키는 것을 저지하고, 피에 굶주린 급진주의자가 새로운 헌정 체제를 파괴하는 것을 막고 싶었던 것이다. 라파예트는 새로운 국가 근위대의 총사령관으로서 세금을 내는 중산층으로만 구성된 정예 근위대를 이끌고 질서 유지의 임무를 맡았다. 그는 근위대를 이끌고 국왕의 퇴위를 요구하는 파리 군중을 해산하는 과정에서 수십 명을 사살함으로써 좌파의 지속적 증오를 샀다. 이 샹 드 마르Champs de Mars 학살 사건으로 인해 그의 명성은 동시대 사람들과 후대 역사가들 사이에서 심각하게 훼손되었다.

결국 라파예트는 왕을 지키지도 못하고 프랑스의 헌법적 실험을 구할 수도 없었다. 그의 정당성은 땅에 떨어졌고 근위병에 대한 통제력도 상실했다. 근위병은 극단주의자에게 집단적으로 투항했다. 급진주의자는 파리를 점령하고 국왕을 처형한 후 사실상 독재 체제인 '공화정republic'을 수립했다. 라파예트는 중도의 길을 개척하려다가 파멸의 길로 들어섰다. 그는 프랑스에서 도망쳤으나 오스트리아 감옥에서 수년간 감금되는 처지에 몰렸다. 라파예트는 국내에서는 혁명에 대한 귀족적 반역자로, 해외에서는 국왕에 대한 혁명적 반역자로 멸시받았다. 프랑스 혁명을 입헌주의를 향한 온건하고 자유주의적 길로 이끌고자 했던 라파예트의 모든 노력은 수포로 돌아갔다. 프랑스는 결국 네덜란드, 영국, 미국이 걸었던 길로 나아가지 못했다.

극단적 포퓰리스트
로베스피에르

라파예트가 1789년 혁명 초기의 낙관적 기조를 대표한 인물이었다면, 로베스피에르는 1792년부터 시작된 더 암울하고 유혈이 낭자한 시기를 상징하는 인물이었다. 자유주의와 인권은 강압적 힘으로 강요된 평등이라는 환상에 자리를 내주었다. 1795년까지 지속된 이 두 번째 혁명은 국왕의 참수와 공화국의 선포 그리고 가차 없이 진행된 급진화 등으로 점철되었다. 이 시기를 '공포 정치Reign of Terror'라고 부르는 것은 괜한 말이 아니다. 단두대로부터 안전한 사람은 아무도 없었다.

이 암울한 시기는 분노한 노동자가 혁명에 너무 소심하거나 심지어 반혁명적이라고 생각한 입법 의원을 협박하면서 시작되었다. 이들에게는 군주제 폐지만으로 충분하지 않았다. 새로운 공화국의 입법부인 국민공회National Convention 의사당에서 폭동을 일으킨 노동자는 굶주린 대중에게 식량을 제공하고, 탐욕스러운 상인을 처벌하며, 흔들리는 경제를 안정시킬 수 있는 급진적 경제 대책을 요구했다. 곡물 및 기타 상품(바게트 등)의 최고 가격 설정과 같은 정부 규제가 그들이 제안한 해결책이었다. 가격 폭리 또는 사재기 혐의로 기소된 사람은 프랑스의 반역자로 즉결 처형되었다.

로베스피에르가 이끄는 급진적 정치 단체 자코뱅당이 이러한 흐름에 올라탔다. 1789년, 서른 살의 변호사였던 로베스피에르가 삼부회의 일원으로 등장해 남성의 보편적 참정권, 노예제 폐지, 법치주의 존중, 심지어 사형 제도 폐지 등 이상주의적 조치를 설파했다.[10] '자유, 평등, 박애'라는 구호를 대중화시킨 것도 바로 그였다. 그러나 이 젊은 몽상가는 무자비하게 성공한 정치 투사였음이 드러났다. 1792년 그는 라파예트를 반역자로 비난하고 그의 축출을 촉구했다. 1793년, 로베스피에르는 자신의 지지자로 구성된 공공안전위원회Committee of Public Safety라는 완곡한 이름의 통치 기구를 통해 중앙 정부를 실질적으로 장악했다. 그는 무소불위의 권력을 바탕으로 노동자의 경제적 요구를 대부분 실행에 옮겼다. 나폴레옹과 그 이후의 프랑스 지도자들은 포퓰리즘의 화약이 터지지 않은 채 막으려고 이러한 조치 중 상당수를 그대로 유지했다. (실제로 빵 부족 사태를 막으려고 프랑스 정부는 제빵사의 휴가 허용 시기를 결정할 수 있는 권한을 가졌고, 이 법은 2015년까지 유효했다!)

그러나 로베스피에르의 철학은 파괴적이었다. 그는 식량 부족 문제가 가뭄이나 해충과 같은 자연재해나 수요와 공급의 불일치 때문이 아니라, 단순히 '사재기'와 '투기' 같은 사람들의 탐욕 때문에 발생한다고 생각했다. 그래서 그가 펼친 정책이 파리의 굶주린 대중을 (일시적으로) 먹여 살리기는 했지만, 그 과정에서 프랑스 경제를 망가뜨리는 결과를 빚었다. 그의 정책은 관료주의, 국가 주도, 상부 집중이라는 경제 문제에 대한 프랑스의 전통적 사고방식에 부합하는 것이었다. 혁명은 파이를 더 공평하게 나누려고 시도했으나 시장 근대화의 과정을 가속화하기보다는 오히려 가로막는 데 더 큰 역할을 했다. 농민은 도시의 산업화 노동력에 합류하기 위해 도시로 몰려들지 않았다. 대신에 탄탄한 농민층은 영국의 농민 대부분이 근대 산업에 흡수된 후에도 오랫동안 주요 인구 집단으로 남아 있었다. 프랑스에서 산업 자본주의는 끝내 네덜란드나 영국에서처럼 활성화되지 못했다.

물론 로베스피에르의 이름이 역사에 기록된 이유는 비생산적 규제 때문이 아니라, 레닌과 스탈린, 마오쩌둥과 같은 미래의 독재자에게 영감을 준 피의 숙청 때문이었다. 로베스피에르는 단두대로

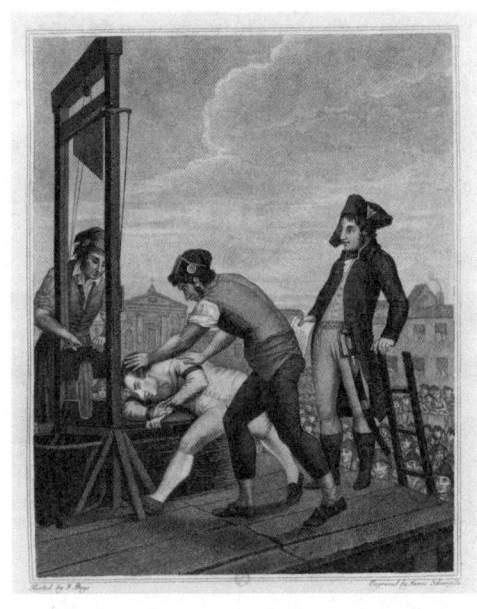

프랑스에서 다른 모든 사람을 단두대로 처형한 뒤 그 사형 집행인마저 단두대에서 처형하는 로베스피에르를 묘사한 판화. ⓒ Public domain

사람을 마구 처형한 인물로 주로 기억된다.[11] 실제로 그의 처형 대상은 단지 왕과 왕의 지지자들만이 아니었다. 우리는 분노한 노동자가 귀족의 목을 베는 이미지를 떠올리지만, 단두대에서 처형된 1만 7000여 명의 희생자 대부분은 식료품 사재기 금지법을 위반한 일용직과 식료품상 등 노동 계급에서 나왔다.[12] 오늘날 테러리스트는 반정부 반란군의 이미지를 떠올리게 하지만, '테러리즘'이라는 단어를 탄생시킨 공포 통치는 일반 국민에 대한 하향식 국가 폭력 프로그램이었다.

그러는 사이 정치적으로 용인될 수 있는 범위는 점점 더 협소해졌다. 과거에는 공화정을 추구하는 것조차 급진적 견해로 간주되었다. 하지만 이제는 프랑스 공화국을 옹호하더라도 국왕의 처형에 대해 열성적 지지를 제대로 표명하지 않으면 의심받았다. 실제로 국왕의 처형을 요구했다고 해도 사형선고를 반대하는 의원을 공개적으로 비난하는 발언을 하지 않으면 혁명가로서 자격이 의심받는 지경에 이르렀다. 편집증은 터무니없는 수준에 이르렀고, 일부 의원은 단지 손님 중에 사후에 반역죄로 기소된 사람이 있으면 그 만찬에 참석했다는 이유만으로 반역죄로 고발당하기도 했다.[13] 테러에 대해 동시대의 한 사람이 관찰했듯이 "혁명은 그리스 신화의 크로노스Kronos, Saturn처럼 자식을 집어삼킨다"라고 말했다.[14]

프랑스 혁명은 프랑스 최고의 인재들을 집어삼켰다. 저명한 희생자 중에는 '현대 화학의 아버지'로 불리는 라부아지에Antoine Lavoisier와 철학자이자 수학자인 콩도르세 후작Marquis de Condorcet이 들어 있었다. (콩도르세는 자코뱅당의 눈 밖에 나자 평민으로 변장하여 체포를 피하려 했으나, 그가 달걀 12개짜리 오믈렛을 주문하려 했다며 이를 수상쩍어한 여관 주인이 신고하면서 신분이 노출되었다. 이는 마리 앙투아네트의 "케이크를 먹게 하라"는 출처가 불분명한 말과는 달리 현실 감각이 없는 귀족의 행태를 보여 주는 실제 사례였다.)

처형당한 사람들의 시체가 늘어나자 국민은 로베스피에르가 통제 불능임을 알아차렸다. 그의 반종교적 열의 또한 국민 대다수를 소외시켰다. 프랑스 농민은 지역 영주와 일부 탐욕스러운 사제를 경멸했지만 마음속으로는 하나님을 경외하는 기독교인들이었다.

로베스피에르는 새롭고 '이성적인' 종교를 원했고 스스로를 일종의 사이비 종교 지도자로 일컬었다. 그는 파리 중심부에 있는 샹 드 마르에 인공 산을 만들어 자신이 "최고 존재의 축제"라고 부른 의식을 거행했다. 종이 반죽으로 만든 조각상이 연극처럼 불길에 휩싸이자 로베스피에르는 깃털이 달린 어깨띠를 두르고 산 정상에서 내려왔다. 이 광경에 놀란 로베스피에르의 반대파 중 한 명이 "그는 주인이 되는 것만으로는 충분하지 않고 신이 되어야 한다"라고 말했다.[15] 이 과대망상적 순간을 목격한 옛 지지자들 많은 수가 로베스피에르가 이성을 잃었다고 확신하게 되었다.

모세가 되려던 그는 결코 약속의 땅에 도달하지 못했다. 그곳은 그의 지지자들이 감당하기에는 너무 피비린내 나는 길이었다. 1794년 7월, 좌파와 중도 그리고 우파 출신의 어색한 동반자가 연합해 로베스피에르를 단두대로 보냈다. 그러나 급진적 자코뱅당의 몰락이 혁명을 구하기에 너무 늦었다. 최악의 단두대 참수는 끝났지만 로베스피에르를 축출한 취약한 동맹은 권력을 유지할 수 없었다. 공유 가치라고는 몰염치와 실용주의뿐이었던 중도파가 권력을 장악했다. 이들은 군주제로의 복귀를 요구하는 극우 세력과 더 큰 공포 정치를 원하는 극좌 세력을 모두 숙청하여 완벽한 정치적 균형을 맞추려고 했다. 끝이 보이지 않는 권력 다툼과 불안정한 정국은 질서 회복을 약속한 카리스마 넘치는 인물이 등장할 수 있는 길을 열어 주었다. 그는 전쟁 영웅이자 포퓰리즘의 우상인 나폴레옹 보나파르트 장군이었다.

독재자이자 황제
나폴레옹

나폴레오네 부오나파르테Napoleone Buonaparte라는 이 이탈리아식 이름으로 태어난 나폴레옹은 이탈리아어를 사용하는 코르시카 출신임에도 프랑스 민족주의를 구현한 인물이다. (그는 약간의 이탈리아 억양이 섞인 프랑스어를 사용했다.) 나폴레옹은 혁명 기간 중이었던 프랑스 공화국French Republic의 초기 전쟁에서 최신 군사 기술을 이용해 적의 요새를 격파하는 등 뛰어난 포병 장교로 처음 두각을 나타냈다. 스물네 살에 장군으로 진급한 그는 곧 프랑스군에서 가장 인기 있고 유명한 인물이 되었다.

로베스피에르가 몰락한 후 몇 년 동안 내분이 계속되자 일부 정치가는 계몽주의적 독재가 해답이라고 생각했다. 성직자이자 정치 이론가였던 아베 시에예스Abbé Sieyès는 비상 권력을 잡은 총재 정부의 짧은 통치 기간에 프랑스 공화국을 구하고 개혁할 수 있다고 믿고 쿠데타를 주도했다. 재능 있는 정치가였던 시에예스는 자신에게 힘이 필요하다는 것을 깨달았다. 이때 나폴레옹이 등장했다. 이 젊은 장군의 군대를 등에 업은 쿠데타 모의자들은 1799년 11월 권력을 장악했다. 그해 11월 나폴레옹은 권좌에 올랐고 초대 집정관이라는 칭호를 받았다. 나폴레옹은 처음엔 꼭두각시처럼 활용하다가 안심하고 내버릴 수 있는 순종적 인물로 여겼으나, 실제로는 그를 조종하려던 사람들보다 훨씬 더 노회한 정치 고수임이 드러났다.

역사를 통틀어 우리는 포퓰리즘 독재자를 과소평가하는 보수주의 엘리트들을 여러 차례 보았다. 이들은 권력을 넘겨주지 않은 채 그를 단순한 허수아비로 이용할 수 있다고 생각한다. 그러나 이러한 생각은 거의 항상 틀린 것으로 드러났다. 실제로 시에예스의 도움으로 정부를 장악한 나폴레옹은 곧 과거의 정치적 동업자들에게 등을 돌려 15년간의 독재 통치를 시작했고, 이후에는 유럽 대부분을 정복하는 제국주의적 통치에 나섰다. 나폴레옹은 아마도 19세기 전체에서 가장 정력적이고 오만하며 야심 찬 인물이었을 것이다.

독재자이자 황제였던 나폴레옹은 혼란을 종식시키고 많은 개혁을 단행했는데 그 중 일부는 근대화에 꼭 필요한 것들이었다. 그는 유럽의 유대인을 열등한 신분에서 해방시켰고, 행정을 합리화했으며, 군대와 관료제에 능력주의를 확립했고, 프랑스에 통일된 세속 법률인 '나폴레옹 법전'을 제정했다. 그러나 나폴레옹이 통치하는 프랑스의 국력을 신장시킨 것은 근대화가 아니었다. 나폴레옹은 프랑스의 전통적 강점을 활용하여 유럽 대부분을 정복했다. 프랑스의 강점은 전쟁에 동원된 (비록 가난하지만) 막대한 인구와 기술 관료제에 의한 통치 시스템을 제공한 소수의 (그러나 기술적으로 숙련된) 엘리트였다. 나폴레옹은 민족주의적 열정으로 프랑스 대육군Grande Armée에 활기를 불어넣어 수적 우위에다가 높은 사기까지 더하는 데 성공했다. 나폴레옹이 장군이자 황제로서 대중의 열정을 불러일으켰다는 것은 의심의 여지가 없다.[16]

왕정 절대주의와 자코뱅식 공화주의, 나폴레옹의 제국주의 통치는 서로 다르지만 모두 하향식으로 프랑스를 근대화하려는 열망을 반영했다. 알렉시스 드 토크빌Alexis de Tocqueville은 그의 유명한 역사 연구서인《앙시앙 레짐과 혁명the Ancien régime and the Revolution》에서 프랑스 왕정의 국가 주도 관료제 모델과 이후의 혁명적 체제 및 제국주의 체제 사이에 놀라운 연속성이 있음을 지적했다. 루이 14세, 로베스피에르, 나폴레옹은 각기 신의 이름으로든, 민중의 뜻으로든, 국가의 위대함으로든 모두 대의제 민주주의와 자유 시장을 향한 점진적 개혁이라는 영국-네덜란드식 모델에 반대했다.

나폴레옹은 결국 폐위되어 추방당했다. 처음에는 지중해의 엘바 섬에서 편안한 은퇴 생활을 강요당했지만, 재기하려는 계획이 실패한 후에는 더 가혹한 두 번째 유배 생활을 하게 되었다. 그는 잠재적 공모자들로부터 멀리 떨어진 남대서양의 외딴섬 세인트 헬레나에 갇혀 책과 바닷새를 벗 삼아 지내야 했다. 한편 프랑스에서는 그의 시대가 끝난 후 의회제에 의한 통치가 다시 천명된 것이 아니라, 루이 18세가 즉위하는 형태로 왕정 체제가 부활하면서 프랑스에서 왕이 없었던 20년간의 시기가 막을 내렸다. 어떤 기준으로 보더라도 프랑스 혁명은 실패했다.

역사학자 사이먼 샤마에게 프랑스 혁명은 "근대성의 촉매제였을 뿐 아니라 근대화를 중단시킨 장애물"이었다.[17] 즉 민주주의와 자본주의로 향하는 안정된 개혁주의 노선에서 벗어나 불필요하고 피비린내 나는 우회로를 택한 셈이었다. 혁명으로 인한 혼란은 프랑스의 필수적인 사회 변화 과정을 방해했다. 프랑스 혁명은 확실히 경직된 구체제에 교정의 충격을 안겨 주었다. 그러나 혁명 이전의 프랑스를 살펴보면 사회 전반에서 근대화를 위한 준비가 구조적으로 덜 되어 있었음을 알 수 있다. 네덜란드와 영국을 밑바닥에서부터 변화시켜 온 힘이 프랑스에서는 훨씬 취약했다.

오래된 술병에 담긴 새 포도주

영국의 1688년 혁명이 이루어 냈던 안정된 의회주의 체제를 프랑스 혁명은 왜 만들어 낼 수 없었을까? 구체적인 정치적 결정과 변화의 계기가 된 전환점도 중요했지만, 가장 큰 문제는 구체제(앙시앙 레짐) 하의 프랑스 사회가 다른 곳에서는 자유와 민주주의를 향한 정치적 흐름을 뒷받침했던 경제 및 기술의 구조적 변화를 경험하지 못했다는 점이다.

혁명기의 프랑스는 '오래된 병에 담긴 새 포도주'라는 비유로 가장 잘 설명할 수 있다. 프랑스는 매우 전통적이고 농촌 중심적이며 종교적이고 귀족적인 사회였는데, 혁명가들은 여기에 보다 현대적이고 도시적이며 세속적이고 공화주의적인 정신을 불어넣었다. 당시에는 장원을 소유한 시골 영주에 의한 낡은 통치 제도가 네덜란드를 제외한 대부분의 유럽 국가에 퍼져 있었다는 사실을 떠올려 보라. 프랑스는 수 세기 동안 지역 귀족이 소작농에 대해 영주이자 지주 역할을 하면서 정치적 경제적 통제권을 행사하는 장원 제도 manorial system를 시행해 왔다. 이렇게 뿌리 깊게 자리 잡은 봉건적 구조는 시장 기반 경제와 성장에 전혀 도움이 되지 않았다.

루이 14세는 자신의 왕국이 처한 낙후된 사회 구조에 직면하자 이를 바로잡으려 노력했다. 1600년대 말과 1700년대 초에 걸쳐 개신교 경쟁국과 막대한 비용이 드는 전쟁을 연이어 치른 프랑스는 영국과 네덜란드의 일부 관행을 받아들여야만 했고, 심지어 해군 공학 기술을 배우려고 런던과 암스테르담에 간첩을 파견하기도 했다.[18] 하지만 그는 프랑스의 낡은 통치 기구에 그저 몇 가지 기술적 수정 조치만을 땜질할 수밖에 없었고, 그러한 조치가 사회 전체로 확산되기를 기대하기는 어려웠다.

구체제의 프랑스는 "개신교 자본주의"[19]의 놀라운 겉모습에 현혹되었을지 모르지만, 영국-네덜란드의 성공을 이끈 고전적 자유주의, 다원주의, 경쟁이라는 더 깊은 사회적 특성을 흡수하는 데는 실패했다. 설상가상으로 일부에서 그의 통치를 태양왕의 '계몽적 절대주의'라고 불렀지만 그가 추구한 절대주의는 전혀 계몽적이지 않았다.

루이 14세의 잔혹한 박해를 피해 많은 위그노가 암스테르담과 런던으로 도망쳤다. 이러한 프랑스 개신교 반체제 인사는 이례적으로 교육 수준과 숙련도가 높았고, 따라서 이들의 탈출은 대규모 두뇌 유출을 불러와 프랑스의 적에게 비즈니스 감각과 과학의 전문지식을 넘겨준 결과를 빚었다. (몇 세기 후 나치는 독일 유대인에게 같은 일을 저질렀고 미국이 그 혜택을 누린다.)

　네덜란드나 영국과 달리 프랑스의 상인 계급은 정치적으로 미약했다. '자유방임laissez-faire'이라는 용어의 기원은 1681년 루이 14세의 재무 장관이었던 장 밥티스트 콜베르Jean-Baptiste Colbert와 프랑스 상인들 간의 전설적 만남에서 비롯된 것으로 보인다. 국가가 어떻게 하면 기업의 이익을 증진시킬 수 있는지 콜베르가 묻자 파리의 상인 대표는 "우리가 하도록 내버려 두라Let us do it, 프랑스어 laissez-faire"라고 답했다. 그러나 역사적 아이러니는 프랑스가 이 용어를 만들었음에도 불구하고 정작 이런 철학을 제대로 실천한 나라는 네덜란드와 영국이었다는 점이다.[20]

　프랑스 왕들은 해상 무역을 국력의 하나로 인정하기보다는 경쟁적인 권력의 원천으로 보고 의심의 눈초리를 보내기 일쑤였다. 런던은 오랫동안 영국의 정치적 수도이자 최고의 항구 역할을 해 온 반면에 프랑스의 해양 중심지인 보르도는 정치적으로 중립이었다. 이 도시의 지방 의회는 1675년 루이 14세에 대항해 반란을 일으킨 후 치욕스럽게 문을 닫았다. 당시의 한 시인은 반란을 일으킨 이 도시에 이렇게 훈계했다. "보르도 시민이여, 루이가 통치한다. 항의하지 말고 복종하라."[21] 프랑스 함대는 영국의 골머리를 앓게 할 만큼 크고 강력했지만, 대체로 기술적 혁신보다는 장식적 웅장함을 더 선호했기에 기대에 부응하지 못했다.[22] 오히려 해군 지출이 증가할수록 프랑스 재정을 더욱 압박하여 국가 파산과 혁명의 원인이 되었다.

3 분열과 혼란을 남긴 혁명, 프랑스 · 145

또 다른 주요 결함은 프랑스의 도시화 수준, 아니 오히려 도시화의 결여였다. 명예혁명 당시 영국은 노동력의 약 40퍼센트가 농업에 종사했다. 하지만 한 세기가 지난 프랑스 혁명 당시에도 프랑스인의 약 60퍼센트가 농업에 종사하고 있었다.[23] 게다가 프랑스의 도시화는 영국보다 더 치우쳐서 진행되었다. 프랑스는 파리를 중심으로 극도로 집중되어 있었다. 수도 지역인 일드프랑스Île-de-France는 '프랑스의 섬'이란 뜻으로, 말 그대로 농촌의 바다에 둘러싸인 도시 섬이었다. 우리는 영국이 어떻게 전국에 걸쳐 번화한 도시를 발전시켰는지를 목격했다. 이에 반해 18세기 프랑스에서는 파리가 태양이었고, 변두리 지방은 그 주위를 도는 행성이었다. 이런 구조는 프랑스의 도로 체계에도 그대로 반영되었다. 프랑스의 도로는 중앙 정부가 지방의 반란을 진압하기 위해 신속하게 군대를 파견할 수 있도록 대부분 파리에서 뻗어나간 방사상 형태로 이루어졌다. 이 도로는 지방 도시들 간의 여행과 무역을 활성화하기 위한 목적이 결코 아니었다.[24]

기술적으로 볼 때 구체제의 프랑스가 완전히 낙후된 것은 아니었다. 프랑스의 왕은 오랫동안 과학 혁명의 후원자였다. 16세기에는 프랑수아 1세François I가 레오나르도 다빈치Leonardo da Vinci의 연구를 후원하기도 했다. 자국 출신의 프랑스 과학자들 역시 여러 과학 분야에서 선구자였다. 화학자 앙투안 라부아지에는 혁명으로 목숨을 잃기 전 연소燃燒 과정에서 작용하는 산소의 역할을 발견했다. 더욱 흥미로웠던 과학적 장면은 몽골피에Montgolfier 형제가 1783년 파

리 상공에 2명의 승객을 열기구에 태워 보냄으로써 항공 분야를 개척한 일이었다.[25]

그러나 프랑스에서 혁신의 대부분은 막대한 국가 자금을 지원받거나 귀족 투자자들에게 의존하는 형태로 이루어졌다. 과학의 혁신은 자생적으로 생겨나기보다는 국가나 투자자의 의지에 따라 인위적으로 실현되었다. 더 중요한 것은 프랑스가 과학자는 존중했지만 영국 전역에 흩어져 있던 기술자나 기계공 같은 산업 현장의 기술 인력에게는 관심이 적었다는 점이다. 이들 엔지니어와 수리공은 상류층의 신사가 아니었다. 그들은 구체적이고 실용적이며 시장성 있는 응용 제품을 발명하는 데 열중했고, 이런 발명품은 결국 (다음 장에서 살펴볼 것처럼) 산업 혁명의 시발점이 되었다.

나폴레옹은 영국을 '장사꾼들의 나라'라고 비하했는데, 이는 영국적 가치관에 대한 프랑스인의 경멸을 정확하게 짚어 낸 말이다. 프랑스 사회는 영국이나 네덜란드 사회보다 훨씬 덜 상업적이었고, 소비에 대한 인식 수준도 낮았다. 그 이유의 대부분은 당시 프랑스에는 물건을 사 줄 소비자가 충분하지 않았기 때문이다. 프랑스는 (영국이나 네덜란드보다) 인구가 훨씬 많았지만 가처분 소득이 있는 중산층이 차지하는 비중은 훨씬 작았다. 대신 소수의 부유한 귀족과 상인이 피라미드의 꼭대기에 있었고, 인구 대부분은 생계형 농민으로 일하는 시골의 농부였다. 19세기 후반에 이르러 영국 노동자는 이미 여러 세대에 걸쳐 임금 노동자로 일해 오면서 더 많이 생산할 동기가 유발되었다. 반면에 프랑스인은 대부분 자신들의 경제적 보상이 그해의 곡물 수확량이나 새로운 소의 구입 여부에 달려 있다고 생각했으며, 여전히 참을성 있게 땅을 경작하고 있었다. 프랑스에서는 영세 농민이 농장에서 공장으로 옮겨 갈 아무런 유인誘因이 없었기에, 그에 상응하는 '산업 혁명'의 엔진도 전혀 시동이 걸리지 않았다. 프랑스 중산층은 천천히 그리고 띄엄띄엄 성장했다.

자유라고 불리는 고독

역사적으로 볼 때 농업 중심의 육상 강국과 무역 중심의 해상 강국이 맞붙는 강대국 간 경쟁 구도에는 특징적 유형이 하나 발견되곤 한다. 스파르타는 아테네와 싸웠고, 로마는 카르타고와 싸웠다. 18세기 초까지 프랑스는 분명히 유럽의 지배적 육상 강국이었다. 파리의 엘리트는 당돌하기 짝이 없는 네덜란드와 영국이 무역과 기술 분야에서 성과를 거두는 것을 지켜보았지만, 수천 년 동안 국력을 결정해 온 경작 면적, 인구, 군대 규모와 같은 정량적 요소를 기준으로 측정해 보면 프랑스 왕국은 차원이 다른 것처럼 보였다.

그러나 프랑스 혁명 당시에는 영국 해협을 사이에 두고 강대국 간 경쟁의 규칙이 다시 쓰이고 있었다. 영국은 산업적으로 앞서 나가고 있었고, 누구도 따라올 수 없는 규모로 해외 진출을 위한 자금을 조달했다. 의회 정치 역시 근대화되어 유럽의 다른 어떤 강대국도 따라올 수 없는 효과적이고 안정적인 통치 수준을 성취했다. 프랑스는 자체 혁명으로 경쟁력을 갖추기 위한 개혁을 시도했다. 영국이 의회 우위, 입헌 군주제, 권리장전, 행정의 합리화 등 1688년 명예혁명 이후에 이룬 성과는 1789년 혁명을 시작한 프랑스에서도 가치 있는 목표처럼 보였다.[26] 실제로 프랑스 혁명의 흥분된 첫 몇 달 동안 일부 온건파와 자유주의자는 명시적으로 자신들의 목표를 영국의 명예혁명을 재현하는 것으로 설정했다. 한 혁명가는 1789년 11월 연설에서 다음과 같이 선언했다.

지금 우리나라에 시작되고 있는 혁명이 한 세기 전 영국이 보여 준 모범 덕분임을 인정하는 것을 왜 부끄러워해야 하는가?[27] 우리의 혁명은 독재에 대한 증오가 에너지를 얻은 그날로부터 비롯되었다. 영국인은 자신의 복리를 확보함으로써 전 세계의 복리 증진을 위한 길을 마련했다.

그러나 목표 자체가 빠르게 바뀌었다. 현대 정치학 용어로 '오버턴의 창 Overton Window'(대중적으로 수용 가능한 정책의 범위)이 너무 빠르게 변화하여 한때 급진적으로 여겨졌던 많은 프랑스 자유주의자와 온건파는 대책 없이 발만 동동 구르게 되었다. 그들이 내세웠던 더 제한적이고 점진적 목표는 1792년 이후 포퓰리즘과 민족주의의 격류에 휩쓸려 떠내려가 버렸다. 프랑스는 해외에서 수십 년에 걸친 전쟁의 수렁에 빠진 가운데 국내에서는 훨씬 더 급진적으로 변했다. 점진적인 자유주의 개혁의 기회는 사라졌다.

계몽주의 시대 특히 영국과 스코틀랜드에서 자유주의의 주된 목표는 정치적, 경제적 행위의 자의적 제약을 해체하는 것이었다. 역사의 큰 흐름에서 보면 이러한 변화는 순수한 진보로 보일는지 모른다. 그러나 당시 많은 프랑스 시민 특히 시골에 사는 사람은 이를 다르게 경험했다. 프랑스 농민에게 (예를 들어 자유화된 농지법 등) 근대성은 쉽게 부패하는 불안정한 것으로 보였다.[28] 프랑스 혁명은 변화를 요구했던 급진적 계몽주의 사상가인 엘리트 이론가와 지도자의 시각으로 바라보기 쉽다. 그러나 혁명의 폭력성은 스스로를 변화의 희생자라고 느낀 일반 프랑스인의 두려움에서 촉발된 것이었다.

노동자는 1789년에 이미 자유 시장에 대해 깊은 의구심을 품기 시작했다.[29] 자유 시장에 대한 그들의 의심은 추상적인 학문적 개념이 아니라 수십 년간 쌓인 불신에서 비롯된 뼛속 깊은 확신이었다. 영국에서 수 세기가 걸렸던 인클로저 운동을 단 몇 달 만에 재현하고자 했던 프랑스 혁명가는 불장난을 하고 있었다.[30] 역사학자 에릭 홉스봄 Eric Hobsbawm 이 설명했듯이 농민의 관점에서 보면 봉건제는 "비효율적이고 억압적"이었을지 모르지만, 특히 매매된 토지의 대부분이 소작인과 교구민에게 자립적인 도덕적 정치적 세계를 제공했던 가톨릭교회 소유였기 때문에 "상당한 사회적 확실성"

을 주는 효과도 있었다. 이제 구질서의 철폐와 시장 경제의 갑작스러운 출현에 직면한 프랑스 농부는 자신이 늘 살아왔던 사회 구조를 무너뜨리고 그 자리에 부자들만 남긴 이른바 "조용한 폭격silent bombardment"을 경험했다. 그것은 자유라고 불리는 고독이었다.[31]

앞서 살펴본 바와 같이 경제 자유화에 반대하는 세력이 많았던 영국에서는 근대로의 전환이 고통스러웠다. 프랑스에서는 정치 지도자의 생각과 그들이 변화시키고자 했던 사회의 현실 사이 괴리가 더 극심했다. 여러 면에서 프랑스 혁명은 마거릿 대처Margaret Thatcher가 표현한 대로 "헛된 지식인이 추상적 사상의 이름으로 전통 질서를 전복하려고 추진했던 유토피아적 시도"였다.[32] 달력부터 시작해서 시간 자체를 합리화하겠다는 혁명가의 시도를 생각해보라. 이들은 열두 달의 이름을 바꾸었고, 각 달을 일주일당 10일씩 3주로 나누었으며, 하루를 10시간으로 나눈 뒤 1시간은 1분에 100초씩 100분으로 구성했다.[33] (프랑스 노동자는 이렇게 '합리화된' 일정이 휴일 빈도의 감소를 의미한다는 것을 금방 깨달았다.) 그리고 연도 표시의 기점이 신성을 의심했던 그리스도의 탄생 연도를 뜻하는 '주현절Anno Domini, A.D., 기원후'이 아니라 공화국의 출범 연도가 되었다. 고대 이집트 신전에는 나폴레옹의 침략군이 공화국 6년이라는 불멸의 메시지를 새긴 낙서가 아직도 눈에 띄게 남아 있다.[34] 혁명가들의 오만함은 놀라웠다. 그들은 시간이 새롭게 시작되었다고 주장했다.

혁명가들은 계몽주의를 강제로 도입하려는 또 다른 시도로 프랑스 지도를 다시 그리려 했다. 매우 불균등하게 분포된 면적과 인구 때문에 교구와 법원 관할권이 겹치는 낡고 무질서한 프랑스 지방 제도에 개혁이 절실하다는 데는 거의 모든 사람이 동의했다. 성직자에서 혁명가로 변신한 아베 시에예스는 합리적 행정을 위한 조직 개편의 일환으로 프랑스의 전 국토를 동일 면적을 가진 81개의 정사각형 주州로 나누고, 각 주를 9개의 지방 자치 단체로 나누는 방안을 제안했다. 물론 그의 완벽한 데카르트식 격자 구조는 강과 산 그리고 기존의 각 지역에 정체성을 부여하는 도로망과 무역로, 문화적 집단을 무시한 것이었다. 새로운 지도는 프랑스 사람이 알고 이해했던 실제 프랑스와 일치하지 않았다.

프랑스 혁명의 가장 유명한 비평가이자 보수주의자인 영국계 아일랜드 정치가 에드먼드 버크Edmund Burke는 영국의 명예혁명을 특징짓는 "보존conservation과 교정correction이라는 두 가지 원칙"과 비교하여 프랑스의 사례를 부정적으로 묘사했다. 버크는 수구적 반혁명주의자가 아니었다. 동인도회사의 권력 남용을 맹렬히 비판하고 영국인으로서 미국 식민지 주민의 권리를 옹호했던 그는 자유를 신봉하고 급진적 변화가 필요한 시기조차 사회를 뒤엎지 않으면서 유기적으로 이루어질 수 있는 선에서 개혁이 제한되어야 한다고 생각했다. 명예혁명의 일부 측면은 의회의 우위를 주장하고, 전제적 국왕을 퇴위시키며, 권리장전을 선포하는 등 정말로 급진적이었다. 그러나 영국의 군주제와 귀족 신분을 보존하면서 상인 계급과 기본적인 경제 질서를 강화하는 등 다른 요소는 근본적으로 보수적이었다. 버크에게는 개혁이 없으면 정체만 있을 뿐이었다. 그러나 과거의 핵심 요소를 보존하지 않는 급진적 변화는 사회의 해체를 초래할 위험을 무릅써야 한다.

군사화된 민족주의의 위험

프랑스 혁명은 어떻게 자유주의를 거부하고 독재를 수용하는 지경에까지 이르렀을까? 프랑스 혁명은 민주적이고 고전적인 자유주의를 향한 열망에서 시작되었다. 그러나 1792년 전쟁이 발발하고 유럽의 군주국이 혁명을 진압하려 집결하자 과격한 급진주의가 걷잡을 수 없이 확대되었다. 외국의 적들 특히 프랑스가 증오하던 오스트리아는 피에 굶주린 폭군으로 묘사되었다. 국내에서는 자코뱅 집권 세력에 대한 어떠한 반대도 반혁명적 반역 즉 적을 도와주는 행위로 비난받았다. 이는 바로 연좌제guilt by association였다. 누구든 집권 정부에 반대하면 당연히 왕정을 지지하고 '인민the People'을 다시 노예로 삼으려는 반역자로 간주되었다.

로베스피에르가 편집증과 살인에 빠진 것은 프랑스 혁명을 특징짓는 양극화와 극단주의를 잘 보여 주는 사례였다. 그러나 애국적 민족주의와 결합된 포퓰리즘은 혁명적 프랑스의 군사적 성공을 촉진하는 데는 반드시 필요했던 요소이기도 했다. 혁명가들이 공화국을 구하고 폭정을 물리치기 위한 전면전에 대중의 열정을 불러일으키는 데 성공하지 못했다면, 프랑스 혁명은 주변의 군주국에 의해 빠르게 무너졌을 것이다.

1792년 오스트리아와 프로이센 군대가 파리로 가는 길을 방어하는 대규모 프랑스 징집병 부대와 만났을 때, 군주국 연합군은 손쉬운 승리를 예상했다. 어쨌든 두 동맹 왕국은 유럽 최고의 군대를 보유하고 있었기 때문이다. 두 나라의 군대는 최고의 엘리트 사관학교에서 훈련을 받고, 전투에서 검증된 용병과 직업 군인을 지휘하는 엘리트 귀족 장교단이 이끌고 있었다. 훈련이 제대로 되지 않은 노동자와 농민으로 구성된 오합지졸의 프랑스군은 당연히 가망이 없어 보였다.

그러나 놀랍게도 프랑스군이 승리했다. 첫 번째 군사적 시험이었던 발미Valmy 전투에서 혁명군은 대중적 열정에 힘입어 잘 훈련된 군대를 압도했다. 이듬해인 1793년, 혁명 입법부는 대규모 징집 명령인 국민 개병제國民皆兵制를 도입해 첫해에만 무려 80만 명의 병력을 모집했다. 이 조치는 혁명을 구하기 위한 전 사회적 노력의 일환이었다. 공공안전위원회는 모든 사람에게 역할을 부여했다. "젊은 이는 전투에 나가고, 기혼 남성은 무기를 만들거나 식량을 운반하며, 여성은 천막과 옷을 만들거나 병원에서 봉사하고, 아이는 낡은 리넨 천으로 붕대로 만들며, 노인은 왕에 대한 증오와 공화국의 단결을 설파하라."[35]

프랑스는 국민 개병제로 수백만 명의 병력을 모집해 나라를 구했다. 옛 강대국은 혁명군과 힘겨운 싸움을 벌여야 했다. 이후 20년 동안 혁명군과 나폴레옹군은 애국적인 프랑스 시민의 무한정해 보이는 잠재 병력을 동원해 거의 단독으로 나머지 유럽 국가와 맞서 싸웠고, 반反프랑스 연합군을 다섯 번이나 물리쳤다. 전통적 군주국들은 새로운 현실에 적응하거나 그러지 않으면 패퇴할 수밖에 없었다.

프랑스의 성공은 단순히 수백만 명의 시민을 전쟁 도구로 동원하는 국가 관료제의 우월성을 입증한 것이 아니었다. 그것은 또한 애국적인 군사 동원의 가치를 보여 주었다. 농민과 노동자는 자신들에 대한 새로운 서사를 듣게 되었다. 이들은 고귀한 윗사람들의 부름에 따르는 멸시받던 하층민에서 벗어나 역사의 진정한 영웅, 즉 압제의 사슬을 끊어 낼 전사로 재조명받았다. 샤마가 "군사화된 민족주의는 우연한 방식으로 나타난 프랑스 혁명의 의도치 않은 결과가 아니라, 프랑스 혁명의 심장이자 영혼"이었다고 주장하는 것도 놀랍지 않다.[36]

군사화된 민족주의가 카리스마 넘치는 선동으로 바뀌는 것은 짧은 순간이었다. 나폴레옹은 포퓰리즘의 혼란 속에서 외견상 안정화 세력임을 내세워 권력을 잡았다. 독재자로서 그는 자신의 역할이 혁명을 보호하고 공고히 하며, 혁명의 유산을 자신의 것으로 만드는 일이라고 생각했다. 그는 "혁명은 끝났다"며 "내가 바로 혁명"이라고 말했다. 놀랍게도 많은 자코뱅 출신과 좌파 인사가 그를 받아들였다. 나폴레옹은 혁명을 지키겠다며 권력을 장악했으나, 공화주의의 원칙을 뒤집어 스스로 황제에 즉위한 뒤 가족과 친구에게 왕실 작위를 나누어 주었다. 그는 네덜란드와 스페인의 왕좌에 형제를 앉혔고, 스웨덴의 왕좌에는 자신이 신임하는 장군을 임명했다. (이 평범한 프랑스 군인의 후손이 오늘날에도 여전히 스톡홀름에서 국왕으로 군림하고 있다.)

나폴레옹은 공화정을 왕조 제국으로 대체하고 나서 교황과 협상을 통해 가톨릭을 프랑스 사회의 중심으로 복귀시켰다. 프랑스는 혈통과 교회라는 과거의 정신적 지주를 다시 받아들였다. 민주주의를 추구했던 이상주의자들은 절망했다. 위대한 낭만주의 시인 윌리엄 워즈워스William Wordsworth는 초기 혁명을 다음과 같이 찬양했다. "그 새벽에 살아 있다는 것은 축복이었다/ 그러나 젊다는 것은 천국이었다!" 이후 나폴레옹이 황제로 등극하자 워즈워스는 "그 개는/ 자신이 게워 낸 토사물로 되돌아가고 있다"라며 역사의 퇴보를 신랄하게 비난했다.37 자신의 교향곡 3번을 나폴레옹에게 헌정하며 '보나파르트Bonaparte'라는 이름을 붙였던 루트비히 판 베토벤Ludwig van Beethoven은 나폴레옹의 오만한 자기 대관식에 혐오감을 느낀 나머지 자신의 교향곡에서 그의 이름을 삭제하고 '에로이카Eroica'로 제목을 바꿨다. 끝없이 자기 과시를 일삼고 여성의 권리를 비롯해 많은 문제에 수구 반동적 행태를 보인 나폴레옹은 더 이상 영웅이 아니었다.

후대의 관찰자들은 나폴레옹에게 거부감이 덜했다. 역사학자 앤드루 로버츠Andrew Roberts는 나폴레옹을 "오늘날 우리가 사는 현대 세계를 지탱하는 사상들 즉 능력주의, 법 앞의 평등, 재산권, 종교적 관용, 근대적 세속 교육, 건전한 재정 등은 나폴레옹이 주창하여 통합되었고 성문화되었으며 지리적으로 확장되었다"라고 칭송했다.[38] 정치학자 프랜시스 후쿠야마Francis Fukuyama는 프랑스 혁명의 주요 성과로 법치주의, 중립적 행정 국가, 시민법을 꼽았는데, 이 모든 것이 사실 나폴레옹이 도입한 개혁 조치였다.[39] 그러나 법적 변화를 넘어 프랑스 혁명 시대의 주요 근대적 혁신은 무엇이었을까? 그 답은 바로 수십만 심지어 수백만 명의 남자를 무장시킨 국민 개병제에 따른 대규모 징병이다. 소수의 직업 군인 및 용병과 싸우는 제한적 전쟁의 시대는 끝났다. 국력을 총동원한 전면전의 시대가 도래한 것이었다.

군사력을 이용한 원초적 정복 전쟁 덕분에 프랑스의 혁명 정권과 제국주의 정권은 뿌리 깊고 근본적인 경제 개혁이라는 과제를 피할 수 있었다. 자코뱅당과 나폴레옹은 모두 근대화된 재정 수단이 아니라 약탈로 국가 재정의 균형을 맞췄다. 따라서 프랑스의 군사적 성공은 근대화된 국가 기구가 아니라 주로 지극히 전통적인 수단에 힘입은 바가 컸다. 실제로 나폴레옹 황제가 월계관과 동상을 모방한 수천 년 전의 로마 황제도 사기를 진작하는 카리스마적 리더십, 군 지휘관으로서의 개인적인 전략 감각, 육지에 기반을 둔 제국의 영토 확장 등 나폴레옹의 성공 요소를 잘 알고 있었을 것이다. 나폴레옹 치하의 프랑스 제국은 최전성기에 피지배 왕국과 꼭두각시 국가를 포함하여 스페인에서 폴란드까지 영역이 확장되었고, 서유럽과 중부 유럽 대부분을 통합했다.

　나폴레옹의 장점을 과소평가하지는 말아야 한다. 그는 전장에서 천재적인 전술가였으며, 빠른 행군 속도를 따라잡을 수 있는 적절한 신발을 병사에게 공급하는 데 집착했을 정도로 병참에 정통했던 인물이다. 사실 나폴레옹은 근대화를 이끈 사람이었다. 그러나 그는 사회의 하부 구조가 유기적으로 개선되도록 개혁하지 못했고, 그 결과 사회의 진보를 이루지 못했다. 그는 위로부터의 명령으로 근대적 개혁을 선언했을 뿐이다.

실패로 끝난 국가 통제주의

　　　　　나폴레옹은 국정에 대한 열정과 무한한 에너지에도 불구하고 몇 가지 치명적 결함을 드러냈다. 세세한 부분까지 관리하려는 국정 운영 성향과 무역이 제로섬 게임이라는 믿음은 프랑스의 근대화를 방해했다. 모든 과학자를 국가 후원에 의존하도록 강제하는 조치를 통해 혁신을 촉진하겠다는 그의 시도도 마찬가지였다. 이러한 조치는 단기적으로 몇 가지 기술 혁신을 뒷받침하는 효과를 냈다. 그러나 장기적으로는 영불해협 건너편에서 (영국의) 산업 혁명을 촉발하는 데 필수적인 것으로 입증된 민간 부문과의 지속적인 연계를 단절시켰다. 나폴레옹이 시행한 각종 보조금 제도 및 기타 보호주의 조치는 산업을 육성하려는 의도로 도입되었으나, 로베스피에르가 시행했던 여러 가지 가격 규제 및 경제통제 조치와 결합하면서 수 세기 동안 프랑스의 경쟁력을 저해하는 요인으로 작용했다. 이 모든 정책은 공통적으로 하향식 중앙 집권화라는 핵심적인 특징을 갖고 있었다. 2차 세계대전 이후 프랑스인은 이 모델을 국가가 경제 생활을 통제하고 지시해야 한다는 원칙인 '디리지즘dirigisme'이라고 불렀다.

나폴레옹은 스스로 '대륙 체제Continental System'라고 부른 일종의 무역 지대trading zone를 창설하는 등 이 모델이 확고히 정착할 수 있도록 많은 노력을 기울였다. 이는 숙적 영국의 영향력을 배제하고 프랑스 제국의 영향권 내에서 무역이 번성하도록 장려하기 위해 유럽 대륙의 대부분을 하나의 경제 블록으로 통합한 것이었다. 이 시스템은 유럽경제공동체European Economic Community(EEC)의 원형과 비교되기도 했다. 그러나 이 대륙 체제를 자유 무역 지대free-trade zone라고 부르는 것은 잘못된 표현이며, 이 체제는 실제로는 보호 무역주의 프로젝트였다. 프랑스 제국과 그 종속국 및 동맹국은 모두 번거롭고 자의적이며 끊임없이 바뀌는 관료적 규제 아래 놓여 있었다. 프랑스의 무역 규제로 인해 영국은 자국의 산업용 직물을 팔기 위해 다른 수출 시장을 찾아 나서야 하는 등 일시적인 좌절을 겪었으나 곧 미국, 라틴 아메리카, 아시아에서 열성적인 소비자를 발견했다. 스페인이 신생국인 네덜란드를 관세로 압박하려 했던 것처럼, 보호 무역주의로 경쟁국의 목을 조이려는 이런 시도는 목표가 된 강대국의 국제적 진출로 이어졌다.

무역은 전장에서는 큰 도움이 되었던 나폴레옹의 만기친람萬機親覽식 성향이 역효과를 낸 또 다른 분야였다. 황제는 여러 항구에서 얼마나 많은 곡물과 올리브유, 브랜디가 선적 또는 하역되고 있는지 정확히 파악하는 데 신경을 썼다. '장사꾼의 나라'인 영국을 물리치겠다는 강박관념에 사로잡힌 그는 참견하기 좋아하고 관료주의에 물든 좀생이 경리 직원처럼 되어 버렸다. 나폴레옹은 민간이 기업가 정신을 발휘하도록 공간을 열어 주는 대신, 미로처럼 얽힌 인허가권으로 예비 사업주에게 부담을 지웠다.[40]

나폴레옹의 야망과 공격성은 장기적으로 프랑스 산업의 경쟁력에 해를 끼친 것은 물론이고 나폴레옹 자신을 몰락의 길로 내몰았다. 1810년 러시아는 프랑스가 지배하는 대륙 체제에 흡수되는 것을 거부하고 영국과의 무역을 재개했다. 차르의 이런 태도에 분노한 나폴레옹은 1812년 러시아를 침공했다. 모스크바에서 후퇴하면서 유럽 전역에서 소집한 60만 명에 이르는 그의 대육군이 괴멸되었다. 러시아 기병대의 맹공격과 동장군으로 인한 혹한의 고난 속에서 살아남은 병사는 2만 5000명도 채 되지 않았다.[41] 나폴레옹이 정복 전쟁의 정점으로 삼으려던 러시아 침공은 프랑스 군사력의 근간을 무너뜨렸다. 강제로 퇴위당한 그는 엘바섬에 수감되었다. 나폴레옹은 감금 상태에서 탈출하여 프랑스로 돌아와 마지막 군사적 도박을 시도했으나 1815년 워털루 전투에서 패하고 말았다.

프랑스 혁명의
폭력적 유산

프랑스 혁명과 나폴레옹 시대의 가장 가슴 아픈 상징은 파리에 아직 완성되지 않은 채 남아 있는 개선문Arc de Triomphe일 것이다. 처음에는 무정부 상태와 폭정을 극복하고 승리한 혁명을 형상화한 거대한 동상이 그 위에 세워질 예정이었다. 하지만 개선문의 설계자는 한 역사학자의 말대로 "전투용 마차나 적으로부터 노획한 무기 더미 또는 지구본 위에 서 있는 나폴레옹 조각상, 거대한 독수리, 자유의 여신상 또는 거대한 별 등"을 두고 어떤 상징물을 얹어야 할지 끝없이 논쟁을 벌였다.⁴² 결국 개선문의 꼭대기는 오늘날 남아 있는 것처럼 빈 상태로 유지되었다.⁴³

혁명 당시 프랑스 역시 승리의 중심부에 빈 공간이 있었다. 혁명 정신에 불타고 나폴레옹의 전술로 대오를 정비한 프랑스는 유럽을 정복했다. 그러나 그 정복의 목적은 무엇이었을까? 물론 프랑스의 지속 가능한 민주주의를 지키려는 것은 아니었다. 이미 언급했듯이 프랑스는 1792년부터 1958년까지 불과 한 세기 반 동안 3개의 군주제, 2개의 제국, 5개의 공화정, 하나의 사회주의 공동체 그리고 또 하나의 준파시스트 정권의 통치를 받았다. (한편 1688년 이후 영국은 위헌적이거나 폭력적인 정부 교체가 없었다고 자랑할 만하다. 영국의 정치 체제는 300년 넘게 유지되어 지구상에서 가장 오래 지속된 대의제 정치 체제로 꼽힌다.) 프랑스인은 현대에도 수많은 위기와 봉기,

위기일발의 상황을 겪으며 살아왔다.[44]

처음에는 유럽의 일부 자유주의자들이 나폴레옹의 성공한 민족주의가 프랑스를 단결시키고 국력을 키운 방식에서 영감을 얻었다. 그들은 빈과 모스크바, 이스탄불 등 제국의 수도에서 통치하는 거대한 다국적 제국의 일원이 되는 대신에 독자적인 민족주의 정치를 원했다. 프랑스 모델은 나폴레옹 집권 이후 수십 년 동안 오늘날의 이탈리아, 헝가리, 독일 등지의 인구가 증가하면서 모방자들을 자극했다. 그러나 이들의 혁명은 싹부터 잘려 나갔다. 유럽에서 프랑스 민족주의의 장기적 유산은 자유주의의 가치를 전파한 것이 아니라 정체성 정치identity politics의 씨앗을 심은 것이었다. 일부 민족주의 운동은 자유주의적으로 시작했으나, 대다수의 민족주의 운동은 복고적 향수와 반反자유주의로 방향을 틀었다.

유럽의 다른 열강도 프랑스 혁명이 이성을 포용하고 종교를 폄하하는 것에 반발했다. 독일은 무엇보다 계몽주의의 차가운 이성주의와 그 괴물 같은 자식인 혁명에 대한 격렬한 반발을 경험했다. 우파는 새로운 운동으로 방향을 틀었다. 바로 낭만주의였다. 낭만주의는 괴테의 《젊은 베르테르의 슬픔Sorrows of Young Werther》처럼 머리보다 가슴을 강조하는, 불안으로 가득 찬 시와 예술을 의미했다. 이러한 경향은 서유럽에 퍼진 건축의 '폐허 열풍ruin craze'에서도 볼 수 있다. 과거 낭만적 시대에 매력을 느낀 귀족은 건축가를 고용해 자신의 영지를 위한 맞춤형 폐허를 지었는데, 이는 근대성을 거부하고 과거를 그리워하는 향수를 완벽하게 표현한 것이었다. 그러나 정치 영역에서 낭만주의는 결국 나중에 파시즘으로 변질된 독일 민족주의의 끓어오르는 복수심에 불을 지폈다.

혁명에 대한 보다 즉각적인 반발은 나폴레옹을 물리친 보수적 군주들에게서 나왔다. 이들은 혁명이 퍼지는 것을 막으려고 유럽 전역에서 보수 반동적 의제를 추구했다. 나폴레옹 이후 '유럽 협조 Concert of Europe'로 알려진 강대국 동맹(오스트리아·프로이센·러시아·영국 사이의 4국 동맹Quadruple Alliance_옮긴이)이 지배했던 이 시대는 대략 1815년부터 1856년까지 가장 강력한 형태로 지속되었고, 이후에도 수십 년 동안 약화된 형태로 남아 있었다. 이 시대는 오스트리아의 보수적 수상 클레멘스 폰 메테르니히Klemens von Metternich가 주도했다. 바로 이 시대에 우리가 알고 있는 우익 음모론이 탄생했다. 유럽의 보수적 지도자는 프랑스 혁명을 성공적으로 좌초시켰지만 도처에서 단두대의 그림자를 보았다. 오늘날 우리에게는 믿기지 않지만, 메테르니히처럼 평소에는 진지한 정치가가 템플 기사단 Knights Templar, 일루미나티Illuminati(18세기 독일에서 활동한 급진적 비밀결사_옮긴이), 프리메이슨Freemason 등의 비밀 조직이 모두 자코뱅의 숨은 잔당과 결탁하여 은밀한 세계적 네트워크의 일부로 연결되어 있다고 가정하고 정책을 입안했다. 이탈리아 반군이 오스트리아의 통치에 반대하여 봉기했다면, 이는 분명히 프랑스 파리에서 번진 괴담이나 폴란드의 반체제 귀족과 관련 있다고 여기는 식이었다. 역사학자 애덤 자모이스키Adam Zamoysky의 말을 빌리자면 이 시대는 "유령 공포Phantom Terror"의 시대였다.[45]

자유주의에 대한 또 다른 좌절은 프랑스 혁명의 폭력적 유산이 합리주의와 민주주의를 불신하게 만들었다는 점이다. 21세기 자유주의자가 보수적 반대자로부터 '공산주의자'로 낙인찍힌 것과 마찬가지로, 19세기의 많은 온건한 개혁가는 '공포 정치'와의 연관성으로 인해 싸잡아서 매도되었다. 정치적 숙청의 기억은 모든 개혁 조치의 정당성을 훼손했다. 혁명을 부정하는 것은 피비린내 나는 단두대를 거부하는 것일 뿐 아니라, 유익함이 명백한 근대화마저 거부하는 것을 의미했다. 자모이스키는 교황 레오 12세가 나폴레옹이 가톨릭교회로부터 빼앗은 이탈리아의 정치적 통제권을 되찾자마자 즉시 "종교재판을 부활하고 유대인을 게토ghetto(유대인 거주 지역)로 돌려보냈다"라고 지적한다. 교황은 또 가로등과 백신 접종 등 "혁명으로 도입된 새로운 제도들"도 모두 원상으로 되돌렸다.[46]

메테르니히 시대는 혁명에 대한 불균형한 공포심이 부지불식간에 모든 종류의 민주주의적 변혁 운동을 요람에서부터 억압하려는 치명적 반혁명을 일으킬 수 있음을 보여 주었다. 메테르니히는 개혁을 요구하는 목소리에 학생과 대학을 탄압하는 것으로 대응했다. 메테르니히의 우군이었던 오스트리아의 보수파조차 그의 탄압이 궁극적으로 헛된 노력이라고 공격했다. 1833년 내각의 한 장관은 총리에게 "총검으로 기존의 모든 것을 유지하려는 시도는 혁명을 불러일으키는 최선의 방법"이라며 불만을 터뜨렸다.[47] 비교적 자유주의적이었던 영국 정부는 유럽 대륙의 군주국이 너무나 후진적이어서 가망이 없다고 여겼다. 그리고 복원된 군주국은 실제로 일체의 개혁을 철저히 억압함으로써 결국 혁명이 일어나도록 보장하는 결과를 빚었다. 1848년 1월, 토크빌은 프랑스 의회에서 억눌린 정치적 에너지가 화산처럼 분출할 수 있다고 경고하는 연설을 했다.[48] 몇 달 지나지 않아 화산이 폭발했다.[49]

화산처럼 일어난 잇따른 혁명

1848년에 일어난 일련의 혁명은 역사상 가장 보기 드문 사건에 속한다. 유럽의 북쪽에서 남쪽까지, 동쪽에서 서쪽까지, 스칸디나비아에서 루마니아까지, 그리고 이탈리아에서 아일랜드까지, 심지어 목가적인 스위스에서도, 말하자면 유럽 전역에서 사람들이 전제적 통치에 대항해 들고 일어났다. 자유주의 사상을 받아들인 사람은 생명과 재산의 큰 위험을 무릅쓰고 자국의 지배층에 항의하는 시위를 벌였다. 그 이후에는 이와 같은 동시다발적 혁명이 전혀 일어나지 않았다. 1989년 혁명은 동유럽에 국한되었다. 2011년의 '아랍의 봄Arab Spring'은 아랍어권 사회 너머까지는 미치지 못했다. 1848년의 '민족의 봄Springtime of the Peoples'(국민 국가의 봄Springtime of Nations으로도 불린다_옮긴이)은 수십 개의 서로 다른 언어와 인종으로 이루어진 여러 사회에 큰 파장을 일으킨 혁명적 사건이었다. 아랍의 봄과 마찬가지로 1848년의 혁명도 단기적으로는 실패했다. 그러나 장기적으로는 깊고 광범위한 영향을 미쳤다.

1848년의 혁명이 일어난 원인은 무엇일까? 파리에서 베를린, 빈에 이르기까지 석탄과 증기가 점차 육체노동을 대체하면서 경제 근대화의 과정이 빠르게 진행되었다. 19세기 초반에는 농민이 대거 도시로 몰려들어 공장 노동자가 되면서 길드 장인이 지배하던 수공업적 생산 방식의 기반을 약화시켰다. 그러나 이러한 저변의 구조적 변화에도 유럽의 통치자는 프랑스 혁명이 균형을 깨뜨리기까지 50년 전에 존재했던 것과 똑같은 통제 위주의 정치를 고수하려 했다. 경제 근대화와 정치 구조 사이의 단절은 궁극적으로 격변을 초래했다.

프랑스에서는 복원된 왕정 치하에서 지지부진한 개혁 속도에 분노하며 프랑스 혁명의 재연으로 이어졌다. 1848년, 정치 집회를 두고 정부가 시기적으로 부적절한 탄압에 나서자 파리에서 대규모 거리 시위가 벌어졌고, 이는 제2공화국의 선포로 절정에 달했다. 국왕에게는 다행스럽게도 이번에는 단두대가 없었다. 폐위된 루이 필립은 영국으로 도망쳐 그곳에서 안락한 노후를 보냈다. 그러나 혁명이 다시 사회의 주요 의제로 떠올랐다.

파리에서의 봉기는 유럽 대륙 전역의 개혁가와 혁명가에게 혁명의 시작을 알리는 신호탄이 되었다. 교육받은 중산층 자유주의자는 1815년 이후 고착화된 정치 환경에 불만을 품고 있었다. 한편 농업의 실패로 식량 가격이 치솟고 제조업 실업률이 급증하면서 유럽 노동 계급의 상당수가 빈곤에 빠졌다. 지식인 지도층과 분노한 실직 노동자 집단이 폭발할 준비를 갖춘 상태에서, 파리로부터 들려온 혁명 소식은 사회가 폭발하는 데 기폭제가 되었다.

오스트리아 제국의 화려한 수도 빈에서는 학생과 노동자가 메테르니히의 축출을 요구했다. 극보수주의 총리였던 그는 해임되었고, 처음에는 네덜란드로 그다음에는 영국으로 망명해야 했다. 영국은 당시까지 온갖 이단자에게 안전한 피난처로 남아 있었다. 오스트리아의 제국주의적 통치 방식은 이미 자유주의적 개혁 요구를 억누르고 제국을 구성하는 여러 민족의 독립 욕구를 억제하는 데 어려움을 겪었다. 헝가리인, 크로아티아인, 체코인, 슬로바키아인, 슬로베니아인, 기타 민족이 제각기 영토와 자존심을 놓고 경쟁했다. 오스트리아 중앙 정부는 크로아티아의 돌격대를 투입하여 헝가리의 독립 시도를 진압하는 등 경쟁 관계에 있는 민족을 서로 대립시켜서 겨우 1848년 혁명을 피할 수 있었다.

분열된 독일이 혁명의 다음 대상이었다. 당시 독일은 단일 국가country가 아닌 하나의 지역region으로서, 독일 연방German Confederation의 일부를 구성하는 수십 개 주로 나뉘어 있었다. 그러나 프랑스의 민족주의에서 영감을 받은 이상주의적인 젊은 세대는 통일된 독일 국민을 꿈꿨다. 베를린에서 벌어진 민주화 시위는 당초 프로이센에 입헌 군주제로의 양보를 촉구했다. 그러나 혁명가들은 그보다 훨씬 더 나아가려 했다. 이들은 프랑크푸르트에서 자칭 국민의회를 개최하여 자신들의 민족주의적 목표에 동조할 것으로 생각되는 프로이센 국왕 아래 통일된 독일 국가를 선포했다. 사태가 갑작스럽게 급진적으로 전개되자 기겁을 한 국왕은 이 제안을 거부했다. 자유주의적 헌법 개혁과 독일의 국가 통합 계획은 백지화되었다. 이탈리아에서는 독일과 비슷한 통일 국가 수립을 시도하던 혁명가들이 교황의 반대 선언에 부딪히자 심각한 좌절에 직면했다. 기존 질서를 유지하려는 세력이 혁명의 모든 전선에서 혁명가를 패퇴시켰다. 유럽 전역에서 보수적 군주는 자신들의 권위를 재확인하고 안도의 한숨을 내쉬었다.

정치의 표면적 결과를 보면 1848년 혁명은 완전한 실패에 가까웠다. 프랑스에서만 새로운 혁명 정부가 지속되었고 그마저도 민주주의의 승리는 아니었다. 나폴레옹의 조카가 새 공화정의 첫 대통령 선거에서 승리하고 3년 만에 쿠데타로 권력을 장악한 후 황제로 등극했다. 하지만 혁명의 겉모습만 보면 오해의 소지가 있다. 1848년 이후 수십 년 동안 각국에서 집권한 정부는 어떤 정치 체제를 취했든 공통된 경제 정책으로 점점 더 수렴했다. 이들은 모두 철도를 도입했고 무역과 새로운 산업 자본주의 모델을 장려했다.

그리고 1870년대에는 오스트리아, 러시아, 독일 등 공식적으로 군주제를 유지하던 국가도 자유주의에 대한 대대적인 양보를 해야만 했다. 좌파의 압력을 받은 독일 지도자는 사회복지 제도를 도입했고, 세금과 지출 권한을 행사하는 연방 의회인 제국의회Reichstag를 채택했다. 헝가리에서 새로운 정치적 불안에 직면한 오스트리아 제국은 '이중 군주제Dual Monarchy'인 오스트리아 헝가리 제국으로 발전했다. 이로써 헝가리 민족주의는 권력의 정점까지 격상되었다. 유럽의 강대국 중 가장 전제적이었던 러시아도 농노제(사실상 러시아 농민을 착취하는 노예 제도)를 폐지하고 산업화를 추진했다.

1848년의 이탈리아는 유럽 사회에서 산업화가 가장 덜 이루어졌고 기술적으로도 가장 낙후된 나라였다. 혁명이 실패한 후 몇 년 동안 이탈리아는 '리소르지멘토Risorgimento'(이탈리아의 부활과 국가 통일 운동)를 위한 투쟁으로 사회를 근대화하려는 과감한 시도를 보여 준 반면, 낡은 정치 질서는 전통적 가치를 보존하려고 안간힘을 썼다. 작가 주세페 토마시 디 람페두사Giuseppe Tomasi di Lampedusa(시칠리아 귀족 가문의 마지막 왕자)는 1958년에 발표한 소설《표범The Leopard》에서 1860년대 시칠리아를 재건하려는 세력의 뒤틀린 정신 상태를 잘 묘사했다. 자신의 지위가 위협받는 것을 본 고귀한 주인공은 다음과 같은 기억에 남을 만한 충고를 듣는다. "기존의 것이 그대로 유지되기를 원한다면 그것이 먼저 바뀌어야 할 것이다."[50] 유럽의 보수적 지배층은 혁명을 피하기 위해 개혁을 받아들여야 했다. 그러나 개혁은 사회의 구조적 변화를 격화시켰다.

1848년 이후 정치의 표면 아래에서는 사회의 근간이 흔들리고 있었다. 구체제가 권력에 집착하는 동안에도 자유와 평등을 향한 자유주의적 열망은 사라지지 않았다. 당시 혁명가들은 무참히 짓밟혔지만 왕실 권력의 독점 종식, 의회의 설립과 권한 부여, 표현의 자유 증진, 민족주의의 배양 등 그들의 이상주의적 목표는 점진적 개혁을 통해 거의 바뀌지 않고 채택되었다.

그러나 모든 사람이 단편적 개혁에 만족한 것은 아니었다. 급진주의자와 불만 세력은 명령과 지시로 사회를 근본적으로 바꿀 수 있다는 프랑스 혁명의 유토피아적 꿈을 결코 버리지 않았다. 실제로 프랑스 혁명은 동쪽으로 약 1300마일 떨어진 곳에서 거의 그대로 모방되었다. 프랑스 혁명의 가장 큰 파급 효과 중 하나는 러시아 판 혁명이라는 속편이었다.

러시아는 한때 막대한 자원과 인력을 보유한 대제국이었으나, 인기 없고 무능한 군주로 인해 경제 붕괴와 군사적 패배에 직면했다. 러시아 제국은 온건한 정부로 교체되었으나, 새 정부의 어설픈 실수로 인해 급진적이고 살인적 정권이 들어설 길을 열어 주고 말았다. 두 혁명의 차이점은 프랑스 혁명이 1789년 이후 거의 계획되지 않은 일련의 사태가 점차 고조되면서 혁명으로 전개된 반면, 1917년 러시아 혁명은 마르크스주의의 영향을 받은 블라디미르 레닌Vladimir Lenin의 측근이 프랑스 혁명을 모방하여 의식적으로 전략을 세웠다는 것이다. 레닌은 공산주의로의 자연스러운 진전에 대한 마르크스의 예측이 너무 느리고 불확실하다고 여겼기 때문에, 그는 역사를 가속화할 혁명가들의 '선도 계급Vanguard class'이 필요하다고 주장했다. 따라서 우리는 러시아 혁명이 프랑스 혁명과 매우 흡사한 과정을 거쳤음을 알 수 있다. 즉 러시아 혁명은 급진화된 엘리트가 대부분 근대화되지 않은 농경 사회를 대상으로 일으킨 하향식 혁명이었다고 이해할 수 있을 것이다. 두 경우 모두 내부와 외부의 적으로부터 혁명을 구하려는 시도가 공포 정치의 바람을 일으켰고, 정치적으로 용인될 수 있는 범위를 좁힘으로써 결국 최고 권력자의 일인 통치로 이어졌다.

러시아 혁명은 그 선조인 프랑스 혁명과 마찬가지로 혁명이 배출한 인재를 집어삼켰다. 1927년 레닌의 측근 중 한 명인 레온 트로츠키Leon Trotsky는 반혁명 반역죄로 기소된 후 자신을 변호하는 연설을 했다. 이 연설에서 그는 두 혁명의 유사성을 비유적으로 제시했다. "프랑스 대혁명 동안에 많은 사람이 단두대에서 참수되었다.[51] 우리 역시 많은 사람이 총살 집행 부대 앞으로 끌려갔다." 트로츠키가 자신에게 반역죄를 덮어씌운 고발자들에게 던진 질문은 '자신을 포함한 반대파를 총살할 준비를 한 것이 프랑스 혁명의 어느 단계에 해당하느냐'는 것이었다. 그는 러시아 혁명이 로베스피에르의 뒤를 이어 집권한 중도주의자들centrists 같은 온건주의나, 야심 찬 한 장군에 의한 혁명의 포획을 의미하는 '보나파르트주의Bonapartism'의 함정에 빠질 위험에 처해 있다고 묘사했다. 망명지에서 트로츠키는 경쟁자였던 스탈린이 다시 한 번 군사 독재로 고귀한 혁명의 이상주의적 목표를 파탄시킨 나폴레옹 보나파르트가 되었다고 비난했다. 러시아에서 공산주의는 프랑스의 급진적 공화주의보다 훨씬 더 오래 지속되었지만 그것이 남긴 유산은 비슷했다. 즉 정치적으로 트라우마에 시달리고 경제적으로 혼란에 빠져 결국 자유 민주주의를 택한 경쟁국에 비해 뒤처진 사회가 되었다는 점이다.

프랑스 혁명을 삼킨
영국의 산업 혁명

프랑스의 운명은 그럴 수밖에 없었다. 프랑스 혁명을 탄생시킨 나라가 얻은 결실은 빈약해 보였다. 경제 성장은 지체되었고 산업은 경쟁력이 없었으며 제국은 축소되었다. 1790년부터 1820년까지 프랑스의 국내총생산(GDP)에서 차지하는 무역의 비중은 20퍼센트에서 10퍼센트로 급감했다.[52] 가장 심각한 것은 1815년 나폴레옹이 퇴위했을 때 프랑스의 산업화 수준이 겨우 1780년의 영국과 비슷한 수준에 머물렀다는 점이다.[53] 혁명 이후 프랑스는 경쟁국에 비해 수십 년이나 뒤처졌다. 에릭 홉스봄은 그의 저서 《혁명의 시대 The Age of Revolutions》에서 영국의 산업 혁명이 성공한 반면에 프랑스 혁명은 실패한 이유를 설명한다. 그는 마르크스주의의 하부 구조와 상부 구조의 개념을 도입하여 1789년부터 1848년까지 성장 가능성이 높아 보였던 프랑스 경제가 왜 동력을 잃고 정체를 겪었는지 설명한다. 그는 과도한 규제와 가격 통제가 초기 자유주의 혁명가들의 근대화 시도를 약화시켰다면서 "프랑스 경제의 자본주의적 부분은 소농과 소시민으로 구성된 견고한 하부 구조 위에 세워진 상부 구조였다"라고 주장한다.[54] 바꿔 말하면 프랑스 경제는 가장 근본적 수준에서 확실히 전근대적 상태에 머물러 있었다는 것이다. 나폴레옹의 정복을 통해 프랑스 혁명은 서유럽과 중부 유럽 전역에 법치와 합리적 통치 제도를 도입했고, 이는 많은 국가에서 이후 경제 성장의 씨앗을 심었다.[55] 또한 스페인에서 아이티, 콜롬비아에 이르기까지 '대서양 혁명Atlantic Revolutions'의 물결을 일으켰다. 그러나 프랑스 혁명이 프랑스를 영구적으로 부유하게 만들지는 못했다.

궁극적으로 프랑스의 혁명적 시대는 영국이 세계의 정치 및 경제 질서의 중심에 자리 잡는 것으로 막을 내렸다. 영국의 독보적 해군력 및 무역과 산업에서의 우위는 그 이후 시대에도 계속된다. 개혁적이고 자유주의적인 정치와 경제 모델로 19세기 전 세계의 근대화 추진 세력에게 영감을 준 나라는 프랑스가 아니라 바로 영국이었다. 다시 한 번 홉스봄이 이를 가장 잘 표현했다. "(영국의) 산업 혁명이 (프랑스의) 정치 혁명을 삼켜 버렸다."[56]

4

혁명의 모태이자
전 세계를 근대화한
산업 혁명

　　　　　　　　　　에릭 홉스봄은 "산업 혁명Industrial Revolution은 아마도 세계 역사상 가장 중요한 사건이었을 것"이라며 "그리고 그것은 영국에 의해 시작되었다"라고 썼다.[1] 현재 산업 혁명으로 통칭되는 많은 변화의 정확한 기원에 대해서는 논쟁의 여지가 있지만, 경제학자 디어드리 맥클로스키Deirdre McCloskey가 '위대한 사실the Great Fact'이라고 부르는, 산업화와 함께 시작된 생산성의 전례 없는 기하급수적 도약은 누구도 부인할 수 없다. 이러한 성장은 소득 증가, 중산층 급증, 보편적 교육, 대중 정치, 광범위한 기술 확산, 글로벌 통신, 저렴하고 간편한 해외여행 및 교통 등 오늘날 우리가 당연하게 여기는 현대 세계의 거의 모든 측면을 가능하게 했다. 네덜란드 혁명과 1688년의 후속 혁명은 영국을 근대화시켰지만 영국의 산업 혁명은 전 세계 대부분을 근대화시켰다.

산업 혁명이 과거와 얼마나 극적으로 달라졌는지를 이해하려면, 지난 2000년 동안의 세계 국내총생산(GDP) 추이를 나타낸 하키스틱 모양의 그래프를 살펴보라. 보다시피 수 세기 동안 거의 제로에 가까운 경제 성장을 보이다가 1800년대 중반을 전후로 전 세계의 1인당 GDP가 급격히 상승했다. 이러한 성장은 불균등하게 분배되어 처음에는 서구에 집중되었고, 이제 우리는 경제 성장이 환경에 광범위한 피해를 입히고 있음을 알게 되었다. 그러나 오해하지는 말기 바란다. 그러한 성장으로 온갖 경이로움, 잔인함, 위선, 영광이 공존하는 근대 세계가 탄생했다.

영국에서 산업 혁명이 시작된 이유를 설명하는 방대한 연구 자료가 있다. 일부 역사가는 영국에 발전을 촉진한 어떤 독특한 특성이 있었다고 주장하고, 또 다른 역사가는 '석탄과 식민지' 즉 대규모 연료 공급에다 해외의 많은 시장과 값싼 노동력이 더해졌음을 강조한다. 나는 영국이 풍부한 에너지와 인도 및 카리브해 연안에 보유한 식민지의 이점을 크게 누렸지만, 기술 및 경제의 혁신을 발전시킨 몇 가지 특별한 속성도 내세울 만하다고 생각한다.

예를 들어 18세기 일본에도 활발한 섬유 산업이 있었지만 영국처럼 크게 성장하지는 못했다. 산업 혁명의 첫 번째 발명품 중 하나인 플라잉 셔틀flying shuttle(직조기의 씨실을 넣는 장치, 북_옮긴이)을 생각해 보자. 1733년 존 케이John Kay가 특허를 받은 이 간단한 장치는

지난 2000년간의 세계 GDP 변화 추이

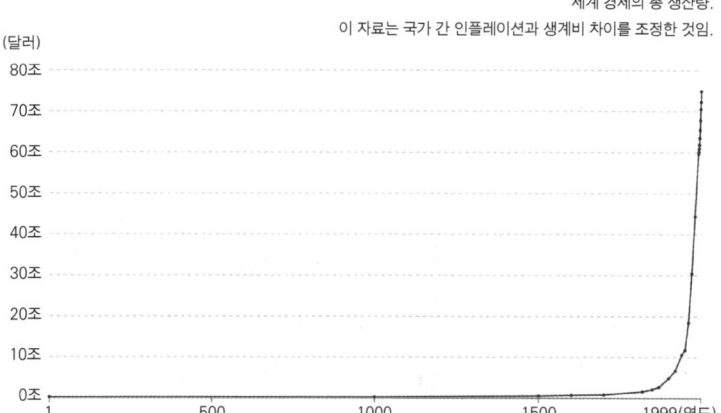

인플레이션 조정 후 세계 GDP, 서기 원년에서 1999년까지.
출처: 세계은행과 매디슨 자료를 바탕으로 한 〈통계로 본 세계〉, 2017
ⓒ Our World in Data/CC BY 4.0 DEED

베틀을 통해 실을 빠르게 이동시키는 도구로, 나무 몸체에 바퀴와 추를 추가한 기술로 구성되었다. 이보다 수백 년 앞서 이미 사용되었을 수도 있을 법한 단순한 기술이었다. 그러나 이때 발명된 플라잉 셔틀은 한 사람이 베틀 한 대를 조작할 수 있도록 해서 직조 작업의 생산성을 크게 향상시켰다. 18세기 영국에서는 이러한 장치와 기계가 수백 가지나 발명되었다. 이 발명품들 가운데 플라잉 셔틀을 포함한 상당수는 값싼 석탄과는 아무런 관련이 없었다. 그리고 이 모든 산업의 발전은 거의 동시에 농업 혁명을 촉발한 농업의 주요 혁신과 맞물렸다. 과학 분야에서 영국보다 앞서 있던 나라도 있었지만 수선공, 기계공, 발명가가 번성했던 곳은 영국뿐이었다.[2]

그리고 산업 혁명을 시작한 것은 과학 이론가가 아니라 바로 이들 현장의 작업자였다.

석탄은 확실히 큰 혜택이었다. 영국제도British Isles에는 구하기 쉬운 석탄이 풍부하게 매장되어 있다. 1500년대 후반 영국은 가정 난방용 나무가 심각할 정도로 부족했다.³ 난방용 연료를 나무에서 석탄으로 전환하는 것은 부분적으로는 사냥을 위해 왕실의 숲을 보존하려는 특별 조치이기도 했지만 쉬운 일은 아니었다. 석탄 채굴은 더럽고 위험하며 보람 없는 일이었다. 특히 홍수는 위험했다. 하지만 영국의 독창성이 이 문제를 해결했다. 1712년 토머스 뉴커먼 Thomas Newcomen은 물을 퍼내는 장치를 개발했다. 이 장치는 가압 증기로 밀어내는 피스톤으로 구동되었고, 주변에 풍부한 석탄을 때서 물을 끓이는 방식이었다. 1776년에 제임스 와트James Watt는 이 기계의 설계를 크게 개선했다. 이 해는 영국의 북미 식민지였던 미국이 독립을 선언한 해였다. 그러나 와트의 증기 기관은 곧 상실한 영토를 보상하고도 남을 만큼 산업화의 핵심 발명품이 되었다. 영국의 국력은 네델란드의 경우보다 훨씬 더 지리적 영향에서 벗어나 있었다.

증기 기관이 실용적이고 광범위하게 사용된 최초의 증기 동력 펌프는 석탄 생산을 가속화했고, 이는 섬유 공장에 동력을 공급하는 데 사용되는 더 많은 증기 기관에 연료를 공급하여 궁극적으로 전체 경제 발전을 촉진했다. 사람이나 말이 아닌 무생물 형태의 에너지인 석탄은 기계를 구동할 수 있게 함으로써 수백 가지의 다양한 방식으로 인간의 잠재력을 발현시켰다. 이 에너지 혁명은 산업 혁명의 핵심이었다. 에너지 혁명이 없었다면 현대의 물질적 발전은 대부분 불가능했을 것이다. 19세기 말에는 증기 기관차 한 대가 약 1300마리의 말이 해내던 것과 같은 양의 작업을 수행했다는 사실을 생각해 보라.[4] 산업 시대the Industrial Age의 궁극적 결과는 인류가 생물학적 한계에서 벗어나게 되었다는 것이다. 그 이후 문명은 인간의 독창성의 한계에만 좌우되었다.

영국이 다른 나라보다 발명가가 더 많았다는 것은 우연한 행운이 아니었다. 명예혁명은 영국 예외주의의 두 가지 핵심 기둥인 의회주의와 시장 자본주의를 공고히 했다. 두 가지 모두 끊임없는 시행착오를 특징으로 하는 제도였고 실험 문화를 장려했다. 1623년, 의회는 특정한 발명의 독점권을 남용하거나 허위로 청구하는 행위를 금지하고, 대신 '진정한 최초 발명가'에게 보상을 하되 발명가의 독점권을 14년으로 제한하는 획기적인 특허법을 통과시켰다. 이 규정은 수 세기에 걸쳐 유지되었으며, 18세기에 들어와서는 공무원과 판사가 특허권 보호 권한을 부여하는 발명에 대해 상세한 설명을 요구하면서 점점 더 중요해졌다.[5] 최초 발명가에게는 혁신을 장려할 수 있는 충분한 보상이 주어졌지만, 무한정 독점적 사용을 주장할 수는 없었기 때문에 다른 사람이 새로운 기술을 채택하고 개선하는 것이 더 쉬워졌다. 심지어 의회는 혁신에 대해 더 많은 정보를 공개하도록 발명가에게 보상을 해 주기 시작했다. 1732년 토머스 롬브Thomas Lombe의 실크 제조 장치의 특허가 만료될 무렵,[6] 의회는 특허 연장을 거부하는 대신에 정부 관리가 그의 기계를 검사하고 모형을 제작하여 다른 직조 업자가 배울 수 있도록 공개적으로 전시하는 대가로 오늘날 화폐 기준으로 약 400만 달러에 해당하는 금액을 지급하겠다고 제안했다.

플라잉 셔틀은 케이가 영국에서 특허를 받기 1년 전 프랑스에서 발명되었다는 증거가 있다. 그러나 프랑스 관리는 새로운 장치로 인한 고용 붕괴 효과에 놀라 이 기계를 파괴했고, 아마도 이 장치의 사용을 금지한 것으로 보인다.[7] 반면에 영국은 발명가를 칭송하고 그들의 지식 재산권을 보호하여 혁신가에게 기술 혁신을 계속할 수 있도록 동기를 부여했다.

정확한 원인이 무엇이었든 간에 18세기 중반 영국에서 일하고 생활하는 방식에 커다란 지각 변동이 시작되었다. 이러한 변화는 이 작은 섬나라의 힘과 영향력을 강화하여, 또 다른 대규모 식민지 개척에 착수하고 그 사상을 넓고 멀리 전파할 수 있도록 했다. 이는 영국 본국을 부유하게 했을 뿐 아니라 영어를 세계적 언어로 만들었으며, 영국을 전 세계의 정치적 경제적 자유주의의 모델로 만들었다. 영국은 바다를 제패하고 경제를 지배했으며 근대 문화, 스포츠, 레저의 개념을 정의했다. 미국인이 사커soccer라고 부르는 축구부터 관광, 널리 보급된 공원 산책에 이르기까지 오늘날 우리가 당연하다고 생각하는 세상의 많은 행태가 영국 상류층과 중산층의 관습에서 비롯되었다.

기술 혁신이 이룬
일상생활의 변화

석탄이 등장하기 전인 18세기에도 영국의 원면 소비량은 100배나 늘었고, 섬유 산업의 노동 생산성은 150배나 가파르게 상승했다.[8] 이어서 빅토리아 시대Victorian era가 등장했다. 빅토리아 시대는 엄밀한 의미에서 빅토리아 여왕이 통치했던 1837년부터 1901년까지 지속된 기간을 말한다. 그러나 한 역사가가 영국의 지배 기간 전체를 통칭해 불렀던 "승리의 세기Victorious Century"에 영국은 경제 성장에 새로운 전기를 맞이했다.[9] 생산성 향상은 더 높은 소득과 더 많은 식량을 의미했고, 1770년부터 1870년까지 실질임금은 생활비와 인플레이션을 조정한 후에도 50퍼센트 이상 상승했다.[10] 경제 사학자 브래드 드롱Brad DeLong은 1600년경 산업화 이전에는 런던의 평균적인 비숙련 남성 노동자가 하루에 약 3000칼로리의 거친 빵을 가족에게 제공할 수 있을 만큼 벌었으나, 1870년에는 5000칼로리의 빵을 살 수 있을 정도로 소득이 증가했다고 추정했다.[11] 이는 훨씬 더 가난했던 아시아와 아프리카는 말할 것도 없고 다른 유럽 국가에 비해서도 훨씬 높은 소득 수준이었다. 19세기 전반기에 영국인의 기대수명은 경제 상황이 어려웠다고 기억되는 시기에도 3.5년 정도 증가했다.[12] 노동자가 가족에게 식량과 기타 생필품을 공급해 줄 수 있게 되었을 뿐 아니라, 보건과 위생의 개선 역시 수명을 늘렸다.

영국의 인구는 자연 증가와 함께 기회를 찾아 영국으로 온 이민자로 인해 급격히 증가했다. 1801년 영국의 첫 인구 조사에서는 인구가 1000만 명을 조금 넘었다. 한 세기 후 인구는 3배 이상 증가하여 3000만 명을 돌파했다.[13] 영국 도시의 성장은 더욱 경이로웠다. 1851년 인구 조사에 따르면 영국은 처음으로 도시 인구가 대다수를 차지하는 사회가 되었으며,[14] 영국에 앞서 도시화가 이루어졌던 이탈리아 도시 국가나 네덜란드 공화국을 무색케 할 만큼 사상 최대의 도시 중심 국가가 되었다. 1800년 100만 명에 불과했던 런던의 인구는 19세기 중반에 300만 명으로 급증했고, 1900년에는 놀랍게도 650만 명으로 늘어났다.[15] 리버풀, 맨체스터, 에든버러 등 영국의 2선 도시들 역시 인구가 폭발적으로 증가하여 수십 년 만에 10배로 늘어난 경우도 있었다.

이러한 성장 수치가 오늘날에는 별다른 감흥이 없을지 모르지만, 당시 일반인의 삶이 지금 우리가 인식할 수 있는 형태로 완전히 변화했음을 시사한다. 영국의 산업화는 인간의 조건 자체에 혁명을 일으켜 시간과 공간을 둘러싼 사람들의 관계를 근본적으로 바꾸어 버렸다. 철도는 거리의 제약을 없애면서 그 어느 때보다 빠르게 물건과 사람을 실어 날랐다. 최초의 여객 열차는 리버풀에서 맨체스터까지 운행했는데, 이전에는 마차로 4시간, 운하로 20시간이 걸리던 거리였다. (운하는 한 세기 전에 네덜란드가 개척한 위대한 근대 교통 혁명의 산물이었다.) 이 거리가 기차로는 1시간 45분밖에 걸리지 않았다.[16] 1825년 영국 최초의 철도가 개통된 이후 1914년까지

영국의 철도망은 총 길이가 2만 마일(약 3만 2000킬로미터)이 넘을 정도로 급격히 늘어났다.[17]

기차 여행은 처음에는 엘리트만 누릴 수 있는 경이로운 사치품이었지만, 정부의 적극적인 확대 노력으로 그 혜택이 대중에게 전해지는 데는 그리 오랜 시간이 걸리지 않았다. 1844년, 젊은 국회의원이자 미래의 총리였던 윌리엄 글래드스턴William Gladstone은 철도규제법을 도입하여, 영국의 모든 철도 노선에 대해 평일에는 1마일당 1페니라는 파격적인 할인 가격의 열차를 적어도 1회 이상 운행하도록 의무화했다. '의회 열차parliamentary train'로 알려진 이 저렴한 열차 덕택에 영국인은 교통 분야에서 혁명의 혜택을 누릴 수 있는 수단을 갖게 되었다.

여행이 크게 확대되면서 정확한 시간 측정이 필요해졌다. 빅토리아 시대에는 어디서나 시간을 확인할 수 있는 회중시계가 등장했다. 회중시계는 부의 상징이었을 뿐 아니라 근대성 그 자체와의 연결고리이기도 했다. 시계가 대량 생산되기 전에는 지구상의 거의 모든 인류가 '일출', '정오', '해질녘' 등의 표현처럼 모호한 시간 개념 속에서 살았다. 중세 유럽인은 주로 사람들을 교회로 불러내는 데 쓰인 (종종 매우 부정확한) 마을 시계탑의 종소리에 의존했다. 1600년대에 유럽 정부는 경도經度를 측정하고 해군의 항로를 유지하기 위해 더욱 정확한 시간 측정 방법을 고안할 수 있는 발명가에게 막대한 보상을 제공하기 시작했고, 뛰어난 과학자가 그런 요청에 응했다.[18] 안타깝게도 그들이 제안한 해결책은 (갈릴레오가 목성의 위성을 관측하려고 발명한 망원경이 장착된 헬멧을 포함하여) 대체로 독창적이었지만 비실용적이었고, 전문 수학자와 항해사 외에는 누구에게도 적합하지 않았다.

철도 운행 시간표의 시대가 열리면서 일반인도 마침내 정확한 시간을 확인할 수 있게 되었다. 19세기에 주머니에 넣거나 손목에 차고 다니는 시계는 사람들을 근대 사회와 연결해 주는 만능 기기로 오늘날의 스마트폰에 해당하는 것이었다. 시간을 지킬 수 있는 사람은 기차와 페리를 타고, 약속을 잡고, 다양한 업무에 하루 중 얼마나 많은 시간을 보냈는지 측정할 수 있었다. 시계는 일상의 혼돈 상태에 질서를 부여했다. 역사학자 다니엘 부어스틴Danial Boorstin은 사회 전반에 걸쳐 기술 혁신을 불러일으켰다는 점에서 시계를 "모든 기계의 모태"라고 불렀다.[19] 지역마다 다른 시간으로 인한 혼란을 피하려고 철도 운임 정산소Railway Clearing House(급성장하는 영국의 철도망에 대한 일종의 자율 규제 기구)는 1847년 그리니치 표준시를 출범시켰다. 이는 산업화하는 영국의 국내 경제를 조율하고 멀리 떨어진 영토를 조화롭게 운영할 수 있는 효과적인 방법이었다. 기술은 현실을 변화시켰을 뿐 아니라, 사람들이 현실을 이해하는 방식도 변화시켰다.

여가의 발명

이제 시간을 측정할 수 있게 된 영국인은 시간을 어떻게 활용했을까? 영국인은 물론 정해진 시간에 일을 했지만, 이제는 더 많은 사람이 여가에 더 많은 시간을 보낼 수 있었다. 산업 혁명으로 수백만 명의 노동자가 열악한 환경에서 반복적인 작업을 수행하게 되었음에도 불구하고 그들은 산업 혁명의 결과 더 많은 임금을 받게 되었고 일하는 시간도 일정해졌다. (더 많은 임금이야말로 사람들이 시골 마을을 떠나 공장에서 일하기 시작한 이유이다.) 시간이 지나면서 산업 혁명은 우리가 지금 전 세계 중산층과 연관되었다고 여기는 생활 방식을 탄생시켰다. 전에는 극소수 부유층만 누릴 수 있었던 것, 바로 '소비를 위한 소득income for consumption'을 제공하게 된 것이다.

그 이전인 18세기에도 중상류층은 차, 커피, 설탕 등의 가격이 자신들의 소득으로 감당할 수 있는 수준 아래로 떨어지자 이들 상품을 구매하기 시작했다. 그러나 한때는 귀족들만의 특권이었던 다른 습관도 이제는 더 널리 확산되었다. 수 세기 동안 영국의 젊은 신사 숙녀는 몇 개월 동안 유럽 본토에 머물며 이탈리아 르네상스 예술의 걸작을 감상하고, 프랑스 오페라를 관람하며, 베니스의 운하를 항해하고, 스위스 알프스의 장엄한 풍광 속에서 하이킹을 하는, 이른바 '그랜드 투어Grand Tour'(유럽 대륙 순회 여행_옮긴이)를 떠났다. 이는 부유한 소수만이 누릴 수 있었던 화려한 세상이었다. 하지만 산업화로 중산층의 주머니가 두둑해지고 여행의 장벽이 낮아지면서 훨씬 더 많은 대중이 이러한 사치를 누릴 수 있었다.

빅토리아 시대의 사업가였던 토머스 쿡Thomas Cook은 세계 최초로 근대적 여행사를 설립했다는 타이틀을 당당하게 주장할 만하다. 점점 대중화되던 금주禁酒 운동에 적극적으로 참여했던 쿡은 사람들에게 가용 소득을 술로 탕진하는 것보다 더 건전하면서 덜 취하는 즐길 거리를 제공하고자 했다. 그는 기차 요금, 숙박비, 식대가 포함된 여행 패키지라는 아이디어를 떠올렸다. 토머스 쿡이 처음 기획한 단체 여행은 스코틀랜드의 리버풀과 런던의 만국박람회로 떠나는 소박한 주말 여행이었으나, 나중에는 증기선을 타고 과거에는 상상할 수 없었던 해외 여행을 떠나는 여행 패키지까지 제공했다. 평소의 '주말'에도 가족은 집과 가까운 곳에서 즐거운 시간을 보낼 수 있었다. (주말weekend이란 말도 1880년대 무렵이 되어서야 영국 영어에서 일반화된 용어이다.)[20] 그들은 '의회 열차'를 타고 새로운 박물관과 도서관, 공원 등을 방문할 수 있었고, 노동자에게 술집 대신 더 유익하고 진지하게 즐길 대안을 제공할 의도로 만든 여타 편의시설을 이용할 수도 있었다. 산업 혁명 이전의 모든 인류 역사에서 평범한 노동자가 순전히 즐거움을 위해 여행을 떠날 수 있다는 생각은 터무니없었다. 레저는 상류층 엘리트나 부유한 상인의 전유물이었다. 일반인을 위한 휴가는 정말 혁명적이었다.

스포츠 역시 빅토리아 시대에 눈에 띄게 근대적 틀을 갖추었다. 프랑스 귀족인 피에르 드 쿠베르탱Pierre de Coubertin 남작은 자신의 조국 프랑스의 만성적 불안정성, 끊임없는 쿠데타와 혁명에 몸서리를 쳤다. 그가 제안한 해법은 바로 스포츠였다.[21] 1857년 토머스 휴스Thomas Hughes의 소설 《톰 브라운의 학창 시절Tom Brown's School Days》에 묘사된 영국의 엘리트 기숙학교에 매료된 쿠베르탱은 경쟁과 페어플레이 정신을 프랑스에 도입하고자 했다. 실제로 이 엘리트 학교는 오랫동안 스포츠의 선구자 역할을 해 왔다. 특히 (소설의 배경인) 럭비 스쿨Rugby School은 학교 이름이 럭비라는 스포츠의 명칭으로 쓰였다. 작가 이안 부루마Ian Buruma는 쿠베르탱을 비롯해 영국의 산업 발전과 교육 시스템을 부러워하는 영국 예찬론자Anglophile들에게 "영국인은 자코뱅당 같은 과격파나 폭동에 의한 유혈 사태 없이 도덕적 혁명을 이루어 냈다"라는 점이 인상적이었다고 말했다.[22] 국제주의를 주창했고 크리켓, 조정, 권투, 축구 등의 스포츠를 적극적으로 옹호했던 쿠베르탱은 스포츠가 인간의 경쟁심을 이끌어 내 "무기를 든 전쟁"이 아니라 "평화적 대결"로 유도하는 방법이라고 여겼다.[23] 이러한 생각에서 영감을 얻은 쿠베르탱은 1896년 근대 올림픽을 창설하게 된다.

스포츠는 이제 엘리트 집단을 벗어나 사회 계층의 위아래를 아우르는 전에 없이 대중적이고 조직화된 여가 활동이 되었다. 축구는 수 세기 동안 영국 대중문화의 일부였다. 연극 〈리어왕〉에서 한 귀족이 다른 귀족을 "형편없는 축구선수"라고 부르며 모욕하는 장면이 나왔을 정도였다.[24] 그러나 이제 축구는 전문 직업화되어 서민의 소일거리라는 오명을 벗었다. 1857년에 창단된 셰필드FC를 포함하여 오늘날까지 현존하는 가장 오래된 축구 클럽은 우리가 알고 있는 프로 운동팀의 시작을 알렸다. 빅토리아 여왕의 통치가 끝날 무렵에는 영국의 스포츠가 그야말로 글로벌 스포츠가 되었다. 크리켓 열풍이 남아시아를 휩쓸었고, 축구는 유럽과 라틴 아메리카 전역에서 열광적으로 받아들여졌다. (일부 과격한 훌리건의 행동으로 인해 스포츠가 전쟁의 평화로운 대안이 될 수 있다는 쿠베르탱 남작의 희망이 시험대에 오르기도 했다.)

사람들이 일하는 방식, 옷차림, 식사 방법, 여가 시간, 심지어 시간과 공간에 대한 생각까지 삶의 어떤 측면도 영국의 경제 변화에 따라 바뀌지 않은 것이 없었다. 인류 역사상 가장 오래된 사회 제도인 남성과 여성 간의 결혼도 마찬가지로 바뀌었다.

산업화로 촉발된 여성 해방

석탄을 본격적으로 채굴한 이후 증기 동력에 의해 가장 먼저 바뀐 경제 분야가 섬유 생산이었던 것은 우연이 아니었다. 천을 만드는 일은 수천 년 동안 매우 노동 집약적 작업이었다. 역사학자 브렛 데브로Bret Devereaux에 따르면, 직물을 만드는 일은 전근대 사회 대부분에서 거의 모든 성인 여성뿐 아니라 어린 소녀까지 포함해 인구의 약 40퍼센트에게 주요 활동의 하나(실제로는 유일한 주요 활동)였다.[25] 그의 추산에 따르면 6명으로 구성된 전근대 농경 가족에게 옷을 만드는 일은 하루에 7시간 이상이 걸리는 작업이었다.[26] 한 사람당 옷을 겨우 한두 벌 생산하는 데도 실로 엄청난 노동력이 들어간 셈이다. 중세 후반에 발명된 물레와 같은 노동력 절감 장치로 시간을 줄였다고 해도, 산업 혁명이 일어나기 전까지는 정면精綿, carding, 방적spinning, 직조weaving, 짜집기darning, 바느질sewing 등의 작업에 엄청난 시간이 소요되었다.

산업화는 세계 경제를 그 어느 때보다 빠르게 성장하도록 궤도에 올려놓은 것만이 아니다. 그것은 여성 해방의 첫걸음이었다고 해도 지나치지 않다. 물론 많은 여성이 공장 현장으로 몰려드는 바람에 남성보다 훨씬 낮은 임금을 받으며 상사로부터 착취를 당하기도 했다. 그러나 19세기 초 버밍엄이나 리즈의 노동자는 21세기 초 방글라데시의 다카나 베트남 하노이의 여성과 마찬가지로 농촌 생활의 고립과 육체적 고난은 물론이고 무엇보다 빈곤에서 벗어나고 있었다. 산업체에서 일하는 여성의 임금은 과거 농촌 마을에서 받을 수 있었던 금액보다 훨씬 높았다. 농촌에서는 그나마 구할 수 있는 유급 일자리도 거의 없었다. 여성은 곧 스스로 조직화하여 더 나은 노동 조건과 권리를 요구해야 한다는 것을 깨달았다.

여성이 무급 가사노동에서 스스로 돈을 버는 일로 전환하면서 노동 시장의 구조와 가족의 생활 방식이 모두 급격히 바뀌었다. 여성은 산업 노동력에 편입된 지 한 세기 이상이 지나서야 투표권을 얻을 수 있었다. 여성의 노동 시장 진입과 참정권 확보 사이에는 분명한 연관성이 있었다. 여성이 근대 경제에 참여하면서 교육 수준이 높아졌고 자신감을 갖게 되었으며 정치적으로도 활발해졌기 때문이다. 이후 노예제 폐지 협회와 자기계발 클럽 그리고 결국에는 참정권 운동 등 이 모든 조직이 도시의 새로운 여성 노동자들 사이에서 번성했다. 여성은 일단 어느 정도의 정치력을 확보하자 그다음으로 노예 노동자, 아동 노동자, 저임금 노동자 등 억압받는 모든 종류의 집단을 보호하려고 광범위한 노력의 최전선에 섰다. 여성 해방은 역사상 가장 위대한 사회 혁명이라고 할 수 있으며, 이는 가장 위대한 경제 혁명인 산업화에 의해 촉발되었다.

음울한 사탄의 공장

산업 혁명은 그 모든 놀라운 성취에도 불구하고 종종 타락한 시대로 여겨졌다. 윌리엄 블레이크William Blake는 1804년에 쓴 시에서 "영국의 푸르고 쾌적한 땅"이 "음울한 사탄의 공장"에 의해 어떻게 훼손되었는지를 한탄했다. 그로부터 150년 후 J. R. R. 톨킨Tolkien 역시 산업화를 악evil과 연결시켰다. 《반지의 제왕The Lord of the Rings》에서 '금속과 톱니바퀴의 마음'을 가진 사악한 마법사 '사루만'은 "당장 나에게 이익이 되지 않는 한 성장하는 것에는 관심이 없다"라며 스스로를 새로 태동하는 기업가로 설정한다.[27] 탐욕에 사로잡힌 그는 숲을 벌목하고, 목가적인 산업화 이전의 '샤이어Shire'를 볼품없는 연립 주택과 뾰족한 벽돌 굴뚝, 오염된 강으로 가득한 황무지로 만들어 버린다.²⁸ 누군들 이러한 묘사 앞에서 잔인하고 기계적이며 영혼이 없는 산업화의 침입에 맞서 자연과 전원을 지키자는 주장에 동조하지 않을 수 있겠는가?

이러한 묘사는 전근대 사회를 순수하고 순진무구한 것으로 보는 낭만주의 시각을 반영한다. 그러나 사실 산업 혁명 이전의 세상은 에덴동산이 아니었다. 대다수 서민에게 산업화 이전의 영국은 낙원보다는 지옥에 훨씬 가까웠다. 끊임없이 굶주림의 위협을 받으며 생계유지 수준에 가까운 농촌 지역의 영세 농업이 20세기 이전까지 거의 모든 역사의 표준이었다. 인류학자 제러드 다이아몬드Jared Diamond의 용어를 빌리자면 질병, 고된 노동, 불안정성 등이 "어제까지의 세계the world until yesterday"(산업화 이전의 세계_옮긴이)를 규정했다.²⁹ 앞서 설명한 통계 수치를 보면 산업화 시대의 영국 노동자는 비록 착취당하고 열악한 대우를 받았지만, 물질적 기준으로는 그들의 조상이나 심지어 부모 세대보다 훨씬 더 잘 살았다는 사실은 분명해 보인다. 그에 대한 가장 간단한 입증 방법은 당시의 영세 소농이 어떤 선택을 했는지를 살펴보고, 그들의 선택을 제대로 인정하는 것이다. 유럽 전역에서 수천만 명의 농민이 농촌의 빈곤을 벗어나 도시에서 더 나은 삶을 추구하기로 선택했다. (최근 수십 년 동안 개발도상국에서도 수십억 명이 같은 선택을 했다.)

물론 '밀어내는 요인push factors'도 있었다. 인클로저로 많은 농가가 이전의 경작지에서 내쫓겼고, 새로운 농업 기술은 농장 노동력의 수요를 줄였다. 그러나 도시로 몰려든 수많은 사람이 모두 강요당했거나 속임수에 넘어간 것은 아니었다. 도시 생활이 '끌어당기는 pull 매력'은 강했고, 도시로 온 노동자는 안전하지 않은 환경, 비좁은 주택, 가혹한 상사, 긴 노동 시간 등과 싸워야 했음에도 산업 혁명의 실질적 혜택을 받았다. 이 모든 것이 산업화를 무비판적으로 찬양하거나, 타이니 팀(찰스 디킨슨의 소설 《크리스마스 캐럴》에 나오는 작고 병약한 소년_옮긴이) 대신에 스크루지 편을 들자는 것은 아니다. 산업 혁명의 역사적 전개 과정은 혼란스럽고 고통스러우며 충격적이었지만 장기적으로 보면 서민의 생활 수준이 크게 향상되었다. 19세기를 두고 영국 작가 프레더릭 해리슨Frederic Harrison은 "(19세기는) 돈 가방, 매연, 허풍, 추함의 시대가 아니라, 더 나은 것을 향한 큰 기대와 지치지 않는 노력의 시대"라고 썼다.[30]

산업주의의 물질적 진보를 인정한 사람들조차 그 안에서 도덕적 붕괴의 씨앗을 보았다. 시인 올리버 골드스미스Oliver Goldsmith는 1770년 산업화 시대의 여명기에 〈버려진 마을The Deserted Village〉을 쓰면서 근대성이 시골 인구를 감소시켰고, 농촌의 삶의 방식을 특징짓던 "소박한 행복"을 말살했다고 한탄했다.[31] 그는 "부는 축적되고 인간은 퇴락한다"라고 썼다. 이러한 향수는 처음에는 주로 산업 혁명을 근대적 죄악의 근원으로 여기는 보수주의자들에 의해 표출되었다. 그러나 곧 좌파 이념의 이론가 특히 그 중에서도 가장 중요 인물인 공산주의의 설계자가 비판 대열에 합류했다. 카를 마르크스의 협력자이자 자금 후원자였던 프리드리히 엥겔스Friedrich Engels는 맨체스터에 있는 공장을 비롯해 산업용 섬유 공장으로부터 가문의 재산을 물려받았다. 1845년 엥겔스는 이들 공장을 관찰하고 관리하면서 영감을 얻어 《공산당 선언The Communist Manifesto》보다 3년이나 앞서 《영국 노동 계급의 상황The Condition of Working Class in England》을 집필한다.

여러 면에서 엥겔스는 19세기 중반을 오늘날 우리가 여전히 품고 있는 어두운 시각으로 각인시켰다. 그를 비난하기는 어렵다. 산업 시대에 눈부신 기계의 이면裏面은 등골이 휘어지도록 일해서 그 모든 것을 만든 노동자들의 검댕투성이 얼굴이었다. 그에 대한 감정적 반응은 이해할 만했다. 그리고 엥겔스는 우연히도 기술은 번성했지만 실질 임금은 끝까지 정체되어 있었던 특정 시대를 기술했다.

그러나 1790년부터 1840년경까지의 이 시기는 엥겔스와 다른 사람이 우려했던 것처럼 산업화가 '새로운 정상 상태new normal'에 도달한 때가 아니었다. 오히려 역사적으로 보면 단기간의 예외적 시기였다. 역사학자 로버트 앨런Robert C. Allen은 이 시기를 "엥겔스의 일시정지Engels' pause"상태로 불렀다.[32] 노동자의 임금과 생활 조건이 향상되기 전의 일시적 소강 상태였다는 것이다. 이 막간을 설명하려고 다양한 이론이 제시되었다. 산업 혁명 초기에는 일자리가 매우 단순했고, 많은 노동자가 시골에서 이주해 왔으며, 심지어 어린이들까지 노동 시장에 유입되면서 노동자는 치열한 경쟁에 직면했다. 결국 도시로의 이주가 둔화되었고 정부는 아동 노동을 제한했으며 공장 운영은 더 복잡해졌다. 이 모든 것이 노동자의 협상력을 키워 더 높은 임금을 받을 수 있게 되었다.[33] 또 다른 설명은 모든 신기술을 완전히 활용하고 노동자가 이익을 공유하는 데 시간이 걸렸다는 것이다. 증기 기관이 경제 전반에 확산되면서 그 잠재력이 서서히 발휘되었다. 처음에는 증기 동력이 나머지 경제 기반 시설에는 적용되지 않고 그대로 유지되었기 때문에 증기 동력을 사용하는 특정 섬유 공장 내에서만 생산성을 높일 수 있었다. 그러나 공장을 오가며 화물을 실어 나르는 증기 철도와 증기선이 추가되면서 공장의 수익성은 훨씬 더 높아졌다.

디지털 혁명으로 전 세계가 경험했듯이 기술 변화는 생산성과 임금을 띄엄띄엄 간헐적으로 향상시킨다. 하지만 새로운 기술이 보편화될수록 한 국가의 경제 구조는 더 크게 변화하고, 정치 지도자는 이러한 급격한 발전과 그에 대한 반발을 따라잡으려고 더 분주하게 움직인다. 이러한 혼란의 와중에 정치는 매우 불안정해진다.

러다이트와
자유주의자

경제 발전이 마법처럼 정치 발전을 가져오는 것은 아니다. 1800년대 초 식품 가격을 크게 낮춘 자유 무역의 시행과 일부 노동 계급 남성의 참정권 확대 등 영국에서 일어난 결정적인 정치적 변화를 생각해 보라. 이러한 개혁 조치는 수십 년에 걸쳐 아래로부터의 격렬하고 때로 급진적인 소요와 시위를 겪은 후에야 의회를 통과할 수 있었다. 기계화에 반대하는 직공, 민주주의를 옹호하는 철학자, 평등권을 요구하는 소수 종교인 등 다양한 영역에서 압력이 가해졌다. 이 같은 개혁적 압박은 새로운 이익집단을 창출하고 힘을 실어 준 경제 및 기술의 변화에 뿌리를 두고 있다. 이 이야기는 혁명적 프랑스에 맞선 영국의 실존적 투쟁의 순간에서 시작된다.

프랑스 혁명의 혼란과 폭력은 유럽 대부분에서 개혁에 대한 이상을 퇴색시켰는데 이는 영국도 예외는 아니었다. 자유화를 향한 호소는 물론이고 심지어 서민의 권리 확대나 노동자의 노동 조건을 개선하려는 청원은 모두 의심의 대상이 되었다. 온건한 개혁의 요구조차 재앙을 초래한 급진적이고 혁명적이며 외래적 사상과 연관시켜 악마처럼 취급되었다. (이러한 대응 방식은 이후에 하나의 익숙한 패턴이 된다. 1790년대와 1800년대 영국에서 복지 국가 확대의 정당성을 훼손하기 위해 혁명적 프랑스가 최악의 사례로 거론되었듯이, 1950년대와 1960년대 미국에서도 소련이 악마처럼 묘사되었다.) 특히 영국이 나폴레옹의 침공을 방어하고 있던 시기에, 영국 정부는 혁명이 발붙이지 못하도록 저지하기로 결심하고 반대 의견에 탄압으로 대응했다.

이 시대에 악명 높은 러다이트Luddite(기계 파괴자)가 탄생했다. 네드 러드Ned Ludd라는 허구의 반항적 견습생에서 이름을 따온 영국 북부의 직조공은 섬유 기계가 자신들의 고용과 임금, 숙련된 장인으로서의 사회적 지위를 약화시킨다고 생각하고 공격을 감행했다. 후대의 학자는 러다이트가 단순히 열악한 노동 환경에 항의한 것이 아니라 산업 기술 자체에 반대했다는 주장에 이의를 제기했지만,[34] '러다이트'란 말은 기술의 미래 지향적 발전에 저항하는 퇴영적이고 후진적 사람을 가리키는 대명사가 되었다. 전쟁 수행에 차질이 생길 것을 우려한 영국 정부는 러다이트들의 모임을 해산하고 일부 지도자를 처형하는 등 무자비하게 탄압했다. 심지어 의회는 산업 기계를 파괴하면 교수형에 처할 수 있도록 하는 새로운 법안을 통과시켰다. 1815년 나폴레옹이 패배하고 추방되자 영국의 개혁가는 자신들의 요구가 더 이상 프랑스적이라거나 반역자로 의심받지 않을 것이라고 생각해 용기를 냈다. 그들의 낙관적 판단이 불합리하거나 지나친 것은 아니었다. 무엇보다 영국은 한창 승승장구하고 있었기 때문이다.

영국은 전통적인 경쟁자를 물리쳤으며, 놀랍고 새로운 기계들을 발명하고 제국을 확장하느라 바빴다. 그러나 나폴레옹 전쟁의 종식이 정치적 해빙기를 열지는 못했고, 영국은 수십 년 동안 정치 사회적으로 불안정한 상태에 빠졌다. 열악한 노동 조건 외에도 영국에는 항의할 것이 많았다. 영국은 동시대 유럽 국가에 비해 상대적으로 자유주의적인 나라였지만 진정한 민주주의와는 거리가 멀었다. 영국은 계급적 과두 체제hierarchical oligarchy에 가까웠다. 선거권 제한은 지역마다 크게 달랐지만, 전반적으로 유권자는 세금을 납부하거나 재산을 소유한 사람으로 엄격하게 제한을 두었다. 1830년대 이전에는 영국인의 2퍼센트 미만이 투표에 참여했다.[35] 그리고 후보자는 대부분 부유한 지주들이었다. 1790년부터 1820년까지 국회의원 중 약 75퍼센트는 영지를 소유하고 연줄이 든든한 가문 출신이거나 최소한 3명의 친척이 전직 의원인 사람들이었다.[36]

더 큰 문제는 의회의 의석 배분이 수 세기 전에 결정된 이후 한 번도 갱신되지 않았다는 점이다. 선거구의 경계 구분은 말 그대로 중세 시대 그대로였다. 현대의 미국 상원이 인구가 적은 소규모 주州에 불균형한 권한을 부여하는 것과 마찬가지로, 영국 의회는 인구수가 아니라 토지 면적에 따라 대표권이 배분되었다. 맨체스터, 리버풀, 글래스고, 버밍엄과 같이 급성장하는 산업 중심지는 1700년부터 1850년까지 인구가 10배에서 심지어 20배까지 증가했지만 이러한 도시들 중 상당수는 대표성이 거의 또는 전혀 없었다. 한편 몇몇 시골 선거구에는 유권자가 거의 없음에도 의회 의원이 있었다. 일부 부패한 선거구에서는 많은 의석이 한 세기 이상 경선 없이 배분되었다.[37] 유권자가 너무 적은 탓에 뇌물로 쉽게 매수할 수 있는 지역 유지에 의해 의원의 당선 여부가 좌우되었기 때문이다. 이들 선거구 중 가장 악명 높았던 솔즈베리 인근의 올드 새럼Old Sarum은 유권자 수가 11명 미만이었지만 여전히 의회에서 2개의 의석을 유지했다. 영국 동부 해안의 또 다른 자치구인 던위치Dunwitch는 시가지의 대부분이 문자 그대로 바다에 휩쓸려 사라졌음에도

2개의 의석을 유지했다. 그동안 늘 영국의 정치를 지배해 온 시골 귀족에게는 이런 식의 현상 유지가 그럭저럭 괜찮았다. 그러나 이같은 상황이 부유한 중산층 전문직 종사자와 노동자 계층의 종업원 등 신흥 산업 계급에게는 점점 더 견딜 수 없는 일이 되었다. 영주나 지주가 장악한 의회에 기업가나 공장 노동자를 위한 자리는 없었다.

더 큰 격변을 두려워한 의회는 나폴레옹 전쟁이 끝난 후에도 인신 보호제Habeas Corpus(부당한 체포와 구금을 금지하여 피의자의 인권을 보호하는 제도_옮긴이)의 적용을 유예하는 등 억압적 조치를 그대로 유지했다. 그러나 불만의 북소리는 계속 울려 퍼졌다. 영국의 인쇄업자 윌리엄 코빗William Cobbet은 뉴스는 생략하고 의견 기사만 게재함으로써 (검열을 받아야 하는) '신문'을 발행한다는 혐의를 피해 갔다. 1817년에는 스스로 "2페니짜리 쓰레기"라는 별명을 붙인 그의 신문이 한 호당 최대 7만 부까지 팔렸다. 이 시대에는 글을 읽을 줄 아는 친구 한 명이 글을 잘 읽을 줄 모르는 반半문맹자나 문맹인 수십 명의 구경꾼에게 한 부씩 낭독해 주기도 했다.[38] 일부 역사학자는 실제 노출 수준을 파악하려면 판매량에 20배를 곱해야 한다고 주장하는데, 이 방법에 따르면 약 2000만 명의 영국 인구 가운데 최대 140만 명의 독자가 영국 정부에 대한 코빗의 공격적 기사를 접했을 수 있다. 이는 오늘날 저녁 뉴스 시청률보다 더 높은 가독可讀 비율이다.

이러한 정치 사회의 불안이 새로운 것은 아니었다. 다만 새로운 것은 폭동 이외의 수단으로 그러한 불안을 표출할 수 있었다는 점이다. 인쇄술의 보급과 문해력文解力의 확대로 일반 영국인은 평화 청원서에 매일 서명했고, 교통의 발달로 각종 집회에 참석했다. 역사학자 에마 그리핀Emma Griffin의 표현을 빌리자면, "정부에 반대하는 교회와 주일학교, 무역 클럽과 공제 조합, 상호 증진 협회 등"[39]과 같은 새로운 사회 기관이 노동자들에게 일정한 교육을 받을 수 있는 기회를 제공했고, 조직화와 동원력을 통해 자신들의 영향력을 행사하는 방법을 가르쳤다.

1819년 8월 16일, 개혁의 요구가 최고조에 이른 가운데 6만 명의 군중이 호황을 누리던 제조업의 도시 맨체스터 외곽의 세인트 피터스 필즈St. Peter's Fields에 모여 의회의 개혁을 요구했다. 영국의 지도자를 겁에 질리게 한 것은 시위대의 구체적 요구 사항보다 집회의 규모였다. 바로 이 순간이 영국에서 근대적 대중 정치의 시작이었다. 지역 치안 판사들은 기병대를 소집했고, 말을 타고 검을 휘두르는 군인이 무고한 사람과 어린이들을 찌르고 짓밟으며 군중을 해산시켰다. 11명이 사망하고 수많은 사람이 부상을 입었다.

반체제 언론은 세인트 피터스 필즈의 참상을 두고 워털루Waterloo를 희화한 '피털루Peterloo'라고 불렀다. 그러나 이 학살극은 영국의 가장 위대한 군사적 승리가 아니라, 영국의 가장 큰 치욕으로 비난받았다. 그럼에도 정부는 50명 이상이 모일 경우 지역 치안 판사의 승인을 받도록 하고, 선동적 의견이 유포되도록 허용한 '신문' 검열의 맹점을 제거하는 등 탄압을 2배로 강화했다. 단기적으로 보면 피털루 사건은 개혁 운동의 좌절이었다. 하지만 익숙한 패턴대로 결국 15년 만에 개혁 운동의 많은 목표가 이루어졌다. 새로 시행된 개혁 조치는 영국의 정치 시스템이 작동한 덕분이었다. 개혁을 수용하는 과정은 지저분하고 임시방편적이긴 했지만, 결국은 영국 정치가 아래로부터의 목소리에 반응한 것이었기 때문이다.

혁명을 막기 위한 개혁

1830년 조지 4세의 사망으로 두 번의 선거가 연달아 치러졌고, 두 번째 선거에서 개혁을 지향하는 휘그당이 압승을 거두었다. 새로운 시대가 열릴 것만 같았다. 그러나 하원인 평민원 House of Commons의 압도적 다수가 영국의 선거 제도를 개편하는 법안을 통과시켰을 때, 의회 상원인 귀족원 House of Lords이 이를 부결시켰다. 귀족원은 급속한 산업화와 그로 인한 변화를 마뜩치 않아 했던 지주 엘리트를 대변했고, 다음 세기의 개혁을 가로막았다.

의회를 통한 진보의 길이 막히자 급증한 대중의 소요가 전국을 휩쓸었다. 영국의 주요 도시에서 폭력 사태가 벌어졌고, 폭도는 지주 엘리트에 대한 분노를 쏟아 내며 영주와 주교의 주택을 불태웠다. 친개혁적인 분노의 물결은 1830년 전국적 운동인 '스윙 폭동 Swing Riots'으로 이어지며 두 번째 러다이트 시위 사태와 하나가 되었다. 2차 러다이트 사태는 일자리를 위협받는다고 느낀 농업 노동자가 농업 분야 산업화의 상징인 탈곡기를 파괴한 전국적 운동이었다. 원래의 러다이트 운동과 마찬가지로 2차 러다이트 시위대는 나중에 그려진 것만큼 진정으로 기술 발전에 반대한 것이 아니라, 대부분 더 나은 노동 조건과 더 큰 권리를 원했을 뿐이었다. 이번에도 이들의 요구는 가혹한 탄압으로 되돌아왔다. 영국은 갈기갈기 찢어지는 듯 보였으나 귀족은 굳건히 버텼다. 개혁은 일어나지 않았다.

휘그당 정치인이자 가장 설득력 있는 개혁가 가운데 한 사람인 토머스 배빙턴 매콜리Thomas Babington Macaulay는 1831년 하원에서 미래를 예견하는 열정적 연설을 하며 새롭게 다수로 등장했으나 권력에서 소외된 도시 거주민의 권리를 적극적으로 옹호했다. 그는 "불행히도 사회의 자연적 발전이 계속되는 동안 인위적 정치는 변하지 않았다"라면서, "그런데 낡은 제도 아래에서 새로 등장한 사람들에게 거의 터질 듯한 압력이 가해지고 있다"라고 말했다.[40] 매콜리는 참정권을 위한 투쟁을 역사적 대변환의 일환으로 설명했다.

모든 역사는 현재 영국에서 새롭게 일어나고 있는 것과 유사한 원인에 의해 촉발된 혁명으로 가득하다. 아무런 영향력도 없었던 공동체의 일부가 점점 확장되고 강해지는 것이다. 새로 부상한 공동체는 과거의 약한 모습이 아니라 현재의 영향력에 걸맞은 제도권 내의 자리를 요구한다. 이 요구가 받아들여지면 모든 것이 잘 풀린다. 이것이 거부되면 한 계층의 젊은 에너지와 다른 계층의 오래된 특권 사이에 투쟁이 시작된다.

그는 과거의 사례를 들어 경고했다. 로마에서는 평민과 귀족의 충돌이 내전과 공화정의 몰락, 시저의 등장으로 이어졌고, 미국에서는 식민지 주민이 영국의 통치를 몰아내기 위한 전쟁을 벌였으며, 프랑스에서는 억압받던 제3부the Third Estate(신분제 의회인 삼부회의 평민 신분 대표)가 왕정을 전복시켰다는 것이다. 매콜리는 이러한 역사적 사례를 통해 "개혁하라, 그래야 체제를 보존할 수 있다"라는 피할 수 없는 교훈을 이끌어 냈다.

새로 즉위한 윌리엄 4세는 이러한 요청에 영향을 받아 정치적 교착상태를 깨기로 했다. 국왕은 거리에서 더 많은 폭력 사태가 발생할 것을 우려하던 차에 휘그당 지도부가 프랑스식 혁명을 경고하고 나서자 마침내 개혁을 선택했다. 윌리엄 4세는 마지못해 개혁안을 통과시킬 수 있도록 국왕으로서 자신의 권한을 이용해 하룻밤 사이에 50명의 새로운 귀족 작위를 만들어 상원인 귀족원을 재편하기로 동의했다. 기존의 귀족은 신참 귀족과 함께 의회에서 일해야 한다는 생각에 겁을 먹었고, 결국 2년 동안의 대치 끝에 개혁안을 통과시키며 굴복했다. 비록 상원은 그 후 한참 동안 여전히 개혁의 걸림돌로 남았지만, 영국에는 대중 민주주의가 한 걸음 한 걸음씩 다가오고 있었다.

대중 민주주의가 정착하기까지는 긴 여정이었다. 1832년 '대개혁법Great Reform Act'의 실제 조항은 비교적 소박했다. 악명 높았던 올드 새럼을 포함해 대부분의 부패한 자치구가 폐지되었다. 가장 작은 농촌 지역구는 의회의 의석을 잃은 반면, 이전에 대표성을 갖지 못했던 산업 도시는 의석을 얻었다. 선거권은 영국 성인 남성 인구의 약 20퍼센트(스코틀랜드와 아일랜드에서는 그보다 낮은 비율)를 대상으로 소폭 확대되었다.[41] 투표를 위한 재산 요건은 완화되기는 했지만 여전히 유지되었다. 무기명 비밀 투표는 시행되지 않았고, 농촌의 많은 선거인은 계속 지역 지주의 감시를 받으며 투표했다.

더 급진적인 개혁가들에게 대개혁법의 개선책은 주인의 식탁에서 던져진 부스러기일 뿐이었다. 그래서 불과 6년 후에 일부 의원들과 활동가들은 남성 보통 선거권, 비밀 투표제, 의회 의원 선거의 재산 요건 폐지, 의회 의원 선거구의 추가적 합리화 등을 요구하는 선언문인 인민 헌장the People's Charter을 발표했다. '차티스트Chartist'로 알려진 이들 개혁가의 참정권 확대 운동은 당시에는 폭력적 방법으로 좌절을 겪기도 했다. 1차 세계대전이 끝날 때까지 거의 100년이 지나서야 이들의 요구가 완전히 관철될 수 있었다.[42] 그러나 영국의 노동자 계급은 결국 자신들의 목소리를 찾았다.

차티스트들이 보편적 민주주의를 지향하는 와중에도 영국의 기득권 세력은 여전히 과거를 지향했다. 영국 건축사에서 한 가지 특이한 사례가 대개혁법에 어울리는 적절한 마무리를 제공한다. 법안이 통과된 지 2년 후인 1834년, 의회가 있던 웨스트민스터 궁전이 화재로 전소되었다. 이에 놀란 한 공작 부인은 "정치 구조가 허물어진 것과 함께 물리적 건축물도 무너졌다!"라고 썼다.[43] 무너진 의사당을 대체할 건물을 둘러싼 논쟁이 시작되었다. 윌리엄 4세는 자신이 혐오했던 버킹엄궁을 제안했다. 다른 사람은 고대 로마와 그리스를 연상시키는 기둥과 박공지붕이 있는 신고전주의 건물을 제안했다. 그러나 그런 양식은 미국에서 유행하던 것으로, 당시 미국인의 반란과 공화주의적 통치 형태를 연상시켰다. 그 대신 옛 건물의 잿더미 위에 오늘날 우리가 알고 있는 고딕 복고조 Gothic Revival 양식의 구조물이 세워졌다. 이는 더 순수하고 기독교적인 영국을 떠올리게 하려는 의도적 노력에서 나온 것이었다. 결국 의회는 근대적인 대중 민주주의 시대를 열기 위해 스스로를 개혁하기 시작했으나, 여전히 향수를 불러일으키는 상상 속의 중세 과거라는 외피를 두르고 있었다. 그러나 이 건물의 중심에는 세계에서 가장 정확한 시계로 설계된 빅벤 Big Ben이 있었다.[44] 이 건물은 단순히 웅장하기만 한 것이 아니라 실용적이기도 했으며, 효율성과 기술 발전을 중시하는 산업 시대의 모습을 구현했다. 새 의사당 건물에는 진보와 그에 대한 반발 등 모든 것이 뒤섞여 있는 셈이었다.

배가 부르면 혁명도 없다

산업 혁명이 한창이던 영국은 1848년 유럽의 다른

프랑스의 자유와 영국의 예속. ⓒ Public domain

국가를 사로잡았던 정치 사회적 불안을 거의 완벽하게 피할 수 있었다. 어떻게 그럴 수 있었을까? 가장 일반적 대답은 개혁과 로스트비프roast beef였다.

노동 조건과 선거 제도 개혁, 가톨릭 신자와 유대인의 권리, 자유무역 등을 둘러싼 치열한 논쟁을 거쳐 영국은 경직되고 과두화된 정치를 점차 개선해 나갔다. 혁명을 진정시키는 데 똑같이 중요한 역할을 한 요소는 높은 생활 수준이었다. 프랑스 혁명 초기, 영국의 산업화가 막 시작되던 시기에 영국인은 잘 먹기로 유명했다. 파리에서 폭도가 봉기한 후 애국적인 영국의 풍자만화는 전형적인 영국인의 모습을 중산층의 번영을 상징하는 통통하고 붉은 뺨에 쇠고기를 먹으며 (언제나 그렇듯) '빌어먹을 세금'을 두고 불평하는 인물로 그렸다. 반면에 프랑스인은 서류상으로 얼마나 자유를 누렸는지는 모르지만 불쌍하고 해골 같은 모습으로 등장했다. 이는 다소 과장된 표현이기는 했지만 영국인은 실제로 더 높은 생활 수준을 누리고 있었다. 급진적 신문 발행인이었던 코빗은 "배가 부른 동료를 선동하는 것은 가당치 않다"라며 영국 노동 계급의 상대적 만족감을 개탄했다.[45]

만연한 소비주의는 영국 노동자들의 혁명적 경향을 억누르는 데 거의 확실히 기여했다. 1950년대 미국의 중산층이 자동차를 사거나 TV를 보느라 공산주의에 신경 쓸 겨를이 없었던 것처럼, 한 세기 전 영국인 대부분은 석탄 난로를 즐기고 싸구려 삼류 소설을 읽느라 혁명에 나설 틈이 없었다. 그리고 그들은 노동만으로 더 부유해진 것이 아니었다. 19세기에 접어들면서 이 '장사꾼의 나라'는 투자자의 나라로 변모했다. 약 30만 명의 사람이 영국 국채를 보유하면서 영국 사회에는 정부의 성공에 기득권을 가진 광범위한 계층이 형성되었다.[46] 1848년 격변이 일어나기 몇 년 전 저명한 차티스트(참정권 운동가) 엥겔스가 "이 나라에서 혁명은 헛되고 어리석은 시도가 될 것"이라고 경고한 것은 당연한 일이었다.[47]

이 외에도 영국에서 혁명의 불씨를 꺼뜨린 몇 가지 다른 요인을 추가해야 한다. 역사학자 마일스 테일러Miles Taylor가 설명했듯이, 멀리 해외까지 뻗어나간 대영 제국의 통치 영역 덕분에 저렴한 상품을 더 많이 접할 수 있었던 점도 영국의 번영에 막대한 기여를 했다.[48] 해외의 식민지는 또한 선동가를 추방할 수 있는 멀리 떨어진 격리 장소를 제공하기도 했으나, 호주와 케이프 식민지에서는 본국에서 추방된 급진주의자가 대거 등장하면서 새로운 위기를 촉발하는 역효과를 낳았다.

국내에서도 탄압이 이어졌다. 1848년 영국의 휘그당 정부는 런던에서 수천 명의 정규 경찰과 지원 병력인 15만 명의 임시 경찰을 동원해 참정권 확대를 요구하는 차티스트 시위대를 해산했다.[49] 의회는 또 1848년 논란이 된 외국인법Alien Act을 통과시켰다. 이 법은 프랑스와 아일랜드 이민자를 대상으로 반정부 활동을 하면 추방하겠다고 위협하는 내용을 담고 있었다.[50] 따라서 영국 예외주의에 대한 설명은 유효하지만, 완전히 긍정적 측면만 부각하기보다는 미묘한 차이가 있는 이야기로 바뀌게 된다.

자유방임적 좌파, 반시장적 우파

산업 혁명의 가장 중요한 정치적 결과는 영국의 전통적 좌파와 우파의 구분이 뒤섞이면서 두 진영이 서로 정책을 바꾸게 된 것이다. 산업화가 시작되자 토리당은 귀족적 특권, 농촌 보호주의, 시혜적인 복지를 내세우는 정당으로 자리 잡았다. 그들은 근대 자본주의의 무분별한 성장에 회의적이었고, 시장의 혼란에 맞서 기존의 마을 공동체 세계를 보존하려고 애썼다. 휘그당은 자유 무역, 상인 계층, 산업화 등을 지지하며 근대성을 표방하는 정당으로 출발했다. 휘그당은 복지에 관해서는 현대의 자유시장주의 우파와 마찬가지로 시혜적 무상 지원에 반대하고, 가난한 사람도 일하도록 해야 한다고 생각했다.

휘그당의 자유방임적인 개혁을 신빈민법New Poor Law보다 더 잘 보여 주는 것은 없다. 1832년 대개혁법으로 승리를 거둔 직후 휘그당은 우리가 알고 있었던 복지의 종말이라고 할 만한 것을 제도화했다. 엘리자베스 여왕 치하의 사회 안전망인 구빈민법Old Poor Law은 여전히 유효했다. 구빈민법은 궁핍한 사람들에게 교구별로 자금을 지원하는 조잡하지만 효과적인 제도였다. 복지 혜택의 수혜자가 자신의 행동을 변화시킬 수 있는 기관에 입소해야 하는 경우는 거의 없었다. 기독교적 자선 정신을 바탕으로 한 이 제도는 극심한 농촌의 빈곤을 완화하기 위해 (자선이라기보다는 일반 대중의 구걸 행위를 방지하기 위해) 고안된 것이었다.[51] 보수주의자는 오랫동안 이 제도를 지지해 왔다. 그들은 사회가 어려운 사람들에게 도움을 주어야 한다고 생각했고, 구빈민법이 전통적 질서를 보존한다고 여겼다.

그러나 진보적이고 시장 지향적인 휘그당은 이러한 복지 제도가 효율성과 경제 성장을 저해한다고 믿었다. 나태함을 부추긴다는 것이었다. 휘그당은 이미 1814년까지 길드 구성원에게만 특정 직업을 제한적으로 허용했던 도제법 등 엘리자베스 시대의 경제 시스템 가운데 남아 있던 다른 흔적을 해체하고 있었다.[52] 휘그당이 지배하는 의회는 이러한 합리화 기조에 따라 1834년 신빈민법을 통과시켜 마을 단위로 흩어져 있던 복지 제도를 없앴다. 그 대신 빈민은 감옥과 유사한 시설인 도시의 작업장으로 보내 처벌과 재활을 동시에 수행하도록 했다. 이론적으로 말하면 사람들이 빨리 그곳을 떠나 일자리를 찾고 싶어 하도록 불쾌한 환경 속에서 기술을 가르치고 직업 윤리를 심어 주겠다는 의도였다. 찰스 디킨스Charles Dickens는 《올리버 트위스트Oliver Twist》에서 이러한 악몽 같은 상황을 묘사한 것으로 유명하다.

두 당의 빈민에 대한 처우가 달랐던 것은 휘그당은 산업화를 옹호하고 토리당은 이를 반대하는 등 19세기 초 광범위한 정치적 차이를 반영했다. 토리당의 자본주의에 대한 문화적 회의는 돈을 애착하는 것이 '모든 악의 근원'이라는 많은 경고와 함께 기독교적 가치관에 그 뿌리를 두었다.[53] 보수적 수필가 토머스 칼라일Thomas Carlyle이 보기에 냉혹한 합리성, 무자비한 사리사욕, 진보에 대한 확고한 믿음을 가진 산업 사회는 살아갈 가치가 없는 곳이었다. 그는 1831년에 "그 세계는 거대하고 생명이 없으며 측정할 수 없는 증기 기관으로, 그 치명적인 무관심 속에서 내 사지를 갈아 넣기 위해 돌아가고 있다"라고 썼다.[54]

빅토리아 시대의 문화 비평가 존 러스킨John Ruskin도 노동의 "기계화"를 개탄하며, 무의미하고 반복적인 노동으로 인해 노동자가 도덕적으로 타락했다고 생각했다.[55] 러스킨은 애덤 스미스의 자본주의 비전을 노골적으로 공격했다. 《국부론》에서 스미스는 노동 분업이 핀을 만드는 과정의 작업을 더욱 단순한 단계로 효율적으로 분리했다고 찬양한 반면, 러스킨은 같은 예를 들어 새로운 경제의 폐해를 강조했다. 그는 "솔직히 말해서 분업화된 것은 노동이 아니라 인간"이라며, "인간은 스스로에게 남아 있는 작고 단편적인 지능으로는 핀을 만드는 데조차 충분하지 않을 정도로 축소되었다"라고 썼다.[56] 이전 시대의 장인은 저마다의 기술과 상상력을 기꺼이 발휘해서 고딕 양식의 성당을 지었던 석공처럼 모두가 자유와 창의성을 갖춘 이들이었다. 반면에 산업 노동자는 단순한 톱니바퀴로 전락했다는 것이다. 러스킨의 작품은 빅토리아 시대 산업 사회의 비인간화를 공격하는 온갖 한탄조의 문학 장르 가운데 하나로, 향수를 불러일으키는 반자본주의적 보수주의의 강력한 변종이었다.

산업 혁명이 시작되었을 때 두 당의 차이는 분명해 보였다. 다소 왼쪽에 있던 휘그당은 도시 산업과 그것이 불러온 모든 변화를 지지한 반면, 오른쪽에 있던 토리당은 농업과 전통적 방식을 옹호했다. 그러나 무역 정책을 둘러싼 싸움은 기존의 휘그당과 토리당의 차이를 흔들어 뒤섞어 놓았다.

곡물법으로 인한 정당의 분열

　　의회는 오랫동안 곡물, 즉 당시에는 흔히 옥수수라고 불리던 곡물의 수입을 규제해 왔다. 1815년에는 의회가 해외로부터의 경쟁에 직면한 영국 농업을 지원하려고 새로운 '곡물법Corn Law'을 통과시켰다. 이 법은 국내 곡물 가격을 지지하기 위해 외국산 곡물에 높은 관세를 부과하여 사실상 수입을 금지하는 것이었다. 도시화가 급속히 진행되던 시기에 이 조치는 휘그당의 지지 기반을 이루고 식량에 더 많은 비용을 지불해야 했던 도시민들을 희생시켜서 토리당을 구성하는 대지주들에게 명백한 혜택을 제공하는 것이었다.

　　도시에서는 곡물법이 재앙이라는 비난을 받았다. 노동자는 높은 식량 가격에 분노했고, 고용주는 빵 가격에 맞춰 임금을 인상할 생각에 전전긍긍했다. 이들은 의회에 압력을 가하려고 전국적인 청원 및 선동 캠페인 '반反곡물법 동맹Anti-Corn Law League'에 힘을 합쳤다. 1846년, 그들의 노력은 결실을 맺었다. 보수당 총리였던 로버트 필 경Sir Robert Peel은 압력에 굴복해 곡물법 폐지를 추진했다. 휘그당원 거의 대부분이 그를 지지한 반면에 토리당은 3분의 1만 찬성했다. 곡물법 폐지안을 통과시킴으로써 영국은 자유 무역의 옹호자라는 평가를 받기에 충분했지만, 그 대가로 토리당은 분열되고 필은 총리에서 물러나야 했다. 영국의 정치 연합이 분열되기 시작했다.

곡물법을 둘러싼 분쟁으로 인해 양당은 오늘날 우리가 알고 있는 방식으로 재편되었다. 필의 몰락은 휘그당을 집권의 길로 이끌었다. 그러나 이들의 집권은 경제 발전을 옹호하는 세력과 노동자의 존엄성을 옹호하는 세력 사이의 당내 균열을 빠르게 드러냈다. 일부 휘그 당원은 자유 시장의 자율 규제를 신봉했기에 곡물법 폐지에 찬성표를 던졌다. (이 순수한 자유방임주의 이념의 결과는 아일랜드 감자 기근 당시 아일랜드인 수백만 명이 굶주리는 와중에도 식량을 계속 해외 시장으로 수출하면서 적나라하게 드러났다.) 그러나 많은 휘그 당원은 추상적 경제 이론에 대한 믿음 때문이 아니라 자유 무역이 노동자에게 주는 실질적 혜택 때문에 자유 무역을 선호했다. 훗날 연구자들은 곡물법 폐지가 상위 10퍼센트를 희생시키면서 하위 90퍼센트의 영국 임금 노동자에게 도움이 되었다는 사실을 확인했다.[57] 곡물법의 경우 자유방임 경제와 노동자의 권리가 서로 밀접하게 연관되어 있었다. 그러나 이 둘은 긴장 관계에 있었던 적이 더 많았다. 그래서 휘그당은 산업 사회에서 제한 없는 경제적 자유가 지속 가능한지, 아니면 원자화된 개인이 시장과 기계화로 고통받는 혼란에 빠질지 의문을 갖기 시작했다. 그들은 가난한 사람들의 곤경에 더 큰 관심을 보이기 시작했고, 더 강력한 규제와 더 관대하고 조건 없는 복지를 요구했다.

   토리당 내에서는 곡물법 폐지로 인해 수십 년 동안 당이 분열되었고, 자성의 움직임을 촉발시켰다. 자유 무역은 농산물을 훨씬 낮은 가격에 판매하던 농촌 엘리트의 경제력을 무너뜨렸다. 이후 지주 계층은 영국인의 삶에 그런 정도의 지배력을 다시는 갖지 못했다. 1809년부터 1879년까지 영국 백만장자의 약 88퍼센트(인플레이션 조정 파운드화 기준)가 오랫동안 의회를 지배해 온 계층인 농촌 지주들이었다.[58] 그러나 1880년부터 1914년까지 백만장자의 3분의 1만이 토지 소유로 부를 축적한 것으로 나타났다. 토리당은 이를 주목했다.

우파는 산업 혁명이 낳은 신흥 부유층 엘리트를 비웃기보다는 공장 경영주와 금융가를 사회 격변과 하층민의 파업에 맞서는 동맹으로 여기게 되었다. 부유한 산업 기업가는 시골 영지를 사들이고 귀족 부인과 결혼하여 영국의 상류 사회에 진입했다. 이 당의 반전은 산업화로 인한 정치적 변화의 분수령이었다. 토리당은 일상적으로는 여전히 옛 당명을 사용했지만 스스로 당명을 보수당the Conservatives으로 바꾸었고, 근대성의 침입으로부터 농촌 생활을 보호하기보다는 모든 혼란에도 불구하고 자유방임 자본주의의 옹호자로 변신했다. 한편, 스스로를 자유주의자Liberals라고 부르는 정당으로 발전한 휘그당은 산업화에 따른 경제 성장과 노동 조건 사이의 모순을 둘러싸고 점점 더 분열되었다. 도시 고용주와 노동자 사이의 불안한 동맹은 균열이 생겼다가 완전히 깨지기도 했다. 자유주의자들은 산업 혁명의 무비판적인 옹호자에서 20세기 내내 대규모 복지 국가를 탄생시킨 사회 민주주의 즉 큰 정부를 지향하는 좌파의 입장으로 전환했다.

조지 엘리엇George Eliot의 소설《미들마치Middlemarch》의 상징적 장면은 이러한 영국 정치 상황의 변화를 잘 보여 준다. 영국의 구석진 곳인 자신들의 마을(미들마치)까지 새로운 철도가 들어오는 이유를 의심스럽게 여긴 한 무리의 소작농이 "대낮부터 맥주를 들이마신 후" 대담해져서 철도 노선을 조사하는 철도 회사 직원을 공격한다. 이런 시골 악당은 혁명적 기질은 없지만, "철도가 도시의 거물이 돈을 버는 데는 좋겠지만 우리처럼 불쌍한 소작농은 더 뒤처지게 만들 뿐"이라고 확신하면서 철도와 철도가 대변하는 모든 것에 반대한다.[59] 젊은 신사 프레드 빈시가 철도 측량원을 구하려고 말을 타고 달려가 쇠스랑을 휘두르는 농부들을 채찍으로 막는다. 예전 같았으면 이 지역의 지주는 도시의 사업가와 그들의 새로운 기술에 대해 회의적 시각을 소작인과 공유했을지도 모른다. 그러나 이제는 그러는 대신 피할 수 없는 진보의 편에 선다. 시골의 상류 지주층이 새로 유입된 자본과 타협한 것이다.

영국의 정치 구도가 재편된 이후 좌파가 자본주의에 반대하며 점점 더 많이 내세운 주장은 보수주의자가 시장을 의심하던 시절 오랫동안 사용했던 논리를 그대로 반영한 것이었다. 이러한 분열이 구체화되던 시점인 1928년 조지 버나드 쇼George Bernard Shaw는 좌파의 정서를 잘 포착했다. 아일랜드의 저명한 극작가인 쇼는 좌파 이념의 이론가로도 유명했으며, 공전의 베스트셀러인 《사회주의와 자본주의에 대한 한 지적 여성의 안내서An Intelligent Woman's Guide to Socialism and Capitalism》를 저술했다. 이 책에서 쇼는 시장 자본주의가 영혼을 파괴하는 효과를 설명하려고 존 러스킨이 비판했던 애덤 스미스의 '핀 제조'와 같은 사례를 사용했다. 쇼는 또한 올리버 골드스미스의 유명한 시를 인용했다. 이제 좌파가 "부는 축적되고 인간은 퇴락하는" 세상을 한탄할 차례였다. 우파는 우파대로 자유 시장 덕분에 새로이 부를 축적한 사람이 늘어나면서 자신들이 오랫동안 비난해 왔던 바로 그 자유 시장을 찬양하기 시작했다. 산업은 새로운 귀족을 배출하고 있었다. 이들은 상속받은 토지에 기반을 두지는 않았으나 여전히 사회적 질서와 안정을 유지하는 역할을 할 수 있었다.

수정궁인가, 원형감옥인가

공리주의 철학자 존 스튜어트 밀John Stuart Mill은 자유 시장 옹호론자로 시작하여 회의론자가 되었다가, 이후에는 노골적인 반대론자로 변모하는 등 범좌파 인사가 겪은 것과 똑같은 인생 여정을 거쳤다. 밀은 산업 혁명의 절정기에 성인이 되어 산업 혁명이 가져온 낙관주의를 그대로 드러냈다. 그러나 나이가 들면서 그의 밝은 전망은 절망으로 바뀌었다.

1851년, 영국은 세계 정상의 자리에 오른 듯 보였다. 런던은 영국의 산업적 천재성과 제조업의 위력을 과시하는 만국 산업생산품 대박람회the Great Exhibition of the Works of Industry of All Nations를 자랑스럽게 개최했다. 그 중심에는 높은 강철 기둥과 단일 건물로는 가장 많은 유리를 사용한 거대한 투명 컨벤션 홀인 수정궁Crystal Palace이 있었다. 자유주의자와 낙관주의자에게는 밝고 통풍이 잘되며 하늘 높이 솟아오른 수정궁이야말로 산업 시대의 투명성과 개방성을 약속하는 근대성 그 자체였다. 그러나 비관론자에게는 거대한 공장 같고, 지나치게 개인주의적인 근대의 허황된 환상을 상징하는 건물이었다. 표도르 도스토옙스키Fyodor Dostoevsky의 소설 《지하로부터의 수기Notes from Underground》에 나오는 괴팍한 주인공 같은 사람에게 이 건물은 절망적인 유토피아로 여겨졌다. 그러나 참석자들 대부분은 미래의 발전 가능성에 가슴이 벅찼다.

1806년부터 1873년까지 이어진 밀의 생애는 산업 혁명과 영국 민주주의 발전의 이정표들로 점철되어 있다. 밀이 태어났을 당시에는 증기 기관의 도입이 가속화되고 있었고, 1830년대에 최초의 철도가 개통되었으며, 그가 성인이 되었을 무렵인 1832년에는 대개혁법이 제정되었다. 당시 휘그당은 노예제 폐지와 투표권 확대뿐 아니라 자유방임 자본주의와 과학 기술의 진흥 등 모든 형태의 자유주의적 개방성을 수용했다. 그가 사망할 무렵에는 산업화의 결과를 두고 불만이 확산되고 노동 운동이 활기를 띠고 있었다. 자유주의의 의미 자체가 바뀌었다. 좌파는 사회적 진보주의는 유지했지만 제한 없는 산업화에 대한 열정은 폐기했다.

밀의 삶은 자유주의적 합리주의의 위대한 실험이었다. 스코틀랜드 출신의 역사가인 그의 아버지는 세계 역사상 가장 위대한 천재를 만들겠다는 목표로 그를 키웠고, 어릴 때부터 철학에 심취하게 했다. 밀은 세 살에 고대 그리스어를 여덟 살에는 라틴어를 배우기 시작했고, 열두 살에는 고전 문헌 대부분을 섭렵했다.[60] 10대에는 자유 무역과 비교 우위론을 펼친 자유주의 이론가 데이비드 리카도David Ricardo와 함께 긴 산책을 나가기도 했다. 밀의 지적 대부는 (소크라테스에게 플라톤이 그랬던 것처럼) 공리주의의 창시자이자 산업 혁명기를 지배했던 자유주의 정치의 핵심 사상가 제러미 벤담Jeremy Bentham이었다. 젊은 밀은 벤담 밑에서 '최대 다수의 최대 행복'을 증진하는 것이 인생의 최고 목표라는 격언을 흡수하며 배웠다. 밀은 런던과 파리에서 유명한 철학자, 운동가, 과학자, 정치가 등 아버지의 사교계 지인과 어울리며 많은 시간을 보냈다. 이러한 긴장된 환경에서 밀이 뛰어난 성취를 이룬 것은 부정할 수 없지만, 동시에 이로 인한 중압감이 그를 우울의 나락으로 몰아넣기도 했다. 스무 살이 되던 해 이 젊은 천재는 정신적 붕괴를 겪으며 자살까지 생각했다. 밀은 아버지의 엄격한 훈육 방식과 벤담의 긴 그림자에서 벗어나기로 결심하고 그 반대편에 섰다. 그는 윌리엄 워즈워스와 새뮤얼 콜리지Samuel Coleridge의 낭만주의 시에서 인간의 감정과 더 큰 연관성을 찾았다.

밀이 순수한 공리주의 교육에 반감을 품은 것은 어쩌면 당연한 일일지도 모른다. 벤담의 철학에는 거슬릴 정도로 기계적이고 무감각한 면이 있었다. 벤담의 사고 실험 중 가장 오래 지속되었고 불안감을 주었던 것은 아마도 원형감옥Panopticon일 것이다. 감옥으로 설계된 이 디스토피아적 구조물은 수정궁의 어두운 이면과도 같았다. 설계도에는 완벽하게 둥근 원형 건물에 개별 감방이 내부의 중심부를 둘러싸고 있는 것으로 그려져 있다. 중심부에서는 간수가 당직을 서며 감시창을 통해 죄수를 감독한다. 간수는 수감자의 행동을 감시할 수 있었지만, 수감자는 서로를 볼 수 없었고 언제 감시당하고 있는지도 알 수 없었다.

원형감옥은 모든 것을 볼 수 있는 감시의 눈초리 아래 아무런 사생활도 없고 노역에서 벗어날 수도 없는 극도의 효율성과 질서의 화신이었다. 신빈민법의 구빈원에서 드러난 냉혹한 공리주의가 구현된 상징적 구조물이었다. 나중에 미셸 푸코Michel Foucault 같은 작가가 지적했듯이, 원형감옥은 수감자가 자신의 일거수일투족이 감시당할 수 있다는 것을 알면서도 자신이 포획되었다는 사실을 스스로 내면화하는 새로운 종류의 완전한 통제 체제를 실현했다. 원형감옥은 기술 전체주의techno-totalitarianism와 조지 오웰George Orwell의 소설《1984년》의 텔레스크린telescreen(감시용 영상 장치_옮긴이), 동독의 비밀경찰 슈타지Stasi나 구소련 KGB의 도청, 또는 현대 중국의 안면 인식 카메라의 선구자였다.

빅토리아 시대 후반 산업화가 활발하게 진행되던 당시에는 눈부신 신기술이 어떤 문명을 만들어 낼지 전혀 예측할 수 없었다. 그것은 개방성, 자유 무역, 인간의 독창성, 보편적 번영의 세계 즉 거대한 수정궁이 될 것인가, 아니면 상시적인 원격 감시, 고도로 효율적인 치안 활동, 기계적 통제와 규격화로 이루어진 폐쇄적이고 편집

수정궁 내부. ⓒ Public domain

원형감옥. ⓒ Heart Agency

증적 세계 즉 세계적 규모의 원형감옥이 될 것인가?

밀의 사상이 발전하면서 그는 노동자의 권익 증진을 주장하며 벤담주의 정통파와 결별했다. 말년에 밀의 정치경제학 연구는 가난하고 취약한 사람들을 방기放棄하는 사회에서 그들을 보호하는 사회로 나아가는 길을 제시했다. 그 길은 영국의 자유주의를 자유방임과 구빈원에서 벗어나 노동조합과 규제로 이끌었고, 궁극적으로는 노동당이 공개적으로 지지하는 사회 안전망으로 이어졌다. 노동당은 영국의 주류 좌파 정당으로서 자유당의 명맥을 온전히 이어받았다.

새로운 정치, 오래된 상처

기술의 발전으로 새로운 지평이 열렸음에도 구시대적 정체성 정치의 저류底流는 여전히 강력했다. 영국도 예외는 아니었다. 영국은 산업화되고 근대화를 이루었음에도 개신교와 가톨릭 간의 오랜 갈등은 여전히 치명적이었다. 앞서 이 문제를 잠깐 언급했지만 종교적 갈등의 전체 역사는 더 거슬러 올라가 영국이 정복하고 식민지로 삼았던 아일랜드에 초점이 맞춰진다. 세부 사항을 모두 자세히 설명하지 않더라도 아일랜드에서는 오랫동안 가톨릭 신자가 예속된 채로 토지를 빼앗기고 소작농의 신분으로 전락했으며, 영국에서는 세금을 더 내고 명문대에 진학하거나 의회 진출이 금지되었다는 정도로만 설명해도 충분할 것 같다. '아일랜드 문제Irish Question'는 많은 정치인 특히 보수당 정치인이 당시의 '정체성 정치identity politics'였던 반가톨릭 포퓰리즘을 부추기는 데 지속적으로 이용했던 분열적 쟁점wedge issue(상대 정당의 분열을 일으킬 수 있는 주요 정치 현안_옮긴이)이었다.

19세기 초 영국의 평민이 정치적 권리를 요구하자 가톨릭 신자 역시 자신들의 정치적 권리를 요구하고 나섰다. 1800년, 영국 의회는 아일랜드 의회를 런던의 국민의회로 통합해 그레이트브리튼·아일랜드 연합 왕국United Kingdom of Great Britain and Ireland(그레이트브리튼은 잉글랜드, 스코틀랜드, 웨일스를 합친 명칭_옮긴이)을 창설했다. 아일랜드인은 이제 웨스트민스터궁의 영국 국민의회에 대표를 선출해 보낼 수 있었으나, 아일랜드 인구의 대다수인 가톨릭 신자는 여전히 의원직 진출이 금지되었다. 이 문제에 대한 여론의 반발로 보수당 정부는 1829년 가톨릭 신자도 최고위직을 제외한 모든 공직을 맡을 수 있도록 허용하는 법을 통과시켰다. 그러나 일부 보수당원은 이러한 개혁 조치에 배신감을 느꼈고, 이들은 당을 압박하여 보다 명시적인 개신교 정당으로 만들었다. 20세기 미국의 민권 운동이 (미국) 민주당을 분열시켰을 때 그 경쟁자인 공화당이 이득을 본 것처럼, 처음에는 우파의 혼란을 틈타 휘그당(당시의 자유당)이 이득을 보았다.

이러한 정체성 정치는 19세기 가장 위대한 자유주의 정치가 윌리엄 글래드스턴을 파멸로 이끌었다. 1868년 총리로 처음 선출된 그는 소작농의 권리를 개선하고, 아일랜드의 공식 교회로서 성공회의 지위를 박탈함으로써 아일랜드의 안정을 꾀하고자 했다. (이러한 노력은 영국의 국교인 성공회를 '폐지'하려는 광범위한 운동의 일환이었는데, 이 시도는 반대에 부딪혀 '반反국교폐지주의antidisestablishmentarianism'라는 우스꽝스럽게 긴 단어를 탄생시켰다.) 글래드스턴의 동료 자유당 의원은 이러한 제한적 개혁에는 동의할 수 있었다. 그러나 여기서 더 나아가 글래드스턴이 아일랜드에 일정 수준의 자치권, 즉 '내정 자치권Home Rule'을 부여하자는 구상을 옹호하고 나서자, 이 문제를 둘러싸고 자유당 내에 균열이 생겼다. 자유당 내의 '통합주의자Unionist'는 아일랜드를 확고하게 런던의 지배 아래 두기를 원했다. 보수당은 이러한 이탈자를 기꺼이 받아들이며 20년간의 보수당 집권 시대를 열었다. 결국 영국은 아일랜드를 달랠 수 있었던 시점에 자치권을 허용하지 않았고, 1919년에 아일랜드는 독립 전쟁을 시작했다.

좋은 일은 함께 간다고 경제 성장이 당연히 정치적 화합으로 이어질 것이라고 믿고 싶은 유혹이 있다. 그러나 영국의 경우 수 세기에 걸친 산업의 전환이 이루어진 이후에도 그 이전의 종파적 분열이 포퓰리즘을 부추기는 역할을 했다. 그때나 지금이나 기술의 발전은 정체성 정치를 사라지게 하지 못했고, 실제로는 오히려 그 반대 효과를 낳았다. 보수주의를 규정하는 핵심 요소인 토지와 과거로부터의 유산을 상실한 많은 영국인은 종교와 제국에 집착했다.

자신들의 입지를 불안하게 만드는 여러 요인에 휘둘리던 영국의 노동자는 아일랜드의 값싼 노동력이 자기 임금을 깎고 있다는 책임 전가성 주장의 손쉬운 먹잇감이 되었다. 멕시코와 중국이 미국인의 일자리를 빼앗고 있다는 식의 19세기 판 선동이 그때도 먹혔던 것이다.

대영 제국의 승리

역사학자 찰스 R. 모리스Charles R. Morris는 "자기만족은 모든 경쟁자에게 위험한 감정이지만 영국의 경우에는 이해할 만하다"라고 지적했다.[61] 모리스는 나폴레옹이 몰락한 이후의 시대에 관해 글을 썼다. 프랑스를 격파한 영국은 냉전 이후 미국과 마찬가지로 당대의 '초강대국'이 되었다. 영국은 국민총생산의 2~3퍼센트만 군사비로 지출했고, 엄밀히 말해 군사력 수준만 놓고 보면 기껏해야 유럽의 엇비슷한 나라들 가운데 1위에 불과했다.[62] 그러나 영국은 나폴레옹 전쟁에서 승전국에 전비를 대줬다는 이유로, 나폴레옹의 패배 이후 유럽의 지정학적 구도를 설정한 빈 회의에서 결정적 역할을 맡았다. 또 영국은 전 세계의 바다와 비유럽권의 대부분을 지배했다. 영국 산업화의 전성기는 또한 대영 제국의 정점이기도 했다.

영국의 경제력과 기술력은 지정학적 영역에서도 그 진가를 발휘했다. 세계 최대 규모의 최첨단 함대를 보유한 영국 해군은 진정한 글로벌 공급망을 확보했다. 최초의 초고속 글로벌 통신 시스템인 해저 전신 케이블은 영국의 식민지들을 연결했다. 대영 제국은 빅토리아 통치 말기에 크게 성장하여 (비유럽 군대를 빠르게 격파하기 위한) 기관총과 (말라리아 및 기타 열대 질병으로부터 보호하기 위한) 현대 의학이 등장하기 이전에는 정복이 불가능했던 아프리카 영토까지 식민지로 편입했다. 대영 제국의 전성기에는 통치 면적이 지구 표면의 4분의 1을 차지했고, 인류의 4분의 1이 영국의 지배 아래 살았다.

제국주의는 의심할 여지없이 영국 산업에 이익이 되었다. 18세기 초 영국은 값싸고 품질 좋은 인도산 제품으로부터 자국의 직조공을 보호하려고 인도산 면직물의 수입을 막았다. 그러나 다축 방적기 spinning jenny와 수력 방적기 등의 발명으로 영국산 직물이 지배하게 되었다. 역사학자 존 다윈 John Darwin은 19세기 중반 영국령과 라틴 아메리카와 같은 비공식적으로 영국의 영향권 내에 있었던 제국의 영토에서 산업적으로 생산된 직물이 현지에서 직조된 대체 직물보다 약 200배나 저렴했기 때문에 토착 직조공은 아예 경쟁이 불가능했을 것으로 추정한다.[63] 경제학자 마크 코야마 Mark Koyama와 제러드 루빈 Jared Rubin이 주장했듯이, 산업 혁명으로 인해 시작된 엄청난 소득 증가가 반드시 비유럽인에 대한 착취에 의존한 것은 아니었다.[64] 18세기 러시아는 중앙아시아와 시베리아의 광활한 새 영토를 점령했고, 중국의 청 왕조는 지금의 신장 지역과 티베트를 흡수했지만, 경제 성장은 눈에 띄게 개선되지 않았다. 정복과 산업화가 늘 함께 진행되는 것은 아니라는 말이다. 그러나 대영 제국의 영토 확장이 절정에 달했던 1차 세계대전과 2차 세계대전 사이에 불어난 제국의 영토는 영국의 번영에 없어서는 안 될 요소로 여겨졌다. 많은 좌파 사상가도 이에 동의했다. 작가 조지 오웰의 경우를 들어보자.

우리가 영국에서 누리는 높은 삶의 수준은 대영 제국, 특히 인도와 아프리카 같은 열대 지역에 대한 지배를 굳건히 유지한 덕분이다. 자본주의 체제하에서 영국이 비교적 편안하게 살기 위해서는 1억 명의 인도인이 굶주림에 시달려야 하지만, 여러분은 택시를 타거나 딸기와 크림 한 접시를 먹을 때마다 이를 묵인하고 있다. 대안은 제국의 영토를 포기하고 영국을 춥고 보잘것없는 작은 섬으로 격하시켜 우리 모두가 매우 열심히 일하면서 주로 청어와 감자에 의존해서 살아갈 수밖에 없는 곳으로 만드는 것이다.[65]

그러나 1945년 이후 수십 년 동안 영국은 식민지를 하나씩 잃어갔지만 경제는 이전보다 더 빠르게 성장했다.[66] 제국주의 이후 영국은 파업부터 경기 침체까지 여러 가지 문제를 안고 있었다. 그러나 '청어와 감자'만으로 살아갈 정도는 아니었다.

영국은 산업 시대를 거치며 눈부시게 번영했고, 그 결과 세계적 제국을 건설했다. 제국의 이점에 대해서는 많은 논쟁이 있다. 제국은 영국의 통제하에 막대한 자원과 노동력을 가져다주었지만, 영국의 정치가를 소모시켰고 정복과 방어에 막대한 지출을 필요로 했다. 새로운 경쟁국이 경제적으로 영국을 따라잡으면서 영국은 제국의 과도한 팽창으로 인해 해외에서의 부담은 증가하고 자금 조달 능력은 약화되는 상황에 직면했다. 19세기에는 영국을 '세계의 경찰'이라고 부르는 것도 무리는 아니다. 역사학자 폴 케네디Paul Kennedy는 1895년 한 해 동안 영국을 사로잡았던 수많은 우려를 다음과 같이 정리했다.

> 내각은 중일 전쟁 이후 중국의 분열 가능성, 아르메니아 위기로 인한 오스만 제국의 붕괴, 베네수엘라-영국령 기아나 국경을 둘러싼 미국과의 분쟁과 거의 같은 시기에 남아프리카에서 독일과의 충돌이 임박한 상황, 프랑스의 적도 아프리카 군사 원정, 힌두쿠시를 향한 러시아의 움직임 등에 대해 우려하고 있었다.[67]

한편 다른 나라는 영국의 제국주의적 영향력을 부러워하면서 각자 자신들만의 유리한 입지를 원했다. 가장 큰 우려는 영국 본토와 훨씬 가까운 곳에서 일어나고 있었다. 바로 독일의 부상이었다. 그러나 실제로 가장 강력한 경쟁국은 한때 영국의 식민지였고, 문화적으로 영국에서 갈라져 나온 분파이자 조만간 동맹국이 될 미국임이 밝혀졌다. 그리고 미국의 힘은 영국 근대화 과정의 많은 특성을 반영한 미국 스스로의 산업 혁명에 뿌리를 두고 있었다. 그러나 미국의 정치적 재편은 영국보다 더 피비린내 나고 독특한 미국식 경로를 밟았다.

5

미국의 산업화로 이룬 변화, 미국 혁명

　　　　미국 혁명은 의아하게도 혁명적이지 않았다. 어떤 의미에서 미국 혁명은 혁명조차 아니었다. 즉 포괄적인 사회적 경제적 정치적 변혁을 의미하는 혁명이 아니라, 국가의 독립을 위한 투쟁이었다. 군주제를 폐지하고 공화정 형태의 정부를 수립함으로써 미국의 정치 체제가 바뀐 것은 사실이다. 그러나 미국 사회의 경제 및 사회 구조는 1776년 이후에도 거의 그대로 유지되었다. 대규모 농장주는 계속해서 남부를 지배했다. 북쪽에서도 이른바 '신사 혁명가gentlemen revolutionaries'들이 급진적 변화를 촉진하려는 시도를 폭력적으로 진압했다. 예컨대 이들은 매사추세츠에서 일어난 세금 거부 폭동인 '셰이스 반란Shays' Rebellion'을 무력으로 제압했다. 독립

선언 전후로 개별 주들은 식민지 시절에 누렸던 자치권을 상당 부분 유지했다. 노예 제도는 지속되었고 여성은 여전히 2등 시민으로 남았다. 이전의 식민지 주민이 더욱 공격적으로 '원주민의 땅Native lands'으로 이주하면서 아메리카 원주민은 계속해서 영토를 잃었다.

미국 혁명은 자유와 평등을 강조했지만 미국 특유의 평등주의 문화는 (적어도 자유를 누려 온 백인 남성에게는) 전혀 새로운 것이 아니었다. 이러한 평등주의적 감성은 최초의 식민지 개척자가 북아메리카에 도착했을 때부터 존재해 왔으며, 미국 혁명의 결과라기보다는 드넓은 서부 개척지의 산물이었다. 황야에서 생존하고 원주민의 땅을 확보하려 했던 초기 개척민의 노력은 협동 정신을 키웠다. 또한 풍부한 토지는 백인들 사이에서 높은 수준의 경제적 평등을 가능하게 했다. 1774년 미국 식민지 주민의 소득 평등도는 노예를 계산에 넣더라도 모국인 영국보다 더 높았다.[1] 가장 결정적 요인은 적어도 북부에서는 해체되어야 할 대규모 영지를 바탕으로 한 유럽식 장원제와 귀족의 특권이 존재하지 않았다는 점이다. 미국은 봉건제를 극복하기 위한 위대한 사회 혁명이 필요하지 않았으며, 애초에 이러한 '구세계Old World'의 유물을 들여오지도 않았다. 토크빌이 "미국인은 민주주의 혁명을 겪지 않고도 민주주의 국가에 도달했다"라면서 "평등하게 되었다기보다는 처음부터 평등하게 태어났다"라고 말한 것은 바로 이런 의미였다.[2]

군주제에 반대하고 신과 이성으로부터 비롯된 개인의 권리를 옹호하는 미국 혁명의 정신은 대체로 새롭고 급진적이었을지 모르지만, 사회의 기본적인 정치 및 사회 구조는 놀라울 만큼 안정적으로 유지되었다. 미국 혁명을 연구한 가장 위대한 역사가인 에드먼드 모건Edmund Morgan과 버나드 베일린Bernard Bailyn은 혁명가들이 실제로는 자신이 영국인으로서 누렸던 권리를 회복시켜 달라고 (의회가 이를 폐지하기 전까지) 요구했다고 주장했다. 정치학자 새뮤얼 헌팅턴Samuel Huntington은 미국 혁명이 본질적으로 이미 존재했던 "튜더 왕조의 정치 체제"를 확장한 것이라고 말했다.[3] 튜더 체제는 초기 식민지 개척자가 17세기에 영국에서 가져온 영국식 의회, 입법 기관, 법률 체계로 이루어진 느슨하고 분권화된 정치 시스템을 일컫는다. 오늘날에도 여러 정부 부처와 (중앙과 지방의) 여러 수준의 정부 간에 권한을 나누는 미국의 특이한 시스템은 튜더 체제의 특징을 그대로 간직하고 있다.

사회적으로 미국 혁명은 기존의 위계질서를 전복하기보다는 재확인하는 데 더 큰 역할을 했다. 베일린에 따르면, 미국 혁명가들은 사회적 또는 경제적 불평등을 근절하는 것이 아니라, "부패한 헌법을 정화하고 특권 권력의 외형적 확대에 맞서 싸우고자 했다."[4] 영국 왕실과 의회가 너무 많은 권한을 침해하자, 혁명가는 이 외부적 연계를 단절시키겠다는 좁은 목표를 추구했다. 미국의 혁명가는 프랑스가 잠시 그랬던 것처럼 사회를 급진적으로 변혁하려고 시도하기보다는, 자신들이 독단적이고 독재적이라고 여기는 세력으로부터 나라를 지키려고 노력했던 것이다.

그러나 미국은 결국 진짜 혁명을 맞이하게 된다. 산업 혁명이 일단 미국 땅에 상륙하자 생산력뿐 아니라 사람들 사이의 기본적 관계까지 변화시키며 미국 사회를 완전히 재편했다. 교통, 제조업, 통신 분야에서의 혁신은 일상생활을 뒤바꿔 놓았다. 미국은 급속도로 도시화되었고, 일의 중심이 가정 밖으로 옮겨 갔으며, 새로운 정체성에 기반한 시민 단체가 생겨났다. 공장이 있는 지역이 비약적으로 발전하면서 지역 간 격차는 더욱 벌어졌다. 건국 이전부터 조금씩 진행되던 미국의 산업 혁명은 1860년대 이후 본격적으로 시작되었고, 이는 이 신생국의 역사상 가장 큰 변화였던 노예 제도의 종식과도 맞물려 있었다. 산업 혁명이 노예제 폐지의 직접적 원인은 아니었지만, 산업화가 경제력과 기술력을 북부로 대거 이동시켜 남북 전쟁에서 북군이 우위를 점하게 되었다고 해도 무방하다. 이후 산업화는 미국의 정치적 연합의 구도를 재정립하여 오늘날 우리가 알고 있는 좌우 분열을 낳았다.

1828년 7월 4일 미국에서 최초의 철로가 부설되었을 때, 착공식의 영광은 독립선언서에 서명한 유일한 생존자에게 돌아갔다. 당시 91세였던 찰스 캐럴Charles Carroll은 "나는 이 일을 독립선언서에 서명한 것 다음으로 내 인생에서 가장 중요한 일 중 하나로 여긴다"라고 선언했다.[5] 미국 독립 혁명과 산업화의 첫발을 모두 경험한 소수 사람에게는 어떤 사건이 더 중요한지 솔직히 불분명했다. 그로부터 2세기가 지난 지금 2020년대에 이르러서야 우리는 산업 혁명이 미국 혁명보다 미국 사회를 더 많이 변화시켰다고 확실하게 말할 수 있다.

미국은 어떻게
산업화되었나

미국은 어떻게 산업화하게 되었을까? 미국의 산업화는 상당 부분 영국의 성공에 힘입었다. 더 정확히 말하자면 미국은 영국의 지식 재산을 도용해 발전했다. 18세기 말과 19세기 초에 미국의 공장주는 기술을 전수받으려고 대서양 건너 영국의 공장 노동자와 관리자를 끌어들이려 무진 애를 썼다. 영국은 (네덜란드와 마찬가지로) 아이디어 수출을 엄격히 통제하고 숙련된 산업 전문가의 이민을 제한했다.[6] 찰스 디킨스는 미국에서 자신의 작품을 불법 복제한 해적판 판매량이 합법적인 판매량을 훨씬 앞지르자 분노했고, 이는 그가 수십 년 동안 미국에 반감을 품은 불쾌한 경험이었다.[7] 1791년, 미국 정부는 영국 방직공에게 48달러를 주고 아메리카 대륙에 방적 기술을 도입했는데, 이 일은 국가가 지원하는 산업 스파이 활동의 첫 사례로 유치산업의 씨앗을 심는 데 기여했다. 20년 후 매사추세츠 출신의 사업가 프랜시스 캐벗 로웰Francis Cabot Lowell이 영국의 섬유 공장을 견학한 후 그들의 공장 설계를 기억해서 미국에 최초의 현대식 면화 공장을 설립하면서 미국 제조업은 본격적으로 도약하게 된다.[8] 영국의 산업은 전 세계적으로 여전히 선망의 대상이었지만, 급속히 성장하는 미국의 기업가가 활용하고 개선할 수 있는 발명품을 탄생시켰다. 한편 미국 정부는 자국의 유치산업을 보호하기 위해 수입품에 높은 관세를 부과했다.

미국의 발명가는 19세기를 시발점으로 영국의 발명가를 앞지르기 시작했고, 이는 미국의 산업 잠재력이 커지고 있다는 신호였다. 1807년 초, 로버트 풀턴Robert Fulton은 세계 최초로 상업적 성공을 거둔 증기선을 운영하여 역사에 기록되었다. 그의 증기선은 뉴욕에서 올버니까지 허드슨강을 오르내리며 왕복 62시간의 여정으로 승객을 실어 날랐다. 증기선은 대서양 건너편에서 처음 개발되었지만 미국의 구불구불한 수로에 적합해서 미국에서 더 널리 판매되고 운항되었다. 곧 미국의 발명가는 저마다의 혁신 제품을 쏟아 내기 시작했다. 1844년 새뮤얼 모스Samuel Morse는 미국 의사당 지하에서 사상 최초의 장거리 전신 메시지를 보냈고("신이 이룩하신 것이로다"[9]), 2년 후 일라이어스 하우Elias Howe는 매사추세츠주 케임브리지에서 최초의 현대식 재봉틀의 특허를 받았다. (이 두 가지 발명품 모두 이전에 영국에서 나온 아이디어를 개량한 것이다.)

남북 전쟁이 발발했을 때, 에이브러햄 링컨Abraham Lincoln 대통령은 워싱턴에 남부의 대표자가 없다는 점을 이용해 '새로운 자유의 탄생'뿐 아니라 새로운 사회 기반 시설 지출도 창출했다. 링컨은 영국 휘그당의 영향을 받은 미국의 정파인 휘그당 당원으로 정계에 입문했다. 링컨이 원래 속했던 정당은 대서양 건너편의 같은 이름을 가진 당과 마찬가지로 사회 기반 시설에 대한 정부 투자를 옹호했다. 젊은 링컨은 이리 운하Erie Canal를 건설한 뉴욕 주지사 디윗 클린턴DeWitt Clinton의 발자취를 따르겠다는 포부를 밝힌 적이 있으며,[10] 이후 철도 변호사로 일하기도 했다. 대통령으로서 그는 대륙 횡단 철도를 건설하기 위한 대규모 연방 예산 지출을 주관했다. 대륙 횡단 철도는 그가 암살된 지 4년 후인 1869년에 완공되었다. 결국 링컨의 사회 기반 시설 투자는 서부 개척지의 풍부한 천연자원 및 대량 이민의 물결로 생긴 풍부한 노동력과 결합하여 미국이 빠르게 근대화되고 글로벌 산업의 선두 주자가 될 수 있게 했다. (남북 전쟁은 다른 전쟁과 마찬가지로 여러 면에서 기술 발전을 가속화했다.)

19세기 후반 막대한 부를 창출한 미국의 황금시대는 영국 빅토리아 시대가 절정에 달했던 시기와 맞물려 있었다. 남북 전쟁 이후 전열을 재정비한 미국은 곧 영국보다 더 큰 산업 대국이 되었다. 영국의 제조업이 놀라운 발전을 이루었던 것만큼이나 미국의 산업 발전 속도는 이를 무색케 할 정도로 엄청났다. 1880년대 중반이 되자 미국은 철강 생산량에서 영국을 능가했다. 그리고 미국의 산업 경쟁력은 계속 높아졌다. 1929년 미국의 제조업 생산량은 1859년보다 28배 증가했고,[11] 1916년에는 미국 국내총생산이 영국을 추월했다.[12] 미국의 독립 혁명부터 1차 세계대전 직전까지 135년 동안 미국의 연평균 성장률은 3.9퍼센트라는 놀라운 수치를 기록해, 오늘날 세계의 성장 엔진이라는 중국과 인도도 지속성 면에서 필적할 수 없는 성과를 거두었다.[13]

산업의 혁신이 대서양을 건너 어떻게 이동하고 있었는지를 보여주는 징후로, 1860년대에는 대부분의 영국 가정에 미국에서 제조된 시계가 설치되었다는 사실을 들 수 있다.[14] 이 미국산 시계는 너무나 저렴했기에 영국 정부는 미국이 '덤핑'을 하고 있다고 비난했을 정도였다. 영국 정부는 미국이 여러 상품을 시장 가격보다 훨씬 낮은 가격에 불법으로 대량 공급함으로써 영국 생산자의 입지를 약화시켰다면서 미국에서 들어오는 밀수품을 압수하기 시작했다. 덤핑과 지식 재산권 도용, 풍부한 석탄, 값싼 노동력 등은 (21세기에 중국 산업에 그랬던 것처럼) 19세기 후반 미국의 산업 성장에 핵심 요소였다.

미국 산업 혁명의 기원은 지저분했을지 모르지만 아이디어, 발명품, 인재 등이 대서양을 건너 이들을 대규모로 활용할 준비가 되어 있는 열망에 가득 찬 신생국으로 확산되는 것을 막을 수는 없었다. 남북 전쟁이 끝났을 무렵 미국은 진정으로 새로운 무언가를 구축했다. 경제 사학자 브래드 드롱은 1870년 이후 서유럽과 북아메리카에서 혁신이 새롭고 가속화된 형태로 나타나기 시작했다고 설명한다. 그는 "북대서양의 경제권은 발명하는 법을 발명했다"라면서 "그들은 섬유 기계와 철도를 발명했을 뿐 아니라 대기업을 탄생시킨 산업 연구소와 여러 형태의 관료 제도도 발명했다"라고 썼다.[15] 이러한 기술 진보에 힘입어 경제가 새로운 차원으로 도약한 미국보다 이 설명이 더 잘 들어맞는 곳은 없었다.

미국의 극적인 변신

미국의 경제 성장은 대부분 이 시기에 급성장한 도시 지역에 집중되어 있었다. 도시에 거주하는 미국인의 비율은 1870년 25퍼센트에서 불과 50년 후인 1920년에는 2배로 급증했다.[16] 이 해는 최초로 시골보다 도시에 거주하는 미국인이 더 많았던 해로 기록되었다.[17] 월트 휘트먼Walt Whitman의 시는 변화하는 미국의 다양한 면모를 압축적으로 보여 준다. 휘트먼 자신도 도시로 이주하면서 새로운 세계로 들어섰다. 그는 〈브루클린 선착장을 건너며Crossing Brooklyn Ferry〉에서 "번성하라, 도시들아. 화물을 가져오고, 볼거리를 가져오라, 풍부하고 넉넉한 강들이여"라고 썼다. 휘트먼은 또 "주조 공장의 굴뚝아, 불을 높이 올려라!"라며 산업의 탄생을 찬양했다.[18] 그러나 그는 불과 4년 후 또 다른 시에서 산업화의 불평등과 혼란을 한탄하며, "나는 앉아서 세상의 모든 슬픔과 모든 억압과 부끄러움을 바라본다"라고 썼다.[19] 그의 언어는 청소년기에 들어선 근대 미국의 낙관적이면서도 회의적인 활기와 불안을 반영한다.[20]

1860년에 이미 미국 최대 도시였던 뉴욕은 1850년에 약 60만 명이었던 인구가 1900년에는 350만 명으로 증가했다. 이러한 확장의 대부분은 도시의 인구 밀도뿐 아니라 문화까지 바꾼 유럽 이민자들의 대규모 유입에서 비롯되었다. 이들 새로 온 이민자 중 상당수는 뉴욕과 북동부 산업 도시의 특정 민족 거주 지역에 정착하여 사업을 시작하고, 교회와 유대교 회당을 짓고, 자신들만의 사교 클럽에 가입했다. 이들은 노동조합과 정치 조직도 결성했는데, 그 중 가장 유명한 조직은 뉴욕의 태머니 홀Tammany Hall이었다. 태머니 홀은 이민 온 유권자 특히 아일랜드계 유권자들의 세력을 규합해 20세기까지 뉴욕 정치에 막대한 영향력을 유지한 정치 조직이었다. 이 새로운 이민의 물결은 미국을 훨씬 더 근대적이고 다양한 국가로 변모시켰다. 새로 온 이민자는 미국인으로 변신하면서도 자신들의 뿌리인 구세계의 문화적 정체성을 지키고자 애썼다.[21]

도시의 급속한 성장은 동부 해안에만 국한되지 않았다. 실제로 19세기 후반에 인구가 가장 많이 증가한 곳은 교통의 중심지로 자리 잡은 시카고였다. 1869년 5월 10일, 릴랜드 스탠퍼드Leland Stanford가 유타주 프로몬토리 서밋Promontory Summit에서 상징적인 황금 못을 땅에 박으면서 마침내 대륙 횡단 철도가 미국의 동부와 서부를 하나로 묶었다.[22] 서로 연결된 광활한 미 대륙의 개념적 중간 지점인 시카고는 서부의 원자재와 이를 공급받는 동부의 산업 기계를 연결하는 고리 역할을 했다. 1871년 냉장 철도 차량의 등장으로 산업용 육류 가공이 더욱 편리해진 이후 미국인이 소비하는 육류 대부분이 시카고의 축산물 도축 공장에서 생산되었다.[23]

한편 남부는 아직 남북 전쟁에서 회복하는 중이었다. 새로운 이민자는 (부분적으로는 짐 크로Jim Crow법으로 인해) 경제 성장이 더디고 임금이 낮았던 옛 남부 연합Confederate 주들을 대체로 기피했다.

1870년 북부의 외국 태생 인구 비율은 남부에 비해 3배 이상 높았다.²⁴ 남부는 기술적으로도 낙후되어 있었고, 농업은 거의 기계화되지 않은 채 고된 육체노동에 의존했다. (남북 전쟁 이후) 대호황기Gilded Age에는 도시와 농촌, 북부와 남부, 해안과 내륙, 도시 내 부유층과 빈곤층 사이에 극심한 격차가 발생했다. 그리고 이 모든 차이가 이 나라에 새로운 정치를 만들어 냈다.

미국의 극적인 산업화는 당시 최고로 군림하던 자유 시장 이념에 의해 촉진되었고, 부분적으로는 그 이념의 확산을 추동하는 원동력이 되었다. 미국인은 경제 문제를 포함해 국정의 여러 분야에서 국가의 적극적 개입을 늘 의심해 왔다. 그러나 19세기 후반에는 많은 사람이 자유방임 정책을 지지했고, 이러한 선호는 사회적 관점에도 영향을 미쳤다. 사회적 다윈주의social Darwinism(인간도 동식물과 마찬가지로 자연 선택과 같은 진화론적 개념의 적용을 받아야 한다는 믿음)의 옹호자이자 《대중 과학Popular Science》지의 창립자 에드워드 리빙스턴 유먼스Edward Livingston Youmons는 사회 문제를 해결하기 위해 무엇을 할 것이냐는 질문을 받고 다음과 같이 답했다. "아무것도! 당신과 나는 아무것도 할 수 없다. 모든 것은 진화의 문제이다. 우리는 진화를 기다릴 수밖에 없다. 아마도 사오천 년 안에 진화가 인간을 지금 이 상태를 넘어서도록 이끌 수 있을지도 모른다. 그러나 우리가 할 수 있는 것은 아무것도 없다."²⁵

당시는 존 D. 록펠러John D. Rockefeller와 앤드루 카네기Andrew Carnegie 같은 사람이 경제의 유리한 고지를 장악하고 권력을 공고히 하며 눈부신 부를 축적하던 시대, 즉 벼락부자들의 시대였다. 그러나 이들이 이룩한 완전한 지배력은 영구적인 독점 가능성을 높였다. 미국인 일부는 끝이 없어 보이는 돈과 권력을 얻었지만 다른 사람들은 생계를 유지하기도 어려웠다. 1880년대 후반 맨해튼의 세입자를 기록한 제이콥 리스Jacob Riis의 사진집《나머지 절반의 사람들은 어떻게 사는가How the Other Half Lives》에 담긴 도시 노동자 계층의 상황은 특히 끔찍했다. 이 시기를 특징짓는 심각한 불평등은 필연적으로 반발을 불러일으켰다.

사회주의가 설 자리는 없었다

미국에서는 이러한 반발이 유럽과는 다소 다른 양상으로 전개되었다. 유럽 역시 도시가 팽창하는 동안 농촌 지역은 공동화되는 산업화를 경험했다. 유럽의 산업가는 엄청난 부자가 되었고 화이트칼라 노동자는 힘 있는 부르주아 계급으로 부상한 반면, 유럽의 노동자는 위험한 노동 환경과 생활 조건으로 고통받았다. 대서양 양쪽에서 일부 노동자는 원래 생산 수단의 집단적 소유를 뜻하는 느슨한 용어인 사회주의에 끌렸지만, 유럽에서는 이 운동이 훨씬 더 응집력이 있었다. 1848년 혁명의 격변기에 카를 마르크스와 프리드리히 엥겔스가《공산당 선언》을 발표했을 당시에는 자유주의와 민족주의가 여전히 지배적 이데올로기였다. 그러나 1883년 마르크스가 사망할 무렵에는 사회주의가 유럽 전역에서 강력한 정치 세력으로 자리 잡았다.

사회주의 이데올로기는 영국에서 처음 뿌리내렸다. 19세기 자본주의 강국이었던 영국은 사회주의자와 공산주의자의 글로벌 네트워크인 '제1인터내셔널First International'의 본거지가 되기도 했다. 이 조직에는 당시 잘 알려지지 않은 망명 언론인이었던 마르크스도 회원으로 가입했다. 영국은 강력한 노조 네트워크와 민주적인 정치 개혁의 유산을 바탕으로 공중보건 의무와 안전한 공장 환경을 위한 규제 등 점진적인 사회 개혁을 시행하여 급진적인 사회주의식 주장을 억제할 수 있었다. 이후 자유주의자와 사회주의자는 1920년대 초 영국 좌파의 지배 정당이 된 노동당을 중심으로 연합했다.

노동 계급의 불안감은 유럽 대륙으로 번졌다. 1871년 사회주의 '파리 코뮌Paris Commune'이 프랑스 수도를 잠시 통치했을 무렵, 유럽 대륙 전역에 독자적으로 생존할 수 있는 사회주의 및 민주적 사회주의 정당이 등장했다. 갓 통일된 국민 국가로서 산업화에 뛰어든 독일에서는 사회민주당이 강력하게 부상해 사회를 좌파 쪽으로 끌어당겼고, 이로 인해 1883년 독일의 보수 총리 오토 폰 비스마르크 Otto von Bismark는 자신의 정권이 축출되지 않도록 보편적 의료보장 제도를 포함한 사회 안전망을 도입해야 했다. 다시 한 번 우파는 혁명을 피하는 대가로 개혁을 받아들이는 법을 배웠다.

반면에 19세기 후반 미국의 사회주의자들은 강력한 노동자 정당이나 사회주의 정당으로 결집하지 못했고, 심지어 양대 정당의 정책에 의미 있는 영향을 끼치지도 못했다. 미국 노동자는 착취적 노동 조건에 격렬하게 저항했지만, 공장 파업과 태업의 형태를 취했을 뿐 정치 영역으로 나아간 경우는 거의 없었다.[26] 그 대신에 미국에서는 수십 년에 걸쳐 자본주의에 대한 초당적 합의가 이루어졌고, 다양한 정치 세력이 자유 시장을 얼마나 개방해야 하는지, 또는 금융가나 농민의 이익을 옹호할 것인지를 두고 논쟁만 벌였다. 주요 제3세력은 '포퓰리스트당Populist Party'이 되었다. 이 당의 당원은 연방 정부에 산업 국유화와 사유 재산 폐지를 주장하는 사회주의자가 아니라, 월스트리트와 대기업을 경멸하는 소규모 농업 자본가였다. 이들의 요구는 지역 불균형에 뿌리를 두고 있었다. 즉 중서부 농업 중심인 주들의 경제적 이익과 도시의 제조업 및 금융업의 경제적 이익이 상충한다는 점에 근거하고 있었다.

그렇다면 가장 산업화된 나라에서 강력한 사회주의 세력을 배출하지 못한 이유는 무엇일까? 우선, 미국에는 봉건적 계급 구조가 존재하지 않았다. 산업 시대의 눈부신 경제 호황에 힘입은 미국의 자유주의적 개인주의 전통은 사회주의의 근간이 되는 엄격한 계급 갈등의 경계를 모호하게 만들었다. 그리고 남부의 귀족적인 대농장주가 유럽의 봉건적 엘리트와 비슷했던 반면, 남부의 농민은 폭력적으로 억압받고 더 넓은 미국 사회에서 배제되었던 흑인 노예들이었다는 점이 유럽과 달랐다. 노예 제도가 폐지된 후에도 미국의 흑인은 정치적 권리를 박탈당했고, 이들의 민족적 인종적 정체성은 정치적 사회적 소속감을 형성하는 데 계속해서 영향을 미쳤다. 이러한 요인이 하층 계급의 통합을 어렵게 만들었다. 게다가 백인 엘리트는 종종 흑인과 백인 노동자 계층 사이에 분열을 심으려고 애썼고, 가난한 백인에게는 흑인보다 '더 높은' 지위에 있음을 상기시키면서 인종적 박해에 끌어들였다.[27]

미국 역사의 상당 기간 동안 미국의 정치는 '좌파 대 우파'의 서사 바깥에 광범위하게 존재했던 깊은 단절에 의해 분열되었다. 연방주의를 중심으로 한 논쟁에서는 강력한 중앙 정부를 지지하는 사람과 권력을 개별 주에 두자는 사람이 대립했다. 해밀턴주의자Hamiltonian 대 제퍼슨주의자Jeffersonian 논쟁과 그로부터 파생된 모든 논쟁을 벌이느라 초창기 미국의 정계는 많은 에너지를 소모했다. 더욱이 그 논쟁은 기본적으로 주 정부의 권리나 행정부의 권한 남용 등 당시의 거의 모든 뜨거운 쟁점과 함께 미국이 안고 있던 본질적 문제와는 동떨어진 사안에 관한 것이었다. 그런 논쟁은 실제로는 노예 제도를 둘러싼 더 깊은 분열을 덮는 역할을 했을 뿐이다. 그 결과 미국은 노예제가 폐지되고 연방 정부가 크게 강화된 남북 전쟁의 종결 시점까지 특이한 경로를 밟았다. 그 시점에 미국 경제가 산업 호황을 누리면서 미국 정치는 완전히 재편되었고, 산업화 시기였던 빅토리아 시대의 영국 정치와 비슷해지기 시작했다. 그러나 이러한 정치적 재편 과정에는 미국 특유의 반전이 있었다.

새로운 정체성,
새로운 정치

　　　　　　미국이 남북 전쟁에서 벗어나면서 산업화가 본격화되었을 때 공화당은 '큰 정부big government'와 대기업big business을 옹호하는 성향의 정당이었다. 오늘날에는 이 조합이 이상하게 보일 수 있지만, 사실 광활한 미국에서 산업화를 촉진하려면 활동적인 중앙 정부가 필요했다. 대륙 횡단 철도부터 파나마 운하까지 사회 기반 시설 프로젝트에 정부의 대규모 투자가 없었다면 미국의 산업화는 지금처럼 눈부시게 발전할 수 없었을 것이다. 지리적 한계를 극복하고 대서양에서 태평양에 이르는 거대한 공화국을 하나로 묶기 위해서는 전례 없는 규모의 공공 지출이 필요했다. 그래서 압도적으로 도시 지향적이고 공화당 지지 성향이며 사회적으로 자유주의적이었던 산업가는 처음에는 강력한 중앙 정부를 지지했다.

　반면에 민주당은 산업화는 물론이고 주 정부에 간섭할 수 있는 강력한 국가를 모두 경계했다. 민주당은 자신들의 지지 기반인 사회적으로 보수적인 농민의 요구에 귀를 기울였고, 그에 따라 주 정부의 권리를 요구했다. 특히 남부에서는 남북 전쟁 이후 몇 년 동안 민주당이 중앙 집권적 권력에 저항했다. 그럼으로써 일부 개별 주가 인종 분리 정책을 시행하고 흑인의 투표권을 제한하는 짐 크로 법Jim Crow law(1876년부터 1965년까지 미국 남부 11개 주에서 시행한 인종 분리법. 짐 크로는 20세기 초 유행한 코미디 쇼에 등장한 시골의 초라한 흑인을 희화화한 캐릭터로 흑인에 대한 경멸적 표현, 또는 '흑인 격리'를 지칭하는 말로 쓰였다_옮긴이)을 시행할 수 있었다.

그러나 산업화가 절정에 달하면서 이 모든 것이 바뀌었다. 정치는 종종 경제와 기술 같은 더 광범위한 구조적 힘의 결과인 경우가 많다. 그리고 산업화가 기존의 사회 구조를 근본적으로 뒤집으면서 새로운 정치적 고려 사항이 테이블 위에 올라왔다. 시어도어 루스벨트Theodore Roosevelt는 1895년에 "우리는 모두 금세기에 일어난 놀라운 산업 혁명으로 인해 시동이 걸린 거대한 무언無言의 힘들이 어떻게 작용할지를 예측하기 위해서 미래를 들여다보고 있다"라고 썼다.[28] 실제로 산업 혁명은 정치적 논의의 틀 자체를 완전히 바꾸어 놓았다. 각 정당은 시장과 관련된 이념을 재구성해야 했고, 사회 문제보다는 경제에 더 중점을 두게 되었으며, 그 결과 미국 정치 시스템의 전면적 재편을 불러왔다.

결국 강력한 국가를 지지했던 공화당은 자유방임주의 경제를 지향하는 정당이 되었고, 분권화된 정부를 지지했던 민주당은 더 강력한 국가를 옹호하는 정당이 되었다. 영국의 정치적 이념의 재편과 마찬가지로, 미국의 두 주요 정당은 산업화의 도래와 함께 이념적 비전을 근본적으로 바꾸었다. 미국이 인종 문제와 관련된 특수하고도 골치 아픈 역사에서 완전히 벗어나지 못했다는 점에서 두 나라의 경우는 상당히 달랐지만, 궁극적으로 대서양 양쪽에서 모두 산업화로 인해 좌파와 우파 정당 사이에 근대 경제와 국가의 역할을 두고 입장이 갈리면서 이념의 구분이 더욱 명확해졌다. 근대적인 미국 정치가 이 시기에 탄생했다는 것은 산업 혁명이 얼마나 강력한 힘을 가졌는지 보여 주는 증거이다. 20세기에 접어들면서 나타난 좌우 분열은 100년 넘게 지속되다가 최근에 새로운 정체성의 분열과 형태가 나타나면서 구분이 복잡해졌다.

산업 혁명이 미국에서 촉발한 정치적 변화는 40년에 걸쳐 서서히 진행되었다. 곡물법이 영국의 산업 혁명을 촉발한 방식과 유사하게, 미국의 정치적 재편 역시 농민들의 이해관계를 둘러싼 분쟁에서 시작되었다.

인류를 금 십자가에 못박지 말라

유럽에서 사회주의를 부채질했던 산업 자본주의에 대한 반발이 미국에서는 포퓰리즘의 부상으로 이어졌다. 포퓰리즘의 씨앗은 미국의 농업 중심지와 노동 계급이 밀집한 공업 중심지에서 처음 등장했다. 기이하다고 여길 정도의 불평등에 자극받은 포퓰리스트는 미국의 졸부를 비난하며 행동에 나섰다. 이들은 미국의 벼락부자가 미국 달러의 가치를 일정량의 금에 고정하는 '경화硬貨, hard money' 금 본위제 덕분에 부유해진 반면, 노동자는 빈곤과 빚에 허덕이게 되었다고 생각했다. 포퓰리스트는 미국의 정치인은 부패했으며, 금융가와 산업 재벌은 미국의 농산물과 공산품을 실제로 생산하는 노동자의 희생을 바탕으로 부당하게 부를 축적하고 있다고 주장했다.

포퓰리스트당은 미국 역사상 가장 성공적인 제3당 중 하나가 되었다. 이 당은 주 정부를 장악했고, 대통령 선거에서 선거인단 표를 획득했으며, 수십 명의 의회 의원을 당선시키기도 했다. 이들이 권력에 가장 가까이 다가간 것은 양대 주류 정당 중 한 곳에 잠입했을 때였다.[29] 1896년, 네브래스카주의 열성적 정치인이었던 윌리엄 제닝스 브라이언William Jennings Bryan이 민주당 대통령 후보로 지명되면서 그는 거의 대통령에 당선될 뻔했다. 브라이언은 은행가를 상대로 "인류를 금 십자가에 못박아서는 안 된다"라는 유명한 선거 유세 구호를 내세워 미국의 산업 혁명으로 뒤처진 농민들과 무력해진 노동자들로부터 지지를 얻었다. 그의 선거 구호는 (금화 대신) 은화를 추가하여 통화량을 늘림으로써 인플레이션을 유발하면 부채가 평가절하되어 부담을 줄일 수 있다는 포퓰리스트적 주장을 지지한다는 의미를 담은 것이었다. 포퓰리스트당도 브라이언을 대통령 후보로 지명하기로 결정했다. 브라이언의 출마는 '소프트 머니 soft money'(인플레이션으로 가치가 떨어진 통화_옮긴이)가 미국에 혁명적 변화를 일으킬 것을 우려한 엘리트를 당황하게 만들었다. 《뉴욕 선The New York Sun》지는 그를 '윌리엄 자코뱅 브라이언'이라고 부르기도 했다.[30]

브라이언은 1896년 선거에서 (그리고 이후 1900년과 1908년 선거에서도) 패배했지만, 그의 열성적인 포퓰리즘 지지 기반은 기존 체제의 경제적 정통성의 속살이 얼마나 허약한지를 그대로 드러냈다. 포퓰리스트당은 사라졌지만 포퓰리스트적 반발은 계속되었다. 이후 브라이언의 경력은 유럽의 사회주의와 달리 미국에서 자생한 반反엘리트 포퓰리즘이 자신들의 전통적 가치가 근대성에 의해 위협받는다고 여기는 사람들로부터 어떻게 큰 호응을 받았는지를 잘 보여 준다. 1925년 다윈의 이론이 성경의 문자 그대로의 해석에 위배된다며 진화론 교육을 비난한 이른바 스코프스Scopes '원숭이 재판'(미국의 고등학교 생물 교사 존 스코프스John T. Scopes가 진화론을 가르쳤다는 죄목으로 체포되어 기소된 사건_옮긴이)에서 브라이언은 사건을 기소하는 데 기여했다. 미국에서 산업 혁명은 마르크스주의에서 영감을 받은 세속적 노동 계급의 정치를 촉발하는 대신에 전통적 가치와 종교적 근본주의에 뿌리를 둔 정서적 대응을 유발했다.

1900년, 라이먼 프랭크 바움Lyman Frank Baum은 동화 《오즈의 마법사The Wizard of Oz》를 출판했는데, 이 동화는 포퓰리즘을 지지하는 우화寓話이기도 했다. 아마도 이 점이 《오즈의 마법사》가 오랫동안 매력적으로 느껴지는 이유일 것이다. 미국의 역사학자 헨리 리틀필드Henry Littlefield는 1964년에 발표한 뛰어난 에세이에서 이 동화의 숨은 의미를 해석했다.[31] 도로시는 미국 중서부의 낙후된 농촌 지역인 캔자스주에 살고 있다. 도로시는 (금 본위제를 옹호하는 사람들을 상징하는) 노란 벽돌길을 따라 에메랄드 시티로 간다. 그곳은 오즈Oz(금의 무게를 'oz'로 약칭하는 온스 단위로 측정하므로 오즈는 금을 상징한다)가 지배하는 것 같았지만 거짓으로 드러난다. 책에서 도로

시가 신는 마법의 신발은 영화에서처럼 루비의 붉은색이 아니라 포퓰리스트가 열렬히 지지하는 마법의 금속인 은색이다. 도로시는 길을 가면서 약하고 겁에 질린 농부를 상징하는 허수아비와 마음을 잃은 비인간적 노동자인 양철 나무꾼을 만나 동맹을 맺는다. 악당은 동서양 해안의 사악한 마녀들로, 재력과 정치력을 가진 도시를 대표한다. 그리고 겁쟁이 사자는 말만 무성하고 실제로는 아무것도 해내지 못하는 맹렬한 웅변가 윌리엄 제닝스 브라이언이다.

  브라이언이 대호황 시대 기득권층에 도전한 것은 실제로 실패했다. 그러나 그의 뒤를 이어 미국 정치에는 좌우 포퓰리스트가 주기적으로 다시 등장하는데, 특히 경제 및 기술이 극심하게 요동치는 시기에는 포퓰리스트가 더욱 극성을 부린다. 민주당이 반엘리트 농업 포퓰리즘을 채택한 것은 향후 수십 년에 걸쳐 확고해지는 미국의 정당 재편이 시작되었음을 알리는 신호탄이었다.

1896년의 정치 구도 재편

  브라이언이 1896년 대통령 선거에서 민주당 후보로 지명될 무렵 미국 정치에서 주요 논쟁은 경제 정책에 관한 것이었다. 브라이언은 '금 십자가' 연설에서와 같은 주제를 가지고 도시 산업가의 부패와 농촌 농민이 직면한 불평등에 맞서는 선거 유세를 펼쳤다. 그는 남부의 백인 우월주의자 등 민주당의 옛 동맹 세력의 일부를 여전히 끌어안고 있었지만, 논의의 초점을 한때 당을 하나로 묶었던 인종적 관점에서 다른 곳으로 전환했다. 그의 포퓰리스트적 선거 유세는 주로 산업화의 불평등한 영향에 저항하는 내용이었다. 한때 중앙 집권적 국가 권력에 격렬하게 반대했던 민주당은 이제 정부 개입이 기술 발전에 뒤처진 사람을 지원할 수 있는 가장 확실한 방법임을 깨닫기 시작했다. 시장의 불평등을 완화하기 위해 정부를 활용하려는 이러한 충동은 현대 민주당의 핵심 관점으로 자리 잡았다.

브라이언이 민주당을 산업계 거대 기업의 비판자로 설정하자, 대통령 선거의 경쟁 상대였던 윌리엄 매킨리William McKinley는 공화당을 대기업의 대변자로 내세웠다. 공화당은 이전에 정부가 기업을 대신해 과학과 사회 기반 시설에 투자하기를 원했지만, 1896년 선거를 계기로 입장이 바뀌었다. 매킨리가 승리하자 공화당은 정부의 간섭에 회의적 시각을 갖게 되었다. 한편 20세기가 시작되면서 산업화를 위한 자본의 원천이 공공 부문에서 민간 부문 즉 카네기, 록펠러, 모건, 포드 등의 비즈니스 제국으로 이동하고 있었다. 이러한 재계의 로비를 받은 공화당은 정부의 개입이 기술 진보와 경제 성장을 저해한다고 주장했다. 공화당은 한때 중앙 집권적 정부의 역할을 선호했지만 이제는 자유방임주의 경제학을 핵심으로 하는 반反국가주의적 태도를 취하게 되었다.

이러한 정치 구도의 재편은 여전히 미국만의 독특한 특성을 담고 있다. 남부에서 민주당은 포퓰리스트의 부상을 백인 통치에 대한 큰 위협으로 여겼다. 이런 움직임은 가난한 흑인과 백인을 하나의 동맹으로 묶어 남부 지주를 공동의 적으로 삼게 할 조짐을 보였다. 이 때문에 민주당은 20세기 전반 내내 인종적 적개심을 자극하여 초기 동맹을 해체하는 작업에 공을 들였다. (흑인에 대한 시민 평등권civil rights을 수용하기 전 백인 우월주의자와 동맹을 맺었던) 린든 존슨Lyndon Johnson은 이러한 '분열과 정복divide-and-conquer' 전술을 다음과 같이 회고했다. "최하위 백인에게 그가 최상위 유색인보다 낫다고 설득할 수 있다면, 그는 당신이 자신의 주머니를 털어 가는 것을 눈치채지 못할 것이다. 그에게 얕볼 수 있는 사람을 제시하기만 하면 그는 기꺼이 주머니를 비워 줄 것이기 때문이다."[32]

1896년은 브라이언 대 매킨리 간의 중대한 대통령 선거뿐 아니라, '분리하되 평등한separate but equal' 인종 차별을 합헌으로 규정한 플레시 대 퍼거슨Plessy v. Ferguson 사건의 대법원 판결이 있었던 해이기도 했다. 이 판결 이후 몇 년 동안 남부의 짐 크로법에 의한 (인종 분리) 제도가 확대되어, 흑인 미국인은 투표가 금지되었을 뿐 아니라 백인과 같은 식당에서 식사하거나, 같은 여관에 머물거나, 같은 화장실을 사용하는 것조차 금지되었다. 흑인과 백인이 함께 섞일 수 있는 길이 막힌다면 이들은 경제적 정치적으로도 공통 분모를 찾을 길이 막히게 될 수 있었다.

더욱이 1877년 재건 시대Reconstruction가 끝난 이래 양당이 모두 인종 차별이 심화되는 것을 받아들이는 대신 정부의 경제 개입이라

북부 연방과 남부 연합의 참전 군인이 악수를 나누고 있다. ⓒ Public domain

는 중대한 문제에 집중하면서, 흑인의 권리를 둘러싼 논쟁은 점점 사라져 가고 있었다. 사회의 쟁점에 대한 논의는 기피되었고, 백인 우월주의는 고착화되는 듯했다. 이 초당적 합의는 게티스버그 전투 50주년인 1913년 촬영된 사진에 상징적으로 드러나 있다. 이 사진에는 과거의 분열을 잊은 채 악수하는 북부 연방Union과 남부 연합Confederate의 연로한 참전 군인의 모습이 담겨 있다. 이제 미국의 정치 시스템은 그동안 도외시되어 왔던 경제 문제의 입장 차에 의해 규정되었다. 즉 민주당은 기업에 회의적인 정당으로, 공화당은 자유 시장을 옹호하는 정당으로 각각 자신들의 정체성을 확인하기 시작한 것이다.

마지막 진보적
공화당원

좌파와 우파의 극명한 분열에 중요한 예외가 하나 있었다. 바로 매킨리의 공화당 후계자 시어도어 루스벨트이다. 루스벨트는 급진주의자는 아니었지만 자유방임주의 이념과 과감하게 결별했다. 영국의 정치 구도 재편 이전의 보수당과 마찬가지로 그는 자본주의의 과잉을 억제하려고 노력했다. 루스벨트는 소비자 보호, 노조 지원, 반독점 조치 등으로 구성된 '공정 거래Square Deal' 정책을 통해 신흥 졸부와 그들의 산업 독점에 맞서 싸웠다. 루스벨트는 "내가 '공정 거래'를 믿는다고 말할 때 그것은 모든 사람에게 최고의 대우를 해 주자는 뜻이 아니다"라며, "내가 말하고자 하는 것은 거래에 부정이 없어야 한다는 것"이라고 설명했다.[33] 대통령은 모든 사람이 규칙을 준수하는 한 경제 성장을 방해하려 하지 않았다. 그에게는 자유 시장의 배후에서 비윤리적 사업 관행을 숨긴 새로운 엘리트 즉 '부유한 범죄자 계층'의 오만함보다 더 큰 범죄는 없는 것 같았기 때문이다.[34]

루스벨트는 롱아일랜드에 광대한 농장을 소유한 엄청나게 부유한 집안에서 태어났다. 그러나 그는 자신이 속했던 '진정한 귀족'과 당시의 졸부였던 '저속한 모방자'를 명확히 구분했다.[35] 루스벨트의 귀족적 유산은 노블레스 오블리주noblesse oblige를 그에게 불어넣어 주었다. 이는 맨해튼의 백만장자 거리Manhattan's Millionaire' Row에 사는 재계의 신흥 거물이 부를 과시하고 시장을 교묘히 조작하며 공익을 무시하는 것과는 사뭇 대조적이었다. 루스벨트는 여러 면에서 갑자기 사회를 장악한 신흥 부유층 사업가의 허풍과 비윤리적 행동에 실망한 유럽의 귀족과 닮았다. 루스벨트 가문이 속했던 뉴욕의 구舊엘리트들 사이에서는 특권적 지위가 대중에 대한 도덕적 책임을 동반한다는 집단적 이해가 존재했다.[36] 이 계층의 많은 사람은 자본주의의 파괴적 본질과 정부가 대중을 도와야 할 필요성을 인식하고 있었다.

루스벨트는 1900년 대통령 선거에서 민주당의 윌리엄 제닝스 브라이언에 맞선 매킨리의 러닝메이트였지만, 매킨리가 암살당하는 바람에 대통령직을 승계했고, 대통령이 된 후에는 여러 면에서 대기업을 규제하라는 포퓰리스트의 요구를 수용했다. 루스벨트는 '트러스트 해체trust-busting'(기업 합동을 뜻하는 트러스트는 동일 업종의 기업이 자본적으로 결합한 독점의 한 형태로 카르텔보다 결합의 정도가 높다_옮긴이) 프로그램에 착수한 것으로 유명하다. 그는 연방 정부의 공권력을 동원하여 중소 기업을 경쟁에서 도태시킨 거대 독과점 기업을 해체해 버렸다. 루스벨트는 의회를 압박하여 철도에서 식품에 이르는 다양한 산업에 대한 정부의 규제 권한을 확대하도록 했다. 그는 탄광 파업으로 전국이 차가운 겨울 한파의 위협을 받자, 그로버 클리블랜드Grover Cleveland 대통령이 1894년 풀먼Pullman 파업에서 했던 것처럼 파업을 강제로 중단시키는 대신, 노사 분쟁에 개입해 노동과 자본 간의 공평한 합의를 이끌어 냈다. 루스벨트는 자본주의를 깊이 신봉했으나 정부가 자유 시장의 경찰 역할을 해야 한다고 생각했다. 그의 후임자인 윌리엄 하워드 태프트William Howard Taft는 그가 추진했던 트러스트 해체 프로그램의 일부 요소를 계승하긴 했으나 대기업에 더 우호적이어서 루스벨트는 태프트를 후임자로 지명한 것을 후회하게 된다.

루스벨트와 태프트의 분열은 1909년 관세 문제를 둘러싸고 최악의 상태로 치달은 공화당 내 경제 보수파와 진보파 사이의 광범위한 균열이 반영된 것이었다. 공화당 내 진보파는 수입 관세가 너무 높아 일반 소비자에게는 물가 상승의 부담을 주는 반면, 대기업은 그 덕에 이득을 본다고 생각했다. 이는 영국에서 반곡물법 동맹이 제기했던 것과 비슷한 주장이었다. 그러나 보수적 공화당원은 특정 상품의 관세를 더욱 인상하는 페인 올드리치Payne-Aldrich 관세법을 통과시켰다. 자유 무역의 지지자였던 태프트가 이 법안에 서명했음에도 진보적 공화당원은 이에 거세게 반발했다. 그들은 이 법안이 일반 서민보다 기업을 우선시한다고 주장했다. 1912년 태프트가 공화당의 대통령 후보로 지명되면서 공화당은 확고한 친親기업 정당으로 굳어졌다. 진보적 공화당원은 탈당했고, 루스벨트는 진보당Progressive Party을 창당하여 제3당 후보로 출마했다.

루스벨트와 태프트의 분열은 결국 루스벨트의 공약에 더 가까운 진보적 경제 공약을 내세운 민주당의 우드로 윌슨Woodrow Wilson에게 선거를 내주는 결과를 낳았다. 많은 진보적 공화당원이 재분배와 규제의 정당으로 굳건히 자리 잡은 민주당으로 몰려들었고, 열렬한 친기업 성향의 공화당원은 공화당에 남게 되었다. 미국의 정당 재편이 마침내 완성되었다. 이후에 다가오는 미국의 세기는 대체로 자유방임의 역동성을 옹호하는 우파와 사회보장과 안정을 옹호하는 좌파 간 정치 투쟁으로 규정된다. 루스벨트의 중도적 통합의 여지는 거의 없었다.

현대 미국의 탄생

20세기 초 미국에서는 새로운 종류의 기술 가속화가 시작되었다. 2차 산업 혁명the Second Industrial Revolution으로 불리는 이 시기에는 사회의 주요 연료였던 석탄을 석유가 대체했고, 자동차가 철도를 대신하게 되었다. 1차 산업 혁명 당시 미국이 영국의 그늘에 가려져 있었다면, 2차 산업 혁명에서 미국은 새로운 산업화의 진원지였다. 텍사스 간헐 유정의 거대한 검은 분수부터 대중적인 모델-T 자동차를 생산하는 디트로이트 공장의 윙윙거리는 소음과 정밀 기계에 이르기까지 미국은 새로운 미래를 만들어 가고 있었다. (안타깝게도 그에 따른 환경 파괴도 함께 일으키고 있었다.) 교체할 수 있는 부품과 조립 라인으로 대변되는 '포드주의Fordism'라는 새로운 경영 철학이 전 세계를 휩쓸기 시작했고, 노동자는 점점 더 거대해지는 기계의 더 효율적인 부속품으로 거듭났다. 도심과 교외의 단독 주택을 연결하는 고속도로 등 우리가 알고 있는 세상의 물리적 구조가 구체적으로 모습을 갖추기 시작했다. 당시 사람에게는 첨단 기계와 결합된 산업 효율성의 힘이 개인에게 그 어느 때보다 빠른 속도와 편리함, 자율성을 부여하는 것처럼 보였다. 민간 기업이 냉장고, 라디오, 진공청소기 등 선물과도 같은 새로운 가전제품을 아낌없이 쏟아 내는 상황에서, 자유 시장에 의문을 제기하는 것은 좋게 말해도 배은망덕한 짓이고 최악의 경우에는 이단처럼 보였다.

루스벨트의 공화당 후계자는 이제 전 세계 우파 정치를 지배하던 친기업 이데올로기를 어느 정도 받아들였다. 공화당의 자유 시장적 노선은 캘빈 쿨리지Calvin Coolidge 대통령의 재임 시절에 정점에 이르렀다. 1923년 취임한 쿨리지는 차분한 성격과 무미건조한 유머 감각, 소극적인 태도로 인해 '과묵한 칼Silent Cal'로 알려졌다. 언론인 월터 리프먼Walter Lippmann은 그를 다음과 같이 묘사했다. "쿨리지의 천재적인 소극성은 매우 높은 경지에 이르렀다. 그것은 나태한 소극성과는 거리가 멀다. 그것은 쿨리지를 끊임없이 바쁘게 만드는 냉정하고 단호하며 깨어 있는 소극성이다."[37] (그가 죽었을 때 풍자 작가 도로시 파커Dorothy Parker는 "그가 죽었는지는 어떻게 알 수 있었을까?"라고 빈정거렸다.)

하지만 쿨리지가 자기주장이 부족했던 것은 단순히 그의 성격적 결함 때문은 아니었다. 그것은 그의 대통령직이 가졌던 핵심 특징이었다. 청교도의 직업 윤리에서 영감을 받은 쿨리지는 개인이 각자의 성공에 책임을 져야 한다고 믿었다. 작가 어빙 스톤Irving Stone은 쿨리지가 "최소한의 정부가 최고의 정부라고 믿었다"라면서, "그는 미국 역사상 최소한의 대통령이 되기를 열망했으며 그 소망을 이루었다"라고 말한 적이 있다.³⁸ 쿨리지의 확고한 자유방임주의 이념은 공화당을 명백한 친기업 성향의 정당으로 자리 잡게 했다. 쿨리지 자신이 말했듯이 "미국 국민에게 가장 중요한 일은 사업business"이었다. 그의 메시지는 시대와도 잘 맞았다. 당시는 '포효하는 20년대Roaring Twenties'였고 미국의 산업은 폭발적으로 성장하고 있었다.

같은 해 뉴욕에서는 민주당 주지사 앨 스미스Al Smith가 이와는 정반대의 접근 방식을 추진했는데, 이는 민주당의 노선을 재정립하는 것이었다. 스미스는 정부의 역할이 훨씬 더 확대되어야 한다고 생각하며 유권자들에게 정신 건강 시설과 학교 건설부터 노동자의 산재 보상 프로그램의 확대에 이르기까지 뉴욕의 다양한 공공 프로젝트에 자금을 지원하기 위해 1억 달러 규모의 채권 발행 계획을 통과시키도록 촉구했다.³⁹ 스미스의 뒤를 이어 시어도어 루스벨트의 먼 친척뻘 사촌인 프랭클린 델러노 루스벨트Franklin Delano Roosevelt가 뉴욕 주지사가 되었고, 두 민주당원은 치열한 경쟁자가 되었지만 프랭클린 루스벨트가 여러 면에서 스미스의 이념적 계승자였다.⁴⁰ 루스벨트가 뉴딜 시대에 대통령으로서 시행하게 되는 많은 정부 프로그램은 스미스의 주지사 재임 시절에 뉴욕에서 처음 시도되었던 것들이다. 두 정치인 모두 국가가 주도하는 활기차면서도 끊임없이 실험적인 국정 운영 방식을 채택했다.

루스벨트는 '경제 피라미드의 맨 아래에 있는 잊힌 사람'을 대신해 싸우겠다고 약속함으로써 엄청난 인기를 얻었다. 포퓰리스트당의 불길은 여전히 타오르고 있었다. 그러나 루스벨트의 새로운 동맹 세력은 더 이상 미국의 농업 중심지에만 뿌리를 두고 있지 않았다. 산업화로 도시의 규모가 커지고 빈부 격차가 벌어지면서 많은 도시 노동자가 민주당의 더 적극적인 정부 역할이라는 비전에 끌렸다. 민주당은 복지 및 재분배와 함께 시장 규제를 옹호하는 유럽의 사회민주당을 닮아 가기 시작했지만 그 기조는 온건했고 수단은 점진적이었다.

루스벨트는 대통령 선거에서 쿨리지의 후계자인 공화당의 허버트 후버Herbert Hoover를 물리치고 당선되었다. 후버는 당내에서 진보적 성향을 띠고 정치 경력을 시작했던 공화당원이었다. 1920년대 후버는 상무부 장관으로서 노동 운동을 지지했고, 정부와 기업 간 협력을 장려했다. 후버는 국가의 역할에 대해 월터 리프먼이 말한 이른바 "표류가 아닌 주도mastery, not drift"에 전념했다.[41] 여기서 '표류가 아닌 주도'라는 말은 자연스러운 시장의 힘이 스스로 작동하도록 방임하는 것과는 반대로 정부가 의도적으로 번영을 지원하는 역할을 하기를 원했다는 뜻이다. 후버는 한 기자에게 "자본주의의 유일한 문제는 자본가가 너무 탐욕스럽다는 것"이라고 말한 적이 있다고도 알려졌다.[42]

그러나 대통령으로서 후버는 자신의 소속 정당을 장악한 친시장적 이데올로기를 따르는 경향이 있었다. 좌우 정파의 구도가 재편되면서 더 이상 시어도어 루스벨트와 그의 공평 정책의 틀에 갇힌 공화당원은 설 자리가 없었다. 그리고 후버는 대공황the Great Depression이라는 국정 운영의 큰 시험대에서 결국 적극적인 정부 개입보다는 손을 놓는 쪽을 택한 것으로 드러났다. 《뉴 리퍼블릭New Republic》은 이런 그의 접근 방식을 문제 삼았다. "후버의 역사적 역할은 기업에 운전대를 맡겼을 때 기업이 무엇을 할 수 있는지를 실험해 보려는 것임이 분명하다. 후버는 운전대가 반드시 필요하다면서도 운전은 기업에게 맡겨야 한다고 주장한다."[43]

대공황이 닥치고 미국인이 긴급하게 경제 구제책을 모색하게 되자 공화당의 자유방임주의 이념은 부적절한 것으로 판명 났다. 수십 년 만에 처음으로 민주당 대통령이 다수의 지지를 얻어 당선되었고, 프랭클린 루스벨트 대통령은 1933년 의회의 양원을 확고히 장악한 가운데 논란의 여지 없이 전권을 부여받은 채 취임했다. 그는 취임 후 첫 100일 동안 바로 업무에 착수했다. 루스벨트는 국민을 도우려는 노력 외에 일체의 이념적 집착을 표명하지 않았고, 실험적이고 절충적인 사고방식으로 명성을 얻었다. 그러나 그의 온갖 종류의 개혁 프로그램을 하나로 통합한 것은 시장의 정당성에 대한 이전에는 도전받지 않았던 믿음을 거부하고 경제적 충격에 맞서 안정성stability과 안전성safety을 제공할 수 있는 적극적인 정부를 수용했다는 점이었다.

취임 첫해 루스벨트의 단편적인 개혁 조치는 미국 사회의 극적 변화를 기대했던 사람을 실망시켰지만, 다행히도 루스벨트는 대통령 임기 2년 차에 상황을 개선했다. 취임 2주년이 다가오자 그는 의회에서 "사회 정의는 더 이상 먼 이상이 아니라 확실한 목표가 되었다"라고 말했다.[44] 역사학자 데이비드 케네디David Kennedy에 따르면, 루스벨트는 "이제 단순한 경제 회복이나 그저 눈앞의 구제 조치만 추구하지 않았고, 이전과는 '완전히 다른' 무언가를 원했다. 그는 '우리가 정부라고 부르는 조직적 통제'의 지속적인 손길이 미국 사회 전체의 균형과 형평성, 질서를 유지하는 역할을 하도록 하는 무언가를 원했다."[45] 루스벨트의 야망은 '테디 삼촌Uncle Teddy'(시어도어 루스벨트 대통령의 애칭_옮긴이)의 과거 진보적 비전을 되돌아보게 했다. 1935년, 그는 친척인 시어도어 루스벨트가 자랑스러워할 만한 조치인 사회보장법의 법제화에 서명함으로써 현대 복지 국가의 토대를 마련했다.

루스벨트가 도입한 이 복지 국가는 유럽의 사회 민주주의자들이 주장한 것보다 덜 포괄적이고 좀 더 시장 지향적이라는 점에서 미국 고유의 특성을 가졌으나, 그럼에도 불구하고 민주당의 정신으로 뿌리내리게 되었다. 그로버 클리블랜드 시대의 보수적 민주당은 새로운 민주당을 거의 인정하지 않았을 것이다. 사실 뉴딜 정책은 처음에는 대공황이라는 특정한 위기에 대응하려는 일회성 긴급 대책으로 구상된 것이지 영구적인 이념적 노선 수정이 아니었기 때문이다. 그러나 루스벨트의 재임 기간에 새롭게 득세한 민주당 연합체는 보편적 일상이 되었다. 민주당은 자유방임주의 경제의 비판자일 뿐 아니라 복지 국가의 옹호자로 진화했다. 물론 이 모든 것은 의회의 상대 당인 공화당의 격렬한 반발을 불러왔다.

경제 문제와 국가의 역할에 관해 좌파와 우파를 구분하는 경계선은 지난 한 세기 동안 영국과 미국뿐 아니라 전 세계의 정치를 규정해 왔다. 나는 1960년대와 1970년대에 인도에서 자랐고, 이러한 구분은 서구에서와 마찬가지로 인도에서도 활발하게 논의되었다. 냉전이 절정에 달했을 때 이 분쟁은 양측의 극단적 싸움으로 치달았다. 민주적 자본주의와 권위주의적 공산주의 중 어느 것이 사회에 적합한 모델인가? 이 논쟁은 20세기가 끝날 무렵에 종결되었다. 공산주의는 패배했지만 그렇다고 해서 자유방임적 자본주의가 승리했다고 말하는 것은 옳지 않다. 정치학자 셰리 버먼Sheri Berman의 주장처럼 자유 시장 자본주의와 중앙 집권적 국가 계획 경제 중 어느 한쪽이 아니라 두 가지가 혼합된 형태로 이 싸움이 해결되었다고 말하는 편이 더 정확할 것이다. 오늘날 선진 산업 국가는 모두 자본주의와 1900년대 초 유럽과 미국의 사회 민주주의 정당이 주장했던 대부분의 복지 국가 제도를 결합하고 있다.[46]

이러한 이념 논쟁이 기본적으로 사회 민주주의에 유리한 쪽으로 정리되면서 새로운 이념 논쟁이 등장한다. 최근 새로운 포퓰리즘이 부상하면서 새로운 현안과 새로운 분열상이 모든 정치권에 스며들고 있다. 전 세계적으로 기존의 좌우 연합체가 불안정해지면서 정치 자체를 이해하는 방식이 재정립되고 있다. 정부의 경제 개입을 지지하는 사람은 더 이상 좌파에만 국한되지 않는다. 사실 우파에서 나오는 어떤 주장은 이제 보호주의 관세를 가장 강력하게 옹호하거나 대기업에 대해 가장 열렬하게 비판하는 내용들이다. 이들에게 '폐쇄적' 경제는 문화적 국수주의, 이민자에 대한 두려움, 근대성 자체에 대한 의심 등과 같은 '폐쇄적' 정치 요소와 같은 성격의 문제가 되었다. 개방적이냐 폐쇄적이냐의 문제는 좌파냐 우파냐의 문제만큼이나 중요해지고 있다. 왜 이런 일이 일어나는 것일까? 이번 혁명도 이전의 혁명과 마찬가지로 정치 혁명이다. 그렇다면 그에 앞서 어떤 구조적 혁명이 일어났던 것일까? 우리 시대의 정치 질서 재편을 이해하려면 세계화, 정보 기술, 정체성 면에서의 혁명 등 그 배경이 된 사회의 변화를 먼저 살펴보아야 한다.

2부

혁명적 힘과 반발이 불러온 현대의 혁명

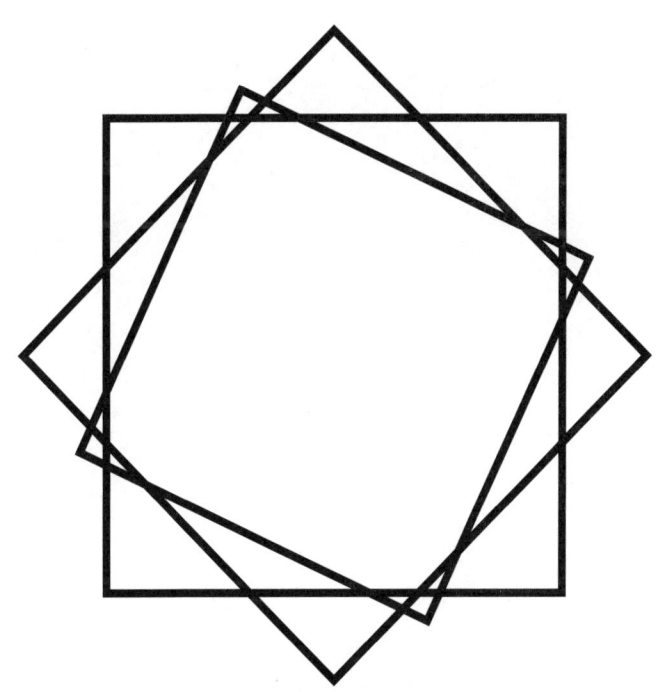

6

불평등과
상대적 박탈감의 심화,
세계화 혁명

잠시 당신이 미국 시골 지역의 석탄 광부이며, 이 곳에 뿌리를 둔 광부 집안 출신이라고 상상해 보자. 당신은 이 고된 일을 하는 데 필요한 기술과 근성을 지녔음에 자부심을 느낀다. 당신의 가족은 여러 세대에 걸쳐 광산에서 안정적인 일자리를 찾았다. 임금이 오르고 노동자 보호 조치가 강화된 덕분에 당신의 아버지는 성장하는 미국의 중산층 대열에 합류할 수 있었다. 당신은 여전히 자신의 삶이 부모보다 더 나아질 것이고, 자녀의 삶은 여러분보다 더 나아질 것이라고 믿는다.

심각한 경기 침체가 금융 공황과 대규모 예금 인출 사태와 함께 해안 지역에서 시작되어 미국의 심장부로 빠르게 파급된다. 당신은 곧 해고되고 광산은 문을 닫는다. 당신은 다른 곳에서 일자리를 찾아보지만 이 지역에서는 아무도 채용하지 않는 것 같다. 주택담보대출 만기가 다가오자 당신은 대출금을 갚을 수 없다. 수입도 없고, 평생을 몸담았던 석탄 광산에서 앞으로 고용될 전망도 보이지 않는 처지에 상황은 점점 더 나빠져만 간다. 당신은 결국 주택담보대출을 갚지 못해 채무 불이행에 빠진다. 더 작은 집을 사려고 해도 대출이 거절된다. 당신은 실직 상태에서 집도 없고, 안정감과 공동체에 대한 소속감 그리고 자부심과 삶의 목적이 되었던 땅과 노동으로부터 단절된 상태이다.

한 신참 정치인이 마을에 온다. 그는 당신의 아메리칸 드림을 파괴한 경제난을 치유하겠다고 약속한다. 그는 월스트리트의 금융가와 해안 지역의 초부유층 사업가가 여러분을 희생시키면서 국가 시스템을 농락하고 있다고 비난한다. 그는 자신이 당선되면 미국 정치의 부패한 지배층을 몰아내고 당신의 일자리, 집, 존엄성을 되찾아 주겠다고 약속한다. 그는 한때 위대한 나라였던 미국이 기득권층의 탐욕과 부정한 금융 거래로 인해 망가졌다는 사실을 사람들에게 일깨워 준다. 그는 미국을 다시 위대하게 만들겠다고 한다.

이는 2016년 도널드 트럼프의 이야기일 뿐 아니라 우리가 이미 만났던 1896년 윌리엄 제닝스 브라이언의 이야기이기도 하다. 도금 시대Gilded Age(남북 전쟁 이후의 대호황기_옮긴이)에는 브라이언과 같은 포퓰리스트가 두각을 나타냈다. 이들은 자유방임주의의 통설에 도전하며, 산업 혁명과 급속히 세계화하는 미국 경제로 인한 충격에 시달리던 미국 노동 계급에 지지를 호소했다.

이러한 충격은 거대한 경제 발전도 이루어 냈다. 새로운 기술을 도입하거나 첨단 산업 분야에서 일하는 사람들에게는 엄청난 보상이 주어졌다. 그리고 실제로 미국 사회는 전반적으로 더 빠른 성장, 더 다양하고 저렴한 상품, 경쟁에서 비롯된 혁신의 혜택을 누렸다. 그러나 많은 사람에게 이러한 신기술과 그것이 예고한 새로운 세상은 고통과 불만만 안겨 주었다. 가장 큰 타격을 입은 산업은 아마도 1900년 당시 미국 전체 노동력의 거의 절반을 고용했던 농업이었을 것이다. (현재는 2퍼센트 미만으로 감소했다.)

철도망의 확장, 냉장 기술의 발전, 전신을 이용한 국제 협력 등으로 세계 시장에서 농산물이 점점 더 많이 거래되기 시작했다. 유럽은 전 세계의 육류와 농산물을 닥치는 대로 먹어 치웠다. 1870년에 서유럽은 세계 시장에서 판매되는 모든 식료품과 원자재의 3분의 2 이상을 수입했다.[1] 기계화로 농작물의 수확량이 증가하면서 값싼 농산물이 시장에 넘쳐났고, 1890년대에는 밀과 면화의 국제 가격이 불과 20년 전에 비해 거의 60퍼센트 가까이 떨어졌다.[2] 이는 같은 봉급으로 2배의 식량을 살 수 있게 된 일반 소비자에게는 요긴한 혜택이었다. 또 중앙 유럽과 동유럽 같은 저비용 농업 곡창 지대의 농민과 시장을 잘 활용한 상인, 산업가, 금융가에게도 혜택이 돌아갔다.

그러나 이 새로운 무역 유통망은 선진국의 많은 농민과 노동자에게 경제적 어려움을 가져왔다. 급격한 가격 하락은 급격한 소득 감소로 이어졌다. 소득이 급감하자 소비자는 소비에 인색해지고 산업가는 새로운 투자를 경계하게 되었다. 1873년에는 본격적인 금융 공황이 발생했다. 몇 주 만에 파산 사태가 산업 전반과 국경을 넘어 확산되었다. 제철, 철강, 철도 사업 등 겉보기에는 파산 사태와 동떨어져 있고 막대한 수익을 창출하는 것처럼 보였던 업종에서도 생산 라인이 멈춰 섰다.[3] 생산할 것이 없어진 기업은 노동자를 감원했고, 1872년부터 1878년까지 미국의 실업률은 2배 이상 증가했다. 19세기 후반 상당 기간 동안 세계 경제는 불황에 빠졌다.

미국과 영국 및 다른 선진국에서도 이미 비위생적인 공동 주택에 밀집해 살고 있던 수백만 명의 도시 노동자가 갑자기 그리고 그 후로도 계속 일자리를 잃었다. 그들은 자신과 가족에게 대대로 의미를 부여해 온 전통적 농촌 공동체와 일자리로부터 단절되었다. 여기에다 농업 중심지의 경제 불황이 악화되면서 점점 더 많은 사람이 일자리를 찾아 대도시 빈민가로 이주해 왔다. 그러나 그들의 이주는 19세기 도시 생활에서 비롯된 질병, 기아, 빈곤 등의 혼란을 더욱 심화시켰을 뿐이다.

기술 발전과 국제 무역은 경제 성장을 촉진하고 소득을 증가시킨다. 그러나 이러한 조합은 또 패자를 양산하고 사회를 불안정하게 만들며, 이는 종종 불가피한 경기 침체나 깊은 불황에 따른 역풍으로 이어진다. 기술 발전과 국제 무역의 확대에 대한 이러한 역풍은 정치인이 대중의 불안, 공포, 불편을 분노로 전환시키거나 때로는 해결책을 찾도록 길을 열어 주기도 한다.

세계화의 본격화

　　　　　수천 년 동안 인류는 농사, 순례, 정복, 상거래, 관광 등 다양한 목적으로 새로운 땅, 사람, 시장을 찾아 나섰다.[4] 그러나 19세기에 산업화가 시작되고 나서야 전 세계가 실질적으로 서로 연결되기 시작했다.[5] 모험가는 오랫동안 영광과 부를 찾아 바다를 누볐지만, 1800년대에 이르러서야 글로벌 공급망이 국지적 무역을 실질적으로 대체하기 시작했다.[6] 앞서 살펴본 바와 같이 영국의 공장은 장인이 수작업으로 만들던 것보다 훨씬 저렴한 비용으로 고품질의 제품을 대규모로 생산하여 전 세계에 빠르고 저렴하게 배송할 수 있게 되었다. 미국과 독일 등 다른 국가도 영국의 산업 자본주의 모델을 따랐다. 정치학자 제프리 프리든Jeffry Frieden이 지적했듯이, 공식적으로는 왕국이나 제국이었던 국가에서도 1800년대 중반에는 "군주가 아니라 시장이 지배적 권력"이었다.[7]

　산업 혁명 이전에는 정복이 외국의 상품과 자원에 국가적으로 접근할 수 있는 가장 효율적이고 때로는 유일한 수단이었다. 그러나 산업화된 생산과 기계화된 운송이 시작되면서 무역이 전쟁보다 수익성이 더 높아졌다. 1860년 영국과 프랑스는 세계 최초의 자유 무역 협정을 체결했다. 선진국 간의 무역은 국내 생산보다 2~3배 빠르게 성장했고, 1800년부터 1899년까지 전 세계 경제 산출량에서 무역이 차지하는 비중이 8배나 증가했다.[8] 세계 시장의 확장과

상호 연결은 전 세계 거의 모든 사람의 물질적 생활 조건을 눈에 띄게 개선했다.[9]

전 세계적으로 상업적 관계가 확대되면서 상품의 교류가 늘어났을 뿐 아니라 사람들의 이동도 활발해졌다. 1873년 쥘 베른Jule Verne의 《80일간의 세계 일주Around the World in Eighty Days》는 가상의 인물 필레아스 포그가 기차와 증기선을 이용해 빠른 속도로 세계 일주를 하는 내용으로 독자를 사로잡았다. 이는 그 이전에는 상상할 수조차 없을 것 같았던 기록적 성과였다. 우리는 뉴욕에서 런던까지 7시간이 걸리는 비행과 글로벌 공급망 덕분에 가능해진 익일 배송을 당연하게 여긴다. 하지만 비행기가 발명되기 훨씬 전부터 세계는 점점 더 가까워지고 있었다.

거리의 한계를 극복하다

1882년 2월 15일, 새로운 석탄 화력 냉동기를 장착한 영국 상선 더니든호가 뉴질랜드에서 갓 냉동한 5000여 마리의 도축한 양을 싣고 출항했다. 이 냉동 장치는 차가운 압축 공기를 더니든호의 화물칸에 공급했다. 더니든호는 습한 열대 지방을 몇 주에 걸쳐 통과한 후 출항한 지 98일 만에 단 한 마리의 양만 상한 상태로 런던에 도착했다.[10] 이는 새로운 기록이었다. 인류 역사를 통틀어 운송되는 식재료는 부패하지 않도록 건조하거나 소금에 절이거나 또는 다른 방법으로 보존해야 했다. 그런데 더니든호가 이를 바꿔 놓았다. 그 후 다른 운송 기술의 발전도 이어졌다. 증기선과 증기 기관차의 발전으로 생산자들은 대량 생산된 상품을 전 세계로 보낼 수 있었고, 19세기 동안 전 세계 운송 능력이 20배나 증가했다. 1850년에서 1900년 사이에 증기선은 해상 운송 비용을 3분의 2 이상, 철도는 육상 운송 비용을 5분의 4 이상 절감했다.[11] 이러한 발전이 가져온 혁명 덕분에 우리는 이제 런던에서 미국 메인주의 바닷가재를, 도쿄에서 노르웨이 연어를, 뉴욕에서 고베 소고기를 먹을 수 있게 되었다.

교통의 발달과 더불어 통신 기술의 발전은 인류를 더욱 가깝게 연결해 주었다. 수천 년 동안 메시지는 걷거나 말을 탄 배달원을 통해 전달하거나, 우편 가방에 넣고 배로 실어서 전달할 수 있었다. 그러나 1840년대와 1850년대에는 전신telegraph을 통해 그 어느 때보다 빠르게 전 세계 수도에 소식을 전했다. 1858년 최초의 대서양 횡단 해저 전신 케이블이 부설되자, 빅토리아 여왕은 미국 대통령 제임스 뷰캐넌James Buchanan에게 축하 전보를 보냈다. 여왕이 보낸 98개의 단어로 된 메시지는 대서양을 건너는 데 16시간이 걸렸다. 증기선으로는 일주일 이상 걸렸을 여정이다. 바로 다음 날 런던에 도착한 뷰캐넌의 답신은 "전신이 평화와 화합의 등대이자 전 세계에 걸쳐 종교, 문명, 자유, 법 등을 확산시킬 획기적 발명품"이라는 찬사를 담았다.[12] 1880년에는 거의 10만 마일(약16만 킬로미터)에 달하는 해저 전신 케이블이 전 세계에 걸쳐 분당 8개의 단어를 전송했다.[13] 사람들의 소통 방식에 지대한 영향을 미쳤다는 점에서 전신을 인터넷에 견주는 것도 그다지 과장이 아니다.

이러한 기술 혁명은 단순히 개별 사회를 재구성했을 뿐 아니라 서로 연결된 세상을 만들어 냈다. 국제 무역은 폭발적으로 증가하여 1850년에서 1870년 사이에만 교역 상품의 가치가 260퍼센트나 증가했다.[14] 또 주식, 채권, 금속, 광물의 가격 등 정보의 끊임없는 흐름이 전 세계를 오가는 글로벌 금융 시스템이 등장했다. 국제 거래는 세계적 은행가와 상인의 전유물이 아니라 수억 명의 사람에게 일자리, 입을 거리, 읽을거리, 먹을거리를 제공해 주는 일상적인 현실이 되었다. 해외 이민은 새로운 세계화가 이룬 가장 놀랍고도 지속적인 변화일지 모른다. 브래드 드롱은 1870년부터 1914년까지 수십 년 동안 "전 세계 인구 14명 가운데 1명, 즉 1억 명에 이르는 사람이 거주하는 대륙을 바꾸었다"라는 놀라운 관찰 결과를 내놓았다.[15]

이것은 수천 년에 걸친 인류의 생활 방식과의 급격한 단절이었다. 에릭 홉스봄은 "이제부터의 역사는 세계사가 되었다"라고 언급했다.[16]

국제주의의
탄생

경제의 세계화는 국제주의Internationalism라는 새로운 문화를 동반했다. 역사학자 마크 마조워Mark Mazower가 주장한 것처럼 19세기 중반에 일어난 여러 변화는 "상호 연결된 전체로서의 세계라는 인식"을 낳았다.[17] 이 시기에 '국제적international'이라는 단어가 유행의 주류가 되었다. 1780년 제러미 벤담이 만든 이 용어는 1850년에 접미사가 붙으면서 국제주의라는 신조어가 되었다. 국제주의는 노동자와 관리자라는 완전히 새로운 계층의 입에 오르내리는 유행어가 되었다.[18]

지정학도 변모했다. 세계 패권국이었던 영국은 산업에서의 강점에 힘입어 근본적으로 새로운 유형의 외교 정책을 추구했다. 영국은 전장에서 영광을 추구하기보다는 유럽 강대국들 사이에서 안정을 도모하는 한편, 전 세계적으로 복잡하게 얽힌 자국의 이익과 가치를 안전하게 지키기 위해 노력했다. 영국 해군은 전 세계의 항로를 보호했고, 파운드화는 일종의 준비통화로 자리 잡으며 새로운 국제 금융 시스템을 정착시키는 역할을 했다. 빅토리아 시대 말기에는 자유주의의 열성적 지지자였던 윌리엄 글래드스톤이 12년 동안 영국 총리로 재임했다. 그의 말에 따르면 영국은 "모든 국가의 평등한 권리"와 근본적인 "자유에 대한 애호"에 기초한 국제 질서를 구축해 나가고 있었다.[19] 여러 면에서 이 초기 체제는 세계 최초의 자유주의 국제 질서였다.

선도적 경제 강국으로서 영국은 평화 상태를 유지한 유럽으로 인해 혜택을 누렸다. 수 세기에 걸친 분쟁, 특히 가깝게는 나폴레옹 전쟁으로 분열되었던 유럽 대륙의 국가도 마찬가지로 덕을 보았다. 나폴레옹의 패배와 빈 회의에서 체결된 평화협정 이후 유럽은 무역을 육성하고 번영을 촉진하는 데 집중할 수 있었다. 물론 영국과 다른 유럽 국가가 나머지 세계도 평화롭게 지내도록 내버려 두는 데 만족하지는 않았다. 당시 대부분의 자유주의자에게도 동등한 권리를 가진 나라는 전 세계 국가 가운데 일부, 즉 유럽과 북아메리카의 산업화가 진행 중인 국가만 해당되었다. 이들 국가 가운데 영국을 필두로 상당수 나라가 아시아와 아프리카의 문명을 잔인하게 정복했다. 유럽인은 이들 지역을 공식적으로 식민지화하지는 않았더라도 다른 방식으로 영향력을 행사했다. 이들은 영국이 중국과 아편 전쟁을 벌였을 때 그랬던 것처럼 자신들에게 유리한 조건으로 시장을 강제로 개방했다. 영국이 가장 중요한 수에즈 운하를 통해 통상을 보장하고자 했던 이집트에서처럼, 이들은 외국의 이익을 보호하는 꼭두각시 통치자를 지원하기도 했다. 억압과 착취는 19세기 세계 시장의 전례 없는 팽창의 추악한 이면이었다.

유럽의 강대국만 이런 식으로 행동한 것은 아니었다. 미국은 곧 아시아 최대 경제 대국이 될 일본을 강제로 개방했다. 일본은 태평양을 횡단하는 선박의 중요 기항지였고, 여러 섬에는 석탄 매장량이 풍부했으며, 주변 해역에는 물고기와 고래가 가득했다.[20] 그러나 일본은 200년이 넘도록 세계와 단절된 채 무역을 엄격히 제한했고, 해외 여행을 금지했으며, 위험한 외국 사상 특히 이단 종교인 기독교를 받아들이려는 자국민을 가혹하게 처벌했다. 산업 혁명이 서구를 휩쓰는 와중에도 일본은 서구 기술의 도입을 거부했다. 그러던 중 1853년 매튜 페리Matthew Perry 제독이 이끄는 미 해군 함대가 에도만에 입항하여 일본을 강제로 개방했다. 이러한 방식의 세계화는 평화적이지도 자발적이지도 않았고, 모두에게 똑같이 유익하지도 않았다. 이는 서구에서는 잊혔지만, 나머지 세계는 여전히 기억하는 세계화의 실상이었다.

무역 전쟁과 무력 전쟁

19세기의 마지막 사반세기에 호황이 꺾이면서 반발의 물결이 일기 시작했다. 1873년 빈과 뉴욕에서 발생한 두 차례의 금융 위기는 오늘날에는 상상할 수 없는, 근대 역사상 최초의 대규모 경기 침체인 24년간의 세계적 불황을 초래했다. 오늘날 '장기 불황the Long Depression'으로 알려진 이 경기 침체는 처음으로 세계화에 대한 지속적 반발을 촉발했다. 장기 불황은 포퓰리스트, 사회주의자, 민족주의자 등 정치적 아웃사이더들을 자극했다.[21] 또 새롭고 폭력적 형태의 정치적 표현이 등장했다. 인류 역사에는 늘 폭력이 존재했지만, 테러리즘이 정치적 의사 표현에 널리 사용되기 시작한 것은 1800년대 후반이 되어서였다.[22] 1878년부터 서구 세계 전역에서 유명인사에 대한 암살 및 암살 미수 사건이 잇달아 발생했다. 1892년부터 1901년까지 오스트리아 황후, 이탈리아 국왕, 스페인 총리, 프랑스와 미국 대통령 등 5명의 군주 또는 국가원수가 암살당했다. 역사가는 나중에 이 시기를 "암살의 10년"이라고 부르게 된다.[23]

긴 불황은 좌파보다 우파에 정치적으로 더 큰 도움이 되었다. 일부 사람은 좌파에 이끌렸고, 금융 투기와 공황이 일반 국민을 빈곤에 빠뜨렸기 때문에 자본주의에 대한 사회주의의 비판이 타당하다는 인식이 확실히 더 커졌다. 그러나 사회주의가 유럽의 노동 계급 사이에서 많은 추종자를 확보하면서 이러한 사회주의의 정치적 성공은 보수주의자로부터 더욱 지속적이고 강력한 반발을 불러일으켰다. 사회 내 전통적 유대가 해체되고 있는 데다 노동자의 동요가 과거 유럽의 귀족 및 지주 문화를 약화시킬 것으로 우려한 보수주의자는 민족주의와 군국주의로 돌아섰다. 사회주의와 보수적 민족주의로 양극화하는 정치적 압력은 전통적인 자유주의 중도 세력을 무력화했다. 글래드스톤의 보수당 측 경쟁자로 두 차례 총리를 지낸 벤저민 디즈레일리Benjamin Disraeli는 자국의 자유주의 지도자를 "일련의 탈진한 화산군火山群"으로 비유하기도 했다.[24]

결국 이 투쟁의 승자는 독일의 비스마르크나 이탈리아의 움베르토 1세처럼 민족주의와 제국주의를 내세워 국민을 통합하거나 국민의 주의를 분산시켜 국내 불안을 해결한 보수적 민족주의자들이었다.[25] 이들은 국익을 증진하기 위해서 보호주의와 중상주의가 필요하다고 주장했다. 또한 혼란과 불안을 외국인 탓으로 돌림으로써 노동 계급이 밀집한 지역에서 발생한 국내의 계급 갈등을 해소했다. 여러 곳에서 희생양이 선택되었다. 유대인은 동유럽에서 대학살에 직면했고, 프랑스와 오스트리아에서는 악마화되었다. 미국에서는 폭도가 캘리포니아를 비롯한 서부의 여러 주에서 중국인을 공격했고, 1882년 의회는 최초의 주요 이민 제한 조치인 중국인 배제법Chinese Exclusion Act을 통과시켰다. 그렇다, 이 모든 것이 우리 시대에도 영향을 미치고 있다.

벨기에와 독일처럼 새롭게 등장한 국가를 포함해 유럽의 식민지 강대국은 아프리카, 중동, 동남아시아에서 패권을 차지하기 위한 경쟁에 박차를 가했다. 영국의 인도 총독 커즌Curzon 경이 말했듯이 세계는 "세계를 지배하기 위한 게임이 펼쳐지는 체스판"이었다.[26] 점점 더 전문화된 군대와 첨단 기술을 바탕으로 유럽의 식민지 강대국은 집단적으로 식민지를 넓혀 갔다. 1800년에 유럽 국가는 지구 표면의 35퍼센트를 지배했으나 1914년에는 84퍼센트를 차지했다.[27] 한때 해외 영토 확장보다는 해외 시장의 확대를 추구하는 이른바 '자유 무역 제국주의'를 표방했던 영국도 이제는 아프리카와 아시아의 광대한 지역을 공식적으로 합병하기 시작했다.

유럽의 제국은 이들 식민지 영토를 자국 산업의 원자재를 공급하는 원천으로 활용하기 위해 노동 집약적 플랜테이션 작물과 금

및 다이아몬드 채굴과 같은 광산업에 집중했다.[28]

1890년대 무렵부터 선진국은 자유 시장과 자유 무역에서 멀어졌다. 국제 경제의 거침없는 논리에 따라 무역은 여전히 성장했지만, 많은 곳에서 경제 개방을 지지했던 정치가는 불리한 처지에 놓였다. 대신에 대중적으로 가장 인기 있는 지도자는 국제 관계에 대한 모든 종류의 상생 개념을 철저히 반대하는 사람들이었다. 1890년 미국은 매킨리 관세를 통과시켰고, 1892년 프랑스와 1897년 독일에서도 비슷한 조치가 취해졌다. 당대에 가장 영향력 있는 정치인 중 한 명이었던 조지프 체임벌린Joseph Chamberlin은 영국이 자유 무역의 약속을 폐기하고, 현재 우리가 '프렌드쇼어링friendshoring'(우방국 간 교역 지대 구축_옮긴이)이라고 부르는 것의 초기 형태인 '제국 관세 제도imperial tariffs'를 도입해 대영 제국 내에서 특혜 무역 지대를 창설해야 한다고 촉구했다. 이 관세 제도는 너무나 복잡한 데다 전 세계 4분의 1에 달하는 광활하고 다양한 제국에서는 실행이 불가능한 것으로 드러났지만, 영국은 1902년에 자체적인 보호주의 조치를 채택했다.

이러한 개방성의 후퇴를 지켜보면서 저널리스트 노먼 에인절Norman Angell은 1909년 정치인에게 민족주의적 갈등의 길을 계속 가지 말라고 경고한 베스트셀러 《위대한 환상The Great Illusion》을 집필했다. (그는 이 책으로 1933년 노벨 평화상을 수상했다.) 그러나 비스마르크와 오스트리아 황제 프란츠 요제프 1세 같은 유럽의 일부 지도자는 결국 그 길을 따랐다. 서유럽과 미국은 무역을 통한 경쟁 대신에 자국의 산업 확장을 추진하기 위해 해외에서 무력 외교gunboat diplomacy와 강압적 수단에 점점 더 의존했다. 이러한 제로섬 게임 식의 중상주의적 논리로의 복귀, 식민지 확장, 세력 균형의 변화 등으로 인해 위기는 계속되었고, 마침내 1914년 여름 유럽은 전면전으로 치달았다.

세계화의 종말과 관세

4년에 걸친 전면전(1차 세계대전_옮긴이)은 유럽을 황폐화시켰고 근대성, 기술, 끊임없는 발전에 대한 19세기의 자신감을 산산이 부수어 버렸다. 그러나 휴전 후 몇 년이 지나자 미국에서도 1920년 대통령 선거에서 워런 하딩Warren Harding이 말한 것처럼 "정상으로의 복귀return to normalcy"를 통해 좋았던 옛 시절로 돌아가고자 하는 열망이 절실해졌다. 곧 호황의 시대가 돌아왔다. '광란의 1920년대Roaring Twenties'의 특징인 술에 취한 파티와 사람들로 북적이는 재즈 홀은 포효하는 경제의 산물이었다. 부분적으로는 자동차의 대량 생산과 전기의 보급 덕분에 미국에서만 국내총생산이 40퍼센트 이상 증가했다. 10년 동안 백악관을 장악했던 캘빈 쿨리지 대통령은 대기업과 자본주의를 찬양했는데, 이는 시대의 흐름에 맞는 접근 방식이었다. 영화와 라디오는 새로운 형태의 대중적 오락을 제공했고, 전 세계적으로 유명세를 떨친 찰리 채플린Charlie Chaplin 같은 유명 인사를 탄생시켰다. 여행도 다시 급증했다. 이번에는 더 편리하고 더 커진 증기선과 아직 초기 단계이지만 눈부신 기술의 비행기를 이용한 여행이었다. 한동안 대서양을 횡단한 찰스 린드버그Charles Lindbergh가 지구상에서 가장 존경받는 사람이었다. 그러나 이윽고 1929년 주식 시장의 폭락 사태가 닥치면서 대공황the Great Depression이 시작되었다. 대공황은 세계 경제를 뒤흔들었고, 수백만 명을 빈곤에 빠뜨렸을 뿐 아니라 국내외에서 시장 경제에 대한 믿음을 그 싹부터 잘라 버렸다.

자유 무역에 대한 과거의 의구심이 빠르게 되살아나 높은 관세 장벽과 자립 경제 체제autarky 즉 경제적 자급자족으로 이어졌다. 한때 무역 지향적이었던 독일 같은 일부 국가에서는 오늘날에는 보기 드문 극단적인 국가 자급자족이라는 새로운 국민 정서가 일어났다. (쿠바나 북한을 생각해 보라.) 많은 국가가 완전한 자립을 위해 국내 산업에 막대한 투자를 하고 산업 역량과 사회 기반 시설을 구축했다. 대륙 규모가 아니라 국가 단위의 시장이 점점 대세가 된 유럽에서는 모든 나라가 내부로 눈을 돌렸다. 전통적으로 자유 무역을 추구해 온 영국과 프랑스에서도 보호 무역주의가 부상했다. 영국은 캐나다, 호주, 남아프리카 공화국, 인도 및 기타 영국 식민지에는 관세를 낮추고 나머지 국가에는 관세를 높이는 제국 특혜 관세Imperial Preference를 도입했다. 프랑스에서는 좌파 정부가 자체적으로 관세를 인상했다.[29] 이미 높은 관세를 부과하고 있던 미국은 관세를 더 높였다.

개방된 세계 경제에서는 특정 천연자원이나 공산품을 강제로 빼앗는 것보다 거래하는 편이 거의 항상 더 저렴하다. 그러나 해외 시장이 넘을 수 없는 관세 장벽에 갇혀 있는 상황에서 무력을 통한 정복은 다시 한 번 생각해 볼 만한 일이 되었고, 심지어 수익성 있는 수단이 되었다. 1925년 아돌프 히틀러Adolf Hitler는《나의 투쟁Mein Kampf》에서 독일의 팽창주의적 비전을 담은 '레벤스라움Lebensraum'(생활 공간living space) 개념을 제시했다. 레벤스라움은 부분적으로 높은 관세로 인해 차단된 외국의 농산물과 전략적 광물의 접근성을 보장하려는 수단으로 식민지를 확보할 필요가 있다는 논거로 쓰였다.[30] 일본은 자국의 경제를 고사시킬 수도 있었던 석유 금수 조치에 직면했다. 경제적 제국주의 및 문화적 국가적 인종적 우월성이라는 독일과 일본의 이데올로기가 세계를 다시 한 번 전면전으로 몰아넣기까지는 그리 오랜 시간이 걸리지 않았다.

재탄생한 세계화와 새로운 경제 질서

2차 세계대전은 근본적으로 자유 민주주의와 파시스트 독재의 충돌이었으며, 연합군의 승리는 민족주의, 보호 무역주의, 군국주의의 패배를 의미했다. 전쟁이 끝날 무렵 각 나라는 세계와 스스로를 단절하는 것이 얼마나 위험한 일인지 깨달았다. 미국은 개방과 협력에 대해 특별한 헌신을 보여 준 루스벨트 대통령과 해리 트루먼Harry Truman 대통령을 중심으로 새로운 세계 질서의 창설을 주도했다. 특히 각국이 평화롭게 성장하고 번영할 수 있는 방법으로 교역의 확대를 추진한 루스벨트 행정부의 국무 장관 코델 헐Cordell Hull의 지칠 줄 모르는 노력 덕분에 자유 무역은 다시 꽃을 피웠다.

유럽이 미국의 영향력과 자금 지원을 받아 2차 세계대전의 물리적 사회적 심리적 잔해에서 벗어나면서, 세계적 사조思潮의 균형추는 민족주의로부터 대륙의 통합과 나아가 연합을 향해 확고하게 기울었다. 과거 제국주의자였던 윈스턴 처칠Winston Churchill은 '유럽합중국United States of Europe'을 제안하기도 했다. 이러한 통합의 움직임은 1952년 유럽석탄철강공동체European Coal and Steel Community(ECSC)의 창설로 첫발을 내딛었다. ECSC는 (이제는 더 이상 적국이 아닌 서독과 프랑스를 포함하여) 서유럽 국가들 사이에 석탄과 철강 같은 핵심 상품의 단일 시장을 구축했다. 1930년대에는 번영으로 가는 당연한 수단으로 보였던 자립 경제 체제가 이제는 망상적이고 위험한 방식으로 여겨지면서 서유럽 전역에서 퇴출되었다.

19세기의 자유방임적 자유주의가 아니라 정부가 경제에 어느 정도 개입하는 사회 민주주의 형태의 새로운 자유주의가 당대의 주류가 되었다. 복지 국가의 확대 덕분에 자국민이 자유 무역의 변동으로부터 훨씬 더 큰 보호를 받게 되면서 해외 자유 무역이 다시금 활발해졌다. 규제된 시장, 사회 안전망, 강력한 노동조합 등은 모두 국제 경쟁에 대한 훨씬 더 큰 개방성을 가능케 했다. 냉전 기간 내내 소련이 이 새로운 자유주의 방식에 이의를 제기했음에도 불구하고 사회 민주주의를 가미한 자유주의 체제는 매우 성공적이어서 오늘날에도 여전히 지배적 경제 체제로 남아 있다.[31]

물론 1914년부터 1945년까지 30년이 넘는 위기와 분쟁은 심각한 피해를 입혔다. 유럽과 아시아의 많은 지역이 잿더미가 되었고, 식민지 굴레에서 벗어난 나라들은 처참할 정도로 저개발 상태였다. 브래드 드롱은 "1950년에는 세계화 추세가 완전히 역전되어 전 세계 경제 활동에서 국제 교역이 차지하는 비중이 1800년과 비슷한 수준인 10퍼센트 미만으로 급감했다"라고 지적한다.[32] 그 후 세계가 1914년 직전의 국제 교역 수준으로 돌아가기까지는 약 60년이 걸렸다.[33]

국제 교역이 회복되는 과정은 다시 시작된 세계화의 놀라운 성공 스토리이다. 2차 세계대전 세대의 정치가들은 두 번의 세계대전 사이에 범했던 실패를 교훈 삼아, 세계 시장을 잘 관리하고 협력의 장을 제공할 수 있는 강력한 다자간 기구를 구축하는 데 더욱 중점을 두었다. 세계화는 종전 수준으로 회복하는 데 그치지 않고 궁극적으로 새로운 차원으로 날아오른다. 그리고 이번 세계화는 자유주의가 죽음의 문턱에 있던 양차 세계대전 사이의 중간기와는 결정적 차이가 있었다. 바로 2차 세계대전이 끝나면서 이루어진 개방된 세계에는 새로운 국제주의 국가 미국이라는 확실한 안전판이 있었다.

이 시스템의 설계자는 바로 프랭클린 D. 루스벨트였다. 그는 강대국 간 국제 정치에 뿌리를 두면서도 개방된 시장, 국제 협력, 평화를 뒷받침할 수 있는 국제 질서를 구상했다. 우드로 윌슨의 실수는 순진하게도 강대국 간 경쟁이 없어지기를 바란 것이었다. 그런 정서는 윌슨이 설계한 국제기구인 국제연맹League of Nations에 그대로 담겼다. 국제연맹은 모든 국가를 동등하게 대우했다. (미국은 공화당의 반대로 가입을 거부했다.) 반면에 루스벨트는 강대국에게는 국제적 논의의 장에서 특별한 지위를 부여해야 한다고 믿었고, 따라서 2차 세계대전의 5개 승전국은 유엔 안전보장이사회의 영구 상임이사국 지위를 갖게 되었다. 유엔과 기타 새로운 국제적 관리 기구에 투자하고, 국제 교역을 장려하며, 새로운 강대국 간 전쟁을 억제함으로써 미국은 그 막강한 영향력을 바탕으로 새로운 세계 질서를 뒷받침하게 된다.

오랫동안 '미국 우선주의'의 대표 주자였던 일부 공화당원도 국제주의의 미덕을 찬양하기 시작했다. 《타임Time》과 《라이프Life》 등 유력 잡지의 영향력 있는 발행인 헨리 루스Henry Luce는 당시 시대를 규정하는 그의 에세이 "미국의 세기The American Century"에서 이러한 변화하는 정서를 잘 포착했다.[34] 미국이 전쟁에 참전하기 전인 1941년 2월 《라이프》에 게재된 이 에세이에서 루스는 미국의 적극적 역할이 전 세계에 민주주의와 자본주의를 확산시키는 새로운 시대를 열었음을 선언했다. 그의 주장은 널리 반향을 일으켜 유권자들과 전후 세계를 재건할 정치인들의 마음을 사로잡았다. 1945년 연합국 대표가 샌프란시스코에서 만나 유엔의 윤곽을 잡아나가던 무렵에는 자유주의적 국제주의와 다자간 국제기구의 장점을 중심으로 광범위한 합의가 구체화되고 있었다.

처음으로 국제연합United Nations(UN)과 국제통화기금International Monetary Fund(IMF), 관세 및 무역에 관한 일반 협정General Agreement of Tariffs and Trade(GATT, 오늘날 세계무역기구의 전신) 등 새로운 국제기구에 의해 뒷받침되는 국제 규범과 규정을 바탕으로 새로운 경제 질서가 탄생했다. 이러한 규범과 규정은 1944년 연합국 대표 700여 명이 모인 회의에서 구체화되었다. 미국 뉴햄프셔주 화이트 마운틴 산기슭에 자리 잡은 브레튼우즈Bretton Woods에서 3주 동안 진행된 협상을 통해 각국의 대표단은 양차 세계대전 사이 기간에 드러난 구조적 약점을 해소하고, 세계 경제의 회복을 촉진할 목적으로 국제적인 통화 규제 시스템을 설계했다. 그들은 미국을 중심으로 국제 금융의 안정을 뒷받침하고, 다른 통화는 미국 달러에 고정하며, 달러는 금 태환을 보장하도록 한다는 데 합의했다.

브레튼우즈 체제는 그 존재가 알려진 이래 역사상 가장 빠르고 근본적인 경제 확장을 가능케 했다. 2차 세계대전이 끝날 무렵에는 미국을 제외한 모든 선진 경제국은 문자 그대로 폐허가 되었다. 그러나 1964년까지 서유럽의 1인당 생산량은 2배가 되었고, 1969년까지 일본의 1인당 생산량은 8배나 증가했다. 심지어 밑바닥에서 성장한 것이 아니었던 미국도 1973년까지 1인당 생산량이 75퍼센트나 늘어났다.[35] 미국이 금 태환을 종료하고 브레튼우즈 체제가 붕괴된 시점까지 전 세계 국내총생산은 전쟁 전 수준보다 200퍼센트 이상 증가했다.[36] 이는 근대 경제가 탄생한 1820년부터 1914년까지 2차 산업 혁명 기간의 증가율과 거의 같은 비율이다.

교통 기술 혁명, 제트기의 시대

이렇게 세계화가 다시금 새로 급진전한 데는 운송 수단의 근본적 발전이 그 원동력이 되었다. 20세기 대부분 동안 화물은 19세기와 마찬가지 방식으로 운송되었다. 크레인과 기타 유사한 도구 덕분에 효율성이 약간 개선되기는 했지만 기본적으로 통과 자루에 담아 한 선박에서 다른 선박으로 하역하는 식이었다. 그러나 1956년 노스캐롤라이나 출신의 기업가 맬컴 매클린Malcolm McLean이 컨테이너선을 발명하여 해운업을 미래로 이끌었다.[37] 그는 퇴역한 유조선인 '아이디얼 X'호에 크레인으로 지면에서 바로 들어 올린 58개의 트럭용 트레일러를 선적했다. 이 선박은 뉴어크에서 휴스턴까지 트레일러를 운반했고, 휴스턴에서는 58대의 트럭이 트레일러를 다시 부착하고 최종 목적지까지 화물을 운송하려고 대기하고 있었다.

매클린은 노동력을 절약하는 혁신을 통해 선적 화물의 적재 및 하역 시간을 3주 이상 단축했다. 그 결과 화물 운송 비용이 갑자기 97퍼센트나 줄어든 톤당 16센트까지 떨어졌다. 이는 더니든호의 첫 냉장육 선적이 예고했던 것보다 전 세계 무역 네트워크에 훨씬 더 근본적인 변화를 불러왔다. 그때부터 전 세계적으로 한 항구에서 다른 항구까지 상품을 운송하는 것이 항구에서 최종 목적지까지 트럭으로 배송하는 것보다 더 저렴해졌다.[38]

1973년까지 무역은 선진 경제국 GDP에서 차지하는 비중이 1950년에 비해 2배에서 심지어 3배에 달했다.[39] 물론 냉전으로 인해 이 새로운 세계화의 물결이 전 세계적으로 확산될 가능성은 제한되었다. 스탈린은 동구권 국가가 마셜 플랜을 통해 미국의 원조를 받지 못하도록 금지했고, 그 결과 수십 년 동안 동구와 서구의 무역은 미미한 수준에 머물렀다.

교통 기술의 혁명은 또한 사람의 이동에도 새로운 시대를 열었다. 1860년대에는 증기선을 타고 파나마 지협을 가로지르는 철도를 이용해 뉴욕에서 샌프란시스코까지 이동하는 데 약 30일이 걸렸다. 2차 세계대전 이전에도 일부 상업 항공사가 대서양을 횡단했지만 원양 정기 여객선의 상대적 호화로움과 경제성에 비해 귀가 먹먹할 정도의 소음, 여러 번의 경유, 막대한 비용의 항공기 여행을 선호하는 승객은 거의 없었다. 사실상 모든 대서양 횡단 여행은 횡단하는 데 며칠 또는 몇 주가 걸리는 석탄 동력의 여객선으로 이루어졌다. 그러다가 1958년 20세기 내내 최고의 글로벌 항공사였던 팬암Pan Am이 보잉 707 제트 여객기를 이용한 대서양 횡단 여객 노

선을 최초로 운항했다. 제트기의 시대가 열린 것이다.[40]

신기술 덕분에 장거리 비행이 더 저렴하고 더 빠르고 더 쉬워지면서 국제 관광이 급증했다. 팬암 707기가 비틀즈를 태우고 처음 미국으로 비행한 지 1년 후인 1965년에는 전 세계의 국제 관광객 수가 1억 1000만 명을 돌파했다. 이는 불과 15년 전에 비해 5배 가까이 늘어난 수치였다.[41] 1970년대 초에는 점보 제트기가 하늘을 누비며 160개국에 기착했다.[42] 국제선 항공편은 10년마다 거의 2배씩 증가했다. 2010년대에는 연간 10억 명 이상의 관광객이 비행기를 이용했다.[43] 사람, 상품, 자본의 전례 없는 이동은 상위 1퍼센트의 부유층만을 위한 것이 아니었다. 유럽과 미국 그리고 (조만간) 동아시아에서 계속 증가한 중산층은 값싼 상품, 편리해진 여행, 평화, 번영이라는 세계화의 혜택을 누렸다.

경기 침체에 대한 신자유주의 개혁

2차 세계대전 이후 서구 각국의 정부는 복지 프로그램에 막대한 투자를 했다. 유권자들은 경제 성장과 국내 안정을 모두 제공한 정치인들에게 환호를 보냈다. 모든 선진국의 복지 지출은 평균적으로 1950년 GDP의 27퍼센트에서 1973년 43퍼센트로 증가했다. 노동 운동도 강세를 유지했다. 이들 국가에서는 노조에 가입한 노동자의 비중이 3분의 1에서 3분의 2로 높아졌다. 경제적 기회가 계속 확대된 덕분에 실업률은 평균 약 3퍼센트로, 양차 세계대전 사이 기간의 평균 8퍼센트보다 현저히 낮았다.[44] 프랑스인은 2차 세계대전 후 30년을 '영광의 30년Les Trente Glorieuses, the glorious thirty'이라고 불렀는데, 실제로 이 시기는 대단한 성취를 이루어 냈다. 개방성과 안정성이 공존하며 전 세계의 경제 성장을 촉진했다. 낮은 무역 장벽, 효과적 규제, 강력한 사회 안전망으로 서구는 골디락스Goldilocks(뜨겁지도 차갑지도 않게 딱 좋은 상태로, 경제가 높은 성장을 하면서도 물가 상승이 없다_옮긴이)의 공식을 발견했다.

그러나 시간이 지나면서 황금기는 시들해졌다. 각국 정부는 과도한 지출과 과도한 규제 완화를 시행했고, 적자를 메우기 위해 더 많은 돈을 빌렸다. 노조는 치솟는 인플레이션을 만회하려고 임금 인상을 요구했다. 1970년대에는 경제의 역동성과 사회복지 사이의 균형이 깨졌다. 성장은 둔화되었고 인플레이션은 상승했으며, 정부는 점점 더 경제에 개입하기 시작해 결국 빵, 우유, 비누와 같은 생필품에까지 엄격한 가격 통제를 시행했다. 서구의 많은 지역에서 소득세 최고 한계 세율이 70퍼센트를 넘어섰다.[45] 중동 지역의 지정학적 요인으로 인한 석유 부족 사태는 상황을 더욱 악화시켰다. 그 결과 경기 침체와 인플레이션의 고통스러운 조합 즉 스태그플레이션이 발생했다. 세계 경제는 침체기에 빠져들었다.

세계화가 크게 위축될 때마다 당시의 경제적 정치적 정통성이 부정당하는 일이 벌어졌는데, 1970년대의 위기 역시 예외는 아니었다. 유권자는 정부의 적극적인 개입과 사회복지 지출에 반발했고, 로널드 레이건Ronald Reagan과 마거릿 대처 같은 새로운 세대의 자유방임주의 보수주의자에게 표를 몰아주었다. 경제학자 밀턴 프리드먼Milton Friedman의 저작에서 영감을 받은 이들 정치인은 재정 정책보다 통화 정책을 중시하고 민간 시장의 규제 완화를 옹호했다. 지도자들이 민족주의와 보호주의에 치중했던 1930년대의 해법과는 달리, 이 새로운 세대는 시장과 무역의 족쇄를 풀고자 했다. 즉 더 많은 시장과 더 많은 세계화를 추구했다. 여성 운동, 인종 통합, 세속주의에 반대하는 문화적 보수주의가 부상했지만, 우파는 경제적 보수주의자들이 이끌었고 이들은 자신들의 목적을 이루려고 문화적 동조 세력의 분노를 이용했다.

대처와 보수당은 1979년 영국 총선에서 침체된 영국 경제를 활성화하고 노동 불안을 종식시키겠다는 공약을 내걸고 집권했다. 1980년 미국에서도 레이건은 미국 경제를 근본적으로 재건하겠다는 공약을 내세워 선거에서 압승을 거두며 비슷한 업적을 달성했다. 대처와 레이건은 재임 기간 동안 훗날 '신자유주의neoliberalism'로 불리는 새로운 경제 접근 방식을 시행했다. 그들은 민영화와 규제 완화를 옹호하는 한편 균형 재정을 약속했다. 레이건은 마지막 공약을 이행하는 데 실패했고, 오히려 재임 기간 동안 국가 부채를 3배로 늘렸다. 그러나 미국과 영국 및 기타 유럽의 중앙은행이 스태그플레이션에 맞서려고 설정한 높은 이자율로 인해 국채는 투자자들에게 매력적으로 다가왔고, 레이건과 다른 신자유주의자들은 두 가지 이점을 모두 누릴 수 있었다. 그들은 세금을 인하했지만 지출을 늘렸고 그 차이는 차입으로 메웠는데, 이자율이 하락하면서 차입 비용을 부담하는 고통이 줄어들었다.[46] 외국 정부와 외국 투자자가 서구의 정부 지출 중 상당 부분을 충당하는 데 기여했다. 이러한 재원 조달 방식과 함께 신자유주의자가 자유 무역을 적극적으로 받아들임으로써 세계 경제는 더욱 긴밀하게 연결되었다.

현대 금융 산업의 탄생으로 국제 경제의 흐름은 더욱 활발해졌다. 서구 전역에서 국가는 그 어느 때보다 커진 금융 부문에 대한 영향력을 잃었다. 미국에서는 연방준비제도Federal Reserve Board(FRB)와 연방예금보험공사Federal Deposit Insurance Corporation(FDIC)의 신용 관리 및 은행 감독 권한이 축소되었고, 금융 기관의 자율성이 광범위하게 확대되었다. 영국도 비슷한 조치를 취했다. 1930년대에는 신용을 통제하려고 영란은행을 국가 소유로 둘 필요가 있다는 일반적 합의가 있었지만, 1970년대 후반에는 시장이 신용 관리 기능을 대신하게 되었다.[47] 그 결과 수익성과 효율성이 높아지긴 했으나 위험성은 훨씬 더 커졌고, 결국 2008년 글로벌 금융 위기의 발단이 되었다.[48]

신자유주의 개혁은 사실상 전 세계 거의 모든 경제에서 시행되었으며, 종종 강압적으로 이루어지기도 했다. 1980년대 몇몇 개발도상국에서 경제 붕괴 사태가 잇따라 발생하자 IMF와 세계은행이 구제 금융에 나섰다. 그러나 이들 국제 금융 기구의 구제 금융에는 조건이 따랐다. 각국 정부는 시장의 영향력을 확대하는 방향으로 설계된 일련의 정책, 이른바 '워싱턴 합의Washington Consensus'라고 알려진 정책에 따라 거시 경제 및 정치 개혁을 단행해야 했다. 개발도상국은 IMF로부터 절실히 필요한 차관을 얻기 위해서는 자유 시장free-market을 지향하는 자유 민주주의liberal democracy로 전환해야 했다. 재정이 파탄 난 국가 대부분에는 마거릿 대처의 유명한 말처럼 '달리 대안이 없었다.'

많은 곳에서 개혁은 성장을 촉진하는 데 도움이 되었다. 예를 들어 아르헨티나는 1980년대 경제 붕괴 이후 1990년대 들어 신자유주의 정책이 외국인 투자를 장려하여 거의 10년간 꾸준한 GDP 성장을 이끌었다.[49] 그러나 '워싱턴 합의'는 불평등을 심화시켜 세계화의 수혜자와 낙오자 간의 격차를 확대했다.

초고속으로 치달은 세계화

20세기 후반의 가장 큰 사건은 공산주의의 몰락이었다. 1989년 동유럽의 구소련 동맹국이 무너지고 2년 뒤에는 소련 자체도 해체되었다. 마침내 경제 및 정치 체제로서의 사회주의는 설득력을 완전히 상실했다. 철의 장막이 무너지면서 구소련 연방에서 독립한 신생국은 자유 민주주의 국가로서 국제 시장에 참여하겠다고 나섰다. 1980년대의 신자유주의 개혁은 전 세계의 자본을 해방시키고 그 어느 때보다 각국의 경제를 하나로 묶어 놓았다. 그리고 이제 사회주의 경제 체제는 역사 속으로 사라지고 있었다. 불과 몇 년 만에 세계는 새로운 초세계화hyper-globalization 시대에 접어들었다.

은행 대출과 해외 투자의 형태로 자금의 유동성이 전 세계적으로 급증했다. 이러한 증가세는 이미 1980년대에 금융 부문이 도약하면서 시작되었다. 1985년과 1987년 사이에만 국제적인 은행 대출의 규모가 연간 62퍼센트 증가했다.[50] 그러나 1990년대 들어 금융업은 더욱 팽창했다. 각국 정부는 자본 이동의 장벽을 허물었고, 금융가는 컴퓨터와 인터넷, 광섬유 케이블 같은 새로운 통신 기술의 보급을 활용하여 시장 변동을 빠르게 추적하고 새로운 투자 기회를 찾았다. 역사학자 애덤 투즈Adam Tooze가 지적했듯이 금융권 전체가 근본적인 구조 조정을 겪었고, 전통적인 예금 위주의 은행 시스템에서 벗어나 유동성이 높은 대출에 집중했다. 1990년부터 2000년까지 세계 10대 민간 은행은 대대적인 대출 확대에 나서 전 세계 총자산에서 차지하는 비중을 10퍼센트에서 50퍼센트로 늘렸다.[51] 그 결과 수익은 폭발적으로 증가했다. 1983년 미국의 금융 부문이 전체 기업 이익에서 차지하는 비중은 10퍼센트에 불과했으나, 2000년대 중반에는 그 비율이 약 40퍼센트로 증가해 제조업을 제치고 미국에서 가장 수익성 높은 산업으로 부상했다.[52]

새로운 초과 수익을 더 빠르게 성장하는 분야에 재투자할 생각이 간절했던 선진국은 신흥 시장에 자본을 쏟아부었다. 유럽연합은 1990년대 동유럽의 초기 민주주의 국가들에 수천억 달러의 구조 개선 투자 기금을 쏟아부었다. 이는 투즈가 현대판 '마셜 플랜'이라고 부르는 일련의 투자 사업에 대한 지원금이었다. 민간 투자자도 이 지역으로 대거 몰려들었다. 1990년대 말에는 동유럽 전체 제조업 생산 시설의 거의 절반을 서유럽 기업이 소유하게 되었다.[53]

이러한 대규모 투자가 이 지역에 미친 영향은 막대했다. 체코 최대의 자동차 제조 업체이자 중부 유럽에서 가장 중요한 대기업 가운데 하나인 스코다Škoda를 살펴보자. 1948년부터 국가 소유였던 이 회사는 냉전 기간에 품질 저하와 수준 이하의 자동차 디자인으로 인해 동구권 최고의 글로벌 제조 기업으로서의 명성을 잃었다. 공산주의가 붕괴되고 체코슬로바키아가 민주주의 국가로 전환되자, 서독의 견실한 기업인 폭스바겐 그룹이 어려움을 겪고 있던 이 자동차 제조 업체를 인수했다. 1991년 스코다는 17만 2000대의 자동차를 생산하여 이 중 26퍼센트를 30개국에 판매했다. 불과 9년 후에는 43만 5000대를 생산하여 이 중 82퍼센트를 70개국 이상에 수출했다.[54] 오늘날 스코다는 폭스바겐 그룹에서 포르쉐에 이어 두 번째로 수익성 높은 자회사이다.

1990년대에는 많은 국가가 갑자기 자본주의 체제에 진입하면서 끝이 없을 것 같은 성장을 이루었고, 이와 유사한 성공 사례가 수천 건에 달했다.[55] 이는 동유럽만의 이야기가 아니었다. 전 세계가 초세계화의 결실을 누렸고, 사상 처음으로 고품질의 상품 생산이 실로 세계적 현상이 되었다. 인텔Intel의 성장 스토리를 생각해 보자.

1968년 샌프란시스코 만안灣岸 지역 바로 남쪽의 작은 계곡에서 설립된 인텔은 수십 년간 세계에서 가장 중요한 마이크로칩 제조 업체의 자리를 지켰다. 이 작은 계곡은 인텔의 성공에 크게 힘입어 실리콘 밸리로 알려지게 된다. 1970년대 초 말레이시아에 첫 해외 공장을 설립한 인텔은 1990년대에는 전 세계에 걸쳐 제조, 조립, 제품 개발 시설을 망라하는 글로벌 네트워크를 구축했다. 이들 해외 공장은 처음에는 주로 아시아에 세워졌으나, 이후에는 코스타리카와 같은 아시아 지역 이외의 국가로도 범위를 넓혔다. 한 연구에 따르면 인텔이 코스타리카에서 생산을 시작한 후 2년 동안 코스타리카의 GDP는 8퍼센트 성장했다. 이는 라틴 아메리카에서 가장 높은 성장률이자 코스타리카에서는 30년 만에 가장 높은 GDP 증가율이었다.[56]

많은 개발도상국에게 1990년대의 초세계화는 단순히 서구 수준의 경제 성과를 달성하는 것을 의미하지 않았다.[57] 일부 개발도상국은 세계화의 경쟁에서 더 저렴하고 더 나은 제품으로 서구를 능가하기 시작했다.[58] 2007년에는 개발도상국이 선진국보다 더 많은 글로벌 생산량을 책임졌고, 그 후에도 그 비중은 점점 더 커졌다.

세계는 전체적으로 이전보다 훨씬 더 많이 생산하고 있었다. 전 세계 GDP는 1980년에 비해 2000년에 거의 2배, 2015년에는 3배 이상 증가했다.[59] 2000년부터 2007년까지 1인당 소득은 역사상 가장 빠른 속도로 증가했다. 국제 교역은 1990년부터 2007년까지 133퍼센트 늘어났다.[60] 신흥 시장이 이러한 성장률의 절반을 차지했다. 일본, 한국, 베트남, 중국 등에서 생산된 저렴하면서도 품질 좋은 상품이 미국과 유럽 시장에 넘쳐나면서, 수출국의 경제는 호황을 누렸고 서구의 소비자 물가는 낮아졌다. 이러한 개발도상국 상품의 대량 유입은 월마트 같은 대형 다국적 소매 업체와 생산을 해외로 이전한 주요 제조 업체에 의해 촉진되었다. 1990년대의 초세계화 덕분에 미국 지방의 저임금 노동자도 오리건주에서 디자인하고 중국에서 제조한 최신 나이키 운동화를 구입할 수 있었다.

그리고 언제나 그렇듯이 이 새로운 세계화로 경제 자유화와 정치 자유화가 동시에 진행되면서 정치적 부작용도 생겨났다. 전 세계적으로 중산층이 증가하면서 민주주의에 대한 요구가 커졌고, 국가주의적 경제 정책의 실패로 권위주의는 신뢰를 잃었다. 1970년대에는 자유주의적 자유 시장 민주주의로 간주되는 국가가 8퍼센트에 불과했으나, 1990년대 말에는 그 비중이 30퍼센트를 넘었다. 1988년에는 서유럽과 미국, 캐나다, 호주, 일본을 제외하고는 통합되고 성숙한 자유 민주주의 국가가 거의 없었다. 그러나 2010년에는 북아프리카 및 사하라 이남 아프리카, 중앙아시아, 중동 지역을 제외한 모든 지역에서 자유 민주주의가 표준이 되었다.[61] 북대서양 연안에 자리 잡은 작은 국가들로 시작된 자유 세계는 어느 정도 실질적 민주주의 수준을 갖춘 약 112개 국가를 포함할 만큼 성장했다.[62]

세계화에 대한 불만의 기원

1990년대의 초세계화는 자유 민주주의와 세계 자본주의의 절정기였다. 경쟁하던 모든 이념과 경제 체제는 정당성과 지지를 잃은 것처럼 보였다. 정치학자 프랜시스 후쿠야마가 표현한 유명한 말처럼, 이 시기는 "역사의 종말 the end of history"이었다.[63] 바로 인류 문명이 최고 단계에 도달했다는 뜻이다.

그러나 곧 반발이 시작되었고, 그 반발은 오늘날에도 전 세계적으로 나타나고 있다. 자유 시장 민주주의로의 전환으로 명성이 높았던 많은 국가가 과거로 후퇴했다. 블라디미르 푸틴의 러시아, 빅토르 오르반의 헝가리, 레제프 타이이프 에르도안 Recep Tayyip Erdogan의 튀르키예, 나렌드라 모디의 인도, 그리고 최근 대선 직전까지 야로스와프 카친스키 Jaroslaw Kaczyński의 폴란드와 자이르 보우소나루 Jair Bolsonaro의 브라질 등을 한번 보라. 세계화(자유주의와 세계 시민주의 cosmopolitanism 등)와 그와 관련된 가치관에 대한 국내 반감으로 촉발된 이러한 역전逆轉 현상의 시발점은 대부분 1990년대의 과도기적 순간까지 거슬러 올라갈 수 있다.

서구에서 자유 시장 자유 민주주의는 여러 측면에서 16세기 네덜란드 공화국에 그 뿌리를 두고 있고, 오랜 시간에 걸쳐 느리고 유기적으로 발전해 왔으며, 지금도 때때로 흔들리고 있다.[64] 개발도상국은 이 제도를 천천히 발전시킬 시간이 없었기에 1980년대와

1990년대의 민주화는 신속하고 피상적으로 진행되었다. 각국은 정치적 사회적 변화보다 시장 개혁을 강조했다. 선거 제도는 쉽게 도입되었지만 법치주의와 개인의 권리 보호는 그렇지 못했다. 개발도상국은 자유롭게 선출되는 대의제 국회부터 대법원과 금융 규제 기관에 이르기까지 서구의 새로운 시스템을 도입하고 적용했으나, 실제로 운용하는 방법은 거의 이해하지 못했거나 피상적으로만 이해한 경우가 많았다. 여러 나라가 자유주의가 약속한 보호와 자유를 실현하는 데 실패했다. 일반 대중은 그들대로 이 새로운 시스템에서 무엇을 기대하거나 요구해야 할지 몰랐고, 많은 경우 그들을 보호할 아무런 제도적 차단 장치도 없이 시장 자유주의의 혼란을 감당해야 했다.

소련 해체 이후의 세상에서 시민 사회는 뿌리를 깊이 내리는 데 실패했고, 정치인은 독립적인 법치 제도를 고수하기 위해 고군분투했다.[65] 국유 산업을 빠르게 그리고 종종 부정한 방식으로 민영화하는 과정에서 극소수 부유한 과두 정치인이 새로운 정치권력을 갖게 되었으나, 대중의 생활 여건을 개선하는 데는 실패했다.[66] 많은 경우 오히려 상황이 더 악화되었다. (러시아에서는 1990년대에 삶의 기대치가 떨어지고 범죄가 급증했다.) 일반 대중은 자유주의를 이해할 시간이 거의 주어지지 않았고, 자유주의의 가치를 내면화하는 데 실패했다. 정치인은 탄력적인 민주적 제도를 구축하는 데 실패했고, 서방으로부터 이를 효과적으로 수행할 수 있는 방법에 대한 지원을 거의 받지 못했다. 러시아 초대 대통령으로서 1990년대 초 개혁을 추진했던 보리스 옐친Boris Yeltsin은 당시의 문제점을 다음과 같이 적절하게 요약했다. 새로운 자유 민주주의와 자유 시장 제도는 "아름다운 구조와 멋진 제목만 있을 뿐 그 이면에 아무것도 없었다."[67]

서구에서는 세계화에 대한 불만이 그 성공의 그늘에서 무르익었다. 1980년대와 1990년대 대부분을 거치면서 통합integration이 지속적 성장이라는 새로운 시대를 여는 자양분이 되는 것처럼 보였다. 자본주의에서 주기적으로 나타나는 고질적 불황은 새로운 수단, 즉 효과적인 통화 정책과 개방에 대한 지속적 노력으로 단기간에 그쳤고, 확산이 차단되었으며, 전반적으로 잘 관리되었다. 그러나 1990년대 후반 동아시아와 동남아시아의 통화 위기가 전 세계로 번지면서 규제 없는 세계화의 변동성에 대한 우려가 처음으로 제기되었다.

1997년 태국 정부는 자국 통화를 미국 달러에 고정하는 데 필요한 외환 보유액이 바닥나자 변동 환율제로 이행할 수밖에 없었고, 이에 불안감을 느낀 외국인 투자자가 태국에서 투자를 철수하면서 외환 위기가 시작되었다. 국제 자본 시장이 너무 커졌고 24시간 쉼없이 운영되었기 때문에, 일부 외국 투자자의 철수는 결과적으로 대규모 자본 유출을 일으켰다. 태국에서 문제가 발생하자 동아시아 및 동남아시아의 다른 지역에 투자한 투자자도 자금을 회수하기 시작했다. 태국과 한국에서 실업률이 치솟고 위기가 연쇄적으로 확산되면서 지역 전체에서 실업률이 증가했다. 한국의 빈곤층은 2배로 증가했고, 인도네시아와 태국의 GDP는 두 자릿수 또는 두 자릿수에 가까운 비율로 감소했다.[68]

IMF와 대부분의 채권국은 1980년대 라틴 아메리카 국가에 제공했던 것과 유사한 금융 안정화 처방전을 제안했으나, 그 결과는 지속적인 GDP 성장이 아니라 장기적인 경제 위축과 지속적인 임금 하락, 수출 경쟁력 저하로 이어졌다. 위기가 심화되자 선진국의 대출 기관은 아시아 이외의 개발도상국에 대한 투자도 안전하지 않다고 우려했다. 이들이 선제적으로 자본을 회수하자 지역의 경기 침체가 전 세계로 확산되었다. 아시아 금융 위기는 2년 동안 지속되었고 대부분 개발도상국에 국한되었지만, 세계화가 역동적일 뿐 아니라 파괴적이라는 점과 고통이 균등하게 퍼지지 않는다는 사실을 보여 주었다.

1999년 세계무역기구(WTO)가 연례 회의를 개최하던 시애틀에서 선진국 최초의 대규모 반세계화 시위가 일어났다. 시위대는 1990년대 초세계화 속도를 늦추고 어느 정도의 국가 보호주의로 돌아갈 것을 요구했다. 이들은 다국적 기업의 규제 없는 확장을 비난했고, 노동자를 위한 더 나은 보호 장치를 요구했으며, 심지어 지속 가능한 개발에 대한 새로운 국제 규범을 옹호하기도 했다. 당시 많은 사람은 이들의 우려를 극우 무정부주의자와 힘을 합친 친환경 히피족 등 극단적 반정부 주변 세력의 반발 정도로 일축했다. 그러나 돌이켜보면 나중에 '시애틀 전투 Battle of Seattle'라고 불렸던 이 시위 사태는 죽어 가는 좌파 이념의 불씨가 국지적으로 불타오른 것이라기보다는 앞으로 일어날 일을 예고하는 전조前兆처럼 보인다. 시애틀 시위 이후 수십 년 동안 반세계화 운동은 기하급수적으로 증가했다.

차이나 쇼크인가, 세계화 쇼크인가

오늘날 많은 사람이 현재의 반세계화 반발을 1990년대에 새롭게 시장 지향적 국가로 전환한 중국으로부터 값싼 공산품이 대거 유입된 이른바 '차이나 쇼크' 탓으로 돌린다. 하룻밤 사이에 사실상 모든 기본 소비재가 '메이드 인 아메리카Made in America'에서 '메이드 인 차이나Made in China'로 대체된 듯했기 때문이다. 따라서 이러한 중국산 수입품이 미국 제조 업체의 경쟁력을 약화시키는 바람에 미국의 공장이 폐쇄되었고 지역 사회가 황폐화되었다는 주장이 이어졌다.

중국의 세계 경제 진입은 실제로 경제 시스템에 충격을 주었다. 다만 사람들 대부분이 생각하는 부정적 충격이 아니었을 뿐이다. 2001년 12월 11일, 거의 15년에 걸친 협상 끝에 중국이 WTO에 정식으로 가입했다. 중국의 가입은 그들의 대규모 경제적 팽창에 뒤이어 이루어졌다. 1980년대 초부터 중국 경제는 매년 9퍼센트 이상 성장했다. 이는 주요 경제국 중 어떤 나라도 경험해 보지 못한 가장 빠르고 지속적인 성장률이었다.[69] 이 상상할 수 없는 성장은 중국 현대화를 이끈 지도자 덩샤오핑鄧小平이 있었기에 가능했다. 그러나 이러한 고속 성장의 상당 부분은 열성적인 외국인 투자자의 지원 덕분이었다. 1990년대 내내 중국은 전체 외국인 직접투자의 두 번째로 큰 수혜국이었고, 1990년대 말에는 전체 개발도상국에 대한 외국인 직접투자의 3분의 1에 가까운 비중을 차지했다.[70]

중국과의 무역은 폭발적으로 늘어났다. 1970년대 후반 중국의 대외 무역 규모는 약 200억 달러에 불과했지만, 2000년에는 4750억 달러로 급증했다.[71] 중국이 WTO에 가입한 해인 2001년에는 전 세계 수출의 4퍼센트를 차지했고, 2010년에는 10퍼센트를 차지하며 전 세계 수출에서 확실한 선두 주자가 되었다. 그 이후에도 중국의 위상은 더욱 강화되었다.[72] 중국은 빠르게 세계 최대의 저가 상품 공급국이 되었다.

중국산 저가 제품이 미국산 제품을 앞지르면서 미국의 제조업 도시에서 실업률이 급증한 것은 사실이다. 실제로 많은 일자리가 무역 때문이 아니라 자동화로 인해 사라졌지만, 일부 손실은 중국과의 저임금 경쟁 때문에 발생했다. 그러나 세계화의 폐해를 중국 탓으로 돌린다면 더 근본적인 점을 놓치는 것이다. 일본, 한국, 대만의 제조업은 1980년대에 도약했지만 중국과 같은 큰 반발을 일으키지는 않았다. 그 이유는 무엇일까?

그 답은 중국이 생산 강국으로 부상한 시기가 미국 제조업의 자연스러운 쇠퇴 시기와 우연히 일치한다는 것이다. 1966년 경제학자 레이먼드 버넌Raymond Vernon은 주요 제품의 수명 주기를 도입-성장-성숙-포화-쇠퇴의 5단계로 설명했다. 처음 세 단계에서는 제품이 발명된 곳 근처에 생산이 집중된다. 이후 제품이 후자의 두 단계에 접어들면 거의 늘 다른 곳에서 생산되거나 기술 변화에 의해 대체된다.[73] 1990년대 미국에서는 의류에서부터 장난감과 자전거에 이르기까지 많은 기본 소비재의 생산이 포화 또는 쇠퇴 단계에 접어들었다.

그 결과 미국 내륙의 많은 제조업 중심지에서는 중국발 충격 이전에 이미 공동화空洞化 현상이 나타났다. 중산층의 소득은 정체되었고, 안정적인 양질의 저숙련 또는 중숙련 일자리는 전통적으로 이러한 일자리에 의존해 왔던 많은 지역에서 사라지고 있었다. 저가 상품은 이제 '메이드 인 차이나'가 되었고, 반도체와 컴퓨터 같은 새로운 첨단 제품을 생산하는 고임금 제조업은 실리콘 밸리와 다른 혁신 클러스터cluster로 옮겨 가고 있었다. 전 세계에서 거래되는 모든 상품의 50퍼센트는 중간재 즉 아이폰에 들어가는 200여 개의 부품과 같이 최종 제품을 구성하는 요소들이다. 중국에서 조립된 아이폰 자체는 중국산으로 분류될 수 있으나, 실제로 그 안에 들어가는 수백 개의 부품과 장치 및 반도체는 인도, 대만, 한국, 말레이시아, 베트남, 스리랑카, 태국 등지에서 생산된 후 중국에서 조립된 것이다.[74] 차이나 쇼크는 '세계화 쇼크'라고 표현하는 것이 더 적절하다. 만일 중국이 존재하지 않았다면 중국으로 인해 사라졌다는 일자리 대부분은 기계와 다른 저임금 국가로 대체되었을 것이다.

물론 임금이 정체되거나 일자리를 잃은 수만 명의 사람에게는 진짜 원인이 무엇인지는 중요하지 않았고, 애매한 경제 이론은 별다른 위안이 되지 못했다. 외국의 생산 업체와의 경쟁에서 밀려났거나 자동화로 인해 대체된 특정 산업에 의존해 왔던 지역의 사람들이 세계 제조업에서 가장 큰 비중을 차지하는 중국을 탓하며 상실감을 느끼는 이유는 어렵지 않게 짐작할 수 있다.[75] 가장 초기부터 세계화를 열렬히 옹호했던 칼럼니스트 토머스 프리드먼Thomas Friedman은 "사람이나 국가는 굴욕을 당했을 때 정말로 분노하게 된다"라고 예리하게 지적했다. 실제로 세계화에 대한 반발의 대부분은 뒤처졌다고 여기는 사람들이 느끼는 굴욕감과 침체에서 비롯된다.[76]

충격에 대한 이해

 그럼에도 세계화에 대한 반발은 단순히 경제 문제 즉 가난한 사람이 부자에게 저항하는 문제가 아니다. 또 개방에 대한 본능적인 거부감에서 비롯된 것도 아니다. 사람은 대부분 다른 사람과 연결되기를 원한다. 그러나 인간의 심리는 지위와도 관련 있다. 세상이 더욱 상호 연결되고 투명해지면서 가진 자와 못 가진 자 사이의 격차는 더욱 두드러졌다. 사람은 모든 지표로 볼 때 자신의 조부모보다 생활 수준이 더 나아졌다고 해도 다른 사람이 더 잘 사는 것을 보면 분노를 느끼기 쉽다. 약 150년 전에 알렉시스 드 토크빌은 대중의 봉기를 촉발하는 것은 절대적 상실이 아니라 상대적 박탈감이라고 지적했다.[77]

절대적 기준으로 보면 미국인의 생활 수준은 1960년대나 1970년대에 비해 상당히 향상되었다. 미국의 평균적인 주택 면적은 1973년 1525제곱피트(141.6제곱미터로 약 42평)에서 2015년 2467제곱피트(229.1제곱미터로 약 69평)로 약 1000제곱피트가 증가했으며, 당시에는 대부분의 주택에 에어컨이 없었지만 오늘날에는 거의 모든 주택에 에어컨이 설치되어 있다.[78] 1960년에 미국 가구의 22퍼센트가 자동차를 보유하지 못했으나, 오늘날에는 8퍼센트의 가구만 자동차가 없으며 50퍼센트 이상의 가구는 자동차를 두 대 이상 보유하고 있다.[79] 미국의 국내선 항공료가 1979년에 비해 절반 정도로 저렴해진 덕분에 미국인은 훨씬 더 쉽게 항공 여행을 하게 되었다.[80] 식료품도 훨씬 저렴해져서 평균 가구 소득에서 차지하는 식료품비의 지출 비중이 1960년에 비해 절반 정도로 줄어들었다.[81] 의류 비용은 훨씬 더 크게 감소했다. 1960년에는 평균적인 미국 가정이 소비 예산의 10퍼센트를 의류에 지출했지만 현재는 3퍼센트가 조금 넘는다.[82]

오늘날 사람의 삶은 여러 가지 무형의 방식으로 더 나아졌다. 과거에는 막대한 비용이 들었던 정보와 오락을 이제는 누구나 무료로 이용할 수 있다. 비용이 급등한 교육과 의료 서비스도 그 어느 때보다 많은 사람이 이용할 수 있게 되었다. 1960년에는 미국인의 8퍼센트만이 대학을 나왔다. 오늘날에는 그 비율이 38퍼센트에 이른다.[83] 1960년에는 미국인의 25퍼센트가 의료보험에 가입하지 않았으나 현재는 그 비율이 약 10퍼센트에 불과하다.[84] 그리고 대다수 미국인이 과거에는 상상할 수 없었던 수준의 의료 서비스를 받고 있다. 1960년 당시에는 초음파가 상용화되지 않았고, CAT computerized axial tomography(전산화단층촬영술_옮긴이) 스캔과 MRI magnetic resonance imaging(자기공명영상법_옮긴이)도 몇 년이 지난 후에야 처음 개발되었다.[85] 스타틴(고지혈증 치료제_옮긴이)에서 항우울제에 이르기까지 기적의 약물이 시장에 출시되었고, 암 치료는 진단 후 5년 이내 사망률이 1970년대의 50퍼센트에서 오늘날에는 3분의 1 이하로 줄어들 만큼 발전했다.[86]

그러나 이 모든 영역에서의 만족도는 인간의 자존감 self-worth에 비하면 부차적인 것일 뿐이다. 자존감은 각자의 사회적 지위와 공동체에서의 위치, 파트너를 찾거나 가족을 부양할 능력 등에 따라 결정된다. 도널드 트럼프의 지지 기반인 백인 노동 계급 남성은 과거 자신에게 사회적 지위를 부여했던 고임금 일자리가 갈수록 사라지는 것을 목격해 왔다. 여성은 이제 더 많은 자율성을 가지게 되었고, 학력 수준에서 남성을 앞지르고 있다. 이민의 물결로 인해 미국은 다양화되었고 백인의 정치적 권력은 잠식당했다. 백인 미국인의 경제적 지배력 역시 약화되었다. 백인은 여전히 흑인이나 히스패닉계 미국인보다 상당히 많은 소득을 올리고 있지만 그 격차는 좁혀졌다. 지난 30년 동안 백인의 평균 소득은 35퍼센트 증가했으나 흑인은 51퍼센트, 히스패닉은 46퍼센트씩 평균 소득이 더 늘어났다.[87] 이러한 추세는 당연히 환영할 만한 가치가 있으나, 상대적 박탈감과 정체감을 느끼는 사람에게는 그렇게 보이지 않을 수도 있다.

미국을 비롯한 여러 나라에서 사회가 더 복잡해지고 일상적 활동에 더 많은 기술적 전문성이 필요함에 따라 대중의 무력감이 불거졌고, 그 결과 엘리트와 일반 대중 사이의 거리는 더욱 멀어졌다. 심각한 금융 위기가 발생하고 나면 번번이 반세계화 운동이 일어나곤 한다.[88] 그 이유는 바로 시스템의 실패가 그것을 관리하는 사람에 대한 불신을 낳기 때문이다. 역사학자 퀸 슬로보디언Quin Slobodian이 지적했듯이 세계화의 구조적 틀은 대부분 근본적으로 비민주적인 방식으로 설계되었으며, 세계화 관련 기구는 대부분 투표권을 가진 대중과의 연계성을 의도적으로 배제하고 있다.[89] IMF나 유럽연합과 같은 국제 규범을 제정하는 기관은 종종 선거를 통한 정치를 완전히 무시한다. 이는 정치학자 헬렌 톰슨Helen Thompson이 말하는 "민주적 과잉democratic excess" 속의 "귀족적aristocratic" 통치 방식이다.[90] 이러한 방식은 성장에는 도움이 되었을지 모르지만 '세계주의 엘리트들'에 대한 분노와 음모론을 불러일으켰다.

경제적 혼란은 항상 불안을 낳고, 이러한 불안은 언제나 정치, 문화, 사회로 번져나간다. 인류학자 칼 폴라니Karl Polanyi가 "시장은 외부와 동떨어진 기업들만의 집합이 아니라 사회적, 정치적 체제의 틀 안에서 존재한다"라고 쓴 것은 바로 이런 의미였다. 시장 경제는 결코 사회의 압력으로부터 완전히 격리될 수 없다.[91] 그리고 충격이 클수록 사회는 다음 충격으로부터 스스로를 보호하고자 할 것이다.

1990년대 경제 호황의 파산

현재 우리가 느끼는 세계화에 대한 불만은 2008년 금융 위기 이후에 확고해졌다. 위기의 씨앗은 1990년대 세계화의 호황 속에서 과도하게 낙관적이었던 대출 기관과 금융가가 손쉽게 돈을 벌 방법을 찾으면서 싹트기 시작했다. 금융 비용은 낮았고, 모두가 부채를 활용한 금융 게임에 참여하고 싶어 했다. 미국에서만 가계 부채가 1990년 GDP의 61퍼센트에서 2007년에는 거의 100퍼센트로 늘어날 만큼 급증했다.[92] 이는 지속 불가능한 것으로 드러났고, 1990년대 호황이 붕괴하는 것은 시간문제였다.

과도하게 부풀려진 주택담보대출이 가계 부채 증가의 대부분을 차지했고, 2007년에는 많은 미국인이 더 이상 주택을 담보로 한 금융 비용 부담을 감당할 수 없는 지경에 이르렀다. 주택담보대출의 채무 불이행이 전국에서 연쇄적으로 발생하기 시작하자, 주요 금융 기관은 막대한 부채를 감당하기 위해 고군분투했다. 대부분의 은행이 파산 직전까지 내몰렸다. 많은 은행이 완전히 문을 닫았고, 몇몇 은행은 정부의 구제 금융 덕분에 간신히 살아남았다. 미국은 외국에 대한 신용 공여를 확대하고, 국내에서는 연방준비은행이 문제 있는 대출 기관의 위험 자산을 매입하는 양적 완화quantitative easing를 시행하는 등 금융 위기에 대한 대응을 주도했다. 이러한 조치로 금융 시스템은 안정되었지만 집이나 일자리를 잃은 사람들에게는 거의 도움이 되지 못했다.

우리가 세계화의 순환 주기를 알게 된 지금, 금융 위기로 가장 큰 타격을 입은 사람들이 그 위기의 원인이라고 생각했던 1990년대의 경제적 통설을 내던지고 싶어 한다는 사실에 놀랄 필요는 없다. 전 세계 정당이 경제 정책에 집중했던 신자유주의 시대에는 경제가 정치를 대체했다면, 2008년의 금융 위기는 정치가 경제를 대체하는 새로운 시대를 열었다.

많은 사람이 세계화의 관리자에 대한 신뢰를 잃으면서 성향에 관계없이 정치권 전반에 걸쳐 다양한 포퓰리즘이 등장했다. 처음에는 2008년 금융 위기로 인한 좌절감이 좌파에 활력을 불어넣었다. 예를 들어 2011년 월가 점령Occupy Wall Street 운동이 시작되었고, 2016년 버니 샌더스Bernie Sanders 같은 정치인이 대선 출마를 통해 호감도가 상승했다. 그러나 궁극적으로 세계화에 불만을 품은 사람이 가장 매력적으로 이끌린 것은 우파 포퓰리스트였다.

이들 반기득권 세력은 초세계화가 시작된 이래 존재해 왔지만 대체로 비주류 운동에 머물러 있었다. 예를 들어 1992년 무소속 대통령 후보로 나섰던 로스 페로Ross Perot는 이단적인 경제 논리를 민족주의와 결부시켰다. 세계화와 적자 지출에 반대한 텍사스 출신의 억만장자 페로는 북미자유무역협정(NAFTA)을 거부하고 예산 균형을 맞추겠다는 공약을 내세웠다. 이와 비슷한 우려가 이전에는 동질적이었던 유럽 사회에서 이민에 대한 불안감과 결합해 1933년 영국독립당UK Independence Party의 창당과 프랑스 국민전선National Front의 성장을 동시에 촉진했던 사례가 있다. 그러나 금융 위기 이전에는 이러한 움직임 가운데 어떤 것도 광범위한 국민적 지지를 얻지는 못했다.

금융 위기 이후에는 이들 포퓰리즘 운동이 급부상했다. 금융 위기로 타격을 받은 노동자는 세계화를 되돌리기 원했고, 우파 포퓰리즘 정당에 열광했다. 2014년 영국독립당이 의회에서 첫 의석을 차지했다. 2015년에는 전국 득표율의 13퍼센트를 차지하며 영국에서 세 번째로 인기 있는 정당이 되었다. 1년 후, 영국독립당은 광범위한 보호주의적 충동, 유럽연합에 대한 일반적 회의론, 영국 전역의 반이민 정서를 바탕으로 성공적인 '탈퇴 투표Vote Leave'(영국의 유럽연합 탈퇴에 찬성 투표를 촉구하는 구호_옮긴이) 유세에 큰 기여를 한다. 그 결과 악명 높은 브렉시트Brexit 즉 영국의 유럽연합 탈퇴가 이루어졌다.

프랑스 국민전선은 2010년대에도 잇따라 비슷한 성공을 거두었고, 2011년 지방선거에서는 카리스마 넘치는 새 지도자 마린 르펜Marine Le Pen을 내세워 15퍼센트를 득표했다. 이듬해 르펜은 프랑스 대통령 선거에서 3위를 차지했다. 국민전선은 2014년 유럽의회 선거에서 25퍼센트에 가까운 득표율을 기록해 유럽 전역의 전문가를 충격에 빠뜨렸다. 이듬해 르펜은 국민전선의 이미지를 바꾸기 위해 인종 차별적 발언과 홀로코스트 경시로 당을 오랫동안 곤경에 빠뜨렸던 당의 설립자이자 오랜 지도자였던 아버지 장 마리 르펜Jean Marie Le Pen을 제명했다. 젊은 르펜은 2017년 프랑스 대통령 선거에서 이슬람 혐오와 보호주의적인 프랑스 민족주의 정서를 내세워 더욱 강력한 경쟁자로 떠올랐다. 그녀는 1차 투표에서 2위를 차지했고 결선 투표에서 에마뉘엘 마크롱Emmanuel Macron에게 패했지만, 이민과 이슬람 회의론을 프랑스 정치 담론에 성공적으로 도입함으로써 마크롱 정부가 이 문제에 놀라울 정도로 강경한 입장을 취하도록 만들었다.

 미국에서는 이렇다 할 신당이 등장하지 않았지만 공화당 내의 반항적인 보수 분파가 허리케인처럼 미국 정치를 휩쓸었다. 티파티Tea Party는 2009년 세금 인하를 요구하고 과도한 국가 부채 규모를 비난하면서 정계에 등장했다. 버락 오바마Barack Obama의 표현을 빌리자면, 티파티를 지지하는 열기는 2010년 중간선거에서 민주당이 완패하는 데 기여했고, 티파티 운동은 공화당의 노선을 우파 쪽으로 끌어당기는 데 성공했다. 마르코 루비오Marco Rubio와 랜드 폴Rand Paul 같은 반항적 후보가 이 흐름을 타고 당선되었고, 다수의 전통적 보수주의자도 티파티를 지지하는 포퓰리즘적 수사rhetoric를 받아들였다. 궁극적으로 공화당의 상당수가 티파티의 사상과 정신을 흡수하면서 2016년 대선에서 도널드 트럼프가 유력한 정치 세력으로 부상할 수 있는 길을 터 주었다.[93] 트럼프 자신은 티파티를 자처한 적이 없지만 그의 반엘리트, 반세계주의, 민족주의적 발언은 세계화로 인해 뒤처졌다고 느낀 미국인과 깊은 공감대를 형성했다.

전 세계적인 큰 경제 불황 이후에 부상한 각국의 포퓰리즘 정당은 자국에서 오랫동안 지속되어 온 역학 관계를 바탕으로 한 고유의 장점을 지니고 있다. 따라서 이들 포퓰리즘 정당을 싸잡아 '국제적인 포퓰리즘' 현상이라고 단정하기는 어렵다. 그러나 이들 정당은 자유주의 정당과 구별되는 몇 가지 중요한 유사점을 공유한다. 우리가 역사를 통해 알고 있는 많은 우파 포퓰리즘 정당과 마찬가지로 오늘날의 반기득권 운동은 '국민the people'에 대한 배타적 관점을 옹호하며, 이질적이거나 부패한 것으로 간주되는 많은 집단을 배제한다. 그리고 이들의 공약은 사회의 결속력 즉 집단 내 소속감과 의무감을 강조해 왔으며, 이는 종종 소수 집단을 공공연하게 희생시켜서 달성되기도 한다.

이러한 포퓰리즘 운동은 현대 사회에서 전통적 경제 구조와 사회 규범이 무너지는 것을 개탄하면서 개방성을 비난한다. 이들은 각기 암울한 현재와 자신들이 좋았던 시절이라고 생각하는 것을 대비시키면서 향수를 불러일으킨다. 이들은 노동 계급의 경제적 곤란을 개방적인 이주 정책과 국제적인 산업 경쟁 탓으로 돌린다. 이러한 주장이 대부분 사실이 아니거나 실상을 지나치게 단순화한 것이라고 해서 상황이 달라지지는 않는다. 중요한 것은 이러한 반세계화 정당이 이전의 많은 사람처럼 세계화의 약속이 허망하다고 느끼며 세계화의 옹호자를 거부할 준비가 되어 있는 수백만 명의 사회적 경제적 불안감을 성공적으로 이용했다는 점이다.

세계화에 대한 급격한 기류 변화

지난 수십 년 동안은 자유 시장을 지향하는 '워싱턴 합의'가 지배적이었다면, 오늘날에는 국가 개입을 중심으로 한 새로운 경제적 합의가 형성되고 있다. 불평등이 심화되고 여러 위기가 교차하면서 상호 연결의 취약함이 드러남에 따라, 다양한 정치적 성향을 지닌 사람들이 제약 없는 자유 시장의 논리뿐 아니라 세계화Globalism 자체의 논리에도 의문을 제기하기 시작했다. 좌파와 우파의 정책 처방은 방법론적으로 중요 지점들에서 달랐지만, 양쪽 모두 세계화에 제동을 걸고 다시 한 번 국익을 우선시하겠다는 열망은 공유하고 있다. 각국 정부는 국제 무역과 투자를 제한하고 국내의 경제 현안에 더 적극적 역할을 수행하기 시작했다. 여러 나라가 성장보다 경제의 회복력을 우선시함에 따라 국수주의적 정서가 수면 아래에서 무르익고 있다. 서구의 기존 합의가 개방적인 글로벌 시스템에 초점을 맞춰 공동 번영을 추구했다면, 새로운 합의는 중국의 부상이 미국의 희생으로 이루어졌다고 보고 세계화된 국제 질서의 병폐를 바로잡으려 한다.

도널드 트럼프는 이러한 견해를 주류로 끌어들여 미국의 정책을 그 방향으로 전환했지만, 조 바이든Joe Biden 대통령의 국가안보 보좌관인 제이크 설리번Jake Sullivan이 이 새로운 합의를 더욱 정교한 형태로 제시했다. 2023년 4월, 설리번은 자유 무역과 개방된 시장이 성장을 촉진했으나 성장만이 미국이 추구해야 할 유일한 목표는 아니라고 강조했다. 그는 초세계화 시대에 정책 입안자가 국내 제조업을 살리고 불평등을 줄이며 좀 더 회복 탄력성이 큰 경제를 만들어야 할 필요성을 무시했으며, 중국이 단순한 경제적 경쟁자가 아니라 지정학적 경쟁자이기도 하다는 사실을 인식하지 못했다고 주장했다. 바꿔 말하면 미국은 전 세계에 자국의 경제를 개방했지만, 그 결과 미국의 국가 안보뿐 아니라 미국 노동자가 어려움을 겪었다는 것이다.[94] 어떤 이들은 설리번의 주장을 새로운 진로를 예고하는 것으로 해석했지만, 설리번은 미국이 이미 이전의 트럼프 행정부부터 추구해 왔던 정책을 전략적 표현으로 재포장했을 뿐이다. 트럼프는 중국뿐 아니라 미국의 동맹국에게도 관세 폭탄을 퍼부었다. 그는 중국 통신 장비 회사 화웨이의 미국 내 영업을 금지하고 틱톡을 차단하려 했다. 트럼프는 특정 미국산 제품의 대對중국 수출을 제한했고, 미국의 대중국 투자와 중국의 대미국 투자를 모두 억제했다. 트럼프는 오바마 대통령이 아시아태평양 국가와 체결한 무역 협정인 환태평양경제동반자협정을 거부했다. 바이든 대통령은 전반적으로 트럼프의 정책을 그대로 유지했고 때로는 확대하기도 했다.

사실 트럼프가 당선되기 전부터 미국은 자유 무역에서 멀어지고 있었다. 경제학자 애덤 포즌Adam Posen은 2000년 이후 미국은 "다른 나라가 개방과 통합을 계속해 오는 동안 자국 경제를 해외 경쟁으로부터 점점 더 단절시켜 왔다"라고 지적했다. 포즌은 "미국은 다른 고소득 민주주의 국가들 즉 일반적으로 글로벌 경제에 대한 노출이 증가한 대부분의 국가보다 더 큰 경제적 불평등과 정치적 극단주의로 어려움을 겪고 있다"라고 덧붙였다.[95] 미국 전역의 불평등과 일자리 감소의 원인으로 세계화가 쉽게 지목되지만, 이러한 추세는 최근 세계화가 가속화되기 이전의 일이기 때문에 시기적으로도 이러한 비난은 뒷받침할 근거가 없다. 따라서 우리는 세계화만이 사람들이 겪는 경제적 고통의 원인이라거나, 그 해결책이 세계화를 되돌리는 것뿐이라는 새로운 합의를 의심해 봐야 한다.

자유방임 경제의 방향으로 너무 멀리 나가면 심각한 문제를 일으키는 것은 사실이다. 그러나 그 반대 방향으로 너무 멀리 나가면 또 다른 문제가 발생한다. 상호 연결된 세상에서 이러한 흐름을 헤쳐 나가는 일은 점점 더 어려워지고 있다. 그리고 그 일은 세계화와 함께 일어난 또 다른 구조적 혁명, 아마도 우리가 겪고 있는 가장 극적인 혁명으로 인해 더욱 어려워지고 있다.

7

모두가
고독한 왕이 된 세상,
정보 혁명

　　　　　신기술 시연試演 현장에서 사망 사고가 일어나는 것
만큼 행사를 망치는 일은 없을 것이다. 바로 그런 일이 1830년에
일어났다. 그 행사는 리버풀과 맨체스터를 잇는 세계 최초의 도시
간 철도가 개통되는 자리였다. 행사에 참석한 귀빈들로 붐비는 가
운데 영국에서 가장 열렬하게 철도 도입을 찬성한 정치인 중 한 명
인 이 지역 출신 의원 윌리엄 허스키슨William Huskisson이 아서 웰즐리
Arthur Wellesley 총리와 악수를 나누려고 선로 위를 걸었다. 허스키슨은
당시로서는 상상할 수 없는 속도인 시속 30마일로 달리는 신형 열
차 로켓Rocket호가 자신을 향해 얼마나 빠르게 돌진하고 있는지를
알아차리지 못했다. 열차가 빠르게 다가오는 광경에 당황한 그는

선로에 발이 끼어 꼼짝하지 못했다. 윌리엄 허스키슨에게는 그 순간이 인생의 종착역이었다. 철도의 등장을 알리는 축하 파티는 사상 초유의 열차 사망 사고로 인해 엉망이 되고 말았다.

이처럼 빠른 교통수단을 곧 모든 사람이 이용할 수 있게 한다는 발상은 획기적이었으나, 당시 모든 뉴스의 헤드라인은 이 무시무시한 신기술이 초래한 비극에만 집중되었다. 1970년대부터 시작된 디지털 혁명(3차 산업 혁명)과 2020년대의 인공지능과 바이오 기술의 부상(일부에서는 이를 4차 산업 혁명이라고 부른다)으로 세상은 다시 그 어느 때보다 빠르게 변화하고 있고, 많은 사람이 그 변화의 선로에 발이 묶여 옴짝달싹하지 못할 것 같은 느낌을 받는다.

21세기에는 기술을 이전 상태로 되돌릴 것을 진심으로 요구하는 러다이트는 거의 없다. 그러나 디지털 혁명의 경이로운 성과 이면에는 혼란과 격변, 거부 등의 또 다른 세계가 존재한다. 우리 시대의 번영과 불안정, 상호 연결과 원자화, 진보와 반발 사이에 빚어지는 여러 가지 갈등은 적어도 부분적으로는 이러한 기술 변화의 결과이다. 혁신으로 인해 빠르게 재편되고 불안정해진 세상에서 포퓰리즘의 매력이 커진 것은 우연이 아니다. 정보 기술의 혁명으로 인해 인류가 얻은 생산성 향상과 번영의 이득은 막대했다. 그러나 지금까지의 여정이 험난했으며, 어쩌면 이전의 혁명들보다 훨씬 더 험난했다는 사실에 놀랄 필요는 없다. 이 혁명은 물리적 한계뿐 아니라 정신적 생물학적 한계까지 넘어섰기 때문이다. 이번 혁명은 우리가 누구인지 그 정체성마저 바꾸었다.

역설적이게도 너무나 빠르고 너무나 복잡하며 너무나 혼란스러워 보이는 이 변화의 단초는 성장 둔화와 정체의 시기에 뿌리를 두고 있다. 1970년대는 종종 권태기로 기억된다. 정치와 문화 분야에서 1960년대의 이상주의적 운동은 불꽃처럼 타올랐다가 좌절되었다. 경제적으로는 스태그플레이션이 새로운 표준처럼 보였다. 경제학자 로버트 고든Robert Gordon의 베스트셀러《미국 성장의 흥망The Rise and Fall of American Growth》(국내에서는《미국의 성장은 끝났는가》라는 제목으로 출간되었다_옮긴이)은 1870년부터 1970년까지 즉 도금 시대부터 컴퓨터 시대까지의 놀라운 한 세기를 연대순으로 기록했다. 이 시기의 신기술 덕분에 미국인의 삶이 현대화되었고, 전 세계 중산층에 보편화된 현재의 생활 방식이 형성되었다. 앞서 살펴본 것처럼 18세기 후반부터 증기, 철도, 대량 생산 직물 등 1차 산업 혁명의 과실을 압도적으로 누린 나라는 영국이었다. 그리고 19세기 후반부터 시작해서 에너지, 소재, 화학, 자동차 분야에서 큰 발전을 이룬 2차 산업 혁명에서는 미국이 혁신을 주도했고 혜택도 가장 많이 누렸다.

    미국은 20세기 중반까지 이러한 발전을 바탕으로 축적을 계속해 자국 영토 내에 있는 거의 모든 사람이 그 혜택을 누리는 나라로 재탄생했다. 미국인은 새로운 의약품 덕분에 그 어느 때보다 수명이 늘어났다. 그들은 산업형 농업으로 생산된 더 풍부하고 다양한 음식을 먹었고, 철도와 고속도로, 항공 노선으로 촘촘히 연결된 새로운 교외 지역과 도시에 거주하게 되었다. 이러한 변화는 대부분 물리적인 것이었다. 도로 위를 달리는 수많은 자동차, 집집마다 설치된 식기세척기와 텔레비전, 전기로 불이 밝혀진 도시와 점점 뻗어 나가는 도시 지역, 들판을 오가며 밀과 옥수수를 수확하는 거대한 콤바인 등의 모습은 이러한 물리적 변화를 보여 준다. 1969년 인류 역사상 가장 위대한 공학적 업적이라 불리는 아폴로 11호 탐사대의 달 착륙은 미국의 기술적 독창성에 새로운 경지를 열었다.

그러나 그 후 몇 년 동안 미국의 위상은 다시 지상으로 내려왔다. 전후의 폭발적 성장은 시들해졌다. 달에 가는 것은 흥미로운 성과였지만 우주는 실제로 정착하고 개발할 수 있는 새로운 개척지가 아니었다. 지상에서는 변화 속도가 더뎠고, 미국인은 현대 생활의 단조로운 반복에 안주했다. 사람들이 출퇴근하는 방식, 음식이 식탁에 오르는 방식, 집에 전기가 공급되는 방식 등은 수십 년 동안 거의 변하지 않았다. 경제학자 타일러 코웬Tyler Cowen의 말을 빌리자면, 미국은 이미 "현대사에서 낮은 곳에 매달린 모든 열매"를 다 따 먹어 버린 것처럼 보였다.[1] 미국은 화석 연료의 활용과 토지 개발에 인간의 건전한 창의성이 더해지면서 단발성의 폭발적 성장을 경험했다. 이는 쉽게 재연될 수 없는 엄청난 성장이었다.

그러나 1970년대의 온갖 불만에도 불구하고 이 시기는 숨겨진 진보의 시기였다. 기술 변화의 폭풍이 (나중에 실리콘 밸리로 알려지게 되는) 캘리포니아의 한 지역에서 조용히 몰려오고 있었다.[2] 이 혁명은 과거의 혁명처럼 물리적 환경을 변화시키는 것이 아니라 눈에 보이지 않는 비트와 바이트bits and bytes(컴퓨터에서 사용하는 정보 단위_옮긴이)에 기반한 디지털 혁명이다. 이 혁명은 이전의 어떤 것과도 다른 방식으로 세상을 변화시킨다. 이전 혁명에서 기술은 물리 세계를 변화시켰다. 디지털 혁명은 정보, 지식, 분석 능력을 확장하고, 그와 함께 인간이란 무엇을 의미하는지에 대한 정의를 확장함으로써 인류의 정신 세계를 변화시킨다. 우리가 겪고 있는 정보 혁명의 양적 영향이 무엇이든 간에 인간의 정신에 미치는 이러한 질적 영향은 막대하며, 이는 여전히 현재진행형이다.

〈젯슨 가족〉은 틀렸다

인터넷과 개인용 컴퓨터의 등장은 3차 산업 혁명이라고 불리기도 한다. 이 혁명은 앞선 두 번의 산업 혁명에 비해 더 빠르고 광범위하거니와 미묘하기도 하다. 주로 정보의 영역에서 이루어지는 급격한 변화이기 때문이다. 최초의 컴퓨터는 2차 세계대전 중 미국과 영국의 군사 정보 기관을 위한 암호 해독 수단으로 개발되었다. 이 컴퓨터는 여러 개의 방을 가득 채운 진공관과 회로로 이루어진 거대한 기계였다. 컴퓨터 칩의 발명과 함께 휼렛 패커드Hewlett-Packard나 제록스Xerox 같은 회사에서 만든 소형 컴퓨터인 최초의 개인용 컴퓨터가 등장했다. 현재 우리가 인터넷이라고 부르는 것은 민간 기업이 아니라 미 국방부 프로젝트인 아르

최초의 전자 컴퓨터. ⓒ U.S. Army Photo

파넷ARPANET에서 시작되었다. 이 통신망은 미국 서부 해안 대학의 연구원들과 전국의 동료 연구원들을 연결하기 위해 설계된 네트워크였다. 아르파넷은 1969년 온라인으로 전환된 후 1970년대와 1980년대에 더 많은 대학과 연구소로 꾸준히 확장되었다. 그 후 1989년 제네바의 유럽입자물리연구소Conseil Européen pour la Recherche Nucléaire(CERN)에서 근무하던 영국의 컴퓨터 과학자 팀 버너스 리Tim Berners-Lee는 사용자가 한 텍스트에서 다른 텍스트로 이동할 수 있는 하이퍼텍스트 링크hypertext links, 모든 유형의 컴퓨터를 동일한 정보로 연결하는 전송 제어 프로토콜protocol(컴퓨터 사이의 통신 규약_옮긴이), 각 웹사이트의 고유 도메인 이름 등 현대 인터넷을 이끄는 시스템의 조합을 고안해 냈다. 그는 이를 월드 와이드 웹World Wide

Web이라고 불렸지만, 처음에 이 시스템은 CERN 내의 과학자만 사용할 수 있었다. 2년 후 세계의 모든 시선이 소련의 붕괴를 주시하고 있을 때, 제네바에서는 이 온라인 연결 시스템이 전 세계에 개방되어 오늘날 우리가 알고 있는 인터넷의 시초가 되는, 그리고 어쩌면 더 획기적인 변화가 조용히 일어났다.

1990년만 해도 지구상에 인구의 1퍼센트도 인터넷을 사용하는 나라가 없었다. 오늘날에는 미국인의 93퍼센트와 아시아인 및 중동인의 약 70퍼센트가 온라인에 접속한다. 세계에서 가장 낙후된 지역인 사하라 사막 이남의 아프리카와 남아시아에서도 약 3분의 1의 사람이 인터넷을 사용한다.[3] 매일 전 세계에서 40억 명이 넘는 사용자가 3000억 개가 넘는 이메일을 보낸다.[4] 19세기에 철도가 전 세계로 확산되거나 20세기에 자동차가 보편화되는 데 몇 십 년이 걸렸는지를 생각해 보라. 21세기에 접어들면서 개인용 컴퓨터와 스마트폰(주머니 속 미니 컴퓨터)은 불과 20년 만에 대세가 되었다. 인터넷 내에서 새로운 기술의 채택은 훨씬 더 빠르게 이루어졌다. 전 세계에서 1억 명이 페이스북Facebook을 사용하게 되기까지는 거의 4년이 걸렸으나, 인스타그램Instagram에서 같은 수치를 달성하는 데는 2년이 조금 넘게 걸렸으며, 인공지능 프로그램인 챗GPT가 사용자 1억 명을 확보하는 데는 단 2개월이 걸렸다.[5]

물리적 세계에서 디지털 세계로의 전환이 인상적이기는 하지만, 많은 회의론자와 심지어 업계 일부에서는 이를 실망스러운 일로 여기기도 한다. 이와 관련해서 페이팔PayPal(미국의 온라인 결제 회사_옮긴이)과 팔란티어Palantir(미국의 빅데이터 분석 기업_옮긴이)의 창립자인 피터 틸Peter Thiel의 말이 자주 인용된다. "우리는 하늘을 나는 자동차를 원했으나 대신 140개의 가상 캐릭터를 얻었을 뿐이다." 표면적으로 보면 틸의 말이 맞다. 오늘날 우리의 모습은 1962년에 방영된 TV 애니메이션 시리즈 〈젯슨 가족the Jetsons〉의 21세기 비전과는 거리가 멀다. 눈썰미 좋은 팬들은 이 전형적인 미래형 가족의 가장인 조지 젯슨이 2022년에 태어났다는 사실에 주목해 왔다. 그러나 2022년이 지난 오늘날의 세상은 젯슨 가족의 미래 세상과는 전혀 다른 모습이다. 하늘을 나는 자동차도 없고, 사람처럼 지각을 가진 로봇 가사 도우미도 없으며, 행성을 오가는 휴가도 없다. (일론 머스크Elon Musk도 마찬가지이다.)

그렇다면 우리는 젯슨 가족에게는 없었던 무엇을 가지고 있을까? 〈젯슨 가족〉은 화상통화 등 일부 예측은 맞았지만 디지털 전환의 더 심오한 영향은 예상하지 못했다. 우리 시대를 뒷받침하는 기술은 그 이전 시대와는 근본적으로 다르다. 이 기술은 정신의 혁명을 일으켰다. 디지털 혁명은 정보에 대한 접근성을 획기적으로 확장함으로써 지구상의 거의 모든 사람을 연결했고, 좋은 아이디어든 나쁜 아이디어든 모든 종류의 아이디어가 더 쉽게 확산될 수 있도록 했다.

정보 기술info-tech의 혁명은 우리의 물리적 세계를 변화시켰다기보다는 완전히 새로운 세상을 창조했다. 즉 보편적으로 접근 가능한 지식, 거의 모든 산업의 디지털화, 무한한 엔터테인먼트 매체, 새로운 종류의 사회적 연결 등으로 가득 찬 디지털 세상을 만들어 낸 것이다. 정보 기술 혁명은 이전에 예상했던 만큼 혁신적으로 교통수단의 형태를 발전시키지는 못했다. 그러나 지금 우리는 1960년대의 여행자에게는 공상과학 소설에나 나왔을 법한 비행기 여행이나 기차 여행을 할 수 있게 되었다는 점을 생각해 보라. 비행기나 기차를 타고 가면서 사실상 거의 모든 영화와 TV 프로그램 또는 각종 도서 자료에 즉시 접속하고, 친구나 사랑하는 사람과 대화하고, (사무직 근로자라면) 사무실에 있는 것처럼 효과적으로 업무를 수행할 수 있게 되었다.

디지털 혁명으로 가능해진 수많은 무료 상품과 서비스가 GDP와 같은 기존 지표에 완전히 반영되지는 않았지만, 모든 사람의 삶의 질은 크게 향상되었다.[6] 음악 산업의 경우를 한번 보자. 2004년부터 2008년까지 음악 산업의 총 판매 수입은 120억 달러에서 70억 달러로 감소했다.[7] 그러나 사람들이 음악을 덜 들었던 것은 아닌 듯하다. 다만 새로운 방식으로 음악을 들었다. 다양한 디지털 플랫폼을 통해 노래를 널리 접할 수 있게 되면서 같은 기간 동안 단곡 내려받기single-track download 수는 약 1억 4300만 건에서 14억 건으로 10배 가까이 증가했다.[8]

마찬가지로 오늘날 인터넷에 접속할 수 있는 사람이라면 누구나 위키피디아Wikipedia의 방대한 정보 속에서 길을 잃을지도 모른다. 위키피디아는 1768년 첫 출간 이후 20세기 후반까지 영어로 생성된 지식의 최고 원천으로 자리 잡았던 인쇄본 브리태니커Britannica

백과사전의 약 100배에 달하는 정보를 담고 있다.[9] 그러나 인쇄본 브리태니커 백과사전과 달리 위키피디아는 공짜이다. 이용량의 차이도 엄청나다. 위키피디아가 설립되기 11년 전인 1990년, 브리태니커는 전 세계적으로 11만 7000부가 판매되었다.[10] 오늘날 위키피디아는 매달 15억 명이 넘는 순방문자를 확보하고 있다.[11] 실제로 이 혁명의 가장 두드러진 특징 중 하나는 여가 시간을 어떻게 변화시켰는가 하는 점이다. 2013년 한 해에만 페이스북 사용자는 매일 약 2억 시간을 이 플랫폼에서 보냈다. 에릭 브리뇰프슨Erik Brynjolfsson과 앤드루 맥아피Andrew McAfee가 지적했듯이, 이는 파나마 운하 건설에 필요했던 투입 인시人時, person-hour의 10배에 달한다.[12] 이 비교에서 우리는 세상이 산업 혁명에서 정보 혁명으로, 즉 물리적 영역에서 정신 생활의 영역으로 전환되고 있음을 단적으로 확인할 수 있다.

모든 사람을
왕으로 만든 세상

     1차 세계대전 후 존 메이너드 케인스John Maynard Keynes 라는 뛰어난 젊은 경제학자는 전쟁으로 파괴되었던 세계가 경제적 기술적으로 얼마나 발전했는지를 다음과 같이 묘사했다. "런던의 시민은 침대에서 모닝 티를 마시며 전화로 전 세계의 다양한 상품을 원하는 만큼 주문할 수 있었고, 당연히 문 앞까지 빨리 배달되기를 기대할 수 있었다." 그는 교통, 통신, 뉴스의 손쉬운 접근성을 지적하면서, "지금은 중상류층이 과거 다른 시대의 가장 부유하고 강력한 군주들이 누렸던 수준을 능가하는 안락함, 편리함, 편의시설을 누리는 시대"라고 언급했다.[13]

케인스가 지금까지 살아서 오늘날의 정보 혁명을 목격했다면 경외의 눈으로 주위를 둘러보았을 것이다. 이제 일반 미국인은 펜 한 자루, 석류 한 개, 피터팬 의상 한 벌 등 상상할 수 있는 거의 모든 것을 며칠 또는 몇 시간 안에 문 앞에서 받아볼 수 있게 되었다. 정보와 자금이 몇 초 만에 지구 반대편으로 이동할 수도 있다. 이 모든 것을 버튼 하나만 누르거나 알렉사Alexa(미국 전자상거래 업체 아마존이 제공하는 음성 인식 비서 기능 서비스_옮긴이) 같은 디지털 비서에게 말로 명령하기만 하면 처리할 수 있다. 현재 미국에서 도서 판매의 70퍼센트 이상, 의류 판매의 40퍼센트 이상, 전체 소매 판매의 15퍼센트 이상이 온라인에서 이루어지는 것은 놀랄 일이 아니다.[14] 스포티파이Spotify(스웨덴의 세계 최대 음원 서비스 플랫폼_옮긴이)에서 수백만 곡 가운데 어떤 노래든 손쉽게 듣거나, 지금까지 만들어진 어떤 영화든 힘들이지 않고 온라인으로 볼 수 있게 된 것은 비교 불가능할 정도로 큰 발전이 아닐 수 없다. 그 어떤 군주도 이 같은 오락과 여흥을 이처럼 손쉽게 즐길 수는 없었다.

디지털 시대에 대한 온갖 우려에도 불구하고 사실 일반인에게는 일상에서 좋은 점이 나쁜 점보다 훨씬 더 많다. 사람들은 정해진 근무 시간에 물리적으로 사무실에서 일해야 하는 경직된 근무 환경에서 벗어나 유연한 방식으로 일할 수 있게 되었다. 할머니와 할아버지는 멀리 떨어져 사는 손자 손녀와 영상통화를 할 수 있다. 누구나 동영상으로 새로운 기술을 배울 수도 있다. 학생은 도서관에 가서 책을 빌리지 않고도 숙제를 할 수 있다. 우리는 언제 어디서든 일하고 연결하고 놀고 읽고 시청할 수 있게 되었다. 기술이 우리에게 가져다주는 진정한 즐거움에 대해 자주 생각하지는 않지만, 우리의 행동을 보면 우리가 얼마나 그런 기술에 애착하고 있는지 알 수 있다. 우리는 매일 일상적으로 기술을 사용하고 있다.

그러나 온라인 생활의 손쉽고 즉각적이라는 특성은 시민 생활의 복잡성에 대한 불안감과 조바심을 증폭시키기도 한다. 아마존Amazon(미국의 온라인 상거래 플랫폼_옮긴이)에서 클릭 한 번으로 주문할 수 있는 시대에는 교착 상태가 잦고 비효율적 관료주의로 점철된 자유 민주주의처럼 골치 아픈 시스템은 투박해 보인다. 고착된 정치의 '고르디우스의 매듭Gordian knot'(대담한 방법을 써야 풀리는 어려운 난제_옮긴이)을 끊겠다는 도널드 트럼프의 공약을 생각해 보라. 그는 "나만이 정치의 난맥상을 바로잡을 수 있다"라고 선언했다.[15] 그가 대중과 소통하는 방식은 이 시대의 추세와 잘 맞아떨어졌다. 트럼프는 어떤 생각이 떠오르자마자 이를 소셜 미디어를 통해 전 세계에 알렸다. 그의 트위터Twitter(미국의 단문형 소셜 네트워크 서비스. 지금은 'X'로 명칭이 바뀌었다_옮긴이) 피드feed(사용자에게 자주 업데이트되는 콘텐트_옮긴이)에는 충격적 발언이 끊이지 않았고, 종종 엉뚱하지만 지루할 틈이 없었다. 트럼프는 타블로이드판 대중지와 리얼리티 TV 쇼를 통해 처음 유명 인사가 되었지만, 그를 백악관까지 끌어올려 준 것은 인터넷이었다. 트럼프는 인터넷으로 자신의 추종자들과 직접 소통하며 점점 짧아지는 뉴스 주기에 맞춰 대중적 지명도를 높일 수 있었다. 또 (멕시코가 비용을 부담토록 하여) 멕시코와의 국경에 장벽을 설치해 불법 이민 문제를 해결하고, (역시 다른 나라의 부담으로) 수입품에 관세를 부과하여 미국 국민에게는 아무런 부담을 주지 않으면서 미국 제조업을 회복시키겠다고 공약했다. 트럼프의 이러한 단순한 정책 처방은 인터넷 시대에 사람들이 기대하는 일종의 즉각적 만족을 약속한 것이었다.

1960년대에 "매체가 곧 메시지"라는 격언으로 유명한 미디어 학자 마셜 맥루한Marshall McLuhan은 새로운 전자 매체가 제기하는 도전은 거의 인식하기 어려울 것이라고 예측했다. 그는 "나는 의사들에게 그들의 가장 큰 적은 눈에 보이지도 않고 식별할 수도 없다고 말한 루이 파스퇴르Louis Pasteur와 같은 입장에 서 있다"라고 선언했다.[16] 당시는 파스퇴르가 주창한 세균 이론의 실체를 인식하는 것이 의학 발전의 핵심이었다. 오늘날 우리는 인터넷이 인간의 두뇌를 재구성하고, 주의 집중 시간을 단축하며, 우리 자신 안에서 원망하는 부분을 키우는 잠재적 단점을 인식하는 첫 번째 진단 단계를 밟았다. 그러나 아직 우리를 병들게 하는 인터넷의 폐해에 대한 효과적 치료법을 개발하는 단계로 나아가지는 못했다. (백신에 필적할 만한 치료법이 머지않아 나올 것 같지는 않다.) 따라서 현재 우리는 정보 기술로부터 막대한 이득을 얻고 있지만, 만만치 않은 대가를 치르고 있음을 인정할 수밖에 없다.

나 홀로 볼링하기

1990년대 인터넷이 처음 대중화되었을 때, 세상이 그 어느 때보다 서로 연결되어 있고 새로운 사회적 유대의 가능성이 그 어느 때보다 커지는 유토피아의 꿈이 실현되는 듯했다. 오늘날 미국 시골 마을에 사는 젊은 동성애자는 자기 사정을 털어놓을 동료나 역할 모델이 없어도 페이스북과 인스타그램을 통해 비판적 현실에서 벗어나 지지와 조언을 얻을 수 있다. 파키스탄의 부족 지역에 사는 종교적 소수자는 와츠앱WhatsApp(세계적으로 이용되는 메시징 앱_옮긴이)을 통해 멀리 떨어져 사는 친척과 연대감을 나눌 수 있다. 실제로 새로운 온라인 네트워크가 지역 사회에서 고립되거나 낙인찍힌 사람들에게 매우 요긴한 수단이 되었음은 부인할 수 없는 사실이다.

그러나 디지털 혁명이 새로운 형태의 공동체 참여 방식을 만들어 내면서 사회 내부의 상황은 점점 더 악화되고 있다. 디지털화로 인해 지역 공동체가 사라지고 젊은 세대가 온라인으로 삶의 중심을 옮기면서 전통적 소속감은 약화되었다. 이것이 악마에게 영혼을 판 파우스트적 거래일까? 우리는 시민의 참여, 친밀감, 진정성을 잃은 대가로 편리함과 효율성을 얻었다. 여기서 시인 올리버 골드스미스의 "부는 축적되고 인간은 퇴락한다"라는 경구를 다시 떠올리게 된다. 이러한 혼란 속에서 사람들은 비주류 온라인 공동체에 이끌리거나, 심지어 자유 민주주의와 경제 성장, 기술 발전을 외면하고 현대성modernity 자체를 거부하기도 한다.

이런 일이 하룻밤 사이에 일어난 것은 아니다. 정치학자 로버트 퍼트넘Robert Putnam은 2000년에 자신의 저서 《나 홀로 볼링하기Bowling Alone》에서 1950년대 이후 미국 교외 지역의 공동체 쇠퇴 현상을 자세히 묘사했다. 토크빌이 《미국의 민주주의De la démocratie en Amérique》를 저술했던 시절 이래 미국 사회는 자발적 결사체가 중추적 역할을 해왔다.[17] 그러나 퍼트넘은 로터리 클럽, 교회 단체, 성인 스포츠 리그 등이 위축되었음을 알아냈다. 오늘날 미국인들 대부분은 '지역 내 영향력 있는 인물'을 단 한 명도 꼽지 못하며, 이는 공동체의 유대가 약화되었음을 시사한다.[18] 소셜 미디어는 점점 더 많은 온라인 연결을 촉진했으나 미국인들은 점점 더 외로워졌다. 친한 친구가 10명 이상이라고 답한 미국 남성의 비율은 1990년 40퍼센트에서 2021년 15퍼센트로 감소했다. 놀랍게도 친한 친구가 없다고 답한 비율은 3퍼센트에서 15퍼센트로 증가했다.[19] 2023년 미국 공중보건국장 비벡 머시Vivek Murthy는 외로움으로 인한 공중보건 위기가 심화되고 있다는 보고서를 발표했다. 보고서는 외로움의 악영향이

하루에 담배 15개비를 피우는 것과 비슷하다고 기록했다.[20]

심리학자 조너선 하이트Jonathan Haidt는 소셜 미디어에 부분적인 책임이 있다고 설득력 있게 주장했다. 인터넷이 약화된 공동체가 남긴 공백을 건강에 해로운 행동과 불건전한 관계로 채워 넣고 있다는 것이다. 2012년 이후 청소년의 정신건강 지표(자살 시도와 자해로 인한 입원, 스스로 보고한 불안감 및 우울감)는 크게 악화되었다.[21] 이는 젊은이가 휴대전화를 플립폰에서 스마트폰으로 바꾸고, 소셜 미디어가 오늘날 우리가 알고 있는 중독성 강한 형태로 발전한 시기와 거의 일치한다. 2009년에 페이스북은 상징적인 '좋아요like' 버튼을 도입했고, 트위터는 '리트윗retweet'(다른 사람의 트윗 메시지를 그대로 전달하는 기능으로 공감을 표시한다_옮긴이) 기능을 출시했다. 이러한 '가상의 인기virtual popularity'라는 도파민 유발 요인으로 인해 온라인 생활은 여러 면에서 대면 관계를 대체하게 되었다. 이 온라인 관계는 유대감은 약하고 때로는 악의적으로 작용할 수도 있다.

2017년 말, 레딧Reddit(미국의 소셜 뉴스 웹사이트_옮긴이)은 '연애와 성관계가 부족한 사람들'을 위해 4만 명의 회원을 보유한 '비자발적 독신주의자' 또는 '성관계를 해보지 못한 사람incel' 지원 그룹을 폐쇄했다.[22] 외로운 사람들을 위한 포럼으로 시작된 이 온라인 커뮤니티는 남성이 자신과 잠자리를 갖지 않는 여성에게 분노하고, 심지어 강간을 옹호하는 등 순식간에 험악한 분위기로 돌변했다. 이러한 온라인 커뮤니티의 폐해는 오프라인에서도 나타났다.

자칭 인셀incel이라고 밝힌 스물두 살의 엘리엇 로저는 2014년 UC 산타바바라 인근의 여학생 기숙사에서 여성 3명을 총으로 살해했다. 그는 범행 전 유튜브YouTube에 올린 동영상에서 여성의 거부에 대한 '보복'을 다짐했다.

'터스컬루사Tuscaloosa(미국 앨라배마주의 광역 대도시 지역_옮긴이)의 조류 관찰자들이여, 단결하라!'와 같은 무해한 인터넷 사용이 있는가 하면, 급진주의의 온상 역할을 하는 다른 포럼도 있다. 더 큰 고립감 속에서 살아가는 많은 성인이 온라인에 접속하여 점점 더 적의에 찬 오늘날의 정치 현실에서 공동의 목적의식을 찾았다. 일부 음모론은 '세계주의 비밀결사의 암울한 미래 비전이나 피자 가게에 숨겨진 아동 성매매 조직'처럼 기이하고 허황할 수 있으나, 이러한 세계관은 무작위성을 대체하는 일관된 서사로 비뚤어진 위안을 제공할 수 있다. 이처럼 비뚤어진 세계관을 진정으로 신봉하는 사람은 익명의 세력에게 휘둘리는 무력한 원자가 아니라, 스스로 꾸며 낸 이야기의 비극적 영웅 즉 식별하고 물리칠 수도 있는 적들의 희생자로 자신을 투영한다. 이들은 마을이 텅 비고 안정된 일자리가 줄어드는 것은 여러 세대에 걸친 경제적 기술적 구조 변화의 결과가 아니라, 사악한 글로벌 엘리트가 내린 돌이킬 수 없는 결정의 결과로 받아들였다.

이 같은 심리적 반응은 새로운 현상이 아니다. 정치 철학자 한나 아렌트Hannah Arendt는 20세기에 전체주의 이데올로기가 그토록 큰 영향력을 갖게 된 것은 사회가 원자화되었기 때문이라고 주장했다. 제국주의와 자본주의는 유럽 국가에 부를 가져다주었지만 전통적 계급을 불안정하게 만들었고 많은 사람을 사회적 소속감 없이 방치했다. 그 결과 사람들은 점점 더 복잡해지는 세상에 대해 명확한 정체성과 간단한 설명을 제공하는 사상에 끌리게 되었다.《전체주의의 기원Origins of Totalitarianism》의 마지막 페이지에서 아렌트는 "전체주의가 아닌 세계에 사는 사람에게 전체주의의 지배에 대비하도록 만드는 요인은 외로움, 즉 노년기와 같은 특정 한계적 사회조건에서 주로 겪었던 경계선상의 경험이 우리 세기에는 끝없이 증가하는 대중의 일상적 경험이 되었다는 사실"이라고 썼다.[23] 안타깝게도 디지털 혁명은 외로움과 원자화의 힘을 악화시켰을 뿐 아니라, 이를 악용하려는 사람에게도 힘을 실어 주었다.

'어떤 곳'인가, '아무 곳'인가

그렇다면 디지털 혁명의 실상은 어느 쪽일까? '만인이 왕every man a king'이라는 화려한 허울일까, 아니면 '나 홀로 볼링하기bowling alone'라는 사회적 몰락일까? 정답은 둘 다이다. 다만 두 가지 효과는 매우 불균등하게 분포되어 있다. 디지털 경제는 그 모든 장밋빛 약속에도 불구하고 불평등을 도금 시대 이후 한 번도 볼 수 없었던 수준까지 치솟게 만들었다.

세상이 새로운 해법을 요구하는데도 미국의 많은 정치인은 마치 제조업이 여전히 지배하는 1960년대 세상에 살고 있는 것처럼 행동하는 경우가 많았다. 2012년 대선에서 버락 오바마와 2016년 대선에서 힐러리 클린턴은 노동계에 대해 그동안 민주당이 해왔던 통상적 접근 방식을 답습했다. 그러나 이 두 번의 선거에서 노동자는 2008년 대선 때보다 공화당에 더 많이 투표했다. 민주당 정치인 대부분은 대놓고 직접적으로 표현하지는 않았지만, 세계화와 기술 발전으로 인해 정리 해고된 노동자에게 암묵적으로 다음과 같은 메시지를 보냈다. "예전 일자리는 다시 돌아오지 않을 것이다. 따라서 디지털 경제에서 기대할 수 있는 최선의 선택은 새로운 도시나 주에서 전혀 다른 직업을 갖기 위해 재교육을 받는 것이다. 당신의 자녀는 당신보다 더 나은 교육을 받도록 하고, 당신과 멀리 떨어진 새로운 성장의 중심지를 찾아 나서도록 해야 한다." 이것은 경제적으로는 효율적 처방일지 모르지만 정치적으로는 나쁜 메시지이다. 이는 사람들에게 새로운 세상에서 성공하려면 근본적으로 자신의 모습을 바꿔야 한다고 말하는 셈이다. (바이든은 제조업 부흥을 위한 일련의 정책을 제시하는 등 이전과는 다른 접근 방식을 취했다. 이는 경제적으로는 비효율적이지만 정치적으로는 좋은 접근법이다.)

 디지털 혁명은 제조업과 농업에서 서비스업으로의 고용 전환을 가속화했다. 그 과정에서 많은 공동체가 해체되었다. 지난 수십 년 동안 노동 계층과 농촌 주민 대부분의 소득은 고학력 도시 주민에 비해 정체되기는 했지만 실제로 급격히 감소하지는 않았다. 그러나 미국 산업의 지형이 재구성되면서 한때 미국 소도시의 사회생활과 문화를 지탱하던 공동체 구조가 약화되었다. 온라인 거대 유통 기업인 아마존과 경쟁할 수 없게 된 가족 운영의 소규모 상점은 사라졌다. 길모퉁이 오락실은 온라인 게임에 밀려났다. 동네 영화관은 넷플릭스Netflix(세계 최대의 온라인 멀티미디어 콘텐트 서비스_옮긴이)에 밀려 없어졌다. 이 모든 것은 벤처 캐피털리스트 마크 앤드리슨Marc Andreesen이 "소프트웨어가 세상을 먹어 치우고 있다"라고 선언했을 때 그 말이 의미하는 바를 잘 보여 주는 사례이다. 오프라인 사업체는 디지털 기술이 당장 현실 세계에 미치는 영향을 실감하고 있다.

영국 작가 데이비드 굿하트David Goodhart의 표현을 빌리자면 소규모 동네 상점이 있는 작은 마을은 주민에게 "어떤 곳somewhere"이라는 독특한 장소이다. 이 작은 마을은 그곳에 사는 많은 거주민의 삶을 만든다. 그곳이 미국의 앨라배마든 영국의 슈롭셔든 프랑스의 툴루즈든 간에, 주민은 수 세기 동안 익숙한 방식으로 자신을 그 지역 출신이라고 정의한다. 그러나 점점 더 많은 젊은 남녀가 교육을 받고 사무직 일자리를 찾아서 떠나고 있으며, 전 세계적으로 연결된 대도시 지역에서 같은 연령대의 또래 친구와 어울려 "아무 곳Anywhere"에서나 살아가는 "뿌리 없는 계층"에 합류하고 있다.²⁴ 굿하트에 따르면 이들 '애니웨어족Anywheres'은 자신을 출생지가 아니라 학력이나 직업에 따라 정의한다. 이러한 후천적 특성이 그들의 삶을 형성하는 것이다. 젊은이들이 '어떤 곳 출신'에서 '아무 곳에서

나 사는 사람'이 되면서 그들이 떠난 마을은 더욱 공동화空洞化되고 승자 독식의 인재 집중 현상이 확대된다. 세계화된 하이테크 경제의 수혜자는 교육, 직업, 열정 등 삶의 가변적 요소에서 자신의 정체성을 찾는다. 그러나 모든 사람이 '아무 곳'에서나 자유롭게 활동하는 사람이 되기를 원하는 것은 아니다. 많은 사람이 자신의 정체성과 삶의 만족감을 자신의 뿌리 즉 '어떤 곳'이라는 특정 지역에 대한 소속감에서 얻는다.

새로운 세대의 포퓰리스트 공화당원은 '애니웨어족'을 두고 국가에 충성하지 않는 집단, 또는 심지어 '반미주의자Anti-American'라고 생각해 왔다. 이러한 공화당원은 동부나 서부 해안으로 이주해 고향을 등지는 자기 만족적 도시인에 대해 분노한다. 2018년 미주리주에서 클레어 매카스킬Claire McCaskill을 상대로 상원 의원 선거에 출마한 조시 홀리Josh Hawley는 미국 내륙 지역을 "비행기를 타고 스쳐 지나가는 시골flyover country"이라고 무시하는 "해안 지역 엘리트"를 비난했다.[25] 2022년 오하이오주 상원 의원 선거에 출마한《힐빌리의 노래Hillbilly Elegy》의 작가 J. D. 밴스J. D. Vance(2024년 미국 대통령 선거에서 도널드 트럼프 공화당 후보의 러닝메이트 즉 부통령 후보로 발탁되었다_옮긴이)는 어린 소년과 소녀에게 고향을 벗어나야 한다고 부추기는 '악성toxic' 메시지를 비난했다.[26] 지방의 작은 마을과 소도시를 지키자는 주장을 펴는 이들 가운데 상당수가 정작 자신은 유명 대학이나 대도시로 이주하여 성공의 기회를 추구했다는 사실은 논외로 하자. (홀리와 밴스는 모두 예일대학교에서 법학 석사 학위를 받왔다.) 사실 누구나 출세하고 싶은 욕망은 강하고, 이런 욕구는 종종 '어떤 곳'을 떠나는 것을 의미한다.

세상의 절반은 어떻게 사는가

디지털 혁명 이후 가계 소득은 눈에 띄게 증가했다. 그러나 평균 수치에는 한쪽의 엄청난 부와 함께 다른 한쪽의 경제적 고통이 숨겨져 있다. 그리고 많은 사람에게 이 수치는 급격한 변화로 인한 사회 불안정성을 제대로 전달하지 못한다. 많은 사람이 지역 사회의 유대가 단절되고 소규모 사업체가 문을 닫는 것을 한탄한다. 이제 점점 더 많은 사람이 화려한 (그러나 일반인은 감당하기 어려운) 슈퍼스타의 도시 밖 세상 즉 경제적으로 황폐한 현실에 직면하고 있다.[27]

이러한 격차는 소셜 미디어에 끊임없이 드러난다. 점점 더 많은 사람이 온라인으로 개인 생활을 공유하면서 세계적 엘리트의 생활 방식에 대한 관심이 커지고 있다. 이를 '현대판 세상의 절반은 어떻게 사는가 How the Other Half Lives, 2.0'라고 해 두자. 1890년 제이콥 리스가 출간한 최초의 폭로 사진집은 사진이라는 새로운 기술을 사용하여 맨해튼의 연립 주택 거주자의 열악한 생활 환경을 극사실적으로 보여 주었다. 이러한 사진을 접한 당시의 엘리트 계층은 대중을 도와야 한다는 책임감을 느꼈다. 이들은 맨해튼 거주지의 인구 밀도를 줄이고 적절한 위생 기준을 보장하기 위해 필요한 규제 조치를 도입했다.

오늘날 스마트폰과 소셜 미디어도 불평등에 대해 리스의 사진집과 비슷한 인식을 불러일으켰지만 반응은 정반대로 나타났다. 대중의 곤경을 알게 된 엘리트가 책임 의식을 느낀 것이 아니라, 이번에는 일반인이 부유하고 유명한 사람의 생활 방식을 예민하게 의식하게 되었다. 미국에서 이동식 주택이나 비좁은 아파트에 사는 사람들, 또는 남반구 빈곤 지역의 외딴 마을에 사는 사람도 100달러짜리 휴대폰만 있으면 누구나 엘리트의 돈 쓰는 방식을 부러움, 동경, 분노의 눈으로 바라볼 수 있게 되었다. 이탈리아의 별장 휴양지, 화려한 옥상 파티, 깔끔하게 정돈된 동양식 정원을 손가락만 스치면 휴대폰 화면으로 볼 수 있다.

이러한 역학 관계는 엘리트와 일반인 간 생활 방식의 격차가 가장 극명한 개발도상국에서 두드러진다. 이로 인한 분노가 '아랍의 봄'과 같은 봉기를 촉발하고 지속시키는 데 영향을 주었을지도 모른다. 예를 들어 2010년 11월 위키리크스WikiLeaks(각국 정부의 미공개 정보나 비밀을 공개하는 국제적 비영리 기관_옮긴이)는 당시 튀니지 대통령 지네 엘 아비디네 벤 알리Zine el-Abidine Ben Ali의 부패를 폭로한 튀니스 주재 미국 대사관의 외교 전문을 공개하기 시작했다. 한 달 후 튀니지에서 '아랍의 봄'이 시작되었다.[28] 마찬가지로 2009년 초, 시리아의 독재자 바샤르 알 아사드Bashar al-Assad의 부인이 나라 전체가 가난과 억압으로 고통받는 와중에 페이스북에 자신의 디자이너 의상을 과시했다는 기사가 언론에 보도된 바 있다.[29] (한 영국 신문이 그녀에게 '지옥의 영부인The First Lady of Hell'이라는 딱지를 붙이자,[30] 이 표현이 소셜 미디어로 삽시간에 퍼져 나갔다.) 이러한 정서는 시리아에서 대중의 불만을 불러일으켰고, 2011년 시리아 내전으로 치달았다.

화려한 라이프스타일에 대한 우리의 집착은 늘 존재해 왔고, 신문에는 화려한 무도회와 호화로운 저택 관련 기사가 실리곤 했다. 그러나 오늘날에는 유명 인사의 생활상이 가감 없이 그대로 공개된다. 평범한 삶을 부유층의 삶과 비교하는 것이 그 어느 때보다 쉬워지면서, 부러움과 분노를 불러일으키는 것은 이해할 만한 측면도 있다. 어쩌면 유명 인사가 아니라 소프트웨어 엔지니어나 금융 전문가 등 평범한 직장인 엘리트가 앞서 나간 것이 더 분통 터지게 하는지도 모른다. 맥아피와 브린욜프슨이 이 문제를 잘 설명한다. "특수한 기술을 가졌거나 적절한 교육을 받은 사람은 그 기술을 활용하여 가치를 창출하고 유리한 기회를 포착할 수 있기 때문에 이들에게는 지금보다 더 좋은 시기는 없었다. 그러나 '평범한' 기술과 능력만 갖춘 노동자에게는 지금이 그 어느 때보다 나쁜 시기일 수밖에 없다. 컴퓨터와 로봇 및 기타 디지털 기술이 놀라운 속도로 이러한 기술과 능력을 습득하고 있기 때문이다."[31] 디지털 혁명이 시작된 이후 미국의 소득 불평등은 꾸준히 확대되어 왔다. 지난 50년 동안 상위 20퍼센트 소득 계층의 가계소득은 중간 5분위 소득자보다 3배 더 빠르게 증가했다.[32]

이러한 불평등은 억만장자와 기업뿐 아니라 부패하고 이기적이라고 여겨지는 국제적 엘리트 계층 전체에 대한 분노를 불러일으켰고, 좌파와 우파 양쪽에서 모두 포퓰리즘을 부추겼다.

새로운 인쇄기, 소셜 미디어

부의 불평등한 분배가 심화되는 가운데 시대를 통틀어 권력과 부의 가장 큰 원천 가운데 하나인 정보는 민주화되었다. 이제 클릭 한 번으로 사실상 어떤 것이나 알 수 있다. 정보의 소비뿐 아니라 정보의 생산도 민주화되었다. 소셜 미디어의 확대와 뉴스 출처의 분산화로 학력이나 지위에 관계없이 누구나 국제적으로 대화에 참여할 수 있게 되면서 새로운 목소리가 전면에 등장했다.

기술이 콘텐트의 생산과 소비를 평준화시킨 것은 이번이 처음이 아니다. 역사학자 에이다 파머Ada Palmer는 구텐베르크에 대해 "그가 일으킨 인쇄 혁명은 많은 경우 좋기도 했지만 두렵기도 했다"라고 말했다. 그러나 파머는 1400년대 이후 등장한 새로운 형태의 수많은 미디어를 보면 "표현의 민주화는 언제나 권력의 민주화에 기여하며 공동체 조직, 시민권 운동, 정의, 인간의 존엄성, 번영에 도움을 준다는 사실을 알 수 있다"라고 덧붙였다.[33] 굳이 한 마디 덧붙이자면, 적어도 전반적으로 그리고 장기적으로 볼 때 그렇다는 얘기이다. 그러나 단기적으로는 이러한 변화가 큰 혼란을 일으킬 수도 있다. 유럽에서 인쇄기가 발명된 이후 한 세기 반에 걸쳐 종교 전쟁이 일어났다는 점을 기억해 보라.

인터넷에서의 정보 민주화는 이미 정치를 변화시켰다. 트위터는 2009년 이란의 '녹색 혁명Green Revolution' 당시 시위를 촉발시키는 데 기여했다. 이란의 녹색 혁명은 2011년 '아랍의 봄'이라는 중동 지역의 실제 격변을 예고하는 초기 전조였다. 인터넷은 사람들이 전통적 미디어 채널과 정부의 억압적 통제를 우회할 수 있게 함으로써 전례 없는 수준의 투명성을 제공했고, 반대 의견을 빠르게 확산시켰으며, 국경을 넘어 사람들을 집단행동에 나서도록 했다. 아랍 전역에서 수백만 명이 부패, 부실한 경제 운영, 독재적 권력 남용 등에 반대하는 시위를 벌였다. 이는 1848년 유럽 혁명 이후 가장 큰 규모의 다국적 민주화 봉기였다.

그러나 민주 정치와 정보 기술의 상호 지지 관계는 미약한 것으로 드러났고, 곧 균열이 나타났다. 소셜 미디어는 빠르게 대중적 에너지와 관심을 불러일으키는 데는 유용할 수 있으나, 지속적 운동을 구축하는 데는 파편화되고 지도자가 없다는 소셜 미디어의 특성상 장기적으로 정치 변화를 이끌어 내기 어렵다. '아랍의 봄' 이후 등장한 민주화 운동은 모두 진압되었다. 미국에서는 '월가를 점령하라Occupy Wall Street'는 좌파의 반짝 시도가 있었으나 워싱턴에서 이렇다 할 정치적 승리를 거두지 못한 채 흐지부지 사라졌다. 인터넷을 기반으로 한 운동의 중요한 결점은 그것이 어떤 의미에서는 민주적이지만, 익명성을 앞세운 폭력적 군중과 유사한 특성을 갖고 있기에 반反자유주의적 성향에 취약할 수 있다는 점이다. 프랑스에서는 2018년 유류세 인상 안에 반대하는 '노란 조끼Yellow Vest' 시위가 빠르게 결집했으나 곧 지도자 없는 산발적인 폭동으로 전환되었고, 그 중 다수는 폭력적이거나 외국인 혐오 시위로 변질되었다.

권위주의 국가는 인터넷이 풀뿌리 운동에 활력을 불어넣는다는 사실을 간파하고 강력한 검열 기구로 이를 억압하려고 노력해 왔다. 가장 대표적 예는 중국의 만리방화벽Great Firewall으로, 이는 대부분의 반대 의견을 차단하는 상당히 포괄적인 인터넷 검열 체제이다. 중국은 '홍콩 독립', '달라이 라마', '천안문 학살' 등을 검색하면 아무것도 나오지 않도록 하는 등 체제 전복적 콘텐트를 자동적으로 차단할 뿐 아니라, 서구적 가치를 비난하고 시진핑習近平을 찬양하는 댓글을 달 때마다 소정의 돈을 받는다고 해서 '50센트 군대'라는 별명으로 불리는 극단적인 국수주의 네티즌을 모집해 온라인 폭도로 활용하기도 한다. 중국의 모든 소셜 미디어 플랫폼에서는 정권에 반대하는 입장을 취하는 공개 게시물마다 공산당에 대한 변함없는 지지를 표명하고 이에 동의하지 않는 사람을 반역자로 비난하는 댓글 세례가 홍수처럼 퍼부어지는 일이 다반사로 일어난다.

2000년, 빌 클린턴 대통령은 중국의 인터넷 검열 시도는 실패로 끝났다고 일축했다. 클린턴은 "그것은 마치 젤리를 벽에 박으려고 시도하는 것과 같다"라면서 "행운을 빈다!"라고 말했다.[34] 중국의 만리방화벽은 많은 사람이 생각했던 것보다 더 효과적이라는 사실이 드러나면서 클린턴의 오만함을 무색케 했다.

그러나 이러한 극도로 억압적 상황에서도 만리방화벽이나 중국 공산당의 온라인 하수인이 반대 여론의 확산을 막을 수는 없었다. 2022년 가을 중국의 주요 도시에서 일어난 봉쇄 반대 시위를 생각해 보라. 중국 밖에서는 베트남과 같은 권위주의 정권이 소셜 미디어를 검열하기는 더 어려워졌다. 각국 정부는 설사 민주적 정부라 할지라도 검열에 점점 더 능숙해지고 있다. 인도와 튀르키예는 위기 상황에서 반대 여론이 확산되는 것을 막기 위해 일상적으로 인터넷을 차단한다. 러시아는 우크라이나를 본격적으로 침공한 이후 중국의 온라인 감시 체제를 모방하려고 시도했으나 제한적 성공을 거두는 데 그쳤다. 소셜 미디어는 표현의 자유를 위한 강력한 힘이지만 각국 정부 역시 소셜 미디어를 길들이기 위한 새로운 방법을 찾아내 왔다.

요즘에는 소셜 미디어가 민주적일 것이라는 약속을 낙관하기가 어려워졌다. 새로운 정보 기술은 소외된 목소리에 힘을 실어 주는 경향이 있었지만 극단적 목소리에도 힘을 실어 주었다. 그리고 반대 여론을 실제 현실의 권력으로 전환시키기도 어려웠다. 페이스북에서 '좋아요' 누르기는 그저 첨단 기술의 미덕을 널리 알리는 신호일 뿐이다. 그리고 서구 민주주의 국가에서는 목소리를 내지 못하던 사람들에게 목소리를 내도록 한다는 명목으로 결국 많은 사람이 침묵하게 되는 또 다른 불안한 경향이 나타나고 있다.

오래된 부족주의,
새로운 네트워크

2021년, 평론가 노아 스미스Noah Smith는 "사회적 배척은 아주 오래된 행태이지만 소셜 미디어는 그렇지 않다"라고 말했다.[35] 바꿔 말하면 일반적 통념과 다른 신념으로 인해 낙인이 찍히는 것은 새로 나타난 현상이 아니라는 이야기이다. 소크라테스가 체제 전복적 견해로 말미암아 비난을 받고 결국 처형당했다는 사실을 생각해 보라. 사실 '배척ostracism'이라는 용어는 고대 아테네에서 공식적 투표 절차를 거쳐 사람을 도시에서 추방한 데서 유래했다. 이후 역사 전반에 걸쳐 반체제 인사나 우상 숭배자는 이단異端이나 정통 교리에 어긋나는 신념, 또는 다른 종류의 비정통적 신앙 등의 이유로 숙청되거나 처벌받았다. 지구상에 인류가 존재했던 대부분의 기간 동안 어떤 사회에서 허용되는 신념의 한계는 무자비하게 강요된 것이 일반적이었다. 갈릴레오나 간디처럼 그 한계를 넓히거나 넘어서는 사람은 가혹한 결과를 맞이하게 된다.

오늘날의 처벌은 훨씬 덜 가혹할지 모르지만, 현대 기술은 대중적으로 수용되지 않는 발언의 범위와 조건을 근본적으로 변화시켰다. 1940년대의 전통적 뉴잉글랜드식 직접 민주주의 형태인 '타

노먼 로크웰의 그림 〈표현의 자유〉에서 한 남성이 일어나 발언하고 있다. ⓒ Public domain

운 홀 미팅town hall meeting'을 생각해 보자. 예컨대 노먼 로크웰Norman Rockwell의 상징적 그림인 〈표현의 자유Freedom of Speech〉에서 한 남성이 일어나 발언하고 있는 장면을 보자. 발언자는 분명 청중과 엄청난 양의 사회적 문화적 배경을 공유하고 있었을 것이다. 방에 있던 사람들은 모두 백인이었고 같은 마을 출신이었다. 그들은 함께 자랐고, 기독교 신자가 압도적이었으며, 대부분 같은 교회에 다녔을 것이다. 청중이 그의 말에 동의하지 않더라도 연사는 청중의 반응을 듣고 대응할 수 있었다. 자리에 앉아 있는 청중 사이에서 동요가 일어나 웅성거리기 시작하면, 연사는 자신의 메시지가 잘 받아들여지지 않음을 금방 알아챌 수 있었다.

트위터와 같은 오늘날의 온라인 공론장에서는 그러한 동질성이 존재하지 않는다. 논란이 되는 주제를 토론할 때 '분위기 좀 파악하라read the room'는 말을 듣게 되는데, 이는 대화 상대가 서로 다른 언어, 국경, 문화로 분리되어 있더라도 여전히 공통의 규범을 공유하는 온라인 공동체의 일원이라는 것을 시사한다. 보편적 디지털 문화를 구축하려던 초기의 인터넷 이상주의자의 시도가 장애물에 부딪힌 것도 당연한 일이다.

마셜 맥루한은 1960년대에 전 세계의 상호 연결성을 설명하려고 '지구촌global village'이라는 용어를 만들었다. 1990년대 냉전이 끝나고 세계화가 본격화되면서 이 용어는 온 세상 사람이 둥글게 손을 맞잡은 무지개 세상, 즉 인터넷이 세계를 하나의 균일한 전체로 촘촘히 엮어 주는 모습을 떠올리게 했다. 그러나 맥루한은 그렇게 낙관적이지 않았다. 그는 기술적으로 연결된 공동체에서 완전히 낯선 사람이 마을의 참견꾼처럼 행동할 가능성을 우려했다. 서로 잘 모르는 사람이 서로의 사업에 간섭하고, 서로의 창을 통해 사생활을 들여다보며, 점점 더 좁은 범위의 사회적 행동을 강요하는 행태가 벌어질 수 있다는 것이다. 실제로 이것이 오늘날 온라인 세상의 모습이 아닌가? 일부 좌파 온라인 집단에서는 자신들의 정체성 집단이 아닌 다른 관점에서 이야기를 쓰면 다른 사람의 체험을 도용했다는 비난을 받을 수 있다.[36] 반면에 코로나 팬데믹 기간에 마스크를 쓴 사진을 게시하면 수많은 보수 인터넷 사이트에서 블랙리스트에 오를 수 있다. 이는 담론을 통제하려는 열정적 소수 온라인 광신도 집단의 횡포이다.

정보 혁명은 우리 사회에서 가장 무책임하고 선동적인 구성원에게 힘을 실어 주었으며, 그들의 견해는 종종 터무니없고 때로는 위험하기까지 하다. 좌파에는 국경 개방을 옹호하고 생태 테러를 정당화하며 심지어 경찰 폐지를 요구하는 구성원도 있다. 그러나 우파는 온라인 음모론에 더 취약한 것으로 보인다. 큐어넌QAnon(온라인에서 활동하는 미국의 극우 음모론 집단_옮긴이) 추종자, 백신 반대론자anti-vexxers, 기후 변화 부정론자, 백인 우월주의자 등이 이에 해당한다. 사실 16세기에는 일부 개신교 광신도가 종말이 가까웠다고 확신하여 독일의 도시 하나를 완전히 점령하고 반대하는 사람을 학살하는 등 주변부의 극단적 운동이 항상 존재해 왔다. 사람들은 마녀, 유대인, 프리메이슨, UFO(미확인 비행 물체), JFK(존 F. 케네디 전 미국 대통령), 비틀즈 등에 대한 온갖 종류의 음모론을 믿어 왔다. 그러나 인터넷은 음모론자들을 한데 모아 그들의 힘을 크게 강화했다. 알렉스 존스Alex Jones는 조작된 충격 사건 음모, 사악한 세계주의 비밀결사 음모, 화학 물질에 의한 성 정체성 조작 음모 등에 관한 망상을 바탕으로 수백만 달러 규모의 사업을 일구어 냈고, 도널드 트럼프에게 구애를 받기도 했다.

이러한 온라인 채널은 러시아와 여타 불온한 세력의 지원을 받아 잘못된 정보의 확산을 가속화하면서 민주적 절차에 대한 대중의 신뢰를 광범위하게 떨어뜨렸다. 여론 조사에 따르면 공화당원의 약 3분의 2가 2020년 대선이 부정하고 불법적이었다고 생각하는 것으로 나타났다.³⁷ 물론 이러한 선거 불신론은 부분적으로 전통적 수단을 통해 확산되었지만 소셜 미디어가 미국 대중에게 '새빨간 거짓말big lie'을 심어 주는 데 일조한 것만은 분명하다.

허위 정보 문제는 인공지능의 발전으로 인해 더욱 악화될 것이다. 생성형 인공지능generative AI을 좋은 방향으로 사용하면 한 번도 그리지 않은 예술 작품(예컨대 렘브란트가 그린 드웨인 '더 록' 존슨Dwayne 'the Rock' Johnson의 초상화)이나 한 번도 불린 적 없는 음악(프랭크 시나트라Frank Sinatra가 부르는 테일러 스위프트Taylor Swift의 커버곡)을 순식간에 만들어 낼 수 있다. 그러나 이 기술은 훨씬 더 악의적 목적으로 쉽게 사용될 수 있다. 우크라이나 전쟁 중에 이른바 딥페이크deepfake(인공지능의 딥 러닝deep learning 기술을 사용하는 인간 이미지 합성 기술_옮긴이)가 등장했다. 예를 들어 푸틴이 우크라이나군의 러시아 침공을 발표하는 모습을 보여 준다고 주장하는 허위 동영상이 유포된 것이다.³⁸ 이 동영상은 곧 허위임이 드러났지만 딥페이크의 질이 개선되고 빈도가 증가하면서 문제는 더욱 심각해질 것이다.

진실과 거짓을 판단할 수 없는 상황은 이미 세계 최대의 민주주의 국가인 인도에까지 침투했다. 전국적으로는 다수당인 바라티야 자나타당이 고전하고 있는 남부 타밀나두주州에서 경쟁당의 정치인이 당의 부패에 대해 논의하는 오디오 클립audio clip이 공개되었다.³⁹ 혐의를 받은 정치인은 이 녹취 파일이 딥페이크라고 일축했지만, 전문 분석가는 이 음성 녹취 파일이 진짜인지 아닌지 명확히 밝히지 못했다. 마찬가지로 딥페이크가 미국 정치를 어떻게 불안정하게 만들 수 있는지는 쉽게 상상할 수 있다. 대통령 선거 전날 한 후보가 중국 공산당 관리로부터 뇌물을 받는 장면이 담긴 동영상이 온라인상에 올라오는 경우를 가정해 보자. 주류 언론과 팩트체커fact-checker들은 가짜라고 주장하지만, 상대당 지도자의 선동으로 국민의 절반은 이 사건이 사실이라고 믿게 될 것이다.

우리는 이러한 위험한 혼란에 대비해야 하지만, 그렇다고 분별력을 잃고 기술 탓만 해서는 안 된다. 안타깝게도 인간의 본성은 훨씬 더 구식의 방법으로도 편집증, 음모, 망상에 너무도 취약하다는 것이 드러났다. 《시온 장로 의정서 The Protocol of the Elders of Zion》(러시아에서 출판된 반유대주의 위서僞書로 유대인의 세계 정복 음모를 담고 있다_옮긴이)를 생각해 보라. 조잡하게 작성된 이 반유대주의 팸플릿은 1903년에 등장하여 수십 년 동안 유포되었고, 유럽 전역에서 대학살을 부추겼으며, 나치즘 지도 이데올로기의 일부가 되었다. 또는 거의 1000명이 사망한 1978년의 존스타운 대학살을 예로 들어 보자. 이 집단 중독 사건은 사이비 종교의 아주 오래된 포교 방식을 통해 오프라인에서 조직적으로 이루어졌다. 소셜 미디어와 인공지능은 증오와 광기의 확산을 가속화할 수 있다. 그러나 이런 끔찍한 발상은 첨단 기술 high tech이든 저기술 low tech이든 상관없이 무슨 수단을 쓰더라도 번져 나갈 수 있다.

로봇이 (아직은) 일자리를
빼앗지 않는 이유

대다수 사람에게 기술의 가장 큰 위협은 온라인에서 혐오 단체가 창궐하거나, 자신의 주장이 '삭제' 또는 검열당하는 것이 아니다. 그보다는 자동화로 인해 일자리를 잃을지도 모른다는 두려움이다. 자동화에 불안해하는 것은 블루칼라 근로자만이 아니다. 2023년 할리우드 배우와 작가가 파업에 돌입했을 때 그들의 핵심 요구사항은 영화 제작사가 AI로 생성한 배우나 대사를 사용할 가능성에 관한 것이었다.

일부 직종은 이미 기계화 시대의 영향을 받고 있다는 것은 의심할 여지가 없다. 식료품점에서 셀프 계산대의 등장으로 숫자가 줄어든 계산원을 생각해 보라.[40] 그러나 아마존의 몇몇 실험적 매장을 제외하고는 계산원이 완전히 사라지기에는 아직 갈 길이 멀다. 일부 고객은 늘 사람의 손길을 선호할 것이고, 매장에는 늘 기계를 감독할 사람이 필요할 것이다.

2018년 영국 하원은 평범한 직종인 세차장에서의 자동화와 고용에 관한 보고서를 발표했다. 이는 로봇에게 일자리를 잃고 노동 계급의 기회가 줄어드는 것을 한탄하는 또 다른 이야기였을까? 사실 이 보고서는 자동화에 관한 것이 아니라 '탈자동화de-automation'에 관한 것이었다. 2006년부터 2016년까지 영국에서는 1100개 이상의 자동 세차장이 사라진 반면에 약 1만~2만 개의 수작업 세차장이 생겨난 것으로 추정된다.[41] 소비자가 손세차를 선호한 이유는 사람이 직접 하는 세차이지만 실제로는 더 저렴하고 편리하기 때문이었다. (이 보고서는 손세차가 환경 및 노동 관련법을 위반한다는 우려에 초점을 맞추었다.) 세차장이 고용의 주요 원천은 아니지만, 더 큰 요점은 인간이 로봇으로 대체되기에는 아직 갈 길이 멀었다는 것이다.

코로나19 팬데믹의 충격 이후에도 수많은 저숙련 육체 노동자가 직장에서 쫓겨나지는 않았다. 오히려 사회가 다시 문을 열면서 경제는 현대 역사상 전례 없는 노동력 수요로 인해 심각한 노동력 부족의 어려움을 겪었다.[42] 고용주는 직원을 구하려고 치열한 경쟁을 벌였고, 심지어 초급 및 미숙련 노동자까지 고용하기도 했다. 일부 식당에서는 계약 보너스를 제공하는가 하면, 일손이 너무 부족한 나머지 술에 취한 직원조차 바로 해고하지 않고 그냥 집으로 돌려보내는 곳도 있었다.[43] 기계가 수백만 개의 일자리를 빼앗고 '일의 종말'을 가져올 것이라는 걱정스러운 미래는 아직 오지 않았다.[44] 적어도 아직은 아니다.

일부 일자리는 확실히 사라졌지만 다른 일자리가 많이 생겨났다.[45] 그리고 일부 노동자에게는 기술이 그들을 대체하는 것이 아니라, 일종의 신체적 또는 정신적 인공 보조 장치로서 노동자의 역량을 강화해 왔다. 그리고 우리는 아직 이러한 협동 로봇collaborative robot(제조업 용어로 '코봇cobot'이라고 함)의 초기 단계에 있을 뿐이다. 협동 로봇의 활용 가능성을 한번 상상해 보라. 농부는 태블릿 PC를 통해 드론 영상으로 촬영한 밭의 위성 이미지를 보며 여러 대의 수

확기를 하나의 플랫폼에서 제어한다. 의사는 수백만 건의 이전 사례를 스캔하여 일정한 유형을 찾아낸 기계 학습machine learning 프로그램으로 다른 수술 방법을 제안받는다. 공장 관리자는 절반은 로봇을 감독하고, 나머지 절반은 기계를 수리하고 지원하는 기술자, 프로그래머, 엔지니어 등으로 구성된 조립 라인을 총괄적으로 점검한다. 이미 이러한 분야는 디지털화, 작업 공정의 간소화, 작업자 교육의 효과적 개선 등을 통해 효율성이 향상되었다. 또 소프트웨어는 비디오 게임에서 소셜 미디어, 앱 개발에 이르기까지 완전히 새로운 분야를 탄생시키며 다양한 종류의 새로운 일자리를 창출해왔다.

그러나 우려는 여전히 남아 있으며, 장기적으로는 AI로 인한 실직이 현실화될 수도 있다. 마크 앤드리슨은 2011년 소프트웨어가 "세상을 잠식하고 있다"라고 말했지만, 벤처 캐피털리스트인 폴 케드로스키Paul Kedrosky와 에릭 놀린Eric Norlin은 챗GPT의 등장으로 소프트웨어의 잠식을 끝낼 수 있다고 주장한다.[46] 챗GPT는 그 자체가 저렴하면서도 강력한 성능을 자랑하는 소프트웨어로 다수의 산업을 와해시킬 수도 있다. 챗GPT는 모든 종류의 질문에 답할 수 있고, 마케팅 자료부터 뉴스 기사, 법률 문서까지 모든 것을 작성할 수 있다.[47] 또 기존의 소프트웨어를 강화할 수도 있다. 예를 들어 세일즈포스Salesforce(클라우드 컴퓨팅 서비스를 제공하는 미국의 전문 소프트웨어 업체_옮긴이)는 이 기술을 자사 도구에 통합하여 영업 담당자가 새 계정을 개설할 때 챗GPT가 회사 개요를 동영상으로 보여 주고, 적합한 담당자의 연락처 정보를 찾아주며, 맞춤형 이메일을 작성하고, 필요한 경우 덜 딱딱하게 이메일을 만들어 줄 수 있도록 했다.[48] 인스타카트Instacart(세계 최대의 미국 온라인 식료품 배송 업체_옮긴이)는 요리 조리법을 제안하고, 그에 필요한 식재료를 쇼핑 목록으로 만들어 온라인 장바구니에 추가하는 챗GPT 기능을 출시했다.[49] 챗봇chatbot(인간과의 대화를 통해 특정 작업을 수행하도록 제작된 컴퓨터 프로그램_옮긴이) 소프트웨어는 다른 소프트웨어를 만드는 데에도 사용할 수 있다. 결국 컴퓨터 코드는 일종의 글쓰기이고, 챗봇은 그러한 글을 생성하는 소프트웨어인 셈이다. 따라서 이제 누군가는 챗GPT에 프롬프트prompt(AI 모델에서 원하는 결과를 생성하기 위해 입력하는 지시문_옮긴이)를 제공하는 것만으로 자신만의 소프트웨어를 만들 수 있게 되었다.[50] 오픈AI(챗GPT 개발사)의 공동 창업자인 안드레이 카르파티Andrej Karpathy는 "지금 가장 인기 있는 새로운 프로그래밍 언어는 영어"라고 선언했다.[51] 이 모든 것은 세상에 훨씬 더 많은 소프트웨어가 존재한다는 것을 시사하며, 이는 더 많은 일자리가 사라지거나 자동화될 수 있음을 의미한다.

마케팅, 법률, 프로그래밍 분야의 사무직만 그런 것이 아니다. 로봇과 연결된 AI를 상상해 보라. 많은 블루칼라 일자리는 너무 복잡해서 자동화하기 어렵다고 여겨졌지만, '생각하는' 로봇이 그런 일도 처리할 수 있을지 모른다. 가장 기대되는 사례는 아마도 자율주행 자동차일 것이다. 자율주행 자동차는 개인 교통수단을 변화시킬 뿐 아니라 트럭 운전사, 버스 운전사, 우버 운전사를 쓸모없게 만들 것이다. 이 기술은 아직 초기 단계에 있지만 언젠가는 거의 400만 명의 미국인(대부분 대학 학위가 없는 남성임)이 갖고 있는 운전기사 일자리를 없앨 수도 있을 것이다. 보수적인 TV 진행자인 터커 칼슨Tucker Carlson은 이러한 블루칼라 일자리를 보호하려고 무인 트럭의 운행을 금지해야 한다고 주장했다.⁵²

이런 종류의 신기술 혁신 반대 운동neo-Luddism은 우파에만 국한된 것이 아니다. 2017년, 빌 게이츠Bill Gates는 기업이 인간 노동자를 기계로 대체할 때 국세청에 세금을 내도록 하는 '로봇세'를 제안했다. (이는 다른 여러 문제가 있지만 무엇보다 거의 실행 불가능하다는 문제점을 안고 있다.) 2022년, 바이든 행정부는 선적 적체로 글로벌 공급망이 마비되자 전국적으로 항구를 현대화하기 위해 6억 8400만 달러를 지원했는데, 당시 일자리의 순손실을 초래하는 어떤 기술 장비도 설치하지 않는다는 조건을 붙였다.⁵³ 이러한 접근 방식은 생산성보다 비효율성을 택한 말 그대로 비생산적 방식이다. 이는 경제학자 밀턴 프리드먼이 1960년대에 한 아시아 국가를 방문했을 때의 일을 떠올리게 한다. 그는 운하 건설 현장을 둘러보던 중 기계화된 트랙터와 굴삭기 대신 삽을 사용하는 인부를 보고 의아해했다. 프리드먼이 한 정부 관리에게 그 이유를 묻자 그 관리는 "상황을 이해하지 못하시는군요. 이건 일자리 창출 사업입니다"라고 답했다. 프리드먼은 "나는 운하를 건설하려는 줄 알았는데 만일 일자리를 원한다면 이 노동자들에게 삽이 아니라 숟가락을 주어야 하지 않겠습니까"라고 말했다.⁵⁴

자동화에 대한 두려움은 충분히 이해할 수 있고, AI가 엄청난 발전을 이룬 지금은 그 어느 때보다 더욱 그럴 만하다. 그러나 역사의 전개 과정을 볼 때 기술은 장기적으로 더 많은 일자리를 창출했고, 우리의 삶을 더 윤택하게 만들어 왔다. 기술의 사용을 거부하는 것은 어리석은 일이다. 기술이 결국 '노동의 종말 the end of work'을 가져온다면 우리는 사회를 근본적으로 다시 생각해야 할 것이다.[55] 1930년, 존 메이너드 케인스는 앞으로 생산성이 크게 향상되면 자신의 손자는 일주일에 15시간만 일하면 될 것이라고 내다봤다.[56] 케인스의 예상은 마치 마르크스가 선망했던 것과 같은 유토피아처럼 들린다. 그곳에서는 "누구나 사냥꾼이나 어부, 목동, 비평가가 되지 않고도 아침에는 낚시를 하고, 정오 이후에는 사냥을 하며, 저녁에는 가축을 돌보고, 저녁 식사 후에는 논평을 쓸 수 있게 될지도 모른다."

그러나 지나친 상상이나 두려움에 휩쓸리지는 말자. 장기적으로 볼 때 기술이 대량 실업을 유발한 적은 이전에도 없었고, 지금도 케인스와 마르크스는 이 주제에 대한 예측에서 크게 빗나갔다. 물론 정치인은 정부가 일자리를 보호해야 한다는 유권자의 요구를 거부하기 어려울 수 있다. 그러나 지도자가 기술 발전을 가로막아서는 안 된다. 그들은 노동자에게 삽 대신 숟가락으로 땅을 파라고 주장하기보다는 새로운 일자리와 산업의 창출을 촉진하기 위해 노력해야 한다.

그러나 AI가 발전하면서 인간의 능력에 대한 기본적 이해가 달라질 것이다. 전 구글 CEO 에릭 슈미트Eric Schmidt, MIT 교수 다니엘 후텐로처Daniel Huttenlocher, 헨리 키신저Henry Kissinger 전 미국 국무장관은 2022년 공저 《인공지능의 시대, 그리고 인류의 미래The Age of A.I., And Our Human Future》에서 계몽주의 시대 이후 인류는 인간의 정신이 우주의 신비를 풀어내는 역할을 한다고 여겨 왔다는 점을 지적했다. 인간의 이성은 이전 시대에는 신성한 힘의 산물로 여겨졌던 현상을 설명해 냈다. 예를 들어 예전에는 태양이 하늘에서 떠오르는 것은 태양신이 전차를 타고 하늘을 가로지르기 때문이라고 생각했다. 그러나 AI는 매우 복잡하고 데이터 양이 방대하며 엄청나게 많은 계산을 통해 이루어지기 때문에 인간은 AI가 어떻게 결론에 도달했는지 이해할 수조차 없다. AI의 능력이 향상됨에 따라 우리는 컴퓨터가 해법을 가장 잘 안다는 사실을 믿어야 할 것이다. 즉 계몽주의 시대 이전의 인류가 신을 믿었던 것처럼, AI에 대한 믿음을 가져야 한다는 말이다.[57] UCLA의 켄 골드버그Ken Goldberg는 코페르니쿠스 혁명으로 지구가 우주의 중심에서 벗어나면서 본질적으로 이성과 인간의 지능이 중심에 놓이게 되었다고 주장한다. 인공지능이 인간의 지능을 뛰어넘어 우리 자신의 위치를 재평가하게 만드는 새로운 혁명이 곧 다가오고 있다.[58]

생명공학의
혁명

AI와 함께 우리는 4차 산업 혁명의 또 다른 측면인 생명공학 혁명을 목격하고 있다. 생명공학은 AI에 못지않은 변화를 가져올 수 있다. 이 둘은 여러 면에서 서로 얽혀 있다. '단백질 접힘 문제protein folding problem', 즉 유기체가 기능하기 위해 필요한 단백질을 구성하는 아미노산 서열의 3차원 구조를 예측하는 것을 예로 들어보자. 이는 1960년대 이후 생물학에서 가장 어려운 과제 중 하나로 여겨졌다. 2020년, 알파폴드AlphaFold라는 AI 도구로 무장한 연구자들은 단백질 접힘을 근본적으로 해결하여 생명공학 분야에서 수많은 돌파구를 열었다.[59]

더 넓게 보면 생명공학 혁명은 비트와 바이트가 아니라 생명체의 구조를 암호화하는 DNA와 RNA의 뉴클레오타이드nucleotide(핵산의 구성 성분_옮긴이)를 다루는 정보 혁명의 또 다른 측면으로 볼 수 있다. 30억 년 이상 진화는 자연선택의 힘에 의해서만 진행되어 일부 변이는 살아남고 다른 변이는 소멸해 갔다. 그러나 오늘날 인간은 자연을 통제하고 있다. 현대 생명공학의 발달로 과학자는 살아 있는 세포 내부의 DNA에 직접적으로 개입해 유기체를 설계하고 심지어 인간도 공학적으로 조작할 수 있게 되었다. 혁신적 유전자 편집 기술인 유전자가위 크리스퍼CRISPR 개발의 선구자인 제니퍼 다우드너Jennifer Doudna와 생화학자 새뮤얼 스턴버그Samuel Sternberg

는 "우리는 사상 최초로 모든 살아 있는 인간의 DNA뿐 아니라 미래 세대의 DNA까지 편집할 수 있는, 즉 우리 자신의 종의 진화를 주도할 수 있는 능력을 보유하게 되었다"라고 말했다.[60]

'인간 유전체 프로젝트the Human Genome Project'가 인간 DNA에서 발견되는 전체 유전 암호의 초안을 완성한 2000년, 빌 클린턴 전 대통령은 "오늘날 우리는 신이 생명을 창조한 언어를 배우고 있다"라고 발표했다.[61] 그 후 20년 동안 인간 유전체 분석genome sequencing 비용은 1억 달러에서 1000달러 이하로 떨어졌다.[62] 또 몇 년이 걸리던 분석 과정이 이제는 며칠이면 끝난다. 2020년 1월 3일 금요일 정오, 중국의 한 연구팀이 신종 코로나바이러스의 DNA가 담긴 시험관을 받았다. 연구팀은 일요일 새벽 2시까지 바이러스의 유전체 지도를 완성했다.[63]

수천 마일 떨어진 곳에서 잘 알려지지 않은 두 곳의 생명공학 회사가 고군분투하고 있었다. 매사추세츠주에 본사를 둔 모더나Moderna사는 메신저RNA 또는 mRNA를 기반으로 백신을 개발한다는 공상적 계획에 대해 점점 커지는 투자자의 회의론에 직면해 있었다.[64] 2019년, 독일의 mRNA 전문 기업 바이오엔테크BioNTech사는 목표했던 금액의 절반이 조금 넘는 자금을 조달했을 뿐이었다.[65] 그러던 중 코로나바이러스 팬데믹으로 인해 두 회사는 비전을 증명할 수 있는 기회를 얻었다. DNA는 세포핵에 고정되어 있는 거대한 마스터 파일master file(데이터 처리에 필요한 항목을 모두 갖고 있는 종합 파일_옮긴이)이며, mRNA는 본질적으로 단백질의 생성 지침을 전달하기 위한 DNA의 작은 스냅샷snapshot(짧은 정보 조각_옮긴이)을 담고 있다. 과학자들은 이 특정 바이러스 표면에 특정 스파이크 단백질이 있어서 이를 제거하면 증식 능력을 억제할 수 있다는 사실을 재빨리 알아냈다. 바이러스의 유전체로 무장한 기업은 이 스파이크 단백질의 '머그샷mugshot'(범인 식별용 사진_옮긴이)을 만든 후 mRNA를 사용하여 우리 몸 전체에 이 범인(바이러스)의 수배 사진을 붙일 수 있게 되었다. 실제 바이러스가 스파이크 단백질과 함께 침입하면 우리 몸의 면역 체계가 이를 인식하고 바이러스와 싸울 준비를 마친 상태가 되는 것이다. 적어도 이론적으로는 그랬다.

mRNA 기술을 활용한 백신은 수천만 명의 생명을 구하며 큰 성공을 거두었다. 그리고 백신 개발 속도도 놀라웠다. 2020년 4월, 《뉴욕타임스》는 일반적인 백신 개발 속도라면 2033년 말이 되어서야 백신이 출시될 것이라고 예상했다. 2021년 중반까지 코로나19 백신을 개발한다는 목표를 달성하는 것은 "불가능한 것을 달성하는 일"이 될 것이라고 보도했다.[66] 모더나와 화이자 바이오엔테크 백신은 2020년이 끝나기 전부터 투여되기 시작했다.

그러나 과학이 준 것을 정치가 빼앗아 갔다.[67] 결국 대다수 미국인이 백신 접종을 하게 되었으나 분노한 소수는 백신 접종을 거부했다. 이들은 백신 접종 의무화를 정부의 폭압적인 과잉 개입이라고 비난했다. 민주당과 공화당 양측에서 두드러지게 백신 접종을 반대하는 사람이 있었지만, 특히 보수주의자는 이 문제를 공화당 지지층을 결집하는 데 사용했다. 예를 들어 J. D. 밴스는 바이든의 백신 의무화를 "노골적인 권위주의"라고 불렀다.[68] 백신과 기타 최첨단 의약품을 거부하면서도 돌팔이들이 기적의 치료제라고 주장하는 하이드록시클로로퀸Hydroxychloroquine(항말라리아 예방 및 치료제. 류머티스 관절염 등의 치료에도 쓰임_옮긴이)이나 이버멕틴ivermectin(다양한 기생충 구제에 쓰이는 구충제_옮긴이)을 복용하려는 일부 사람은 전문가가 아무리 회유하거나 설명해도 설득할 수 없다. 이 같은 잘못된 정보는 전 세계로 퍼져 나갔고, 백신 개발에 자금을 지원한 빌 게이츠가 사람들에게 마이크로칩을 이식하기 위해 백신을 사용한다는 등의 노골적인 음모론도 확산되었다.

백신에 대한 저항은 위험한 수준의 양극화뿐 아니라 엘리트를 향한 광범위한 불신을 반영한다. 전문가는 이라크 전쟁과 글로벌 금융 위기에서 대중의 신뢰를 잃었고, 심지어 팬데믹 초기에도 사람들에게 마스크를 착용하지 말라고 했다. 기술은 대중의 불신을 더욱 악화시켰다. 《전문성의 죽음The Death of Expertise》의 저자 톰 니콜스Tom Nichols는 세상이 너무 복잡해져 일반인은 사물의 작동 원리를 이해하지 못하고, 무력감을 느끼며, 전문가를 원망하게 된다고 주장한다. 그리고 사람들은 클릭 한 번으로 무한한 정보를 얻으면서 스스로 진실을 알아낼 수 있으며, 전문가가 필요 없다고 생각하게 되었다. 인터넷에 넘쳐나는 "쓸모없거나 오해의 소지가 있는 쓰레기 정보의 눈보라를 성공적으로 헤쳐 나가려면" 진정한 전문가가 필요하다는 사실에는 전혀 개의치 않는다.[69] 따라서 백신에 관한 한 사람들은 대부분 인간의 독창성으로 이룩한 놀라운 결과에 기뻐했지만, 인구의 상당수는 전문가의 조언을 거부했다. 그들은 그토록 새로운 기술로 그렇게 빨리 생산된 백신에 불편함을 느꼈다.

유전자 변형 생물genetically modified organisms 즉 GMO에 대한 사람들의 태도에서도 비슷한 회의감을 엿볼 수 있다. 오늘날의 기술과 농법으로 2050년에 예상되는 세계 식량 수요를 충족하려면 아프리카와 남미를 합친 면적의 농지가 필요하다.[70] GMO는 농부가 더 적은 자원으로 더 많은 식량을 재배하고, 변화하는 기후에 작물이 견딜 수 있도록 하며, 더 영양가 있는 작물을 만들 수 있도록 도와준다. 1950년대에 파파야 윤문병ring spot 바이러스가 하와이 오아후섬의 파파야 생산을 거의 초토화했다. 이 지역에서 자란 코넬대학교의 한 과학자가 바이러스에 면역이 있는 유전자 변형 파파야를 개발해 파파야 산업을 구했다. 이 혁신적 품종은 파파야 생산자에 의해 널리 채택되었다. 오늘날 하와이 파파야의 80퍼센트는 유전자 조작을 통해 생산한다.[71]

아시아 여러 나라에서 수많은 가난한 사람에게 유일한 식량 공급원인 주식 작물 쌀에 대한 이야기는 결말이 그리 다행스럽지 않다. 비타민A 결핍으로 매년 전 세계적으로 100만 명이 사망하고 50만 명이 실명하는데, 그 대부분이 어린아이이다.[72] 2000년에 과학자들이 비타민A가 풍부한 신품종 쌀을 개발했을 때, 그들은 자신들의 발명품인 '황금쌀Golden Rice'이 이 문제를 해결하는 데 큰 도움이 될 것으로 기대했다. 그러나 GMO는 전 세계적으로 불안감을 불러일으켰고 많은 정부가 사용을 금지했다. 필리핀에서 일어난

한 사건은 이러한 반발을 잘 보여 준다. 2013년, GMO 반대 운동가는 망연자실한 농부가 지켜보는 가운데 생명을 구할 수 있는 황금쌀의 모종을 뿌리째 뽑아 버렸다. 반GMO 활동가들이 이 기술은 현지 농업을 다국적 기업에 종속시키려는 음모의 일부라며 항의 시위를 벌인 것이었다.[73] 이 글을 쓰는 현재도 황금쌀은 수많은 생명을 구하는 데 필요한 만큼 널리 보급되지 못했다. 인류는 오랫동안 유전공학의 서투른 형태인 선택적 육종 selective breeding을 실천해왔음에도 여전히 많은 사람이 동식물의 유전자에 어설프게 손댔을 경우 빚어질 결과에 두려워하고 있다.

우리 자신의 유전자에 손을 대는 문제는 사회적 영향을 감안할 때 매우 신중하게 접근해야 한다. 그러나 건강의 관점에서 유전자 편집은 신의 선물이 될 수 있다. 크리스퍼는 질병을 일으키는 특정 돌연변이를 대체하는 데 사용될 수 있으며, 이미 낫적혈구빈혈 sickle-cell anemia(아프리카계 사람에게 주로 나타나는 유전적 악성 빈혈_옮긴이) 환자를 치료하는 데 큰 가능성을 보여 주었다. 연구자는 언젠가 더 복잡한 유전 질환을 유발하거나 암의 발병 가능성을 높이는 돌연변이를 교정하는 데도 크리스퍼가 활용되기를 기대한다. 유전자가위를 이용한 예방적 치료는 아이가 태어나기 전에 이루어질 수 있다. 2018년 중국 과학자 허젠쿠이賀建奎는 두 쌍둥이 배아의 유전자 코드를 수정해 HIV human immunodeficiency virus(에이즈 바이러스_옮긴이)에 내성을 갖도록 만들었으며, 이 아기들이 이미 태어났다고 발표해 전 세계를 놀라게 했다.[74] 과학계는 이를 두고 신기술에 적절한 감독이나 위험을 고려하지 않고 인간 유전체에 무분별하게 간섭한 무모한 행동이라고 일제히 비난했다. 이후 허젠쿠이는 중국 당국에 의해 기소되어 유죄 판결을 받고 수감되었다. 그러나 이 기술은 질병을 예방할 수 있는 놀라운 잠재력을 지녀서 장래에는 널리 받아들여질지도 모른다.

이러한 혁신 기술은 신중하게 규제할 필요가 있다. 우리는 아기가 특정한 신체적 정신적 특질을 갖도록 유전적으로 조작되는 영국 작가 올더스 헉슬리Aldous Huxley의 《멋진 신세계Brave New World》에 그 어느 때보다 가까워졌다. 사람들이 지금 엘리트를 원망한다고 생각한다면, 부자가 완벽한 아이를 갖기 위해 더 많은 돈을 지불할 수 있다고 상상해 보라. 그런 세상은 고전적 자유주의의 기본 전제 가운데 하나인 '모든 남성과 여성은 평등하게 창조되었다'는 명제에 의문을 제기하게 될 것이다.

따라서 크리스퍼 유전자 편집 기술과 기타 생명공학의 발전은 한편으로는 믿을 수 없을 만큼 큰 가능성을 가지고 있으나, 다른 한편으로는 AI와 마찬가지로 인간이라는 존재의 의미에 대해 강력한 재검토를 요구한다. 문명 사학자 유발 하라리Yuval Noah Harari는 호모 사피엔스가 수천 년에 걸친 사회적 정치적 경제적 변화에도 불구하고 지금까지 육체적 정신적으로는 크게 변하지 않았다고 주장한다. 그러나 생물학과 컴퓨터 기술에서 일어나는 두 가지 혁명이 결합되면서 인류는 신체적 정신적 능력을 확장하게 될 것이다. 그 결과 신과 같은 슈퍼맨 즉 호모 데우스Homo deus가 탄생할 것이라고 그

는 말한다.[75]

디스토피아를 넘어서

미래가 눈앞에 보이기 시작했다. 기술은 현재 우리가 상상조차 할 수 없는 방식으로 사회를 변화시킬 수 있다. 닐 스티븐슨Neal Stephenson은 가상 세계를 뜻하는 '메타버스metaverse'와 사람의 디지털 자아를 뜻하는 '아바타avatar'라는 용어를 만든 선구적 공상과학 작가이다. 스티븐슨은 또 AI가 인간의 경험을 어떻게 변화시킬지 상상해 왔다. 1995년 발표한 소설 《다이아몬드 시대The Diamond Age》에서는 '똑똑한' AI를 활용한 동화책이 무한한 인내심을 지닌 일대일 가정교사가 되어 희망을 잃은 한 소녀에게 용기를 북돋아 주어 그녀의 빈곤 탈출을 돕는다. 오늘날 많은 사람이 AI와 디지털 세상을 떠올릴 때면 으레 영화 〈매트릭스The Matrix〉 같은 암울한 디스토피아나 비디오 게임 중독, 현실 생활을 대체하는 가상 현실에 대한 상투적 공포 등을 떠올릴지 모른다. 그러나 스티븐슨의 소설에 나오는 이야기와 AI를 활용한 일대일 교습 서비스를 창안한 실제 창업 기업의 사례는 인공지능의 보다 낙관적 가능성을 보여 준다.[76] 예전에는 개인 가정교사를 고용할 수 있는 사람은 소수의 귀족뿐이었지만, 앞으로 AI를 통해 누구나 개인별 맞춤 교육을 받을 수 있게 된다면 이는 '모든 사람이 왕'이 되는 또 다른 예가 될 것이다.

그러나 혁명적 변화는 그 자체로 매우 파괴적이다. 정보 혁명은 세상을 근본적으로 재편해 왔으며, 앞으로 그 혁명이 잠재적으로 더 큰 규모로 진행된다면 두려운 상황이 벌어질 수도 있다. 정보 혁명으로 인해 생산성이 전반적으로 향상되어 모두에게 도움이 되는 더 큰 부를 창출하더라도 많은 일자리가 사라질 것이다. 기존의 규범은 깨어지겠지만 모든 사람의 삶의 질은 개선되리라고 기대할 수 있다. 개인 정보에 대한 실질적 우려와 함께 최첨단 기술과 관련하여 정부가 기업과 스스로를 어떻게 규제해야 하는지에 대한 현실적 문제가 있다. 그러나 이러한 문제는 해결 불가능한 과제가 아니며, 우리는 디지털 생활의 혜택을 누리면서도 개인 정보와 민주주의를 보호할 수 있다.[77] 그리고 인공지능과 생명공학 혁명에 대한 사려 깊은 규칙을 개발할 수 있다면 인간성 또한 잃지 않을 것이다. 실제로 우리는 인간성을 오히려 더 높이 평가하게 될지도 모른다. 그러나 우리가 인간성을 더 강조할수록 인간의 개념과 우리에게 고유한 인간다움이 무엇인지를 인식하는 데 더 큰 변화가 일어나게 될 것이다.

기술의 종말론이 난무하는 가운데 우리는 기술의 거대한 잠재력을 제대로 파악하지 못하곤 한다. 고대인은 고된 노동과 속박에서 벗어날 수 있는 장치를 갈망했다. 아리스토텔레스는 《정치학 Politics》에서 노예제와 강제 노역이 소멸하는 일종의 유토피아를 상상했다. "각 도구가 명령에 따라 혹은 지시를 예상하여 자신의 임무를 수행할 수 있다면, 그리고 베틀이 스스로 천을 짜고 악기가 스스로 음악을 연주한다면, 수공예 장인은 조수가 필요 없고 주인은 노예가 필요하지 않을 것이다."[78] 오늘날 우리는 아리스토텔레스가 상정했던 미래상, 즉 일과 생산성이 아니라면 인간은 과연 무엇을 위해 존재하는가 하는 질문을 스스로에게 던져야 하는 세상에 점점 더 가까워지고 있다. 그리고 AI를 탑재한 컴퓨터가 인간의 두뇌보다 더 뛰어난 분석 기계가 될 수 있다면 인간에게 남는 것은 무엇일까? 아마도 우리는 인간의 고유한 특징을 감정과 도덕성, 그리고 무엇보다도 다른 사람과 함께 일하고 놀고 생활하는 능력인 사회성을 중심으로 정의하기 시작할 것이다. 2000년 전 아리스토텔레스는 같은 책에서 "인간은 본질적으로 사회적 동물"이라고 말했다. 어쩌면 우리는 그 고대의 지혜로 돌아가고 있는지도 모른다.

  자동화 덕분에 전 사회가 보편적으로 풍요로워진 상태에 근접한 나라는 아직 없다. 그러나 기술 혁명은 이미 더 큰 생산성 향상과 부의 증대를 이루어 냈다. 이로 인해 정치적 쟁점도 시대를 규정하는 결정적 전쟁터였던 경제 분야에서 서서히 멀어져 왔다. '큰 정부 대 작은 정부'의 논쟁에 초점을 맞추었던 기존의 좌우 대립은 이제 존엄성, 지위, 존중 등에 대한 논점으로 바뀌었다. 이제는 우리의 본질을 규정하는 것이 무엇인지, 그리고 인간에 대한 그 정의를 더 넓은 사회적 정치적 영역에서는 어떻게 해석할 것인지를 두고 이전과는 다르게 생각하고 있다.

8

두려움과
불안이 이끈
정체성 혁명

프랑스인이 샴페인과 불꽃놀이로 1968년 새해맞이 종을 울리는 가운데 프랑스 대통령이 신년 축하 메시지를 전했다. 2차 세계대전 중 망명 정부인 '자유 프랑스'를 이끌었고, 제5공화국을 세웠으며, 당시 전후의 긴 호황을 주도하고 있었던 샤를 드 골Charles de Gaulle은 "오늘날 프랑스는 과거에 그랬던 것처럼 위기로 인해 마비될 가능성을 찾아볼 수 없다"라고 선언했다.[1] 그러나 그의 신년사가 발표된 지 불과 5개월 만에 파리는 프랑스 대혁명 당시로 돌아간 듯했다. 프랑스 수도의 넓은 대로는 뿌리 뽑힌 나무로 만든 임시 바리케이드와 훼손된 도로 표지판으로 막혀 있었다. 경제 활동은 완전히 멈췄다. 학생 운동가는 대학 건물을 점거하고 학내외의 전통적 지배 권력에 도전했다. 5월 30일 하루에만 학생 시위대와 대통령 지지자를 포함해 거의 100만 명의 파리 시민이 거리로 나섰다. 기성세대의 순응적 태도에 반기를 든 젊은이는 '금지하는 것을 금지한다!'와 같은 낙서로 파리를 뒤덮었다.[2] 드골 대통령은 하루 전에 신변 안전을 우려해 서둘러 서독의 군사 기지로 피신한 상태였다. 폭력과 혼란에 익숙했던 프랑스는 다시 한 번 위기에 처했다.

    1968년 여름이 되자 혁명의 열기는 미국 심장부까지 뻗쳤다. 그해 8월 민주당이 시카고에서 전당대회를 준비하는 가운데 도시는 폭력 사태에 대한 우려가 고조되었다. 그 전 몇 달 사이에 미국 좌파를 대표하는 우상인 로버트 케네디Robert F. Kennedy와 마틴 루서 킹 주니어Martin Luther King Jr.가 총에 맞아 사망했다. 몇 년 동안 인종 차별부터 전쟁과 마약 규제법에 이르기까지 모든 것을 거부하는 반체제 문화가 떠오르고 있었다. 전통 규범, 위계질서, 권위에 대항하는 한 세대가 부상하고 있었던 것이다. 시카고에서 민주당 정치인이 기성 정치권의 대통령 후보인 허버트 험프리Hubert Humphrey 부통령을 지지하며 결집하자, 전당대회장 밖의 분위기가 험악해졌다. 전당대회장으로부터 약 800미터 떨어진 콘래드 힐튼 호텔에서는 경찰이 깨진 유리창을 뚫고 젊은 시위대를 추적하며 손에 잡히는 대로 경찰봉을 휘둘렀다. 최루탄이 험프리의 호텔 스위트룸까지 스며들었다.[3] 시위대는 "세계가 지켜보고 있다!"라고 외쳤고, TV 카메라는 전 세계로 이 소요 사태를 생방송했다.[4]

세계가 이 광경을 지켜보았고 혁명은 더욱 확산되었다. 1968년 한 해 동안 서독, 멕시코, 일본 등 다양한 국가에서 전 세계적인 항의 시위 운동이 일어났다. 시위는 민주주의 국가와 독재 국가, 자본주의 국가와 공산주의 국가를 가리지 않고 모든 나라를 휩쓸었다. 서구에서는 학생이 과도한 소비주의와 자유 시장에 반대하는 시위를 벌였고, 동유럽에서는 공산주의에 반대하는 시위를 벌였다. 로마의 주요 대학 앞에서는 돌을 던지고 차를 뒤집는 수천 명의 학생 시위대와 경찰이 사투를 벌였다.[5] 프라하에서는 러시아 탱크가 자갈길을 질주하며 '인간의 얼굴을 한 사회주의'라는 개혁주의자들의 구호를 짓밟았다.

반세기가 지난 지금도 1968년의 망령은 여전히 평범한 여느 해와는 다른 감정을 불러일으킨다. 정치 평론가 데이비드 프럼David Frum은 그 시대에 관해 두 가지 상반된 이야기가 있다고 썼다. 자녀 세대의 신화에서는 그때까지 꼼짝 못 하고 비참하게 웅크리고 있었던 미국인을 1960년대의 용감하고 기쁨에 찬 시위대가 해방시킨 것으로 묘사하는 반면에, 부모 세대의 신화에서는 애국심과 의무감으로 충만했던 황금기가 징집 기피, 대마초 흡연, 히피족에서 여피족yuppie(도시에 사는 젊고 세련된 고소득 전문직 종사자_옮긴이)으로 변신한 하류 인생에 의해 망가졌다고 기억된다는 것이다.[6] 이러한 관점의 차이는 오늘날에도 여전히 미국의 정치적 이념 구도를 형성하고 있다.

1968년은 여러 면에서 서구 정치를 재편하게 될 두 가지 큰 흐름, 즉 정체성 정치의 부상과 그에 따른 양극화의 심화를 예고하는 해였다. 민주당은 킹 목사 암살 사건 이후 전면적인 민권 법안을 통과시켰고, 항의 시위에도 불구하고 역사상 사회적으로 가장 진보 성향의 험프리를 대통령 후보로 지명했다. 서구 전역에서 문화 의식이 강한 '신좌파New Left'가 부상하면서 블루칼라 노동자는 서서히 전통적 좌파 정당으로부터 이탈하기 시작했다. 인종 폭동이 일상화되고 각종 사회 쟁점이 전면에 부각되면서, 중도적 합의가 깨지고 좌우 양극단의 교조적 열정을 지지하는 양극화 현상이 팽배해졌다. 1960년대 혁명은 불과 몇 년 만에 성gender, 인종race, 권위authority의 위계질서를 둘러싸고 수 세기 동안 이어져 온 기존의 통념을 깨트리면서 문화를 근본적으로 변화시켰다.

1960년대는 낙태 허용에서 주거 보호까지, 투표권에서 고용 평등법에 이르기까지 광범위한 개혁의 시발점이 되었다. 미투 운동#MeToo('나도 피해자'라는 의미로 성폭행 피해 여성 등 사회적 약자가 자신의 피해 사실을 드러내도록 함으로써 여론의 힘을 결집해 사회적으로 고발하는 운동_옮긴이)과 '흑인의 생명도 소중하다Black Lives Matter'(2012년 미국에서 흑인 소년을 죽인 백인 방범 요원이 이듬해 무죄 평결을 받고 풀려나면서 시작된 흑인 민권 운동. 흑인에 대한 과도한 공권력 사용에 항의하는 구호로도 사용된다_옮긴이) 운동부터 비판적 인종 이론에 맞선 보수적 투쟁에 이르기까지, 거의 모든 현대의 사회 운동은 그 10년 동안 처음 명확하게 제기되었던 문제를 해결하려고 씨름하고 있는 셈이었다. 과거에는 정치가 경제 문제에 의해 압도적으로 좌우되었다면, 오늘날의 정치는 정체성 문제로 말미암아 변화하고 있다.

1960년대의 혁명은 가장 열렬한 지지자가 갈망했던 정치 혁명을 성취하지 못했다. 프랑스에서는 드골이 우려했던 공산주의자의 정권 장악이 실현되지 못했다. 1968년 봄이 1790년대 초의 자코뱅 열기를 떠올리게 했다면, 그해 여름은 자코뱅의 뒤를 이은 나폴레옹의 반혁명에 대한 아련한 기억을 떠올리게 했다. 1968년 7월, 프랑스 유권자가 운동권 좌파의 급진주의를 단호히 거부함에 따라 드골의 집권당이 전체 의석의 74퍼센트를 차지했다. 연말이 되자 노동자들은 공장으로, 학생들은 교실로 돌아갔다. 그 후 1981년까지 보수주의자가 엘리제궁을 계속 차지했다. 미국에서는 1968년 '법과 질서law-and-order'를 내세운 리처드 닉슨Richard Nixon이 험프리를 물리쳤고, 2년 후 영국에서는 보수당이 집권했다. 1960년대는 사회 개혁이라는 공통 의제에 대한 지속적 공감대를 형성하는 데 실패했다. 그 대신 정치 투쟁의 새로운 전선이 된 새로운 문화적 분열이 드러났다.

사회적 욕구의 단계 이론

혁명은 1789년의 프랑스에서처럼 절망과 절박함

에서 터져 나올 수 있다. 그러나 어떤 종류의 혁명은 풍요로운 상태에서도 시작될 수 있다. 바로 정체성 혁명의 경우이다. 정치학자 로널드 잉글하트Ronald Inglehart의 말처럼, 사회적 욕구는 개인의 욕구와 마찬가지로 에이브러햄 매슬로Abraham Maslow의 '욕구의 단계hierarchy of needs'를 따른다. 피라미드의 맨 아래에는 식량, 안전, 주거가 있으며, 인류 역사 대부분에서 이러한 욕구가 모든 사회적 활동의 목적이 되어 왔다. 그러나 이 같은 물질적 욕구가 충족되면 사람은 더 높은 차원의 욕구, 즉 개인의 자유와 자기표현이라는 추상적 가치에 관심을 둔다.[7] 다시 말해 경제와 기술 혁명이 생활 수준의 향상과 함께 가치관의 혼란과 방향 감각의 상실을 가져올 때, 정체성에도 혁명이 일어나는 경향이 있다. 사람들은 경제적 사회적으로 기존의 전통적 역할에서 분리되면 희망 또는 두려움으로 반응한다. 이전에 소외되었던 집단은 이러한 변화를 해방으로 인식하고 새로 알게 된 존엄성을 추구하지만, 최상위 계층은 이미 누리고 있는 지위를 잃을까 두려워한다.

1960년대와 1970년대는 20세기 들어 가장 빠르고 급진적인 정체성 혁명을 겪었다.[8] 1968년 서구 세계는 세계화와 기술 발전이 가져온 전후의 경제 호황 덕분에 전환점을 맞이했다. 전쟁과 기아의 공포를 겪지 않고 성인이 된 젊은이는 기성 엘리트가 지배하는 사회에 불만을 품게 되었다. 그들은 개인의 권리와 시민권에 대한 보다 포괄적인 비전, 그리고 역사적으로 소외된 사람에게까지 확대된 시민권을 염원했다. 마크 릴라Mark Lilla가 지적했듯이, 유럽에서는 시위대가 문화 전쟁이 아닌 계급 전쟁을 벌이는 것으로 인식하는 경우가 많았다.[9] 역설적이게도 문화적 분열이 아직 정치적 논쟁의 중심에 있지 않았던 구세계에서는 사회 변화가 훨씬 더 빠르고 영구적이었다. 예를 들어 낙태 문제는 거의 정치화되지 않았다.[10]

1980년대와 1990년대는 경제 문제에 새로운 공감대가 이루어지면서 이제는 문화가 경제를 대체하는 주요 정치 전선戰線으로 부상했다. 미국에서는 사람들이 계급보다 인종, 종교, 성별 등 개인의 정체성에 더 집중하기 시작하면서 오늘날까지 계속되고 있는 문화 전쟁의 씨앗을 뿌렸다.[11] 유럽에서는 이 과정이 더 오래 걸렸지만 역시 주로 이민 문제에서 비롯된 양극화와 정체성 정치가 핵심 쟁점으로 대두되었다. 1990년대에는 새로운 유형의 정체성 혁명이 일어났다. 이는 한 차례 폭발하는 지진이 아니라 아주 서서히 나타나는 지각 변동처럼 느린 혁명이었다. 다시 말해 구조적 변화가 정치 혁명에 선행했다. 베를린 장벽 붕괴 이후 세계화와 기술 변화의 속도가 더욱 빨라지면서 자유 시장주의 정치의 새로운 황금시대가 열렸다. 좌파가 신자유주의의 시류에 편승하자, 우파는 좌파와 차별화할 방법을 두고 심각한 위기에 직면했다. 보수주의자는 점점 더 온건해지는 중도 좌파와 차별화하려면 정체성 정치를 강화해야 한다는 사실을 깨달았다.

일부 우파 지도자는 일찍부터 사회의 기류 변화를 감지했다. 1992년 공화당 대선 후보였던 팻 뷰캐넌Pat Buchanan은 "이 나라에서는 일종의 종교 전쟁이 벌어지고 있다. 이 전쟁은 또한 우리나라가 어떤 나라가 될 것인가를 결정짓는 데 있어 냉전만큼이나 중요한 문화 전쟁이기도 하다. 그것은 바로 미국의 영혼에 관한 전쟁이기 때문이다"라고 말했다. 이후 수십 년이 지나면서 그의 말이 옳았다는 것이 입증된다.

좌파의 분열

오늘날 좌파 여피족과 보수적 블루칼라 노동자 사이의 정치적 분열은 19세기 서구 정치를 관찰한 사람이라면 누구나 이상하게 여길 것이다. 1848년 카를 마르크스와 프리드리히 엥겔스는《공산당 선언》에서 "지금까지 존재하는 모든 사회의 역사는 계급 투쟁의 역사"라고 썼다.[12] 역사적인 미묘한 차이를 간과했지만 마르크스가 근대 유럽의 정치를 평가한 것은 대체로 정확했다. 산업 혁명이 시작된 이래로 유럽은 노동 계급 좌파와 부르주아 우파 간 끊임없는 갈등으로 점철되어 왔다. 이러한 분열은《공산당 선언》이 발표된 이후에도 한 세기 동안 계속되었다. 우리가 보았듯이 공장 노동자는 더 나은 임금, 더 짧은 노동 시간, 더 안전한 노동 조건을 위해 함께 뭉쳐서 싸웠다. 한편 미국에서는 인종 문제라는 차원이 더해져 모든 것이 복잡해졌지만, 역시 강력한 노동 운동과 관세 같은 정책을 둘러싸고 치열한 경제 논쟁이 벌어졌다.

적어도 서구에서는 2차 세계대전이 끝나고 나서야 이러한 논점에 관해 합의에 도달했다. 성공의 공식은 민주주의와 시장 그리고 복지 국가의 조합이었다. 유럽에서는 보수주의자와 사회 민주주의자가 전간기戰間期(1918년부터 1939년까지 1, 2차 세계대전 사이의 기간_옮긴이)의 극단적 좌우 양극화를 피하는 법을 깨우쳐 좌우 대립 대신에 보다 협력적인 정부 운영 방식을 받아들였다. 미국에서는 대공황과 전쟁을 겪으면서 정부가 경제에 개입해야 한다는 광범위한 공감대가 형성되었다. 공화당 소속이었던 드와이트 아이젠하워 Dwight Eisenhower 대통령도 사회보장부터 90퍼센트가 넘는 한계 세율의 도입에 이르기까지 프랭클린 루스벨트의 거의 모든 '사회주의적' 정책을 지지했다.[13] 간단히 말해 한때 복지 국가를 격렬하게 반대했던 우파가 이제는 복지 국가 이념을 수용하게 된 것이다.

물론 불평등이 낮고 정치적 양극화가 거의 없었던 이른바 '20세기 중반의 유토피아' 체제는 인종적 배제를 기반으로 구축된 것이었다. 역사학자 도로시 수 코블 Dorothy Sue Cobble이 말한 "미국 사회 민주주의 전성기"의 상당 부분이 짐 크로법의 기간과 일치하는 것은 우연이 아니다.[14] 20세기 전반 내내 미국의 공화당과 민주당은 백인 우월주의의 토대에 도전하지 않기로 암묵적인 합의를 했다. 1930년대에는 흑인의 4퍼센트만이 투표권을 가질 수 있었다.[15] 한편 1924년 이민법은 백인 또는 북유럽 출신이 아닌 모든 이민자를 사실상 배제하면서 반이민주의자nativist들의 불만을 달랬다.

남부 백인은 뉴딜 프로그램의 재분배 정책을 지지하는 대신 흑인 미국인에 대한 지속적 예속을 조건으로 걸었다.[16] 뉴딜 법안이 흑인이 대부분이었던 가사 노동자와 농장 노동자에게 노조를 결성하거나 사회보장 혜택을 받지 못하도록 금지한 것은 당연한 일이었다.[17] 그 대가로 남부는 루스벨트에게 큰 보상을 주었다. 1936년 대통령 선거에서 그는 미시시피에서 97퍼센트, 사우스캐롤라이나에서 99퍼센트를 득표했다.[18]

1950년대까지 북부의 인종 차별 정책과 남부의 합법적 인종 분리 정책으로 인해 백인과 흑인은 서로 다른 삶을 살았다. 경제 성장이 가속화함에 따라 백인 미국인은 교외의 안전한 주택 단지에 살면서 아메리칸 드림을 추구할 수 있었다. 미국은 안정된 균형에 도달한 것처럼 보였다. 1950년, 미국 정치학회는 〈보다 책임감 있는 양당제를 향하여〉라는 제목의 보고서를 발표했다. 보고서의 결론은 "미국 민주주의에 필요한 것은 타협을 줄이고, 정당의 결속력을 높이며, 각 당의 정강 정책을 명확히 구분하는 것"이었다. 간단히 말해 양극화를 강화하자는 것이었다.[19]

머지않아 그 소망은 이루어졌다. 경제 정책에서의 합의는 사회 문제를 전면에 부각시키는 계기가 되었다. 백인 남성의 지배 체제가 무너지게 된 것이다. 이러한 변화는 미국이 건국 이념을 실현하는 데 훨씬 더 가까워졌으나 그와 함께 거리에서는 혼란이 일어나게 된다.

미국의
반체제 문화 운동

　　　　　1950년대에 많은 미국 가정에서는 매주 월요일 밤마다 가족이 TV 앞에 모여 당시 최고의 인기 프로그램이었던 〈내 사랑 루시I love Lucy〉를 주로 시청했다. 그러나 그 후 10년이 지나면서 이 TV 연속극에 묘사된 화목한 가정의 이미지는 완전히 시대에 뒤떨어진 것처럼 보였다. 1964년 밥 딜런Bob Dylan은 "당신의 아들딸들은 / 당신의 통제를 벗어났다"라고 노래했다.[20] 이제 젊은 남성은 비틀스Beatles에게 영감을 받은 긴 머리 스타일을 하고, 헐렁한 바지 대신 데님 청바지로 갈아입었다.

　1964년은 또 미국이 베트남 전쟁에 대규모로 개입하기 시작한 해로, 이 전쟁은 베트남 땅을 초토화하고 미국을 문화적으로 분열시켰다. 젊은이들은 미국의 전쟁 개입에 극렬하게 반대했다. 이들 가운데 상당수는 군에 징집되어 복무했고 일부는 캐나다로 도망쳤다. 다른 이들은 항의 행진, 징집 영장 소각, 단식 투쟁, 대학 건물 점거 등으로 분노를 표출했다. 일부 베트남 참전 용사는 무용을 인정받아 획득한 훈장을 공개적으로 내다 버리기도 했다. 극좌 성향의 국내 테러 단체인 웨더 언더그라운드Weather Underground는 미 의회 의사당, 국방부, 국무부 등의 목표물을 폭파하는 등 폭력적 행동을 감행했다.

　미국의 젊은이는 전쟁에 항의하면서 자신들이 보기에 과도하게 보수적인 기성문화에 반기를 들기 시작했다. 1967년, 10만여 명의 미국 젊은이가 로큰롤 음악과 환각제로 가득한 '사랑의 여름Summer of Love' 축제를 즐기려고 샌프란시스코 헤이트 애시베리Haight-Ashbury 인근에 모였다. 2년 후에는 거의 50만 명에 가까운 사람이 우드스톡Woodstock 음악 축제에 몰려들었다. 그곳에서 지미 헨드릭스Jimi Hendrix가 비틀어 연주한 미국 국가는 기존 규칙의 파괴, 새로운 자기표현의 자유, 미국 정치의 경직성에 대한 도전 등 앞으로 일어날 변화를 상징하는 듯했다.

얼마 지나지 않아 반체제 문화counterculture 운동이 개척한 사회 변화는 미국 전역에 그 흔적을 남겼다. 1971년에는 미국인의 35퍼센트가 결혼이라는 개념이 쓸모없다고 생각했다.[21] 마약에 관용적인 태도도 놀랍도록 짧은 시간에 자리 잡았다. 1967년에는 미국인의 5퍼센트만이 마리화나를 시도해 본 적이 있었다.[22] 그러나 1979년에는 고등학교 졸업생의 51퍼센트가 최근 1년 안에 대마초를 피운 적이 있다고 인정했다.[23]

동시에 미국인은 교회에서 정부에 이르기까지 전통적으로 존경받던 제도와 기관에 대한 신뢰를 급격히 상실했다. 매주 미사에 참석하는 미국 가톨릭 신자의 비율이 1957년 75퍼센트에서 1975년 54퍼센트로 감소했다.[24] 1958년에는 미국인의 71퍼센트가 정부는 거의 언제나 혹은 대부분 옳은 일을 한다고 믿었다.[25] 그런데 20년 후에는 29퍼센트만이 같은 생각을 했다.[26] 베트남 전쟁에 대한 정부의 거짓말과 워터게이트 스캔들 이후 미국 국민은 더 이상 지도자를 믿지 않게 되었다. 1960년대의 항의 시위 운동이 시작될 무렵 학생 운동 조직가였던 잭 와인버그Jack Weinberg는 전국의 시청자에게 "30세 이상은 아무도 믿을 수 없다"라고 말했다. 1970년대에 이르러서는 더 이상 누군가를 신뢰하는 사람이 거의 없는 것처럼 보였다. 권위와 제도에 대한 믿음이 무너지면서 포퓰리즘, 음모론, '탈진실post-truth'의 세상이 번성할 수 있는 토양이 조성된 것이다.

유럽의 거센 세속화 물결

유럽에서도 미국과 마찬가지로 전통적 권위보다 정치 참여와 표현의 자유를 우선시하는 새로운 세대가 변화를 주도했다. 이들은 물질적 소유나 안전보다는 개인의 자아실현에 몰두하는 세대로, 로널드 잉글하트는 이들을 "탈脫물질주의postmaterialist 세대"라고 불렀다. 1970년 잉글하트는 서구 6개국 사람을 대상으로 설문 조사를 실시했다. 응답자 가운데 2차 세계대전 중에 성장한 세대에서는 물질주의적 가치가 탈물질주의적 가치를 3 대 1의 비율로 앞섰다. 그러나 전쟁 이후 태어난 15세에서 24세 사이의 집단에서는 '탈물질주의'가 지배적이었다.[27] 어느 범주에 속하는지에 따라 학생 운동을 어떻게 생각하는지 매우 정확하게 예측할 수 있었다. 질서와 물가 안정 같은 '물질주의적' 가치를 선호하는 응답자 중 학생 시위를 지지한 비율은 16퍼센트에 불과했다. 정치 참여와 표현의 자유 같은 '탈물질주의적' 가치를 우선시하는 응답자 중에서는 71퍼센트가 학생 시위를 지지했다.[28]

유럽에서는 2차 세계대전으로 파시즘이 불신을 받았음에도 독일과 이탈리아 같은 과거 추축국Axis countries에서는 재계, 학계, 정부 등의 기존 권력 구조가 거의 그대로 유지되었다. 냉전이 심화하면서 공산주의자와의 싸움이 우선순위가 되었고, 이는 곧 파시스트와의 싸움이 뒷전으로 밀려났음을 의미했다. 서독과 오스트리아에서는 복권된 나치 전범이 정부와 사회의 권력자로 복귀했다. 학생 혁명가와 그들을 비방하는 세력 간 분열은 미국에서보다 훨씬 더 극심한 세대 간 거대한 투쟁이 되었다.

젊은이가 홀로코스트Holocaust의 잔학 행위에 연루된 지도자 세대에 반기를 들었던 서독만큼 세대 간 분열이 극명하게 드러난 곳은 없었다. 1968년 서독 정부의 두 지도자 하인리히 뤼브케Heinrich Lübke 대통령과 쿠르트 게오르그 키싱어Kurt Georg Kiesinger 총리가 나치 정권과 연계된 사실이 잇따라 드러났다.[29] 기독교민주연합당 전당대회에서 베아테 클라르스펠트Beate Klarsfeld라는 활동가는 연단에 올라가 키싱어의 뺨을 때리며 "나치!"라고 외쳤다. 좌파 무장 세력의 일원이었던 구드룬 엔슬린Gudrun Ensslin(독일 적군파를 결성한 여성 테러리스트_옮긴이)은 당시 상황을 온 나라를 갈라놓은 세대 간 균열의 상징이 된 말로 표현했다. "이들은 아우슈비츠 세대이며, 그들과는 언쟁할 필요도 없다!"[30]

1960년대 젊은이가 나이 들면서 권한을 가진 자리에 오르자 문화적 변화도 빠르게 뒤따랐다. 1960년대와 1970년대에 걸쳐 유럽은 전례 없는 세속화의 물결을 경험했다. 1963년부터 1976년 사이에 서독의 연간 이혼 건수는 2배 이상 증가했다.[31] 네덜란드에서는 1965년과 1975년 사이에 매주 미사에 참석하는 가톨릭 신자의 비율이 절반으로 줄어들었다.[32] 사실 세속화는 미국보다 서유럽에서 훨씬 더 심각했다. 오늘날 서유럽 기독교인 가운데 절대적 확신을 갖고 하나님을 믿는 사람은 4분의 1도 되지 않는다. (이는 미국 기독교인의 76퍼센트에 비해 현저히 낮다.)[33] 이에 따라 낙태법도 변화했다. 1970년대 이전까지는 아이슬란드가 비공산권 유럽 국가 중 유일하게 낙태를 합법화한 나라였다. 그러나 1971년 4월 프랑스 잡지 《르 누벨 옵세르바퇴르Le Nouvel Observateur》는 페미니스트 철학자 시몬 드 보부아르Simone de Beauvoir와 여배우 카트린 드뇌브Catherine Deneuve를 포함한 343명의 여성이 불법 낙태 사실을 공개적으로 인정하면서 형법 개정을 요구하는 내용의 탄원서에 서명하고 이를 게재했다.[34] 문화적 규범이 바뀌면서 유럽 국가는 연이어 낙태를 자유화하는 방향으로 법을 개정했다. 1975년 프랑스는 낙태에 대한 처벌 조항을 폐지했고, 1976년에는 서독이, 1978년에는 이탈리아가 그 뒤를 따랐다.[35]

불과 몇 년 만에 계급 갈등보다 사회 문제를 우선시하는 신좌파가 유럽의 문화 지형을 바꾸면서 미국의 좌파보다 훨씬 더 성공적으로 대중의 마음을 사로잡았다. 이러한 여론의 변화로 인해 우파는 다양한 사회적 쟁점에 타협할 수밖에 없었다. 문화 전쟁이 좌파에 유리한 방향으로 일찌감치 정리되고 정치가 여전히 경제 문제를 둘러싼 계급 간 싸움에 주로 매달리면서, 유럽의 문화적 보수주의자는 빠르게 입지를 잃어 가고 있었다. 그 결과 유럽에서는 미국을 휩쓸었던 문화적 반발이 훨씬 줄어들었다. 또 유럽의 다당제 정치 체제는 다양한 정체성과 이해관계를 수용하는 데 더욱 효과적인 것으로 드러나면서 미국을 뒤흔들었던 당파적 긴장을 일부 해소할 수 있었다. 예를 들어 1980년대 좌파 성향의 독일 유권자는 사회민주당, 중도 정당, 녹색당 중에서 선택할 수 있었다. 이처럼 다양한 선택지는 미국의 양당 체제를 괴롭히는 갈등과 양극화를 어느 정도 피할 수 있게 했다.

사회 변화와 침묵하는 다수

반면에 양극화는 미국을 둘로 갈라놓았다. 양극화는 미국 노동 계급과 정치적 좌파 사이의 관계가 멀어지면서 시작되었다. 1948년, 백인 노동 계급 유권자는 전체 유권자보다 민주당에 투표할 확률이 12퍼센트 더 높았다. 1968년에는 민주당의 지지 구도가 바뀌었다. 그해 백인 노동 계급 미국인은 전체 유권자보다 겨우 3퍼센트 포인트 차이로 민주당을 더 선택했다. 그리고 1972년에는 전체 유권자보다 4퍼센트 포인트 더 높은 비율로 공화당을 지지했다.[36] 1968년은 미국 정치의 기본 규칙이 바뀐 해였다. 미국은 1960년대에 유럽에서 일어난 그 어떤 운동보다 더 크고 오래 지속된 저항을 경험했다. 왜 그랬을까? 미국의 정치와 사회 관계에서 가장 민감한 영역인 인종 문제를 건드렸기 때문이다.

1952년 흑인 소설가 랠프 엘리슨Ralph Ellison은 "나는 (투명인간처럼) 보이지 않는다"라면서 "단지 사람들이 나를 보지 않으려 하기 때문"이라고 썼다.[37] 1960년대에 이르러 미국 흑인은 자신을 인정해 주기를 요구하고 나섰다. 로사 파크스Rosa Parks에서 영감을 받은 버스 보이콧 운동부터 마틴 루서 킹 주니어의 '나에게는 꿈이 있습니다I Have a Dream' 연설과 '자유의 여름Freedom Summer' 유권자 등록 운동에 이르기까지 민권 운동과 관련된 이야기는 많은 사람에게 친숙하다. 1954년 대법원은 인종별 학교 분리 정책을 위헌으로 판결했고, 10년 후에 제정된 민권법Civil Right Act은 인종 차별을 불법으로 규정했다. 린든 존슨 대통령은 마침내 흑인의 투표권을 보장하는 1965년 투표권법Voting Right Act of 1965을 통과시키면서 남부 민주당 동료 의원들의 지속적인 증오를 샀다. 같은 해 존슨 행정부는 개신교를 믿는 북서 유럽 출신 이민자를 우대하는 '출신 국가별 이민 쿼터제'를 폐지하여 아시아와 라틴아메리카 출신 이민의 새 시대를 열었다.

그러나 이러한 진보의 발걸음을 한 발짝 내디딜 때마다 반발이 뒤따랐다. 민권 운동의 역사는 에밋 틸Emmet Till 린치 사건(1955년 미시시피주에서 흑인 소년 에밋 틸이 납치 후 살해된 사건_옮긴이)과 리틀 록 나인Little Rock Nine(1957년 미 대법원의 판결로 아칸소주 리틀 록의 백인 전용 학교인 센트럴고등학교에 처음으로 입학한 9명의 흑인 학생_옮긴이)에 대한 백인 학생의 학교 폭력, 1968년 마틴 루서 킹 목사 암살 사건 등으로 이어졌다. 그러나 인종 차별을 옹호하는 극단주의자는 인종 평등의 흐름을 막기 위해서라면 어떤 일도 서슴지 않았다. 오늘날 마틴 루서 킹 주니어는 거의 모든 이의 존경을 받지만, 당시 많은 백인은 이 카리스마 넘치는 민권 운동 지도자에게 깊은 회의감을 품었다. 암살 직전에는 미국인의 거의 75퍼센트가 킹 목사에게 부정적 견해를 지니고 있었다.[38] 그의 사망 이후에는 거의 3분의 1이 킹 목사 본인이 자신의 암살에 책임이 있다고 생각했다.[39] 당시 백인이 '블랙 팬서Black Panther'(미국의 극좌 흑인 과격 단체_옮긴이) 같은 무장 단체를 어떻게 느꼈을지 상상해 보라.

그리하여 1960년대의 정체성 혁명은 바로 대규모 저항으로 이어졌고, 이는 정치적 양극화의 악순환을 낳았다. 미국에서는 남성, 백인, 기독교인 등 오랫동안 우위에 있던 집단이 갑자기 자신들의 지배력이 약화되는 것을 느꼈다. 여성이나 소수 인종이 평등을 요구할수록 백인 남성은 더 큰 위협을 받는다고 여긴 것이다. 백인성whiteness과 남성성masculinity을 중심으로 한 정체성 정치가 미국 전역에서 힘을 얻기 시작했다.

사회 변화가 보편화된 듯했지만 학생 세대가 주장한 많은 개혁은 여전히 대다수 미국인에게 급진적으로 보였다. 우리가 1960년대와 1970년대에 대해 갖고 있는 (긴 머리에 염색을 하고 대마초를 피우는 히피족) 이미지는 당시 대부분의 미국인이 살았던 실제 현실과는 거의 관련이 없었다. 많은 사람에게 우드스톡의 황홀경은 한 달 전에 있었던 달 착륙만큼이나 먼 미래의 일처럼 보였다. 오늘날 우리는 베트남 전쟁 반대 운동이 압도적 성공을 거둔 것으로 기억하지만, 실제로 이 전쟁은 오랫동안 많은 사람에게 인기를 끌었다.[40]

그런 미국인은 자신이 알고 있던 나라가 사라지는 것을 두려워했다. 1968년 대통령 선거에서 리처드 닉슨은 이러한 일반 대중의 불안감을 이용해 자신을 "대다수 미국인, 잊힌 미국인, 목소리를 크게 내지 않으며 시위를 벌이지도 않는 사람"의 대변자라고 선언하고 나섰다. 그는 훗날 이들을 "침묵하는 위대한 다수 the great silent majority"라고 일컬었다.[41] 1970년 켄트주립대학교에서 무장한 주 방위군이 학생 평화 운동가들에게 발포해 4명이 사망하는 사건이 일어났다. 오늘날, 넋이 나간 열네 살 소녀가 시신 앞에서 무릎을 꿇고 있는 장면의 이미지는 공권력이 행한 잔인함의 상징으로 기억된다. 그러나 당시 미국인 대부분은 학생들이 대학살을 유발했다고 생각했다.[42] '침묵하는 다수 Silent Majority'는 실재했던 것이다.

안타깝게도 이들 침묵하는 다수의 핵심 불만은 범죄였다. 이 시기에 범죄율이 치솟은 것은 다양한 요인이 있었다. 베이비붐 세대에 태어난 젊은 남성 인구의 급증, 도시 공동화를 초래한 백인 중산층의 교외 이주, 마약의 확산, 정신 질환자 보호 시설의 수용자

방면放免 등이 그 예이다.⁴³ 범죄가 증가하면서 엄격한 '법과 질서'를 중시하는 정책에 대한 지지가 강화되었다. 마틴 스콜세지Martin Scorsese 감독의 1976년 영화 〈택시 드라이버Taxi Driver〉에서 젊은 베트남 참전 용사 트래비스 비클은 매춘부와 범죄자로 가득한 뉴욕의 더러운 거리를 운전하고 다닌다. 트래비스가 매춘 업소에서 두 남자를 죽이고 한 아이를 구하자 언론은 그를 영웅처럼 취급한다. 이 영화는 새로 찾은 자유에 대한 처음의 흥분이 정상과 질서를 열망하는 것으로 바뀌던 당시의 시대정신을 잘 포착했다.

소수계 우대 정책affirmative action(흑인과 히스패닉계 학생들에게 대학 입학 사정에서 가산점을 주는 제도. 2023년 연방 대법원의 판결로 폐지되었다_옮긴이)과 '강제 버스 통학forced busing' 조치(학생을 거주 지역에서 멀리 떨어진 곳으로 통학시켜 인종별로 분리된 학군을 통합하는 제도_옮긴이)의 도입은 온건파 백인에게도 인종 통합을 불안하게 여기도록 만들었다. 1975년 한 젊은 민주당 상원 의원은 버스 통학 조치를 "말도 안 되는 발상"이라고 했다.⁴⁴ (그의 이름은 조 바이든이다.) 1970년대 후반에는 백인 미국인의 91퍼센트가 버스 통학에 반대했다.⁴⁵ (주거 지역 통합을 위한 노력 역시 실패했다. 미국의 도시는 오늘날까지도 인종별로 뚜렷하게 나누어져 있다.)⁴⁶ 자유주의 소설가이자 운동가인 노먼 메일러Norman Mailer는 놀랄 만큼 솔직하게 자신을 3인칭 시점으로 표현하면서 이렇게 이야기했다. "그는 흑인과 흑인의 권리에 대한 이야기에 짜증을 내기 시작했다. 그런 이야기는 그에게 매우 불쾌한 감정만 불러일으켰을 뿐이다."⁴⁷ 〈택시 드라이버〉가

법과 질서에 대한 시대의 집착을 담아냈다면, 1976년에 개봉한 또 다른 영화는 백인의 반발이 거세지고 있음을 암시했다. 영화 〈로키 Rocky〉는 이탈리아계 미국인 노동자 계급의 영웅 로키 발보아가 부유한 흑인 헤비급 챔피언 아폴로 크리드에게 도전해 물리치는 내용을 담았다. 이 영화는 그해 최고의 수익을 올렸다.

인종을 둘러싼 갈등은 매우 격렬하게 진행되었고, 결국 미국 정당 제도의 근본적 재편으로 이어졌다. 흑인 미국인은 재건 시대 Reconstruction era(미국 역사에서 남북 전쟁 이후 1865년부터 1877년까지 전쟁으로 파괴된 국토를 복구하던 시기_옮긴이)부터 공화당의 핵심 유권자층이었다. 프레더릭 더글러스 Frederick Douglas는 "공화당은 항해하는 배이며, 나머지 다른 모든 것은 바다"라고 말한 적이 있다.[48] 1932년 미국 흑인은 2 대 1의 비율로 프랭클린 루스벨트보다 허버트 후버를 더 선호했다.[49] 그러나 공화당에 대한 그들의 충성심은 느리지만 확실하게 바뀌었다. 루스벨트는 많은 흑인 유권자의 지지를 얻었고, 존 F. 케네디와 린든 B. 존슨은 민권 법안을 지지함으로써 흑인 유권자의 지지를 공고히 했다. 1964년 대통령 선거에서 공화당 후보였던 배리 골드워터 Barry Goldwater는 흑인 표의 6퍼센트를 얻는 데 그쳤다.[50]

골드워터가 압도적 표차로 패배했지만 1964년 선거는 보수주의자에게 실행 가능한 새로운 전략의 방향을 제시했다. 공화당은 주로 남부 백인의 인종 통합에 대한 뿌리 깊은 두려움을 파고드는 데 주력했는데, 이른바 '남부 전략 Southern strategy'으로 알려진 선거 전략이었다. 골드워터가 이 새로운 접근법을 개척한 지 4년 만에 리처드 닉슨이 이를 완성했다. 1968년에는 사실상 남부 전체가 민주당을 탈당해서 닉슨이나 인종 분리주의자인 '민주당 탈당파Dixiecrat' 후보 조지 월리스George Wallace를 지지했다. 민권법에 서명하던 날 존슨은 "이로써 우리는 남은 일생 동안 남부를 잃은 것 같습니다"라고 말했다.[51] 이후 카터와 클린턴 같은 남부의 백인 민주당 후보가 남부 지역 여러 주에서 승리하기는 하지만 존슨의 말은 대체로 옳았다. 미국 남부는 더 이상 민주당의 흔들리지 않는 지지 기반이 아니었고, 오히려 미국에서 가장 공화당 성향이 강한 지역으로 변모했다.

남부 백인의 환심을 산다는 것은 인종 평등을 표방하는 공화당의 위상을 버리는 것을 의미했다. 1960년 후보 시절 흑인 표의 40퍼센트를 얻었던 닉슨이 1972년 대선에 출마했을 때는 비백인 유권자의 지지율이 13퍼센트로 떨어졌다.[52] 민권 운동은 경제가 정치를 결정하던 전전prewar 시대의 '포괄 정당big tent party'(다양한 계층과 이념을 가진 사람을 포함하는 정당_옮긴이)을 종식시켰다. 이전에는 남부 분리주의자가 민주당 진영에서 북부의 자유주의자와 나란히 앉아 같은 경제 정책으로 연결되어 있었다. 하지만 이제 더 이상 그럴 수 없게 되었다. 보수주의자는 공화당으로, 자유주의자는 민주당으로 옮겨 갔다.

오랜 노예제와 분리의 역사 끝에 민권 운동은 마침내 흑인 미국인을 미국 정치권에 통합시켰다. 그러나 이러한 진보는 탈인종적

화해의 시대를 여는 대신 미국의 정치 지형을 근본적으로 재편할 만큼 강력한 반발을 불러일으켰다. 재건 시대가 막을 내린 이후 처음으로 미국 정당은 경제가 아닌 인종에 따라 분열되었다. 1960년대에 시작된 통합을 둘러싼 격렬한 논쟁은 앞으로 다가올 문화 전쟁의 전조였다.

이름 없는 문제, 페미니즘 운동

민권 운동은 다른 사회 혁명에 강력한 촉매제 역할을 했다. 흑인 민권 운동 지도자는 연좌 농성에서 각종 거부 운동boycott과 가두 행진에 이르기까지 소외된 집단이 자신들의 불만을 표출할 수 있는 다양한 저항 방식을 개척했다. 그런 집단 중 페미니스트 운동이 가장 두드러졌다. 1960년대와 1970년대에 힘을 얻었던 남녀 간 성별 관계의 엄청난 변화에 주목할 필요가 있다. 수천 년 동안 남성의 여성 지배는 인류 사회의 근본 특징이었기 때문이다. 다른 집단은 다양한 시기에 흥망성쇠를 거듭하며 한 집단이 다른 집단을 지배하기도 했지만, 성별 관계는 사실상 지구상 거의 모든 곳에서 남성이 여성을 지배했다는 점은 동일했다. 페미니스트 철학자 시몬 드 보부아르는 《제2의 성 The Second Sex》에서 "여성은 항상 남성에게 종속되어 왔으며, 따라서 여성의 종속은 역사적 사건이나 사회 변화의 결과가 아니라 자연 발생적으로 이루어진 것"이라고 말했다.

여성 인권 운동가는 1920년 여성에게 투표권을 보장하는 수정헌법 제19조가 통과되면서 여성 운동의 초기 성공을 축하했다. 그러나 참정권은 미국 전역의 여성이 처한 현실을 변화시키는 데는 거의 도움이 되지 못했다. 늘 그렇듯이 기술 진보는 사회 변화를 위한 길을 닦는 데 중요한 역할을 했다. 1957년 미국 식품의약국은 최초의 경구 피임약이 될 약물의 사용을 승인했고, 1965년 대법원은 '그리스월드 대 코네티컷Griswold v. Connecticut' 사건의 판결에서 결혼한 부부에게 피임약 판매 및 사용을 금지하는 주 정부의 규정을 무효화했다. 그 당시에는 이미 45세 미만 부부의 63퍼센트가 피임을 하고 있었고, 그 중 4분의 1이 경구 피임약을 사용하고 있었다.[53]

바로 이런 배경에서 1963년 저널리스트 베티 프리단Betty Friedan이 획기적 논문인《여성의 신비The Feminine Mystique》를 발표했다. 프리단은 스미스대학 졸업 15주년 동창회를 앞두고 동창생들의 삶에 대해 설문 조사를 해 달라는 의뢰를 받았다. 이 조사에서 중산층 가정생활의 행복한 겉모습 뒤에는 명문 여자대학을 졸업한 많은 여성이 깊은 좌절감을 느끼고 있음이 드러났다. 프리단은《여성의 신비》에서 이러한 현상을 "이름 없는 문제the problem that has no name"라고 말했다.

프리단의 책은 출간 후 3년 만에 300만 부 가까이 판매되며 폭발적 인기를 끌었다.[54] 1850년대 해리엇 비처 스토Harriet Beecher Stowe

의 《톰 아저씨의 오두막Uncle Tom's Cabin》이 노예 제도의 비참함을 그려 내면서 사후에 노예 해방에 기여했던 것과는 달리, 《여성의 신비》는 당시 미국 여성의 어려운 처지를 동 세대에게 직접 일깨우는 외침이 되었다. 프리단은 전국에서 모인 30여 명의 여성과 함께 '전미유색인종지위향상협회the National Association for the Advancement of Colored People'의 성공 사례를 명시적 모델로 삼아 여성 활동가 단체인 '전국여성기구the National Organization for Women'를 설립했다.⁵⁵

전국여성기구와 같은 단체는 더 이상 평등한 투표권에 만족하지 않는 페미니즘 운동의 '두 번째 물결'을 주도했다. 페미니스트는 이제 기회 균등법, 낙태권, 국가가 제공하는 보육 서비스 등을 요구했다. 이들은 여성의 삶이 어떤 모습일 수 있는지, 혹은 어떤 모습이어야 하는지에 대한 이미지를 재구성하기 시작했다. '여성 해방Women's liberation'은 빠른 속도로 진척되었다. 미국 연방 대법원은 그리스월드 판결로 결혼생활에서의 피임 기구 사용을 보장한 후 바로 미혼 커플에게도 그 권리를 확대했고, 1973년에는 '로 대 웨이드Roe v. Wade' 판결에서 낙태권을 인정했다. 그 무렵은 '성 혁명sexual revolution'이 한창이던 시기였다. 1964년, 미국 여성의 대다수는 여전히 결혼할 때까지 성관계 경험이 없었다고 답했고, 결혼한 부부 20쌍 가운데 단 한 쌍만 이혼으로 끝났다.⁵⁶ 1975년에는 여대생의 88퍼센트가 성관계 경험이 있다고 답했고,⁵⁷ 연간 이혼 건수는 2배 이상 증가했다.⁵⁸

많은 비평가는 이러한 변화를 핵가족의 몰락이나 다름없다고 비난했다. 그러나 이 같은 모든 변화 속에서 여성의 물질적 여건이 극적으로 향상되었다는 사실에 주목해야 한다. 프리단 세대에서는 대학 학위를 가진 여성이 드물었고, 대학을 졸업한 여성은 대부분 결혼했다는 '부인Mrs' 호칭을 받으려고, 즉 적합한 남편을 찾으려고 대학에 진학하는 경우가 더 많았다.⁵⁹ 1967년 이후에는 그렇지 않았다. 대학 학위를 가진 미국 여성의 비율은 20세기가 끝날 무렵에는 8퍼센트에서 23퍼센트로 증가했다. 같은 기간 동안 전업주부의 비율은 절반 이상 감소했다.⁶⁰ 1960년대 이후 법과 사회의 인식이 바뀌고 그 후에도 계속 변화하면서 뿌리 깊은 남녀 사이의 권력 관계도 불변의 관행은 아니라는 것을 보여 주었다. 오늘날에도 여성은 여러 수준의 권력 계층에서 대표성은 현저히 낮지만 진보는 계속되고 있다. 1990년 미국 상원 의원의 2퍼센트에 불과했던 여성 비율은 2023년에는 25퍼센트로 높아졌다.⁶¹ 2000년대 초반 미국 여성은 고등학교부터 전문 학위까지 학업 성취도 면에서 남성을 앞질렀다.

1960년대와 1970년대의 페미니즘 운동은 주로 백인 중산층 여성의 어려움에 집중했지만, 오랫동안 사회의 주변부에서 살아온 다른 집단에도 영감을 주었다. 페미니즘 운동의 뒤를 이어 다른 정체성을 기반으로 한 집단도 생겨났다. 1960년대에는 '동성애자homophile' 활동가들이 자신의 성적 정체성을 더 공개적으로 표현하기 시작했다. 동성애자는 미국에서 오랫동안 박해를 받아 왔다. 1950년대 조지프 매카시Joseph McCarthy 상원 의원이 주도한 공산주의

혐의자에 대한 마녀사냥은 '라벤더 공포lavender scare', 즉 권력을 행사하는 지위에 있는 동성애자는 사회에 위협이 된다는 도덕적 공포와 맞물려 진행되었다.⁶²

그러나 1960년대 말이 가까워지면서 매카시 시대의 편견에 반기를 드는 물결이 일기 시작했다. 1969년 6월 28일 새벽, 경찰은 뉴욕 크리스토퍼가街의 스톤월 인Stonewall Inn을 급습했다. 게이 바는 오랫동안 당국의 단속 표적이 되어 왔지만 이번에는 게이(남성 동성애자)와 레즈비언(여성 동성애자) 고객뿐 아니라 드랙퀸drag queen(여장 남자 동성애자)과 트랜스젠더(성 전환자)까지 합세해서 반격에 나섰다. 이들은 제복을 입은 침입자에게 동전, 돌맹이, 벽돌 등을 던졌다. 며칠 동안 소요가 계속되었고, 그 기간 동안 활동가는 게이해방전선the Gay Liberation Front을 설립했다. 이 운동은 자신들을 다양한 반자본주의, 반제국주의, 반인종주의 대의와 연계된 더 광범위한 해방 투쟁의 일부라고 선언했다.

동성애를 보는 대중의 태도는 완강할 정도로 더디게 변화했다. 1987년에도 미국인의 75퍼센트는 여전히 동성애 행위를 '언제나 잘못된 것'이라고 생각했는데, 이는 1973년보다 5퍼센트 포인트 높은 수치였다.⁶³ 그러나 시민권 및 여성의 권리를 주장하는 활동가와 마찬가지로 동성애자의 권리를 옹호하는 운동가는 사회적 관심사의 주제를 바꾸기 시작했고, 이는 전통적 미국인의 심사를 매우 불편하게 만들었다.

새로운
대각성 운동

1960년대가 민권 운동에 대한 백인의 반발의 시대였다면, 1970년대는 여성 해방과 동성애자 인권에 대한 기독교인의 반발의 시대였다. 1960년대 초반에는 (많은 남부 지역 교회가 인종 분리 정책을 지지했음에도) 흑인 침례교 목사, 주류 개신교 교회, 가톨릭 교구, 유대교 신도 등이 연합해 시민권을 지지하는 등 종교가 여전히 미국인의 삶에서 통합의 역할을 수행했다. 그러나 1970년대에는 전국의 종교 단체가 낙태, 피임, 페미니즘, 동성애자 권리 등 미국 전체를 나누었던 문화 전쟁의 연장선상에서 분열되었다. 이러한 추세가 시간이 지날수록 심화되는 가운데 종교적 성향이 강한 집단은 우파와, 세속적 성향이 강한 집단은 좌파와 연관되는 식으로 갈라졌다. 교회 출석률이 감소하자 종교적 보수주의자는 미국의 전통적인 기독교 가치관을 지키기 위해 결집했다.

따라서 1970년대는 종교적 미국인과 세속적 미국인 사이의 격차가 더욱 벌어진 시기였다. 한편으로는 종교가 자신의 삶에서 '매우 중요한' 역할을 한다는 미국인의 비율이 1965년 70퍼센트에서 1978년 52퍼센트로 급격히 감소했다.[64] 그러나 다른 한편으로는 전통적인 미국적 가치관의 쇠퇴에 위협을 느낀 일부 개신교인 사이에서 신앙을 새롭게 회복시키려는 움직임이 일어났다. 더 열렬하고 정치적으로 활동적인 기독교 세력이 놀라운 힘과 속도로 등장했다. 1976년 지미 카터Jimmy Carter가 '거듭난 기독교인born-again Christian'임을 내세우면서 대통령 선거에 출마했을 때만 해도 미국인 대부분에게 이 용어는 생소했다. 4년 후에는 카터, 로널드 레이건, 존 앤더슨John Anderson 등 3명의 유력 대통령 후보가 모두 '거듭난 기독교인' 또는 복음주의자임을 공개적으로 밝혔다.

일부 미국인은 부모의 신앙을 버리고 종교를 초월하여 사회 활동을 한 반면에, 일부 개신교 집단은 점점 더 스스로 고립되어 갔다. 인종 통합과 진보적 교육 과정에 대한 우려로 백인 기독교인들이 공립 학교에서 종교 단체가 설립한 사립 교육 기관으로 대거 이탈했다. 1954년 미국에는 가톨릭 교구 학교가 아닌 사립 학교가 123개에 불과했지만 1970년에는 약 2만 개로 늘어났다.[65] 보수적 기독교인은 사회 안에서 그들만의 사회를 만들어 갔다.

그들은 또 당파적 정치 행태를 뒤흔들었다. 1973년 이전에는 민주당 지지자와 공화당 지지자 간에 주간 교회 출석률에 차이가 없었다. 1992년에는 교회 출석자 사이에 당파적 격차가 11퍼센트까지 벌어졌다.[66] 1973년 이전에는 양당의 유권자가 낙태 문제에 똑같이 양분되어 있었기 때문에 낙태는 분열 쟁점wedge issue(상대 당의 분열을 일으킬 수 있는 중요 정치 사안_옮긴이)이 아니었다.[67] 1976년 선거에서 제럴드 포드와 지미 카터 두 대통령 후보는 모두 생명 존중pro-life(낙태 반대_옮긴이)을 표방했다. 그러나 로 대 웨이드 판결이 보수 유권자를 자극하면서 낙태 문제는 이후 오랫동안 양당 간 논쟁의 핵심 주제가 되었다. 1980년 대선이 다가올 무렵 레이건은 낙태를 헌법으로 금지하는 방안을 지지하고, 낙태에 대한 정부 자금 지원에 반대하겠다고 약속하면서 전국생명권위원회National Right to Life Committee의 지지를 확보했다.⁶⁸

낙태 반대 운동은 여성 인권 운동의 광범위한 반발을 불러일으켰다. 20세기 초 페미니즘 운동의 '첫 번째 물결' 시기에는 여성 참정권을 지지하는 사람을 양당 모두에서 찾아볼 수 있었다. 사실 1971년까지만 해도 공화당은 여성 권리의 입법화를 공동으로 추진할 가능성이 민주당보다 더 높았다.⁶⁹ 공화당 대통령의 부인인 베티 포드Betty Ford는 여성의 평등권을 헌법에 명시하는 평등권 수정안Equal Rights Amendment을 적극적으로 옹호했다. 그러나 1970년대 중반 보수적 활동가들이 개정안에 반대하는 여론을 조성하려고 대규모 캠페인을 벌이기 시작했다. 필리스 슐래플리Phyllis Schlafly 같은 활동가는 평등권 수정안이 주부를 차별하고 여성을 강제 징집할 것이라고 경고했다. 어떤 면에서 슐래플리는 고의적인 선동 발언으로 좌파를 자극하기로 작정한 오늘날 우파 활동가의 이른바 '낚시질trolling' 전술을 개척했다고 할 수 있다. 슐래플리는 연설의 대부분을 "오늘 이 자리에 있게 해 준 남편 프레드에게 감사하고 싶다"라는 말로 시작했다.⁷⁰ 1970년대 중반 이래 공화당은 여성 문제에 보수적 노선을 고수했다.

로널드 레이건은 종교적 우파의 에너지를 적극적으로 활용했고, 이를 지지 세력의 핵심으로 삼았다. 1979년, 리버티대학교의 설립자이자 텔레비전 전도사 제리 폴웰 시니어Jerry Falwell Sr.는 보수적 기독교인과 공화당 간 동맹과 동의어가 된 로비 단체 '도덕적 다수Moral Majority'를 출범시켰다. 이 단체는 레이건을 전폭적으로 지지하며 그의 공약 수립을 도왔다. 1978년에 설립된 보수주의 옹호 단체인 '크리스천 보이스Christian Voice'는 지지자들에게 "미국 지도층에 하나님을 다시 모셔 와 로널드 레이건을 미국 대통령으로 선출해 달라"라고 간청했다.[71]

이혼남으로는 최초로 미국 백악관 집무실을 차지한 할리우드 스타 출신의 레이건은 (최근 이혼 경력이 있는 연예인으로 대통령이 된 트럼프처럼) 기독교 우파의 사랑을 받지 못할 것 같은 인물로 보일 수 있었다. 그러나 레이건은 다른 누구보다도 미국 기독교인의 불안을 잘 대변했다. 선거 운동 기간 중 레이건은 저명한 텔레비전 전도사 짐 베이커Jim Baker와 대담 자리를 가졌다. 이 자리에서 베이커는 카터가 복음주의자답게 통치하지 않는다고 비판하자, 레이건은 "우리가 지금 복음주의자로서 나라를 바로잡지 않는다면, 그래서 또 다른 소돔과 고모라가 되도록 방치한다면, 우리는 아마겟돈을 목도하는 세대가 될지도 모른다는 생각을 해 본 적이 있습니까"라고 답했다.[72] 복음주의자는 그 어느 때보다 문화적으로 포위당하고 있다고 느꼈고, 이에 맞서 싸우기로 결심했다. 그들은 대거 투표장에 몰려나와 레이건을 당선시켰다.[73]

이후 공화당에 대한 종교적 우파의 영향력은 더욱 커졌다. 1990년대에는 역사적으로 민주당의 핵심 유권자 집단이었던 가톨릭 신자가 공화당을 지지할 가능성이 높아졌다.[74] 2020년, 백인 교회 신자의 71퍼센트가 도널드 트럼프에게 투표했다.[75] 정치가 문화 전쟁에 집중하면서 종교는 이제 미국인의 삶을 나누는 가장 큰 경계선 중 하나가 되었다.

떠오르는 제3의 길

'레이건 혁명'은 보수적 기독교인과 정치적 우파의 결합 그 이상의 의미를 지녔다. 레이건은 또 자유 시장 이념을 백악관에 다시 도입했다. 레이건은 사회 경력 초기에 장거리 기차 여행을 하면서 오스트리아의 경제학자 프리드리히 하이에크Friedrich Hayek의 책을 읽는 것을 좋아했다. 처음에는 강경한 민주당원이자 배우 조합 위원장이었던 레이건은 1944년 사회주의의 명령 통제 정책을 신랄하게 비판하는 하이에크의《노예의 길The Road to Serfdom》을 읽고 나서 공화주의로 완전히 전향한다.[76] (정부의 경제 간섭은 필연적으로 독재로 이어진다는 이 책의 핵심 예측은 틀린 것으로 드러났다. 덴마크와 스웨덴 같은 북유럽 국가는 대규모 복지 국가 체제를 유지하면서도 세계에서 가장 자유로운 국가에 속한다.)

2차 세계대전 이후 초기 수십 년 동안 하이에크는 승산 없는 싸움을 하는 것처럼 보였다. 대서양 양쪽에서 사회 민주주의가 주류를 이루었다. 그러나 1980년 레이건이 대통령 선거에 출마했을 때에는 하이에크를 비롯한 신자유주의 지식인이 대세를 이루고 있었다. 1970년대 미국을 괴롭혔던 인플레이션과 경기 침체의 위험한 조합에 직면해서 세금을 걷어 재정 지출을 늘리는 정책은 쓸모없어 보였다. 신자유주의자는 해결하기 어려워 보이는 다양한 문제에 손쉬운 해답을 가지고 있었다. 바로 정부 축소였다. 그리고 적어도 단기적으로는 그 해답이 훌륭하게 작동하는 것처럼 보였다. '레이거노믹스'의 자유 시장 정책이나 연방준비제도의 통화량 긴축 덕분에 인플레이션이 억제되고 경제 성장이 회복되었다. 유권자는 공화당에 백악관에서 세 번 연임하는 것으로 보답했다.

   1992년 마침내 빌 클린턴이 민주당 후보로 대통령에 당선되자 그는 야심 찬 진보적 목표를 품고 취임했다. 클린턴은 보편적 의료보장을 약속하며 선거 운동을 벌였다. 그러나 '힐러리케어Hillary Care'(보편적 의료보장 법안에 영부인의 적극적 지지로 인해 힐러리의 이름을 따서 붙인 이름)는 의회에서 무산되었다. 1994년 중간선거에서 민주당은 40년 만에 처음으로 공화당에 상하 양원을 모두 내주면서 엄청난 타격을 받았다.[77] 실용주의자였던 클린턴은 전략을 바꿔야 한다는 것을 알고 있었다. 아칸소 출신의 온건한 민주당 의원이었던 클린턴은 훗날 공화당의 전략가가 된 믿을 만한 정치 책사 딕 모리스Dick Morris를 백악관 고문으로 영입했다. 모리스는 클린턴 행정부에서 이른바 '삼각 측량triangulation' 전략을 고안하는 데 크게 기여했다. 삼각 측량법은 공화당의 마구 자르고 없애는 과격한 정부 축소 정책과 민주당의 인기 없는 '큰 정부big-government' 정책 사이에서 대중적이고 중도적인 중간 지점을 찾는 것을 의미했다.

클린턴은 중도로 방향을 전환해 놀라운 성공을 거두었다. 그는 약 300개의 무역 협정(특히 북미자유무역협정NAFTA)에 서명했고, 통신 산업의 규제를 완화했으며, 은행 산업을 제한하던 글래스 스티걸법Glass-Steagall Act의 주요 조항을 폐지했다.[78] 클린턴 행정부에서 연방준비제도이사회 의장을 역임한 앨런 그린스펀Alan Greenspan은 클린턴을 "오랜만에 우리가 가지게 된 최고의 '공화당' 대통령"이라고 칭송했다.[79] 그러나 이 평가는 불공평했다. 사실 클린턴은 세금을 더 걷어 지출을 늘리자는 민주당의 오랜 약속을 깨고 성장 친화적pro-growth 기조로 돌아선 신세대 '신민주당원New Democrats' 가운데 가장 두드러진 인물이었다. 클린턴은 ("우리가 알고 있는 복지 제도를 끝냈다"라며 자랑하는 바람에 원성을 샀음에도) 복지 수혜 요건을 강화하기는 했으나, 근본적으로는 현명하고 제한된 정부 개입이 시장을 더 원활하게 기능하도록 도울 수 있다고 믿었다. 이 모든 것은 더 효과적으로 개선된 사회 안전망을 구축하고 불우한 사람들에게 기회를 확대하려는 목적으로 이루어졌다. 빈곤층에 속한 미국인은 클린턴 정부 시절에 그들의 삶이 눈에 띄게 개선되는 것을 경험했다.

유럽에서도 신자유주의 기류가 득세했다. 레이건의 정치적 단짝이었던 영국의 마거릿 대처도 규제 완화와 민영화를 옹호했다.[80] 영국해협 건너편에서는 프랑스의 사회당 대통령 프랑수아 미테랑François Mitterrand처럼 민영화를 수용할 것 같지 않았던 지도자들 사이에서도 국영 기업을 민영화하려는 움직임이 확산되었다. 유럽의 좌파는 자유 시장 경제 정책의 인기에 대응할 마땅한 대안이 없었다. 대신에 이들은 클린턴의 '신민주당'이 개척한 길을 따라갔고, 그 대가를 톡톡히 치렀다. 1994년까지 영국의 노동당은 네 번의 선거에서 연속으로 패배했다. 그해 토니 블레어가 당수로 선출된 후 노동자의 당이었던 옛 노동당을 '신노동당New Labour'으로 탈바꿈시켰다. 블레어의 신노동당은 자본주의와 사회주의 사이에서 중도적인 '제3의 길third way'을 추구하며 기본적으로 규제 완화와 민영화에 대한 합의를 수용했다. 대처는 자신의 가장 큰 정치적 업적을 묻는 질문에 "(자신의 정책을 이어받은) 토니 블레어"라고 답했다고 한다.[81] 언변과 카리스마를 겸비한 블레어와 클린턴은 상대 후보의 보수적인 경제 정책을 채택함으로써 선거에서 압도적 승리를 거두었다. 이처럼 주류 정당의 경제 정책이 같은 방향으로 수렴하게 되면서 주요 정치적 쟁점은 다른 곳에서 찾을 수밖에 없었다.

불안정한 중도 노선

유럽에서는 포퓰리스트들이 유럽 전역에 만연한 자치권의 상실감을 활용해 정치적 쟁점을 삼았다. 경제적으로는 신자유주의 개혁을 중심으로 한 워싱턴 합의가 세계 자본주의를 민주적 요구로부터 격리시키는 바람에 자본주의 체제는 무감각한 세계주의 엘리트들만의 경제 제도라는 인상을 심어 주었다. 정치적으로는 각국의 국가 권력이 얼굴 없는 유럽연합의 관료 집단으로 이양되면서 유럽인은 자신들이 대표성을 상실했다고 느꼈다. 문화적으로는 대규모 이주민으로 인해 백인 유럽인은 자신들의 땅에서 스스로를 이방인처럼 여기게 되었다. 이러한 추세는 앞으로 수십 년 동안 더욱 심화될 것이다. 이 같은 경제적 정치적 문화적 변화는 각기 서로의 변화를 강화시켰고, 사회의 혼란을 부채질했으며, 우익 포퓰리스트가 교묘하게 부추긴 문화 전쟁의 불길에 개인이 휩싸이도록 조장했다.

이민에 대한 반발은 유럽에서 새로운 일이 아니었다. 고상한 정치의 표면 아래에서 오랫동안 끓어오르던 분노의 저류底流였다. 예를 들어 2차 세계대전 이후 서독은 남부 유럽 및 남동 유럽, 특히 튀르키예에서 '이주 노동자guest worker'를 적극적으로 채용했다. 1973년에는 독일 노동력의 약 10퍼센트가 외국 태생이었고, 자국 태생의 독일인은 이에 불만을 품기 시작했다.[82] 영국 역시 이전 식민지에서 들어온 이민자 수가 증가했다. 영국인의 불만은 곧 심각한 거부감으로 바뀌었다. 보수당 정치인 에녹 파월Enoch Powell은 1968년 악명 높은 '피로 물든 강Rivers of Blood' 연설에서 "(이민 증가를 부추기는 반인종 차별 법안에 대해_옮긴이) 마치 자신의 장례용 장작더미를 쌓기에 바쁜 국가를 보는 것 같다"라고 불만을 토로했다.[83] 파월은 이 발언으로 내각에서 해임되었지만, 당시 여론 조사에 따르면 영국인의 61퍼센트는 이민이 영국에 해를 끼친다고 생각한 반면에 16퍼센트만이 이민이 영국에 도움이 된다고 보았다.[84]

그러나 이민에 대한 반발이 본격적으로 표면화된 것은 1990년 이후부터였다. 1989년 베를린 장벽이 무너지자 유럽 대륙 전역의 이민자들에게 문이 열렸다. 1990년대 유고슬라비아 전쟁 기간 동안 발칸반도의 난민이 유럽의 다른 지역으로 피난을 떠났다. 1995년 셍겐 협정Schengen Agreement으로 대부분의 유럽연합 회원국 간 국경이 사실상 폐지되었다. 대중은 이민자의 증가에 주목하기 시작했다. 1989년 이후 10년 동안 망명과 이민을 가장 큰 관심사로 여기는 독일인의 비율이 10퍼센트에서 70퍼센트로 증가했다.[85]

정체성 상실이라는 절박한 위기감은 각국 정부가 자발적으로 유럽연합에 권력을 이양하면서 더욱 심화되었다. 유럽연합은 여러 면에서 큰 성공을 거두었고 유럽의 많은 지역에 전례 없는 성장과 경제적 안정을 가져다주었다. 그러나 유럽연합은 브뤼셀의 무미건조한 관료 조직과 유럽 대중의 열정 사이의 정서적 간극을 좁히는 데 늘 어려움을 겪었다. 유럽인은 처음부터 국가 주권을 포기한다는 생각에 열광하지 않았다. 2003년 한 연구에 따르면 선출직 정치인, 고위 공무원, 언론계 지도자 등 국가 엘리트의 89퍼센트는 자국이 EU 가입으로 혜택을 받았다고 생각하는 반면에 일반 대중은 52퍼센트만 그렇게 생각했다.[86]

유럽 각국의 많은 국민은 세계 무역의 증가, 새로운 정치 권력 구조, 광범위한 이민으로 말미암아 자신들의 문제에 대한 통제력을 상실했다고 느꼈다. 유럽 전역의 포퓰리즘 정당은 이러한 불안감을 기다렸다는 듯이 이용했다. 이탈리아의 실비오 베를루스코니Silvio Berlusconi는 반反이민 정당인 북부동맹Lega Nord의 지지를 받아 1994년과 2001년에 총리가 되었다. 베를루스코니 정부의 장관이 된 북부동맹의 대표는 이탈리아 해군이 대포를 사용해서 불법 이민자를 태운 배를 침몰시킬 것을 요구하기도 했다.[87] 2002년 프랑스 대통령 선거에서는 극우 정당인 국민전선이 2위에 올라 전 세계를 놀라게 했다.

  2차 세계대전 이후 수십 년 동안 유럽의 중도 세력은 단결된 모습을 보였다. 중도 우파와 중도 좌파는 경제 정책에는 견해가 달랐지만 유럽 통합과 이민 확대를 지지하는 데 일치된 목소리를 냈다. 그러나 통합과 이민이 가속화되면서 이러한 합의는 깨졌다. 역사적으로 내려온 좌우 분열은 무역이나 이민 같은 사안에 개방적 정치와 폐쇄적 정치 사이의 새로운 분열로 대체되었다. 세계화 시대에 보호 무역주의가 부상하고 급격한 기술 변화의 시기에 신러다이트 운동neo-Luddism이 등장한 것과 마찬가지로, 포퓰리스트 민족주의는 새로운 불안감을 이용해 정체성 혁명으로부터 동력을 끌어냈다. 이러한 포퓰리즘이 정치의 주류로 스며들면서 전통적 계급 구분이 무너졌다. 예를 들어 1999년에 오스트리아의 극우 정당인 자유당은 육체노동자의 표를 대부분 차지했다.[88] 서유럽 전역에서 주류 정당의 평균 득표율은 1970년대에는 거의 80퍼센트에 달했으나 2010년대에는 60퍼센트 미만으로 떨어졌다.[89]

유럽의 티핑 포인트

2010년대 중반이 되자 유럽도 미국과 마찬가지로 티핑 포인트tipping point(작은 변화가 쌓여 조그만 충격에도 갑자기 큰 변화를 초래할 수 있는 상태_옮긴이)에 도달했다. 2015년 유럽은 불법적 경로로 들어온 비정상적 이민자 수가 100만 명을 넘어섰다.[90] 이는 이전 5년 동안의 숫자를 합친 것보다 2배나 많은 수치였다. 이들 대부분은 전쟁으로 폐허가 된 이라크와 시리아에서 이슬람국가ISIS를 피해 탈출한 중동 지역 출신이었다. 알란 쿠르디라는 시리아 소년은 그의 가족이 지중해를 건너는 위험한 여정을 시도했다가 튀르키예 해변에서 시신으로 발견된 후 절박한 난민의 처지를 상징하는 존재가 되었다. 유럽은 수많은 이주민을 받아들여야 하는 도전에 잘 대처하는 듯이 보였다. 독일의 앙겔라 메르켈Angela Merkel 총리는 이러한 시대정신을 반영하여 "우리는 할 수 있다!"라고 말했다. 독일은 2015년에 사상 최고치인 214만 명이라는 놀라운 숫자의 이민자를 받아들였다.[91]

그러나 망명 신청자 수가 계속 증가하면서 초기에 쏟아지던 지지는 곧 반대 목소리에 묻혀 버렸다. 곧이어 유럽 전역에서 우파 포퓰리스트가 큰 승리를 거두었다. 독일은 1945년 이후 의회에 극우 정당이 들어선 적이 없었으나, 많은 독일인이 메르켈의 이민자 수용 방식을 거부했다. 2017년 극우 정당인 '독일을 위한 대안Alternative for Germany'(AfD)이 갑자기 독일 연방 의회에서 세 번째로 큰 정당이 되었고, 독일 북쪽에서는 신파시스트 운동neo-fascist movement의 산물인 극우 스웨덴 민주당의 인기가 급상승했다. 이슬람을 "2차 세계대전 이후 가장 큰 외부의 위협"이라고 말한 지미 오케손Jimmie Åkesson은 2018년 선거에서 우파 포퓰리즘 정당인 스웨덴 민주당을 이끌고[92] 17퍼센트 이상의 득표율로 역대 최고 성적을 거두었다.[93] 영국에서도 영국독립당이 무분별한 이민의 공포를 부추겼다. 이 당은 2015년 영국 의회 선거에서 세 번째로 많은 표를 얻었다. 이듬해, 영국이 유럽연합 탈퇴를 위한 국민투표를 가결하면서 영국독립당의 존재 이유raison d'être는 현실이 되었다.

유럽의 우파 포퓰리스트는 이민을 핵심적인 분열 쟁점으로 삼았다. 실제로 프랑스의 마린 르펜부터 네덜란드의 헤이르트 빌더르스Geert Wilders에 이르기까지 포퓰리스트는 일부 사회 문제에 좌파 입장을 취하면서, 자신들의 신념을 무슬림 이민에 대한 광범위한 반대의 일환이라고 포장했다. 빌더르스는 2016년 네덜란드 유권자들에게 "동성애자가 서로 키스하고 결혼하고 아이를 갖기 위해 누려야 할 자유는 바로 이슬람이 반대하는 것이다"라고 말했다.[94] 유럽의 포퓰리스트는 동성 결혼과 낙태 권리를 공격하거나 사회적으로 자유주의적인 주류를 소외시키는 위험을 무릅쓰는 대신, 훨씬 더 깊은 문화적 불안으로부터 영감을 얻었다. 우파는 파리 외곽 지역에서 브뤼셀 교외의 몰렌베이크에 이르기까지 무슬림 인구가 많은 지역이 이슬람 근본주의의 온상이 되었다고 경고했다. 2015년,

프랑스의 소설가이자 선동가인 미셸 우엘벡Michel Houellebecq은 이민자로 넘쳐나고 스스로를 샤리아sharia(이슬람의 종교 율법_옮긴이)에 예속시킨 디스토피아적 프랑스를 묘사한 소설《항복Submission》을 출간했다. 이러한 두려움은 이주민 위기가 발생하기 전부터 유럽을 사로잡았다. 스위스는 2009년에 이슬람 사원의 첨탑 건설을 금지하기로 결정했고, 최소 7개의 유럽 국가가 공공 장소에서 부르카 착용을 금지했다.[95]

문화적 분열

도널드 트럼프가 유럽의 포퓰리스트들 사이에 있었다면 아주 편안하게 느꼈을 것이다. 그러나 양당 체제가 확고하게 자리 잡은 미국에서는 성공적인 제3당을 출범시키는 것이 거의 불가능하다. 그래서 트럼프는 유럽의 다른 포퓰리스트들보다 한 발 더 나아가 양대 정당 중 하나를 장악하여 미국 최고의 공직에 올랐다.

미국 공화당이 포퓰리즘으로 전환한 것은 1990년대 공화당이 직면했던 딜레마에서 비롯되었다. 빌 클린턴이 대통령 임기를 시작하면서 세금 인상과 보편적 의료보험 추진 등 전형적인 민주당 정책을 추진했을 때 그에 대응한 공화당의 전략은 분명했다. 뉴트 깅리치Newt Gingrich는 1994년 중간선거에서 그가 공화당의 입법 의제로 내세운 '미국과의 계약Contract with America' 가운데 경제 문제에 초점을 맞췄다. 깅리치는 균형 예산, 감세, 복지 개혁을 주장하며 클린턴의 '신민주당'이 막대한 지출을 일삼던 과거의 민주당과 똑같다고 비난했다. 그 결과 공화당은 선거에서 사상 최대의 승리를 거두었고, 깅리치는 하원 의장이 되었다.

그러나 잘못을 깨달은 클린턴이 경제적 중도 노선으로 방향을 선회하자 깅리치 역시 전략을 수정해야 했다. 이제 우파는 자신들을 어떻게 차별화했을까? 클린턴의 중도 실용주의라는 승리 공식에 맞서려고 공화당은 문화 전쟁이라는 새로운 전선을 만들기 시작했다. 1996년 깅리치는 결혼을 남자와 여자의 결합이라고 엄격하게 정의하는 이른바 '결혼 보호법the Defense of Marriage Act'을 발의했다. 좌파가 경제 문제에 집중하면 할수록 보수주의자는 동성애자, 페미니스트, 자유주의자 등을 '진정한 미국'의 적이라고 비난하며 문화 문제에 더욱더 우파적 방향으로 나아갔다. 깅리치는 1994년 당원에게 보낸 메모에서 상대방을 묘사할 때 사용할 단어 목록을 제시했다. 그 목록에는 '배신betray, 기괴한bizarre, 부패하다decay, 파괴하다destroy, 게걸스럽다devour, 탐욕greed, 거짓말lie, 한심한pathetic, 과격한radical, 이기적인selfish, 수치심shame, 병든sick, 훔치다steal, 반역자trator' 등의 단어가 포함되었다.[96] 깅리치는 이제 상대방을 초토화시키는 전략에 기대게 되었다. 즉 위험천만한 자유주의자와 싸우려면 어떤 무기라도 쓰지 못할 게 없다는 식의 '막장' 전술을 사용하면서 공화당이 극단주의로 향하는 길을 연 것이다. 공화당은 보수의 목적을 달성하려면 급진적 수단을 사용해야 했고, 미국 엘리트를 향한 미국인의 불신을 악용하고 심화시켰다.

깅리치의 표현대로라면 클린턴은 온건한 민주당원이 아니라 도덕성이 느슨하고 일반 미국인과 단절된 극단적 자유주의자이자 엘리트주의자였다. 깅리치는 자신도 당시에 불륜을 저지르고 있었음에도 연단에서는 클린턴의 혼외정사를 질책하는 데 많은 시간을 할애했다. 극단적인 양극화의 시대가 시작된 것이다. 깅리치는 급진적 보수주의자를 의회로 끌어들여 두 차례의 정부 폐쇄를 촉발시켰다.[97]

그러나 깅리치는 도를 넘어섰고 그의 선동적 방식은 결국 많은 미국인에게 외면당했다. 클린턴 대통령에 대한 탄핵은 대중의 호응을 얻지 못했다. 1998년 중간선거에서 유권자는 공화당에 표로써 책임을 물었고 깅리치는 결국 사임했다. 클린턴은 여론 조사가 시작된 이래 역대 대통령 중 가장 높은 최종 지지율을 기록하고 퇴임했다.[98] 조지 W. 부시 대통령이 취임하면서 내세운 '온정적 보수주의compassionate conservatism'는 깅리치 시대의 과격하고 불쾌한 정치 방식에서 의식적으로 벗어난 것이었다.[99] 부시의 대표적 국내 업적은 공화당의 전형적 경제 정책인 감세였다. 2004년 선거에서 라틴계 표의 약 44퍼센트를 차지했던[100] 부시는 심지어 이민 법안을 너무 온건하게 추진하는 바람에 법안 통과에 필요한 공화당의 지지를 제대로 얻을 수 없었다.

포퓰리즘적 공화당은 미국 경제가 붕괴 위기를 겪고 후세인이라는 중간 이름을 가진 흑인 대통령이 당선된 이후에야 부활했다. 2008년 금융 위기는 부시 왕조를 상처입히는 데 그치지 않았다. 앞서 살펴본 것처럼 금융 위기는 국민이 미국 엘리트에게 그나마 갖고 있던 신뢰마저 전반적으로 무너뜨렸다. 버락 오바마 대통령이 취임한 지 불과 한 달 후 CNBC의 릭 산텔리Rick Santelli는 시카고 상품거래소에서 대통령의 주택 압류 구제 계획에 반대하는 격렬한 외침을 전했다. 산텔리는 "이것이 미국 국민의 생생한 목소리"라고 입에 거품을 물었다. 산텔리가 즉흥적으로 "7월에 시카고 티파티를 열자"라고 제안했을 때만 해도 전국의 보수주의자로부터 그토록 열렬한 호응을 받으리라고는 거의 예상하지 못했을 것이다.[101]

티파티는 원래 오바마의 '사회주의적' 구제 금융에 반대하여 결성되었음에도 이 느슨한 대중 연합은 엄격한 재정적 보수주의를 따르지는 않았다. 2012년 설문 조사에서 티파티 지지자의 89퍼센트는 오바마가 정부의 역할을 지나치게 확대했다고 답했지만, 실제로는 62퍼센트가 사회보장 및 의료보장에 찬성을 표했다. 사우스캐롤라이나에서 열린 한 토론회에서는 분노한 한 노인이 공화당 대표에게 "내 의료보험에서 손을 떼라"라고 말하기도 했다.[102]

오바마의 대통령 재임 기간 내내 인종적 분노는 정치적 견해에 따라다니는 피할 수 없는 요소였다. 인종 차별적 음모론이 난무했다. 도널드 트럼프는 오바마가 케냐에서 태어났다는 의혹을 부추긴 것으로 유명하다. 오바마가 마침내 출생증명서를 공개하기 전까지 공화당원의 40퍼센트 이상이 그가 외국에서 태어났다고 믿었고, 그 후에도 많은 사람이 이를 계속 믿었다.[103] 대통령의 임기 후반에도 공화당원의 43퍼센트는 여전히 오바마가 은밀한 무슬림이라고 확신했다.[104] 대통령 후보이자 대통령으로서 트럼프는 인종적 적개심과 외국인 혐오에 의존하게 되었고, 당을 자신의 방식에 맞춰 이끌었다. 재정적 보수주의와 자유 시장 개혁은 퇴출되고 그 자리에 관세 부과, 무슬림 입국 금지, 국경 장벽 등이 들어왔다.

트럼프 자신의 변화는 어떤 면에서 레이건주의에서 벗어나는 공화당의 이념적 여정을 그대로 반영한다. 1987년, 이 부동산계 거물은 재정 적자를 줄이고, 중앙아메리카의 평화를 촉진하며, 소련과의 핵 군축 협상을 지지할 것을 촉구했다.[105] (그는 당시에도 일본과 사우디아라비아 같은 국가가 미국에 안보 비용을 지불하도록 압박하는 데 비정상적 집착을 보였다.)[106] 1999년에 트럼프는 다른 공화당원과 달리 보편적 의료보험과 부유세를 지지한다고 말했다.[107] 그러나 그를 정치적으로 각광받게 한 것은 오바마의 출생증명서에 대한 근거 없는 주장이었다. 그리고 그를 백악관으로 이끈 것은 이민과 세계화라는 두 가지 위협에 대한 암울한 경고였다. 마케팅의 달인이었던 트럼프는 모든 종류의 정책 대안을 시도하고 시험해 본 후 효과가 없는 것은 버리고 효과가 있는 것은 유지하는 방식을 택했다.

여러 면에서 트럼프의 집권은 적대적 정권 탈취가 아니라 공화당이 수십 년간 지속해 온 자기 탐구 과정의 산물이었다. 시장과 민주주의의 확산이라는 레이건 원칙은 이제 끝났다. 팻 뷰캐넌부터 뉴트 깅리치까지 포퓰리스트가 개척한 길이 공화당을 도널드 트럼프에게로 이끌었다. 공화당 주류가 이민과 무역을 보는 관점은 오랫동안 유권자와 동떨어져 있었다. 2013년, 공화당 지지층은 마르코 루비오와 린지 그레이엄Lindsey Graham이 포함된 초당적 상원 의원 연합인 '8인회Gang of Eight'가 발의한 이민 개혁 법안에 반발했고, 두 사람은 나중에 트럼프주의로 전향했다. 2016년이 되자 공화당 유권자는 뭔가 달라질 준비가 되어 있었다. 트럼프가 트럼프타워의 황금색 에스컬레이터를 타고 내려와 대선 출마를 선언했을 때, 기존의 많은 보수주의자는 경악했지만, 노동 계급의 더 많은 보수주의자는 수십 년간 자신들을 분노하게 했던 사회 변화에 마침내 누군가가 맞서고 있다는 사실에 환호했다. 강력한 국경 유지 및 법과 질서, '정치적 올바름political correctness'(PC)과의 전쟁 등은 모두 공화당 유권자에게 인기 있는 주제였다. 트럼프는 서구 민주주의 국가를 휩쓸었던 정체성 정치 혁명을 일으킨 원인이 아니라 그 정점頂點이었다.

미국의
정치적 부족주의

문화 문제에서 미국은 오늘날 다른 주요 서방 국가보다 더 분열되어 있다. 미국을 파란색과 빨간색 두 나라로 나눈다면 파란색 쪽은 세속주의와 사회 민주주의의 안식처인 북유럽과 비슷할 것이고, 빨간색 쪽은 폴란드나 튀르키예 같은 보수적 종교 사회와 더 많은 공통점이 있을 것이다. 2020년 퓨 리서치 센터의 여론 조사에서 우파 성향의 미국인 65퍼센트는 "전통과 삶의 방식을 고수한다면 미래에는 더 나은 나라가 될 것"이라고 생각한 반면, 좌파 성향의 미국인은 6퍼센트만이 이에 동의했다. 이 59퍼센트 포인트의 격차는 좌파가 여전히 전통을 더 높이 평가하는 프랑스에서의 19퍼센트 포인트 격차와 대조적이다. 2018년 여론 조사에서 미국 보수주의자의 71퍼센트는 종교가 사회에서 더 큰 역할을 해야 한다고 생각했다. 그에 비해 자유주의자는 그 비율이 29퍼센트에 불과했다. 이 격차는 낙태와 성 소수자 권리를 둘러싸고 자체적인 싸움을 벌여 온 또 다른 양극화 국가 폴란드보다 17포인트 더 큰 수치이다.[108]

문화 양극화는 거의 항상 정치적 양극화를 동반한다. 2016년 트럼프는 공화당 후보로 지명되면서 그야말로 충격적인 위업을 이루어 냈다. 그해 11월 대선에서 나타난 결과는 어떤 면에서는 덜 놀라운 일이었다. 과거 공화당에 투표했던 사람들은 트럼프가 전형적인 공화당 후보와는 매우 다른 후보였는데도 2016년과 2020년에 압도적으로 트럼프를 선택했다.[109] 정당 소속감이 개인의 정체성과 밀접하게 연관되어 뿌리 깊게 자리 잡았기 때문에 이제 정당을 바꾸는 것은 자신의 부족을 버리는 것이나 마찬가지가 되었다. 당파적 사람은 상대 정당이 (진영 논리에 빠져) 아무리 추문이 쌓이거나 지도자가 타락해도 이성적으로 판단하지 않는다고 분노할지도 모르겠다. 그러나 사람들이 자신의 집단적 정체성을 부정하기에 앞서 현실을 외면한다는 사실이 과연 놀랄 만한 일일까?

따라서 처음에는 트럼프에 반대했던 공화당 엘리트와 유권자들이 트럼프가 대통령 후보로 지명되자 금세 그를 지지하는 것은 놀라운 일이 아니다. 공화당원들 사이에서 트럼프의 지지율은 대통령 재임 기간 내내 77퍼센트 아래로 떨어진 적이 없었다.[110] 공화당원의 상당수는 2020년 대선을 도둑맞았다는 트럼프 전 대통령의 거짓말을 강력하게 믿거나 어느 정도는 믿고 있다.[111] 과거 수 세기 동안은 종교적 분열로 전쟁이 벌어졌지만, 오늘날에는 양쪽 진영의 당파적 사람들은 여론 조사에서 자녀가 자신과 다른 종교를 믿는 사람보다 다른 정당을 지지하는 사람과 결혼하면 더 실망할 것이라고 말한다.[112] 이제 정치는 무슨 일이 있어도 자신이 속한 팀을 지지하고 자신의 부족 정체성을 확인하는 일이 되었다.

사회 불안의 상징
이민 문제

2016년 대선에서 잇따른 이민자의 물결로 부글거리던 사회적 인구학적 변화의 가마솥이 마침내 끓어올랐다. 나이 든 노동 계급 백인은 자신의 지위에 대한 실존적 위협을 인식했다.[113] 미국 인구 가운데 외국 출생자의 비율은 1970년 4.7퍼센트로 최저치를 기록했으나 2016년에는 13퍼센트 이상으로 3배 가까이 증가했다.[114] 1970년 중간선거에서는 유권자의 무려 92퍼센트가 백인이었다. 그러나 트럼프가 대통령 후보로 출마할 당시 백인은 유권자의 74퍼센트로 줄어들었다.[115] 한편, 트럼프의 열렬한 지지자들 가운데 상당수가 자국에서 이방인처럼 느껴진다고 답했다.[116] 미국이 인종적으로 더욱 다양해지면서 미국의 보수주의자는 지나간 세계로의 회귀를 추구하기 시작했다.

1968년과 마찬가지로 2016년에도 연령별 세대는 좌파와 우파를 구분하는 주요 기준이었다. 나이 든 미국인은 동성 결혼과 인종 다양성 같은 풍조를 이해하는 데 어려움을 겪었다. 2008년 버락 오바마의 승리는 이러한 세대 간 차이를 잘 보여 주었다. 젊은이에게 오바마의 당선은 인종 평등을 위한 지속적 투쟁의 당연한 결과처럼 보였지만, 나이 든 이들에게는 이름도 생소한 흑인 대통령의 당선이 자신들의 젊은 시절 세계로부터 너무 급격하게 벗어난 일이었다.[117] 오바마와 힐러리 클린턴을 모두 지지했던 유권자와 오바마를 지지했다가 트럼프 지지로 선회한 유권자를 비교해 볼 때, 두 집단이 가장 큰 차이를 보인 쟁점은 바로 이민 문제였다.[118] 유럽에서와 마찬가지로 미국에서도 우파 포퓰리스트의 등장은 미국의 모습을 문자 그대로 완전히 바꾸고 있는 인구 통계학적 변화에 대한 반발의 일환이었다. 최근 몇 년간 서구 세계를 뒤흔든 포퓰리스트의 봉기는 경제적 불균형 그 이상의 의미를 지닌다.

이민은 일반적으로 세계화 및 현대화와 관련된 온갖 변화를 집약적으로 보여 주는 사안이다. 상품과 서비스의 세계화는 눈에 보이지 않는다. 그러나 대규모 이민은 갑자기 주변 사람의 모습이 달라지고, 다른 언어로 말하고, 다른 예배당에 참석하는 등 가시적이고 직관적인 변화를 가져온다. 반이민 정서는 어느 정도 경제적 이기심에 근거를 두고 있을 수 있다. 그러나 이민을 극렬하게 반대하는 사람이 일자리를 놓고 이민자와 직접 경쟁하는 경우는 거의 없다. 오히려 그들은 진정으로 자신의 국가와 문화가 위협받고 있다고 믿으며 자신이 소중히 여기는 삶의 방식을 지키고 싶어 한다. 이러한 두려움은 터커 칼슨과 같은 선동가가 퍼뜨리는 '거대한 대체'에 대한 편집증과 음모론의 근거가 된다. 이민자 유입을 차단하는 것이 사회를 불안하게 만드는 온갖 변화를 막는 상징적 과제가 된 셈이다.

신은 죽었고
우리가 그를 죽였다

인구 통계학적 변화를 넘어 미국 보수주의자를 불안하게 하는 또 다른 추세적 변화는 세속화이다. 북유럽과 서유럽은 2차 세계대전 이후 급속히 세속화되었다. 미국도 종교성이 약화되었지만 그 정도는 덜했다. 그러나 지난 수십 년 동안 상황은 빠르게 변했다. 1972년과 1991년 사이에는 종교를 갖지 않은 인구의 비율이 제자리걸음을 유지했지만 이후에는 1991년 6퍼센트에서 2018년 23퍼센트로 증가했다.[119] 2007년부터 2020년까지 미국은 조사 대상 49개국 중 가장 큰 폭으로 종교성religiosity이 감소했다.[120] 1982년에는 미국인의 52퍼센트가 자신의 삶에서 종교가 매우 중요한 역할을 한다고 답했지만, 트럼프 대통령이 취임할 당시에는 23퍼센트만이 그렇게 생각했다.[121] 미국에서도 니체의 다음과 같은 선언이 서구의 다른 나라보다 조금 늦게나마 실현된 것으로 보인다. "신은 죽었고 우리가 그를 죽였다."

최근 미국에서는 정치적 양극화가 세속화를 부채질했고 그 역도 마찬가지이다. 1980년대에는 앞서 살펴본 것처럼 기독교 우파가 공화당에 확고하게 자리 잡았다. 이후 1990년대와 2010년대 정치적 양극화의 물결은 이전에는 뚜렷하게 구분되었던 정체성의 경계를 허물었다. 이제 당파적 소속은 이념, 인종, 신앙과 밀접하게 연관되었다. 양극화와 세속화는 서로를 강화하는 효과를 냈다. 우파 기독교의 정치화로 인해 세속적 미국인은 좌파에 투표했을 뿐 아니라 종교 자체를 포기하기도 했다. 동성 결혼과 낙태가 정치의 의제로 떠오르자 민주당원의 교회 출석률은 크게 떨어졌다. 한편, 기독교인은 점점 늘어나는 무신론 좌파로부터 나라를 지키겠다고 나서면서 전체적으로 공화당에 더 많이 기울었다.[122]

그 결과 세속화는 미국인을 더욱 분열시켰다. 기독교인이 되는 것이 시민으로서의 삶에 중요한 측면인지를 묻는 질문에서 좌파와 우파 사이에는 23퍼센트 포인트의 격차가 있는 반면, 종교가 공적

생활에서 훨씬 작은 역할을 하는 영국에서는 그 격차가 7퍼센트 포인트에 불과하다.[123] 2009년에는 미국의 백인 복음주의자가 민주당 지지자보다 공화당 지지자가 될 확률이 2배 높았으나, 10년 후에는 거의 4배로 늘어났다.[124] 급격한 세속화는 격렬한 문화 전쟁의 불길에 기름을 부었다. 세속화가 기독교인을 새롭게 일깨우기만 한 것이 아니었다. 세속적 좌파는 종교를 다른 의미 있는 활동으로 대체하려고 애썼고, 결국 그 열의를 정치에 쏟았다. 역사적으로 자유주의의 가장 큰 강점은 사람을 자의적 제약으로부터 해방시키는 것이었다. 반면에 자유주의의 가장 큰 약점은 기존 구조가 무너졌을 때 그 공백을 메우지 못한다는 것이다.

극단적 변화가 두려운 보수

이러한 모든 변화를 종합해 보면 많은 보수주의자가 자신의 땅에서 스스로를 이방인처럼 느끼게 되었다는 것이다. 이 같은 소외감은 문화 전쟁의 전선이 끊임없이 바뀌면서 더욱 심해진다. 전문가는 미국 우파의 표현 방식과 전략이 과격해졌다고 지적하지만, 데이터에 따르면 사고방식이 가장 많이 변한 것은 오히려 민주당원이다. 1994년에는 민주당 지지자의 32퍼센트와 공화당 지지자의 30퍼센트만이 이민자가 미국을 강하게 만들었다고 믿었다. 그러나 2017년에는 같은 생각을 가진 공화당원의 비율은 소폭 상승한 반면, 이민을 찬성하는 민주당 지지자의 비율은 84퍼센트로 치솟았다.¹²⁵

이러한 추세는 미국의 문화 전쟁에서 가장 첨예한 쟁점이 되고 있는 여러 가지 문제에도 적용된다. 예컨대 인종 간 결혼을 지지하는 비율이 64퍼센트에서 94퍼센트로 증가하는 등 전반적으로 미국은 지난 25년 동안 훨씬 더 관용적으로 바뀌었다.¹²⁶ 그러나 일부 사회 문제에는 좌파의 일부가 나머지 전체 미국인보다 훨씬 더 앞서갔다. 백인 민주당원은 인종 문제 및 인종 차별에 대해 평균적인 흑인 유권자보다 더 좌파적 견해를 지니는 경향이 있는데, 언론인 매튜 이글레시아스Matthew Yglesias는 이러한 현상을 '대자각Great Awokening'(18세기 초와 19세기 초에 미국에서 일어난 개신교의 신앙 부흥 운동을 일컫는 대각성Great Awakening 운동에 빗대어 의식적으로 '정치적 올바름'을 추구하는 좌파적 행태를 비꼬아서 지칭하는 용어_옮긴이)이라고 불렀다.¹²⁷

젊은 민주당원은 극단적으로 진보적인 성향을 보인다. 2010년 이후 갤럽 여론 조사에 따르면, 미국 젊은층의 약 절반이 사회주의에 호의적 의견을 표명하는 것으로 나타났다.¹²⁸ 2020년 여론 조사에서 대학생의 64퍼센트가 경찰 해체 운동을 지지했으나 전체 미국인 중에는 34퍼센트만이 이 운동을 지지했다.¹²⁹ 미국 전역의 대학에서는 1960년대의 급진주의를 떠올리게 하는 캠퍼스 행동주의 운동이 다시 일어나고 있으며, 학생은 연사의 목소리가 들리지 않도록 고함을 지르거나 건물을 점거하는가 하면, 인종 차별을 포함한 온갖 차별에 반대하는 시위를 벌이고 있다.

현대 좌파의 문화적 극단주의를 두려워한 공화당은 어떻게든 선거에서 승리하여 자신들이 보기에 문화적 쇠퇴로 여겨지는 추세를 막겠다고 작정했고, 그 최후 수단으로 정치적 급진주의에 의지했다. 현대 미국 생활의 비극적 비대칭성은 우파가 정치적으로 종종 분에 넘치는 성과를 거두면서도 늘 문화 권력을 염원하는 반면, 좌파는 문화 권력을 갖고 있지만 끊임없이 정치 권력을 갈망한다는 점이다. 좌파는 상원 및 대통령선거인단 구성의 지방 편중, 하원의 게리맨더링gerrymandering(특정 정당에 유리하게 만든 부당하고 기형적인 선거구 획정_옮긴이), 보수파가 지배하는 연방 대법원, 기타 미국 헌법 체계가 안고 있는 반反다수결주의적 특성 등 내재적으로 공화당에 유리하다고 보이는 정치 환경이 불만스럽다. 좌파는 문화 권력을 이용해 정치 환경을 바꾸려고 하는데, 이는 위험하고 종종 반자유주의적 시도가 아닐 수 없다. 반면에 우파는 좌파가 언론, 대학, 할리우드, 심지어 대기업에서까지 내재적 이점을 누리고 있다고 생각하며, 이들 모두가 새롭고 급진적인 진보 이념의 원천이라고 본다.

숫자가 줄어들고는 있지만 과분한 정치적 영향력을 지닌 백인과 독실한 기독교인은 문화 전쟁 즉 '워크woke'(소수 인종, 여성, 성 소수자 등 사회적 약자에 대한 차별에 문제의식을 가지고 깨어 있다는 의미. 과도한 '정치적 올바름'을 비아냥거리는 용어로도 쓰임_옮긴이) 문화와

'손절' 문화cancel culture(유명인을 대상으로 과거의 잘못된 행동이나 발언을 소셜 미디어나 인터넷을 통해 고발해서 대중의 공격을 유발하고 지위나 직업을 박탈하는 집단적 운동이나 현상_옮긴이), 세속화, 전통적 애국심의 쇠퇴, 대안의 성 정체성 수용 증가 등을 실존적 위기라고 느낀다. 2020년 흑인, 라틴계, 아시아계 유권자들 사이에서 트럼프가 약진한 것은 보수의 기반이 실제로는 줄지 않았을 가능성을 시사한다. 이는 사회적 보수주의, 낮은 세금, '사회주의'에 대한 적대감과 반워크anti-wokeness 문화 등의 요소가 보수층으로부터 광범위한 호응을 얻었기 때문으로 보인다. 그러나 보수주의자의 수가 실제로 줄어들고 있는지는 중요한 문제가 아니다. 좌파의 문화적 우위가 공화당원들로 하여금 자신들이 공격받고 있으며 반격에 나서야 한다고 느끼게 한다는 점이 중요하다.

문화 전쟁이 만든 기묘한 동맹

서구뿐 아니라 전 세계적으로 21세기의 양극화된 정치 세력은 개인의 정체성을 놓고 갈수록 더 치열하게 다투고 있다. 그리고 이제 이 문화 전쟁터는 실제 전쟁터와 합쳐졌다. 현대화의 거센 바람은 아랍 세계에서 이슬람의 격렬한 반발을 불러일으켰다. 중동의 많은 지역은 정치, 시민, 사회 분야에서 거의 진전을 이루지 못한 채 정치적으로 정체되어 있었다. 그리고 서구적 경제, 세계화, 기술이 이 지역에 들어오자 어설프게 이식된 조악한 근대화는 정치 세력화된 종교의 모습으로 격렬한 거부 반응을 불러왔다. 이슬람 근본주의자에게 실패한 서구식 근대화가 문제였다면 그 해결책은 바로 이슬람교였다. 세계 여러 곳에서 일어나는 사회적 반발과 마찬가지로 이슬람 세계에서도 눈에 띄게 반페미니스트, 심지어 반여성적 성격을 띠고 있다.

러시아 보수주의자에게 모스크바는 항상 '제3의 로마'였다. 서방(로마)과 동방(비잔티움)의 기독교 수도가 함락된 후 러시아 정교회는 그들에게 진정한 기독교의 수호자였다. 블라디미르 푸틴의 새로운 러시아 제국이라는 '반동적reactionary' 야망은 타락하고 세속적이며 동성애에 우호적인 서방에 맞서 기독교 도덕의 마지막 수호자라는 러시아 정교회의 이미지와 결부되어 있다. 러시아의 우크라이나 침공 2주 후, 러시아 정교회의 수장인 키릴 1세 총대주교는 기이하게도 우크라이나 전쟁의 원인 중 하나로 '게이 프라이드 퍼레이드gay pride parade'(성 소수자의 자긍심을 고취하는 시가 행진_옮긴이)를 거론했다.[130] 몇 주 후 푸틴은 《해리 포터Harry Potter》의 작가 J. K. 롤링이 성 전환자에 대한 견해 때문에 '손절된canceled'(온라인상으로 집단적 공격을 받아 배제되었다는 의미_옮긴이) 것과 같은 방식으로 서방이 러시아 문화를 '손절'하려 한다고 불만을 터뜨렸다.[131]

중국에서도 마찬가지로 시진핑의 이념은 공식적으로는 공산주의이지만 점점 더 우익의 문화적 불만과 비슷한 의미로 쓰이고 있다. 중국 정부는 페미니즘, 성 소수자 문화, 소수 인종 및 소수 민족의 주장에 반대하고 남성 가부장제와 주류인 한족을 옹호하는 태도를 취하고 있다. 중국에서는 남성 텔레비전 앵커가 '여성스러운' 옷차림, 말투, 행동을 하지 말라는 경고를 받기도 했다. 일부 중국 전문가는 중국이 급속한 고속도로 건설, 만연한 흡연, 직장 내 성차별, 지정학적 오만함 등 미국의 1950년대를 재현하고 있다고 말했다. 러시아와 중국은 모두 자국 내 자유주의를 단속하고 해외에 영향력을 투사할 수 있는 군사적 역량을 강화하여, 미국이 주도하는 글로벌 자유주의의 힘을 약화시켜서 자국 문화를 지켜야 한다고 생각한다. 이처럼 서구에 대항해 문화적으로 균형을 맞추려는 시도는 지정학적 혁명의 일부일 뿐이다. 이러한 지정학 혁명은 냉전 후 가장 위험하고 예측할 수 없는 국제 환경을 만들어 왔다.

9

지정학적 긴장과
상호 의존성 사이,
지정학적 이중 혁명

2400여 년 전, 최초의 위대한 역사가 중 한 명인 투키디데스Thucydides는《펠로폰네소스 전쟁사The History of the Peloponnesian War》에서 당대의 주요 도시 국가 둘 사이에 전쟁이 일어난 근본적 이유를 기술했다. 그는 "아테네의 부상과 그로 인해 스파르타에 스며든 공포심이 전쟁을 불가피하게 만든 이유"라고 썼다.[1] 아테네는 국력이 세지면서 군사적 외교적 야망을 키울 만큼 대담해졌고, 당시 지배적 패권국이었던 스파르타와 부딪힐 수밖에 없었다. 스파르타는 점점 더 불안해졌고 자신들의 지위를 지켜야 할 필요성을 절실히 느꼈다. 그 결과 펠로폰네소스 전쟁이 발발하여 두 강대국 모두 큰 타격을 입었고, 그리스의 황금기는 막을 내렸으며, 로마인이 그리스 세계를 정복할 수 있는 길이 열렸다. 구조적 변화는 국가 내부의 권력 이동뿐 아니라 국가 간의 패권 이동으로 이어진다. 이러한 변화는 새로운 야망과 불안을 낳고, 종종 전쟁으로 이어지기도 한다.

떠오르는 강대국이 기존 강대국을 대체하려고 위협해 결국 전쟁으로 이어지는 이 현상은 익숙한 이야기이다. 역사학자 폴 케네디는 권위 있는 그의 저서 《강대국의 흥망The Rise and Fall of the Great Powers》에서 500년에 걸친 강대국 간 구조 변화의 유형을 설명한 바 있다. 최근에는 정치학자 그레이엄 앨리슨Graham Allison의 연구가 '투키디데스 함정'에 대한 치열한 논쟁을 불러일으켰다.[2] 앨리슨은 지난 5세기 동안 떠오르는 세력이 지배 세력에 도전한 16가지 사례를 분석했다. 여기에는 16세기 초 프랑스의 패권에 도전한 합스부르크 제국부터 20세기 미국의 지배적 지위를 위협한 팽창주의적 일본까지 망라되었다. 거론된 사례 가운데 12건은 전쟁으로 끝났다.[3] 물론 오늘날의 가장 큰 현안은 과연 미국과 중국이 같은 경로를 밟을 운명이냐는 것이다. 만약 그렇게 된다면 피비린내 나는 격변의 21세기가 될 것이다.

오늘날 우리가 세계 무대에서 목격하고 있는 변화는 '지정학적 혁명geopolitical revolution'이라고 표현할 수 있을 것이다. 지정학적 혁명은 드물지만 우리는 근대사에서 세 번째로 큰 지정학적 혁명을 겪고 있다. 첫 번째는 15세기부터 시작된 유럽 국가의 부상이었다. 이 혁명은 상업과 자본주의, 세계 무역과 강대국 외교, 과학과 산업에서의 혁명 등 우리가 지금 알고 있는 세계를 만들어 냈다. 이는 또한 서구 세계 국가의 장기적 우위와 전 세계 대부분의 비서구 국가의 식민지화 및 피지배로 이어졌다. 19세기 말부터 시작된 두 번째 거대한 패권 이동은 미국의 부상이었다. 산업화를 이룬 미국은 곧 세계에서 가장 강력한 국가가 되었다.[4] 무엇보다도 미국은 다른 국가의 어떤 조합보다 강력해졌고, 이로 인해 20세기에 결정적인 지정학적 역할을 하게 되었다. 미국은 신흥 강대국이 패권을 장악하려고 시도한 세 차례의 도전을 모두 물리쳤다. 1차 세계대전과 2차 세계대전에서 미국의 개입은 독일을 물리치는 데 핵심 역할을 했다. 냉전 기간 동안 미국은 소련이 붕괴할 때까지 그들을 성공적으로 봉쇄한 국제적 동맹 체제를 조직하고 이끌었다.

지난 30년 동안 근대사에서 전례 없는 일이 벌어지면서 미국이 주도한 두 번째 패권 이동이 과속화되었다. 단 하나의 강대국이 강력한 도전자 없이 전 세계를 지배하게 된 것이다. 냉전 이후 러시아는 약화되었고, 중국은 여전히 너무 낙후되어 있었으며, (영국, 프랑스, 독일, 일본 등) 다른 주요 강대국은 미국의 가까운 동맹국으로 남았다. 이 '팍스 아메리카나Pax Americana'(미국의 힘에 의한 평화 체제_옮긴이) 기간 동안 세계화와 자유화는 세계 경제 전체에 혜택을 주었고, 경제는 극적으로 성장했다. 그러나 이러한 요인은 결국 근대의 세 번째 거대한 지정학적 변화 즉 팍스 아메리카나의 퇴조를 불러왔다.

이 같은 변화는 서구의 쇠퇴 때문이 아니라 나머지 국가의 부상

즉 많은 비서구 국가의 경제 성장과 자신감 증가에 따른 것이다. 나는 이 현상을 《탈미국의 세계The Post-American World》에서 처음 살펴보았는데, 그 추세는 2008년 책이 출간된 이후 더욱 심화되었다. 지정학적 혁명의 중심에는 한 세대 만에 경제적 기술적으로 무시해도 좋을 만한 존재에서 선두 주자로 부상한 중국이 있었다. 우리는 또한 러시아의 부활을 목격했다. 러시아는 세계 경제의 성장 과정에서 천연자원의 수요 급증으로 막대한 이득을 얻었을 뿐 아니라, 서구의 영향력과 서구 사상의 확산에 위협을 느끼게 되었다. 역설적이게도 팍스 아메리카나는 미국의 패권에 두 가지 가장 큰 도전을 불러일으키는 환경을 조성했다. 바로 중국이 경쟁자로 부상했고, 러시아가 국제질서의 훼방꾼으로 돌아온 것이다. 현재의 지정학적 혁명은 신흥 강대국과 기존 강대국 간 갈등이 불가피하게 전쟁으로 끝나는 익숙한 이야기로 보일 수도 있다.

그러나 오늘날의 변화는 또 다른 혁명, 즉 사상의 영역에서 일어난 변화이다. 이 혁명은 미국의 패권으로 촉진된 자유주의 혁명이다. 자유주의 혁명은 국가 간 상호 작용하는 방식 자체를 바꿨다. 학자들이 국제 관계에서 이념으로서의 자유주의liberalism를 말할 때는 좌파적 정책을 의미하는 것이 아니라 자유, 민주주의, 협력, 인권에 대한 존중을 뜻한다. 이러한 견해는 종종 원초적 힘과 이기심을 중시하는 현실주의realism 또는 현실주의 정치realpolitik(독일의 비스마르크가 추진했던 것으로, 힘을 바탕으로 냉철하게 국익과 실리를 추구하는 국제 정치 이념 또는 외교 정책_옮긴이)와는 반대되는 경우로 해석한다. 투키디데스 시대부터 이어져 온 익숙한 패권 정치의 양상에서 상황이 크게 달라졌다고 주장하는 것은 지나치게 희망적인 것처럼 보일 수 있다. 그러나 국제 정치의 양상은 실제로 달라졌다. 1945년 이후 세계는 규칙, 규범, 가치를 강조하는 새로운 방식으로 조직되었다. 지금은 국가와 국제기구의 행동을 규율하는 규칙이 포함된 수천 개의 국제 협약이 존재하며, 이러한 협약은 토론, 논쟁, 행동을 위한 공론의 장場을 만들어 낸다.

앞서 살펴본 것처럼 국가 간 무역, 투자, 여행, 통신 등도 폭발적으로 늘어났다. 상호 의존도는 전례 없는 수준이다. 1차 세계대전 이전에도 각 나라는 서로 교역을 했지만, 그 규모가 작았고 교역 방식도 단순한 양자 간 협정으로 이루어졌다. 전 세계 수출과 수입의 합계를 세계 국내총생산으로 나눈 '무역 개방 지수'는 1913년에는 약 30퍼센트였다.[5] 현재는 60퍼센트를 약간 밑도는 수준으로 2000년대 중반 이후 정체된 상태이다. (코로나 팬데믹으로 인해 무역 흐름이 재편되기는 했지만 장기적으로 볼 때 팬데믹이 전반적인 무역에 큰 타격을 주지는 않은 것으로 보인다.) 이제 돈, 상품, 서비스는 모두 복잡한 방식으로 전 세계를 누비고 있으며, 최종 제품이 출시되기 전까지 여러 차례 오가는 경우가 많아졌다. 한국과 일본처럼 한때 적대적이었던 국가와 심지어 미국과 중국처럼 오늘날 경쟁 관계에 있는 국가까지 경제적으로는 서로 깊숙이 얽혀 있다. 대규모 여행은 이제 국제적인 주요 산업으로 성장했다. 팬데믹 이전인 2019년에는 15억 건의 해외여행이 이루어졌으며, 2023년의 예비 데이터에 따르면 그 수는 거의 회복될 것으로 나타났다.[6] 이처럼 놀라운 상호 연결성은 수천 년 동안 국제 정치 무대에서 작동해 온 통상적 패권 정치를 어느 정도 제한하는 새로운 종류의 국가 간 관계를 가능하게 할 수도 있다.

나는 극단적 상황에서는 힘이 모든 것에 앞서고, 정치가 경제보다 우선하며, 많은 국제적 규칙과 규범을 어기는 일이 일상적으로 일어나고, 국제기구는 종종 강제력이 없어 무력한 경우가 많다는 것을 잘 알고 있다. 예컨대 유엔 총회는 그저 말잔치에 그치는 경우가 대부분이다. 실질적 권력은 여전히 각 국가에 있기 때문이다. 그러나 1945년 이전의 세계 즉 정글과도 같았던 적나라한 현실주의 국제 정치의 모습이 어땠는지를 생각해 보면 자유주의 혁명의 영향력을 실감할 수 있다. 우리는 수 세기에 걸친 끊임없는 분쟁으로부터 역사학자 존 루이스 개디스John Lewis Gaddis가 "장기 평화Long Peace"라고 지칭한 시대로 진화했다. 즉 거의 80년에 달하는 기간 동안 강대국 사이 전쟁이 없었던, 근대사에서 가장 긴 평화의 시기를 경험하고 있다.[7] 1945년 이후에는 과거에 흔하게 일어났던 무력에 의한 영토 병합은 거의 사라졌다고 해도 좋을 만큼 드문 일이 되었다. 그래서 러시아의 우크라이나 침공은 특히 이례적 일이 아닐 수 없다. 프랑스와 독일은 과거 80년에 걸쳐 세 차례나 전쟁을 벌였으나, 2차 세계대전 이후 두 강대국이 새로운 유럽의 질서에 편입되면서 두 나라 간 전쟁은 상상할 수 없는 일이 되었다.

1990년대 초반 동아시아 경제가 호황을 누리던 시절, 나는 명민하고 강인한 정신력의 소유자인 싱가포르 건국의 아버지 리콴유에게 동아시아 지역 국가가 강대국으로 부상하면 유럽이 겪었던 무력 충돌의 역사를 반복하게 될 것인지를 물었다. 리콴유는 "노No"라고 답하고, "아시아에서 우리는 베트남 같은 국가에 전쟁이 어떤 결과를 가져왔는지를 똑똑히 보아 왔으며, 그리고 동남아시아에서 무역과 협력이 어떤 결과를 가져왔는지도 보아 왔습니다"라고 말했다.[8] 사실상 그의 말이 의미하는 바는 '우리가 과거로부터 배우고 상호 이익이 되는 미래를 선택할 수 있다는 것'이었다. 실제로 동아시아는 급속한 경제 성장, 국경 분쟁, 역사적 갈등에도 불구하고 평화를 유지해 왔다.

이제 세계 각국은 무역과 투자를 통해 서로 밀접하게 얽혀 있다. 또 자유주의 사상, 가치, 관행이 확산되었다. 특정 사안과 관련된 규칙, 종종 모든 국가에 도움이 되는 실질적 해결책이 점점 더 일반화되면서 국제 사회의 모든 분야를 구석구석 규율하는 조약, 국제 법규, 규범의 그물망이 형성되었다. 그리고 북대서양에 자리 잡은 소수 국가의 전유물이었던 민주주의와 법치주의가 전 세계로 확산되었다. 그러나 지구상에는 자유롭지 못한 국가가 여전히 많고, 미중 관계에서도 알 수 있듯이 상호 의존성이 모든 지정학적 긴장을 완화하지 못한 것도 사실이다. (모든 마찰에도 불구하고 두 나라 사이에 전쟁이 일어나지 않았다는 점은 주목할 만한 가치가 있다.)

민주주의는 수십 년 동안 급속하게 확대된 끝에 이제 많은 국가에서 후퇴하는 모습을 보이며 침체기에 들어섰다. 반면에 내가

민주주의 국가와 독재 국가의 비중

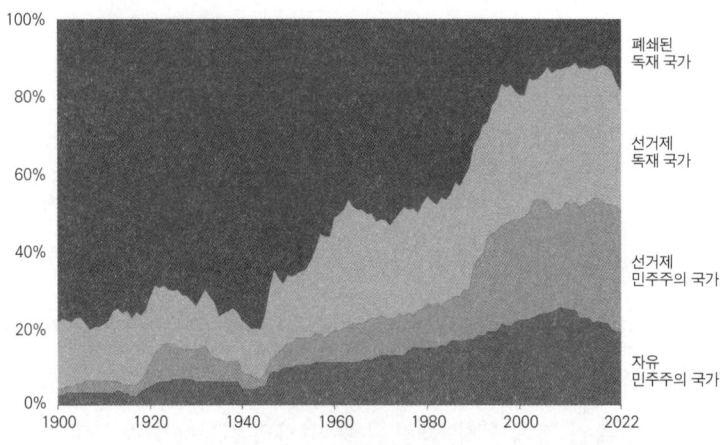

1900년부터 2022년까지 세계의 민주화 추이. ⓒ Our World in Data/CC BY 4.0 DEED

1990년대에 발견한 '반反자유주의적 민주주의' 현상이 이제는 세계적 추세가 되었다.[9] 그럼에도 불구하고 역사를 넓게 살펴보면 국제 문제에서 지난 수 세기에 걸쳐 이어져 온 현실주의 정치와 결별한 자유주의 혁명이 일어났다는 사실은 여전히 부인할 수 없다.

강대국 정치의 복귀와 자유주의 국제 질서의 부상이라는 두 가지 혁명이 동시에 일어나고 있으며, 이 이중 혁명dual revolutions이 어떻게 진행되느냐에 따라 세계의 미래가 결정될 것이다. 한 가지 그럴듯한 길은 현실주의 정치로의 회귀이지만, 이는 세계화의 붕괴와 민족주의 및 서로 경쟁하는 진영 대립으로의 회귀를 의미한다. 우리는 이전에도 이러한 퇴보를 본 적이 있다. 아니면 상호 의존적 요인들로 인해 각국이 평화를 추구하고, 경제적 유대를 강화하며, 기후 변화와 같은 공동의 관심사에 더욱 긴밀히 협력하도록 밀어붙이는 모습을 볼 수도 있다. 그러려면 세계 주요 국가의 비범한 지도자가 서로 협력하여 미래에 대한 공동의 비전을 만들 필요가 있다. 아마 우리가 살아갈 세상은 지정학적 긴장과 함께 상호 협력 및 경제적 유대가 공존하는 두 가지 시나리오 사이에 불안하게 놓여 있을 것이다. 상호 의존성은 때로는 지정학적 모험을 억제하는 역할을 하기도 하지만, 때로는 한 국가가 다른 국가에 우위를 점하기 위한 무기로 쓰일 수도 있다. 긴밀히 연결된 이 두 가지 혁명을 관리하는 것은 복잡하고 위험한 일이며, 전쟁으로 치달을 위험이 상존하게 될 것이다.

팍스 아메리카나의 기원

경쟁과 현실주의 정치의 세계는 먼 옛날부터 우리와 함께해 왔다. 그에 비해 규칙에 기반한 자유주의 질서의 세계는 상대적으로 새로운 현상이다. 다른 많은 자유주의 사상과 마찬가지로 국제법은 유럽의 계몽주의 시대, 특히 네덜란드에서 가장 먼저 등장했다. 1625년 네덜란드의 외교관이자 법학자인 휘호 흐로티위스Hugo Grotius는 공유된 종교가 아니라 자연권과 이성에 기반한 국제법 개념을 제시한 《전쟁과 평화의 법On the Law of War and Peace》을 저술했다.¹⁰ 그로부터 1세기 반이 지난 후, 계몽주의 철학자 임마누엘 칸트Immanuel Kant는 프랑스 혁명의 유혈 사태 속에서 《영원한 평화를 위하여Toward Perpetual Peace》라는 제목의 논문집을 발표했다.¹¹ 칸트는 이 책에서 일시적인 전쟁의 부재뿐 아니라 영구적인 평화의 조건을 달성하려면 무엇이 필요한지를 설명했다. 그의 사상은 놀라울 정도로 현대적이다. 칸트는 경제적으로 상호 의존적인 공화국으로 이루어진 세계를 주창했다. 이들 공화국에서는 국민이 전쟁보다 무역을 선호하고, 그러한 정책을 결정할 권한을 가진다. 칸트는 무력보다는 법에 의해 통치되는 자유로운 국가 연합을 추구했다. 이는 유엔과 같은 국제기구의 선구적 형태였다. 칸트는 각 나라의 국가 이기주의가 아닌 인간의 권리에 뿌리를 둔 미래를 상상했다.

한동안 이러한 구상은 그저 아이디어 차원에 머물렀다. 그러나 19세기의 초강대국이었던 영국은 청교도적 사명감으로 가득 차 있었다. 영국은 단지 적나라한 자국 이기주의뿐 아니라 가치와 이상을 추구하기 시작했다. 사실 영국은 노골적으로 자국의 이익을 추구하고 사악하게 행동하기도 했지만 그 속에는 자비로운 면모도 있었다. 영국의 패권적 힘은 흐로티위스가 처음 개발한 개념인 '해양의 자유freedom of the sea'와 같은 국제적 공공재를 제공했다. 실제로 이는 영국 해군이 해적을 진압함으로써 평화롭게 무역을 수행하는 선박은 어떤 국기를 달고 있든 보호한다는 것을 의미했다.

영국은 또한 문자 그대로의 '자유freedom' 자체를 보호하기 위해 해군력을 사용했다. 영국은 노예 무역을 폐지한 후 자국민은 물론이고 다른 나라에도 노예 무역 금지 조치를 적극적으로 시행했다. 1860년까지 영국 해군의 서아프리카 함대는 약 1600척의 노예 수송선을 나포했고, 그 과정에서 15만 명의 노예를 해방시켰다.[12] 영국은 다른 나라에 도덕적 문제를 적극적으로 제기하고, 국제법이라는 개념과 규칙에 기반한 국제 질서를 강조한 최초의 강대국이었다. 사실 영국이 1차 세계대전에 참전한 주요 동기 중 하나는 독일의 침략에 맞서고 있던 동맹국 벨기에에 대한 약속을 명예를 걸고 지켜야 한다는 의무감이었다. 역사학자 니얼 퍼거슨Niall Ferguson은 영국이 현실주의 입장이었다면 독일과 타협했을 것이라고 주장한다.[13]

19세기 후반 영국 총리를 네 차례 지낸 자유당 정치가 윌리엄 글래드스턴은 1880년 선거를 앞두고 유명한 연설을 했다. 그는 "자유에 대한 염원"과 "모든 국가의 동등한 권리"를 바탕으로 한 외교 정책을 주창했다. 글래드스턴은 오스만 제국의 통치 아래 있는 소수 민족에 대한 탄압을 비난했다. 그는 영국과 러시아가 19세기 중앙아시아에서의 영향력을 놓고 '그레이트 게임Great Game'이라는 지정학적 경쟁을 벌였던 변방의 아프가니스탄에서 현지 주민이 겪는 곤경을 문제 삼기도 했다.

우리가 야만인이라고 부르는 사람의 권리를 기억하라. 그의 소박한 가정의 행복, 겨울에 눈 덮인 아프가니스탄 언덕 마을의 '생명의 존엄성sanctity of life'이 전능하신 하나님의 눈에는 여러분 자신의 행복만큼이나 신성불가침한 것임을 기억하라. 같은 살과 피를 가진 인간으로서 여러분을 하나로 묶어 주신 그분은 호혜적인 사랑의 법으로 여러분을 묶어 주셨음을, 그리고 그 호혜적 사랑은 영국 땅의 해안이나 기독교 문명의 경계에 의해 제한되지 않음을, 또한 그 호혜적 사랑은 지구의 표면 전체를 넘나들며 그 가늠할 수조차 없이 무한한 크기로 가장 비열한 것과 가장 위대한 것을 모두 포용한다는 것을 기억하라.[14]

글래드스턴은 재임 중에는 이상주의적 정책을 펼치지는 않았다. 그러나 그의 사상과 연설은 긴 그림자를 드리웠다. 글래드스턴으로부터 시작된 이상주의적 국제 질서에 대한 열망은 그를 매우 존경했던 우드로 윌슨에 이르기까지의 짧은 지적 여정이었다.

윌슨은 글래드스턴이 영국에 대해 그랬던 것처럼 미국을 이상적 국제 질서를 추구하는 선한 세력이라고 보았으며, 글래드스턴처럼 칸트의 사상에 깊은 영향을 받았다. 윌슨은 1차 세계대전 이후 최초의 주요 국제기구인 국제연맹을 창설하여 지속적인 평화를 구축하려고 노력했다. 그러나 실제 정치와 인간관계에서의 현실 감각을 결여한 이상주의자 윌슨은 대외적 외교와 국내 정치에서 모두 실패했다. 결국 그는 복수심으로 가득 찬 평화 회의를 주재하게 되었고, 그 결과 독일은 원한을 품은 채 국제 질서에서 이탈했다. 미국 국내에서는 상원이 자국의 국제연맹 가입을 거부하는 바람에 새로운 국제기구는 세계 최강국의 지원 없이 출범할 수밖에 없었다. 세계 질서는 암울한 길로 접어들었다. 부채 위기, 초인플레이션, 대공황, 파시즘의 대두가 이어졌고 윌슨의 희망은 2차 세계대전이라는 지옥 속에서 사라졌다.

그러나 전쟁의 잿더미에서 자유주의적 국제 질서를 구축하려는 또 다른 노력이 시작되었다. 이번에는 윌슨보다 훨씬 더 유능한 정치가인 프랭클린 델러노 루스벨트가 그 설계자였다. 루스벨트는 윌슨 행정부에서 해군성 차관보를 지냈으며, 1919년 평화 협상이 진행되는 동안 잠시 파리를 방문한 적이 있었다. 루스벨트는 윌슨의 이상을 공유했지만 그의 방식이 너무 이상주의적이라고 생각했다. 따라서 루스벨트는 이러한 이상을 '힘의 정치power politics'가 지배하는 현실에서 실현할 수 있는 방법을 모색했다. 유엔에 대한 그의 구상은 강대국의 지위와 영향력을 명시적으로 보장하는 것이었다. 즉 강대국이 안정된 세계 질서 속에서 특권적 지위를 누릴 수 있도록 일정한 지분을 배분하는 것이었다. 루스벨트는 자신이 구상한 계획의 대부분을 이루어 냈지만 냉전이 시작되면서 이러한 계획은 곧 틀어졌다.

'미국의 세기the American Century'라는 표현은 2차 세계대전 이후 미국이 형성한 세계 질서를 정의하는 말이 되었다. 앞서 언급했듯이 영향력 있는 잡지 발행인 헨리 루스는 1941년 2월 이 용어를 만들어 주저하던 미국에 글로벌 리더십을 발휘할 것을 촉구했다. 진주만 폭격 이후 미국은 루스의 비전에 점점 더 익숙해졌다. 그러나

2차 세계대전 이후의 시대가 어떤 모습이었는지는 다시 한 번 떠올려 볼 필요가 있다. 당시 미국은 지구상에서 가장 확실한 패권국이 아니었다. 1945년 이후에도 프랑스와 영국은 여전히 공식적인 제국을 유지했으며, 전 세계 곳곳에 깊은 영향력을 행사하고 있었다.[15] 초강대국 소련은 지구 곳곳에서 미국의 영향력에 맞서 싸웠다. '제3세계Third World'라는 말은 세계가 세 부분으로 분할되었다는 데에서 유래한 표현이다. 제1세계는 미국과 서방 동맹국 그리고 일본으로 이루어졌다. 그리고 제2세계는 공산주의 국가들로 구성되었다. 제3세계는 나머지 모든 나라가 해당되었다. 이들 제3세계 국가는 미국과 소련 중 어느 한쪽 편에 설 것인지를 선택해야 하는 상황에 내몰렸다. 물론 미국은 경제적으로나 문화적으로 지배적 위치에 있었다. 그러나 폴란드에서 중국에 이르기까지 전 세계 인구의 대부분에게는 이번 세기가 미국의 세기라고 느껴지지 않았다. 출범 당시의 '자유주의적 국제 질서'는 북미, 서유럽, 일부 아시아 태평양 국가에 제한된 영역에만 영향을 미쳤을 뿐이다.

   냉전 이후 수십 개 국가가 공산주의, 사회주의, 계획 경제 등의 속박에서 벗어나면서 자유주의 질서가 빠르게 확장되었다. 그러나 그 당시에도 미국의 패권은 처음에는 감지하기 어려웠고 대부분의 관찰자도 이를 놓쳤다. 1990년 마거릿 대처 영국 총리는 세계가 달러, 엔, 마르크가 지배하는 3개의 새로운 정치 영역으로 분열되고 있다고 주장했다.[16] 1994년 헨리 키신저의 저서 《외교Diplomacy》는 새로운 다극화 시대의 도래를 예고했다. 미국에서는 확실히 승리했다는 우월감이 약간 있었다. 1992년 대선의 선거 유세는 무력감과 피로감으로 점철되어 있었다. 민주당 예비 후보였던 폴 송가스Paul Tsongas는 "냉전은 끝났고 일본과 독일이 승리했다"라고 거듭 강조했다.[17] 아시아의 경제적 부상을 지켜본 사람들은 '태평양의 세기the Pacific Century'를 이야기하기 시작했다. 세계가 자유 시장과 자유무역, 민주주의를 향해 나아가고 있다고 보는 사람들도 그 때문에 미국이 힘을 얻게 될 것이라고는 생각하지 않았다.

이 같은 일반적 분석과 달리 1990년에 보수 평론가 찰스 크라우트해머Charles Krauthammer가 외교 전문지 《포린 어페어스Foreign Affairs》에 기고한 선견지명이 있는 평론인 〈일극의 순간The Unipolar Moment〉이 예외적으로 주목할 만하다.[18] 그러나 이 승리주의적 관점도 제목에서 알 수 있듯이 그 확장성에는 한계가 있었다. 크라우트해머는 후속으로 《워싱턴포스트》에 게재된 칼럼에서 "미국 일극 체제의 순간은 짧을 것"이라고 예측했다.[19] 그는 떠오르는 '지역 강대국'인 독일과 일본이 이미 미국과는 독립된 외교 정책을 추구하기 시작했다고 주장했다. 미국 밖의 정책 입안자는 일극 체제의 퇴조가 임박했다고 생각하며 이를 환영했다. 1991년 발칸반도가 분열되기 시작하자 룩셈부르크의 외무 장관 자크 푸스Jacques Poos는 "지금은 유럽의 시대"라고 선언했다. 그는 "유럽인이 해결할 수 있는 것이 하나 있다면 그것은 바로 유고슬라비아 문제"라며 "유고슬라비아는 유럽 국가로 미국인이 해결할 문제가 아니다"라고 언급했다.[20] 그러나 결국 북대서양조약기구(NATO) 동맹을 이끄는 미국만이 보스니아와 코소보 전쟁에 효과적으로 개입하여 전쟁을 종식시킬 수 있는 종합적 힘과 영향력을 지녔음이 드러났다.

마찬가지로 1997년부터 일련의 공황 사태가 아시아 전역으로 퍼져 나갔을 때에도 미국만이 글로벌 금융 시스템을 안정시킬 수 있었다. 미국은 가장 큰 타격을 입은 국가를 위해 1200억 달러 규모의 국제 구제 금융을 조직하여 위기를 해결했다.《타임》지는 로버트 루빈Robert Rubin 재무부 장관과 앨런 그린스펀Alan Greenspan 연방준비제도이사회 의장, 로렌스 서머스Lawrence Summers 재무부 부장관 등 미국의 전문 관료 3인을 '세계구원위원회Committee to save the World'라는 제목으로 표지에 실었다.[21]

대부분의 예상과 달리 냉전 이후 30년은 '팍스 아메리카나'의 시기였다. 미국은 정치, 경제, 군사 분야뿐 아니라 이념적으로도 세계를 주도했다. 민주주의가 전 세계의 지배적 정치 체제가 되었다. 선거를 실시하고 경제를 개방하는 것이 국가를 위한 모범 사례로 여겨졌다.[22] 이것이 바로 1992년 프랜시스 후쿠야마가 '역사의 종말'을 묘사했을 때 의도했던 의미이다. 즉 정치의 진화에 관한 오랜 역사적 논쟁이 드디어 끝났다고 말이다. (제목만 읽은 사람이 흔히 생각하는 것처럼 '역사의 종말'은 전쟁이나 테러와 같은 주요 역사적 사건이 끝났다고 말한 것이 아니다.) 최근 수십 년 사이에 성장기를 보낸 사람에게 '팍스 아메리카나'는 자연스럽고 영구적인 것처럼 보였을 것이다. 자유 무역과 자유 시장을 수용하자는 '워싱턴 합의'는 미국의 정책 입안자가 머뭇거리는 외국인에게 억지로 강요한 것이 아니었다. 사실 '워싱턴 합의'는 학계, 지식인, 언론인 사이에서 합의를 본 하나의 견해이다. 그리고 이러한 발상을 채택한 국가는 1990년대와 2000년대에 중국과 인도에서 가장 생생하게 드러났듯이 성장과 역동성을 얻었다.

그러나 우리는 강대국 간 외교가 부재하고 미국의 압도적 힘이 특징인 매우 이례적인 시대를 살고 있었다. 전 세계 GDP와 군사비 지출에서 미국이 차지하는 비중은 다른 모든 국가보다 압도적으로 높다. 경제적으로 경쟁자가 될 수 있었던 가까운 동맹국인 일본과 독일조차 1989년 이후에는 대부분의 기간을 내부 문제에 치중했다. 일본은 오랜 경제 침체를 겪었고, 독일은 동독을 흡수하느라 바빴다. 이제 우리는 여러 강대국이 공존하는 세계로 돌아가고 있으며, 이러한 지정학적 혁명은 모든 차원에서 국제 관계를 변화시키고 있다. 이러한 변화는 중국의 부상과 러시아의 귀환 때문이 아니라 더 광범위하고 긍정적 변화 즉 주변부 국가의 부상으로부터 시작되었다.

주변부 국가의 부상

역사가들이 수십 년 후 우리 시대의 이야기를 기록할 때, 오늘날 세계의 지배적 특징은 분명 '주변부 국가의 부상'이

될 것이다. 과거 수 세기 동안 서구에 뒤처져 그들의 식민지가 되었고 그 후에도 세계적 패권 정치의 주변부에 머물렀던 많은 가난한 나라가 이제 부유하고 강력한 국가로 떠올랐다. 산업화된 서구 이외의 지역에 속한 나라는 지난 20년 동안 과거에는 상상할 수조차 없었던 높은 성장률을 기록했다. 그 기간에도 호황과 불황이 있었지만 전반적 추세는 분명 상승세였다.[23] 1990년에는 이른바 신흥 시장이 세계 경제의 3분의 1에 불과했다. 현재는 그 비중이 절반에 육박한다.[24] 그리고 이러한 신흥 경제권의 부상은 쉽게 정의하기 어려운 새로운 국제 역학 관계를 만들어 냈다. 학자들은 세계가 일극 체제인지 양극 체제인지, 아니면 다극 체제인지를 두고 논란을 벌인다. 그러나 현실은 이렇게 새롭게 부상한 국가를 강대국으로 평가하든 그러지 않든 간에, 이들 중 상당수가 각기 자국의 이익을 지키려고 단호하게 행동하고 있으며, 기존 강대국의 영향권에서 벗어나려고 저항하고 있다. 오늘날 세계에서는 점점 더 많은 국가가 어느 쪽에도 얽매이지 않는 자유로운 입장을 추구한다. 모든 국가가 이런 목표를 달성할 수는 없지만, 어느 정도는 성공하여 더 자유롭게 작동하는 국제 시스템을 만들어 낼 수는 있다.

우리는 탈미국 시대에 살고 있다. 그렇다고 미국의 국력이 급격히 쇠퇴했다는 뜻은 아니다. 미국 경제는 여전히 세계 최대 규모로, 전 세계 생산량의 약 4분의 1을 차지한다. 이는 그다음 순위 국가인 중국과 일본을 합친 것보다 더 큰 규모이다.[25] 1980년대 이후 미국의 점유율은 2008년 이후에도 놀라울 만큼 안정적으로 유지되고 있다. 이는 미국이 글로벌 금융 위기에서 다른 국가보다 더 빠르고 강력하게 회복했기 때문이다.[26] 미국의 군사력은 타의 추종을 불허하며, 미국은 그다음 상위 10개국을 합친 것보다 더 많은 국방비를 지출한다.[27]

미국의 힘은 떨어지지 않았지만 미국의 영향력은 감소했다. 영향력이란 궁극적으로 다른 사람들로 하여금 내가 원하는 것을 하도록 만드는 능력이다. 세계적 영향력은 군사력이나 GDP와 같은 하드파워hard power에 의해서만 결정되는 것이 아니다. 영향력은 세계에서 차지하는 상대적 지위에 의해서도 측정된다. (중국이 WTO에 가입하기 직전인) 2000년부터 2022년까지 미국 경제는 중국보다 750퍼센트 더 컸던 데에서 단 40퍼센트 더 큰 규모로 상대적 우위가 약화되었다.[28] 같은 기간 동안 인도에서부터 사우디아라비아, 튀르키예, 브라질에 이르기까지 많은 국가가 미국보다 더 빠르게 경제 성장을 이루었다.[29] 이 모든 국가가 경제적으로 더 강해졌고, 문화적으로 더 자부심이 커졌으며, 지정학적으로 더 대담해진 사회를 만들었다. 이들은 더 큰 자신감을 가지고 더 큰 영향력을 추구하며, 미국(또는 중국)에 휘둘리기를 거부한다. 이 같은 새로운 현실이 (미국과 중국이 여전히 다른 국가보다 월등한 우위에 있다는 점에서) 진정한 다극 체제를 창출하지는 못할지 모르지만, 적어도 21세기의 초강대국이 과거 냉전 체제에서 미국과 소련이 그랬던 방식으로 다른 국가를 지배할 가능성은 줄어들었다.

이러한 변화는 소프트파워soft power 즉 사상과 의제에 미치는 특정 국가의 영향력과 다른 국가가 본받으려는 모델이 되는 능력 면에서도 찾아볼 수 있다. 1980년대에 내가 성장했던 인도를 방문했을 때 인도인 대부분은 미국에 빠져 있었다. 인도 엘리트는 미국의 정치, 사상, 예술, 문화 등에 심취했다. 미국은 그들에게 현대성 그 자체였다. 그러나 미국에 대한 인도인의 관심은 고상한 수준에 그치지 않았다. 당시에는 그저 유명한 부동산 업계 거물일 뿐이었던 도널드 트럼프에 관해 물어보던 사람들이 기억난다. 그는 미국적 부富의 상징이었다. 당시에는 가장 크고 빛나는 것을 찾고자 한다면 미국을 바라보았다. 심지어 미국 밖에 사는 사람이 미국의 농구와 미식축구를 따라 하기 시작했다. 그러나 오늘날 현대성은 다르게 정의되고 있다. 예를 들어 싱가포르, 베이징, 두바이를 여행하면 마치 미래 도시를 방문하는 것처럼 느껴진다. 이들 도시는 번쩍이는 첨단 인프라를 갖추고 있을 뿐 아니라 시민도 그동안의 성장과 앞으로의 성취에 대한 자부심을 지니고 있기 때문이다. 물론 지금은 모든 사람이 트럼프가 미국적 부의 상징이어서가 아니라 미국의 역기능을 상징하는 인물이기 때문에 그에 대해 묻는다.

문화는 국력을 뒤따라가기 마련이다. 신흥국은 국력이 신장되면서 자국 문화를 소중하게 여기기 시작했다. 그들은 이전에는 서구에서 제공했던 유명인 대중문화를 자신들만의 문화로 만들어 냈다. 인도 신문을 읽거나 TV를 시청하다 보면 1980년대의 도널드 트럼프보다 더 부유한 것은 물론이고, 실제로도 오늘날 미국의 여러 억만장자보다 더 부유한 수십 명의 인도 사업가의 모습을 볼 수 있다. 뭄바이의 암바니Ambani 가문은 세계에서 가장 부유한 10대 가문에 속한다. 이 부호 명단에는 미국인이 아닌 다른 수십 명의 신흥국 부호도 포함되어 있다.[30] 현재 세계에서 가장 높은 5대 초고층 빌딩은 걸프만 국가와 말레이시아, 중국에 있다.[31] 음악, 텔레비전, 영화 등의 분야에서 한국의 대중문화Korean pop culture는 이제 동아시아 지역 대부분을 휩쓸고 있으며 서구에서도 큰 인기를 끌고 있다. 인도에서는 발리우드Bollywood(미국의 할리우드에 빗대 인도의 영화와 영화 산업을 지칭하는 말_옮긴이)와 텔레비전에 친화적인 크리켓 경기가 활성화되면서 할리우드와 미국 스포츠가 발붙일 여지를 거의 주지 않는다. 더는 미국 문화를 수입하거나 추종할 필요가 없어진 것이다.

  미국 이외의 다른 나라가 부상했을 뿐 아니라 미국 스스로도 신뢰를 잃었다. 미국은 어쩌다 그 빛이 바랜 것일까? 들어가는 말에서 언급했듯이 첫 번째 타격은 이라크 전쟁이었다. 이 전쟁은 천하무적처럼 보였던 미국의 군사력에 상처를 주었다. 세계 유일의 초강대국이자 막대한 국방 예산을 자랑하는 미국이 허술한 반군 집단을 손쉽게 제압할 수 없었기 때문이다. 여기에다 민간인 사상자와 미 중앙정보국 비밀 기지에서의 고문이 폭로되면서 인권 옹호국이라는 미국의 명성은 더욱 훼손되었다. 그 후 2008년 미국 금융 부문에 의해 촉발된 글로벌 금융 위기라는 재앙이 닥치면서 미국 경제의 정당성이 약화되었다. '워싱턴 합의'는 이제 갑작스럽게 전 세계적으로 의구심을 불러일으켰다. '최후의 일격Coup de Grâce'은 도널드 트럼프의 대통령 당선이 몰고 온 미국의 정치적 도덕적 정당성의 위기였다. 트럼프에 대한 미국인의 시각은 전 세계보다 훨씬 더 분열되었다. (케냐, 이스라엘, 필리핀 등 몇몇 주목할 만한 예외적 국가가 있지만) 세계적으로 미국 이외의 지역 사람은 대부분 트럼프를 위험한 선동가로 본다. 트럼프가 대통령에 취임하기 전에도 전 세계 많은 사람은 미국의 정치 시스템을 동경하거나 본받을 가치가 있다고 생각하지는 않았다. 현재 미국이 직면하고 있는 현실은 기술 혁신, 세계 최고의 대학, 활력 있는 인구 구조 등 엄청난 강점과 함께 총기 폭력, 약물 과용, 지속적 불평등 등 눈에 띄는 약점이 공존하는 상황이다.

중국의 부상과 야망

내가 《탈미국의 세계》를 집필했을 때는 이미 주변부 국가의 부상이 가시화되고 있었다. 그러나 그 후 몇 년 동안 중국과 러시아가 미국의 영향력에 맞서며 새로운 글로벌 지형을 만들면서 진정한 지정학적 혁명이 일어났다.

중국의 부상은 우리 시대의 가장 성공한 경제적 성취였고, 이제는 경제가 지정학을 바꾸고 있다. 국제 체제의 미래는 기본적인 질문 하나에 달려 있다. 중국은 기존의 국제 질서를 파괴하려고 하는

가, 아니면 단순히 그 안에서 부유하고 강력해지기를 원하는가? 마오쩌둥 치하에서 중국은 전 세계 혁명 운동에 자금을 지원하고 국제기구 대부분에 참여하기를 거부하는 등 전자를 원했던 것이 분명했다. 그러나 1970년대 후반 덩샤오핑이 정권을 잡은 이후 중국은 난폭하고 혁명적인 국가가 아니라 부유하고 존경받는 국가가 되기로 작정했다. 중국은 기존 질서 안에서 강력한 국가로 성장했다. 오늘날 중국은 유엔에서 두 번째로 큰 자금 지원국이며, 미국과는 달리 분담금을 제때 전액 납부하고 있다.[32] 중국은 유엔에서 지도적 지위를 노리고 있으며,[33] 다른 안전보장이사회 상임이사국을 모두 합친 것보다 더 많은 평화유지군을 유엔에 파병하고 있다.[34] 2008년 금융 위기 당시 중국은 미국 및 다른 주요 국가와 협력하여 국제 경제를 안정시키려고 노력했다.

이전 세대의 중국 지도자는 자국이 미국 주도의 국제 질서에 순응하면서 조용하고 '평화적 부상peaceful rise'(평화롭게 우뚝 선다는 뜻의 화평굴기和平崛起의 영어식 표현_옮긴이)을 추구한다고 생각했다. 그러나 시진핑 주석은 다른 생각을 가지고 있는 것 같다. 미국이 테러와의 전쟁, 글로벌 금융 위기, 포퓰리즘 등의 혼란으로 약화된 상황에서 시 주석은 미국의 독보적 지위를 뒤집을 수 있는 기회를 감지했다. 그는 동양의 부상과 서양의 쇠퇴를 말하기 시작했다. 2017년 10월, 시진핑은 제19차 공산당 전국인민대표회의에서 새로운 구조적 현실에 대한 자신의 해석을 반영한 연설을 했다. 그는 "중국의 국제 위상이 전례 없이 높아졌다"라고 선언하면서 "중국은 다른 개발도상국이 현대화를 이룰 수 있도록 새로운 길을 개척하고 있다"라고 덧붙였다.[35] 시 주석은 "중국이 세계의 중심 무대에 더 가까이 다가서고 인류에 더 큰 공헌을 하는 새로운 시대가 도래하게 될 것"이라고 예고했다. 다른 여러 연설에서는 미국이 보호 무역주의로 돌아섬에 따라 중국이 세계 무역 체제를 지탱하는 새로운 버팀목이 될 것이라고 말했다.[36] 이러한 발언은 중국의 자애로운 리더십을 암시했다.

그러나 최근 중국의 행보는 그들이 그렇게 온정적인 패권국이 아닐 것임을 시사한다. 중국은 분쟁 지역을 두고 인도에 군사적 조치를 취했고, 화웨이에서 홍콩 문제에 이르기까지 현안과 관련해 호주에 굴복할 것을 요구했으며, 오랫동안 공해公海로 인정되어 온 국제 수역이 사실상 중국 영해에 속한다고 주장했다. 중국은 전 세계 여러 나라에 막대한 인프라 투자 자금을 지원했으나 부담스러운 상환 조건을 붙인 경우가 많았다. 중국은 또 그들이 선호하는 독재 정권에 첨단 감시 장비를 무상으로 대량 지원하는 한편, 군소 국가로 하여금 대만을 국가로 인정하지 않도록 유도하려고 원조 약속을 남발해 왔다. 2010년 동남아시아 국가가 중국의 고압적 행태에 항의하자, 나중에 시진핑의 외교 정책 최고 책임자(중국 중앙외사공작위원회 판공실 주임_옮긴이)가 되는 양제츠杨洁篪는 퉁명스럽게 응수했다. "중국은 대국이고 다른 나라는 모두 약소국이며, 이는 명확한 사실이다."[37]

물론 국제 질서에 대한 중국의 태도가 확고한 것은 아니다. 중국은 국제 기류의 변화를 주시하며 다른 나라가 더 큰 통합을 향해 나아가는지, 아니면 통합에서 멀어지는지를 가늠해 볼 것이다. 중국의 대외 정책은 다른 국가들, 특히 중국이 당연한 지지 세력으로 여기는 '글로벌 사우스Global South'(북반구 저위도 지역과 남반구에 위치한 아시아, 아프리카, 남아메리카, 동남아시아의 개발도상국을 통칭하는 용어_옮긴이)의 행동에 따라 구체화될 것이다. 마오쩌둥은 '농촌으로부터 시작해 도시를 포위하는' 혁명 노선을 수립했다. 이는 중국 국공 내전에서 농촌의 가난한 다수를 동원해 도시의 소수에 대항하도록 만든다는 전략을 의미했다. 냉전 시대에는 저개발된 제3세계가 부유한 자본주의 사회의 소수 집단에 대항하여 결집하는 것을 의미했다.[38] 오늘날 시진핑 주석은 개발도상국을 지원하면서 동일한 목표를 달성하려고 시도하고 있다.

이들 국가에게는 지정학 못지않게 경제 개발도 중요하다. 이 개발도상국은 중국과 경제적으로 협력하는 방안을 모색하는 한편, 미국과는 다양한 방식으로 지정학적 관계를 유지함으로써 양쪽의 균형을 맞추고자 할 것이다. 자국의 경제적 미래에 투자하되 중국의 지배에 대비해 보험을 들어 두겠다는 뜻이다. 중국과 미국은 여러 면에서 더욱 적대적 관계로 바뀌어 가고 있다. 그러나 두 나라는 고유한 역동성을 가지고 깊이 얽혀 있는 글로벌 경제의 일부이기도 하다. 따라서 최근 몇 년 동안 긴장은 고조되었지만 두 나라 사이의 교역은 그다지 줄어들지 않았다. 지난 10년간 인플레이션을 조정한 미중 간 상품 교역은 실제로 급감하지 않고 고점에서 정체된 상태로 유지되어 왔다.[39] 제너럴모터스에서 애플과 나이키에 이르기까지 미국의 많은 대기업은 중국 시장이 필요하고, 중국도 경제 성장을 위해서는 미국의 소비자가 필요하다.[40] 미중 교역으로 미국 소비자도 혜택을 받고 있다. 미국인이 온갖 종류의 저가 상품을 살 수 있게 된 이른바 '월마트 효과 Walmat Effect'는 대부분 중국으로부터의 수입 덕분이다. 미국이 성장 산업으로 육성하는 '녹색 경제 green economy'도 어느 정도 중국에 빚을 지고 있다. 도처에서 볼 수 있는 태양광 패널은 대부분 중국에서 생산되기 때문에 가격이 감당할 만한 수준으로 낮아졌다. (이는 국내의 태양광 발전 사업에 보조금을 지급하는 바이든 행정부의 인플레이션 감축법 Inflation Reduction Act에 따라 다소 달라질 수 있다.) 그리고 중국이 보유하고 있는 거의 1조 달러에 가까운 미국의 부채도 있다. 양국 관계가 계속 악화될 수도 있지만 서로 깊게 얽힌 경제적 상호 의존성이 조만간 해체되지는 않을 것으로 보인다.

질서를 깨뜨리려는 훼방꾼 러시아

중국이 도전자 challenger라면 러시아는 훼방꾼 spoiler이다. 러시아는 기존 국제 체제의 규칙과 규범을 깨뜨리려는 의지가 가장 강한 강대국이다. 블라디미르 푸틴 치하에서 러시아는 '팍스 아메리카나' 기간 동안 과거의 제국과 영광을 빼앗겼다고 굳게 믿고 이를 분하게 생각한다. 푸틴에게는 다행스럽게도 재임 초기 유가가 꾸준히 상승한 덕분에 2000년부터 2007년까지 러시아의 국내총생산이 거의 2배로 증가했고, 막대한 양의 현금이 크렘린의 금고로 들어갔다.[41] 새롭게 부유해진 러시아는 훨씬 더 기회주의적 시선으로 주변 지역을 둘러보았다. 푸틴은 이미 국내에서 통제력을 굳혀 놓았다. 그는 자신이 만든 '수직적 권력 구조'의 정점에 앉아, 역사적으로 러시아의 영향권에 들었던 지역에서 자신들의 영향력을 회복하는 동시에 서방의 이익과 이념에 대항하기 위한 작업에 본격적으로 나섰다. 조지아와 시리아에 대한 군사 개입과 유럽의 포퓰리스트 및 친러시아 정치 단체에 자금 지원, 미국 및 기타 민주주의 국가의 선거 개입, 사이버 공격 등은 모두 이러한 목표를 위한 것이었다. 불안정성을 조장하는 것도 러시아에 이익이다. 국제적 긴장이 고조될수록 러시아 경제와 예산의 생명선인 러시아산 석유와 기타 필수재의 가격이 올라가기 때문이다.

2014년부터 시작되어 2022년 이후 전면전에 돌입한 우크라이나 전쟁은 푸틴이 취한 가장 노골적인 행동이다. 소련이 붕괴된 후 러시아는 우크라이나의 독립을 완전히 인정한 적이 절대 없었다. 우크라이나의 독립은 잃어버린 제국을 가장 고통스럽게 떠올리게 하는 일이었기 때문이다. 2022년, 푸틴은 서방이 동유럽에서 퇴각하는 중이고 북대서양조약기구는 무능하다고 확신했다. 그해 러시아의 우크라이나 침공은 2차 세계대전 이후 유럽에서 벌어진 최초의 대규모 지상전이었다. 러시아의 침략을 응징하기 위해 미국과 그 동맹국은 개방적 교역 시스템이 지닌 내재적 특성인 상호 의존성을 러시아에 불리한 방향으로 즉각 전환했다. 불과 몇 주 전만 해도 상상할 수 없었던 속도로 러시아는 글로벌 금융망에서 외과수술을 받듯이 잘려 나갔다. 러시아의 주요 은행은 국경을 넘나드는 국제 은행 간 자금 이동을 뒷받침하는 결제 시스템 즉 국제은행간통신 협회Society for Worldwide Interbank Financial Telecommunication (SWIFT)에 대한 접근이 차단되었다. 이로 인해 해외에 보관된 수천억 달러의 러시아 자산이 동결되었다.[42]

이러한 제재가 러시아에 가혹했지만 전쟁의 여파는 우크라이나 국민에게 훨씬 더 끔찍했다. 이 같은 국가 간 전쟁에 익숙하지 않았던 전 세계인은 러시아가 우크라이나의 도시를 폭격하고, 수백만 명의 난민이 고향을 떠나며, 우크라이나의 곡물이 항구에서 썩어 가고, 양측이 1차 세계대전에서처럼 참호를 파는 것을 공포에 떨며 지켜보았다. 주요 곡창 지대가 전쟁터로 변하고 세계 식량 가격이 치솟는 바람에 전 세계의 가난한 이들도 타격을 입었다.[43]

러시아는 우세한 전력으로 무자비한 침공을 감행했음에도 러시아보다 훨씬 작은 규모의 군대를 보유한 국가를 물리칠 수 없음이 드러났다. 우크라이나는 서방의 상당한 지원을 받고 있다는 이점 외에도 고도의 전략과 군대의 사기 면에서도 러시아를 능가했다. 러시아군은 여러 가지 이유로 고통을 겪었다. 푸틴이 휘하의 군 지도부에게 능력보다는 자신에 대한 충성심을 중시했고, 러시아

군 조직의 부패가 악화하도록 방치했으며, 명분 없는 부당한 전쟁의 살육장에 군인을 던져 넣었기 때문이다. 그렇다고 러시아가 가공할 군사력을 보유하고 있지 않다는 것은 아니다. 그러나 러시아의 군사력은 다른 면에서의 영향력과 마찬가지로 과대평가되어 왔다. 러시아는 여전히 (특히 세계 최대 규모의 막대한 핵무기를 사용할 경우) 엄청난 피해를 입힐 수 있지만 다른 여러 가지 면에서 취약하다. 경제 및 사회의 여러 지표는 러시아가 끝없이 쇠퇴하고 있음을 시사한다. 오늘날 러시아에 사는 15세 소년의 기대수명이 아이티에 사는 15세 소년의 기대수명과 같다는 놀라운 통계가 이를 잘 보여 준다.[44] 러시아는 교육과 문해력 수준이 다른 유럽 국가와 비슷하거나 심지어 그 이상일 정도로 높으며, 이미 도시화와 산업화가 충분히 된 사회라는 점을 생각해 보라.[45] 그러나 러시아는 이제 알코올 중독, 인구 감소, 빈곤, 실업, 약탈적 정치 엘리트 등으로 인해 현대 국가로서 경쟁력을 갖추지 못한 사회가 되어 버렸다. 어쨌든 러시아는 쇠퇴하고 있음에도 불구하고 계속 혼란을 일으키기에 충분할 정도로 강력하고, 실제로 그럴 의도를 갖고 있으며 또 그렇게 할 수 있을 만큼 충분히 큰 나라이다. 러시아-우크라이나 전쟁은 힘에 의한 현실주의 정치가 세계 무대로 돌아왔음을 보여 준 가장 비극적 실례가 아닐 수 없다.

너무 강하거나
너무 약하거나

지정학적 안정이 무너진 원인은 무엇일까? 중국의 부상과 러시아의 복귀는 경제학의 필연적 결과였는가, 아니면 서구의 실수 때문이었는가? 러시아의 공격성을 두고 일부 현실주의자는 냉전 이후 나토 회원국 수가 꾸준히 늘어난 것이 러시아를 자극했다고 주장해 왔다. 1990년대 나토 확장을 둘러싼 논쟁에서 나는 이 문제에 다소 회의적 목소리를 냈다. 나는 폴란드, 헝가리, 체코 공화국 등 주요 동유럽 국가의 나토 가입에 찬성했지만, 러시아의 이해관계와 민감성을 고려하여 당시에는 잠시 유보하자는 입장이었다. 그리고 2008년 부쿠레슈티 정상회담에서 우크라이나의 나토 가입 가능성은 열어두되 정식 제안은 하지 않기로 한 조지 W. 부시 대통령의 결정은 러시아와 서구 모두에게 최악의 선택이었다고 그때도 믿었고, 지금도 그렇게 생각한다. 우크라이나에 안전을 보장할 어떠한 방법도 제시하지 않으면서 러시아를 격분시켰기 때문이다.[46] 그러나 1990년대 동유럽과 중앙 유럽의 국가는 모두 (구소련을 포함한) 러시아의 반세기 지배에서 벗어나지 못한 채 후유증을 앓고 있었다는 점을 상기할 필요가 있다. 이들 국가는 필사적으로 확실한 안전판을 찾고 있었고, 이들을 완전히 불안정한 상태로 방치했다면 유럽의 중심부에 매우 불안정한 지대가 형성되었을 것이다.

나토의 확장이 없었더라도 러시아는 우크라이나를 침공했을 수 있다. (이 지역의 많은 사람은 러시아가 훨씬 더 일찍 침공했을 수도 있다고 생각한다.) 우크라이나는 오랫동안 러시아인의 의식 속에 크게 자리 잡고 있었다. 러시아의 기원은 키이우kiev(현재 우크라이나의 수도. 러시아어 발음으로는 키예프_옮긴이)가 수도였던 중세 국가 키예반 루스Kievan Rus로 거슬러 올라가고, 우크라이나 영토 대부분은 300년이 넘도록 모스크바(러시아)의 통치 아래 있었다. 푸틴은 소련의 붕괴를 '금세기 최대의 지정학적 재앙'이라고 지칭하면서 그 이유를 설명했다.[47] 소련의 붕괴로 수백만 명의 러시아인이 더 이상 모국 러시아에 속하지 않게 되었기 때문이라는 것이다. 이는 우크라이나인을 (비록 2등 국민이지만) 러시아인으로 보고, 우크라이나를 러시아에 종속된 일부로 보는 관점이다. 1990년대 러시아가 체첸을 지키려고 두 차례의 유혈 전쟁을 치르며 국력이 약해진 기간을 거친 이후, 푸틴은 러시아의 힘을 회복하겠다는 목표를 세웠고, 이는 필연적으로 우크라이나를 모국 러시아로 복귀시키는 것을 의미했다.[48]

소련은 세계에서 가장 마지막까지 존속한 최후의 다국적 제국이었다. 그리고 우리는 역사를 잠깐만 훑어봐도 제국이 붕괴할 때 흔히 어떤 일이 일어나는지를 알 수 있다. 제국주의적 열강은 이전 영토를 고수하기 위해 피나는 노력을 기울인다. 프랑스는 자국의 핵심 지역으로 여겼던 알제리를 유지하려고 잔혹한 전쟁도 불사했다. 또 베트남에서도 식민지를 고수하려고 무진 애를 썼고, 네덜란드도 인도네시아에서 똑같은 행태를 보였다. 영국은 마우마우 반란 당시 케냐에서 1만 명이 넘는 현지인을 살해했다. 푸틴의 우크라이나 침공은 제국을 복원하려는 전쟁으로 볼 수 있다. 침공 전후로 푸틴은 우크라이나가 '실질적' 국가가 아니라 광역 러시아의 일부로 간주하는 것이 더 적절하다는 자신의 신념을 장황하게 설명했다. 그럼에도 많은 사람은 여전히 미국이 지나치게 강경하고 독단적인 대러시아 정책을 펼쳤기 때문에 러시아가 우크라이나를 침공한 것이라며, 이 전쟁의 책임을 미국 탓으로 돌리고 있다.

중국에 관해서는 정반대 의견이 지배적이다. 미국이 너무 약하고 고분고분하게 굴었다는 것이다. 미국이 중국의 착취적 경제 관행과 권위주의적 성향을 고려하지 않은 채 중국을 국제 체제에 적극적으로 받아들여 무역과 투자의 물꼬를 터주었다는 주장이다. 이러한 미국의 대對중국 정책은 중국이 온건해지고 책임감 있는 민주주의 국가로 성장할 것이라는 믿음에서 비롯되었다. 중국과의 전면적 대결을 원하는 신냉전주의자는 수십 년에 걸친 이 '포용engagement' 정책이 순진했으며 결국은 실패했다고 주장한다. 어쨌든 중국은 자유 민주주의 국가로 바뀌지 않았다.

실제로 미국의 대중국 정책은 결코 전적인 포용 정책이 아니었고, 핵심 목표는 중국을 덴마크처럼 만드는 것이 아니었다. 미국의 정책은 항상 포용engagement과 억지deterrence의 조합이었으며, 때로는 '헤징hedging'(위험 회피를 위한 양면 전략_옮긴이)으로 설명되기도 했다. 1970년대 이후 미국 관료는 중국을 세계 경제와 정치 체제 안으로 끌어들이는 것이 중국을 그 밖에 두어 기존 질서에 반발하고 분란을 일으키도록 방치하는 것보다 낫다는 결론을 내렸다. 그러나 미국은 중국을 국제 질서에 편입시키려는 포용 정책과 함께 그에 대한 일종의 보상적 균형 장치로서 다른 아시아 강대국에 일관된 지원 정책을 연계하여 추진했다. 미국은 일본과 한국에 주둔한 군대를 그대로 유지했고, 인도와의 관계를 강화했으며, 호주 및 필리핀과의 군사 협력을 확대했고, 대만에는 무기를 판매했다.[49]

미국의 이러한 균형 유지 전략은 대체로 성공적이었다. 닉슨이 베이징에 외교적으로 접근하기 전까지 중국은 중남미에서 동남아시아에 이르기까지 전 세계 반란 세력과 게릴라 운동에 자금을 대주고 정치적 지원을 제공하는 등 세계 최대의 불량 국가였다. 마오쩌둥은 자신이 서구 자본주의를 무너뜨리는 혁명 운동의 선봉에 서 있다는 생각에 사로잡혔다. 그는 혁명의 대의를 위해서라면 핵전쟁으로 세계의 파멸마저 불사할 만큼 극단적 수단도 마다하지 않았다. 마오쩌둥은 1957년 모스크바에서 행한 연설에서 "최악의 상황이 닥쳐 인류의 절반이 죽는다 해도 나머지 절반은 살아남을 것이며, 제국주의는 초토화되고 전 세계는 사회주의화될 것"이라고 강조했다. 이에 비해 덩샤오핑 시대 이후의 중국은 1980년대 이래 세계 어느 곳에서도 전쟁을 일으키거나 무장 반군에 자금을 지원하지 않는 등 국제 무대에서 놀라울 정도로 절제된 국가로 바뀌었다. 이런 관점에서 볼 때 미국의 초당적 대중국 정책은 놀라울 만큼 잘 작동했다.

그러나 시진핑은 훨씬 더 공격적인 외교 정책에 착수했다. 그는 덩샤오핑의 "힘을 숨기고 때를 기다리자"(《삼국지연의》에 나오는 도광양회韜光養晦를 인용_옮긴이)라는 경고와 후진타오의 '평화적 부상peaceful rise'이라는 약속을 폐기함으로써 중국을 성공으로 이끈 내부 합의를 대부분 뒤집어 버렸다. 중국은 히말라야에서 인도군과 유혈 충돌을 벌였고, 한국에는 미국의 미사일 방어 시스템을 포기하라고 압력을 가했으며, 대만과는 그들을 위협하는 해상 훈련을 실시하는 등 이제 더 이상 힘을 숨기거나 평화 전략으로 가장할 생각이 거의 없다. 어쩌면 중국이 충분히 시간을 들여 완력을 과시할 준비가 된 이후에는 이런 날이 오는 것은 피할 수 없는 일이었을지도 모른다. 중국은 강대국으로서 그에 걸맞은 대우를 받을 자격이 있다고 생각한다.

미국이 중국과 러시아에 매우 다른 정책을 추구했다면 세계가 어떤 모습이었을지는 확실치 않다. 가상의 대안적 시나리오는 솔깃하다. 러시아가 굴복해서 민주화되었다면 전후의 독일처럼 자유주의 질서에 통합될 수 있었을까? 미국의 정책 입안자가 중국이 그렇게 강력해지기 전에 그들의 야망을 일찍 알아차리고 대응했다면 상황이 달라졌을까? 그렇다면 1980년대의 '떠오르는 일본'처럼 경제적으로는 위협적이지만 지정학적 위험은 훨씬 덜한 중국이 되었을까? 그러나 강대국 간 충돌은 경쟁하는 국가적 야망의 필연적 결과라고 주장하는 일부 현실주의 정치의 설교자들이 여전히 미국의 행동이 너무 강하다거나, 아니면 너무 약하다고 비난하는 것은 아이러니한 일이다. 결국 국내 리더십의 변화와 국제적 힘의 균형이 러시아와 중국으로 하여금 행동에 나서도록 하는 데 더 결정적 역할을 했다는 것은 틀림없는 사실이다. 1990년대의 취약한 상태를 딛고 부활한 러시아는 냉전에서의 패배에 따른 복수를 노렸을 가능성이 크다. 세계 2위 경제 대국으로 급부상한 중국은 이전의 미미한 국제적 위상을 결코 순순히 받아들일 수 없었을 것이다. 일본과 달리 중국은 안보를 미국에 의존하지 않았고, 자신이 저지른 역사적 과오의 제약도 받지 않았다. 중국이 경제의 주요 부문을 장악하고 해당 분야에서 대부분 자급자족하겠다는 목표를 제시한 시 주석의 '메이드 인 차이나 2025 Made in China 2025'(중국제조中國製造 2025의 영문 표기_옮긴이) 발표는 트럼프의 관세 부과 조치와 바이든의 기술 이전 금지 조치가 있기 훨씬 전인 2015년에 나왔다.[50] 일극 체제는 영원히 지속될 수 없었다. 역사는 다극 체제로 돌아올 수밖에 없었다.

위험에 처한 독재 정권

미국인, 폴란드인, 싱가포르인이라면 개방된 무역, 자유 시장, 개방적 기술 등으로 이루어진 세상이 자비롭고 심지어 고결하다고 생각하기 쉽다. 그러나 시진핑 같은 사람에게는 세상이 그렇게 보이지 않는다. 어쨌든 이러한 모든 요인은 경제 현대화에 박차를 가하여 중산층을 양산하고, 불어난 중산층은 점점 더 자유롭게 일하고 이동하고 돈을 벌고 정보와 오락을 소비할 수 있게 된다. 이들 중산층은 대담해져서 더 많은 것을 요구한다. 독재 정권은 새롭게 부상한 중산층의 권력 장악을 우려하여 이들을 탄압한다. 동아시아의 독재 국가였던 한국과 대만에서는 급속한 산업화를 겪으면서 중산층이 늘어나고 정치적 자유를 요구하는 목소리가 커지자, 정권은 이들을 폭력적으로 탄압하곤 했다.[51] 이런 정권은 몇 년을 더 버텼지만 곧 제대로 된 민주적 선거를 실시해야 했다. 중국은 이제 정권이 아무리 강경하게 버티더라도 경제 성장에 뒤따르는 민주화를 피할 수 없다는 것을 보여 주었다. 그러나 시진핑 주석은 주변에서 일어나는 사회 변화를 지켜보면서도 더 이상의 개혁을 막겠다는 엄청난 과제를 스스로 떠안았다.

시진핑이 국내의 정치적 통제를 강화하는 와중에 아마도 훨씬 더 중요했을 법한 구조적 변화가 중국에서 일어났다. 바로 중국의 경제 성장 황금기가 종말을 고한 것이었다. 1978년 덩샤오핑의 개혁이 시작된 이래 2013년 시진핑이 집권할 때까지 중국의 GDP 성장률은 연평균 9.9퍼센트라는 놀라운 수치를 기록했다. 중국의 연간 경제 성장률은 시진핑 집권 이후에 6.2퍼센트로 떨어졌다.[52] 이는 코로나19 팬데믹에 기인한 것도 있지만, 오늘날 중국이 직면한 인구 통계학적 위기를 불러온 '한 자녀 정책one-child policy'처럼 오래전에 내린 정책적 결정 탓도 있다. 그리고 경기 둔화는 어차피 올 수밖에 없었다. 중국은 어쩌면 '추격형catch-up' 성장의 막바지에 이르렀는지도 모른다. 수억 명의 농민이 농촌에서 도시로 이주하는 유례 없는 대규모 인구 이동은 단 한 번만 일어날 수 있는 일이다. 중국은 이제 임금이 상승하고 경쟁력이 약화되면서 비슷한 개발도상국을 괴롭혔던 '중진국 함정middle-income trap'에 빠질 위험에 처했다.

그러나 시진핑의 국가주의적 노선 전환은 도움이 되지 않았고, 지난 몇 년 동안 성장은 더욱 둔화되었다. '제로 코로나' 정책(신종 코로나바이러스에 감염된 확진자가 발생할 경우 해당 지역을 봉쇄하고 환자를 격리해 확진자 수를 '0'으로 돌려놓겠다는 강압적 정책_옮긴이)으로 봉쇄 조치가 해제된 후에도 중국 경제는 많은 사람의 예상처럼 활기를 되찾지 못했다. 경제학자 리처드 구Richard Koo는 중국이 부동산 부채와 경쟁력 약화로 인해 '일본화Japanification'의 위험에 처할 수 있다고 경고했고[53], 종위안 조이 리우Zongyuan Zoe Liu(미국외교협회 선임연구원_옮긴이)는 수요demand, 부채debt, 인구 구조demographics, 디커플링decoupling(탈脫동조화_옮긴이) 등 중국의 성장을 저해하는 '4D'를 지적했다.[54] 즉 부족한 소비 수요와 과도한 정부 차입 의존, 고령화와 인구 감소를 감당하기에 너무 적은 노동력, 서구 경제와의 디커플링 등의 추세가 한데 얽혀 중국 경제의 전망을 몇 년 전에 예상했던 것보다 훨씬 더 암울하게 만들고 있다. ('중국의 위협China threat'을 둘러싼 공포 분위기 때문에 이러한 추세가 간과되는 경우가 많다. 미국은 중국과 경쟁할 수 있고 또 경쟁해야만 한다. 그렇다고 중국을 터무니없이 과대평가할 필요는 없다.)

다시 말하지만 중국의 모든 문제를 시 주석의 책임으로 돌릴 수는 없다. 그렇다면 시 주석은 왜 전 세계에 걸쳐 중국에 번영과 명성을 가져다준 정책에서 갑작스럽게 등을 돌렸을까? 그 이유는 시 주석이 중국 사회를 근본적으로 (특히 그가 심각하게 우려하는 방식으로) 변화시키는 요인으로 경제 자유화를 지목했기 때문이라는 증거가 있다. 그는 자본주의와 소비주의가 지배하는 사회에서는 공산당이 조만간 무력화될 수 있다고 믿었다.[55] 그에게 소련의 전철을 밟는 중국은 악몽이 아닐 수 없는 것 같다. 즉 그는 중국 공산당이 스스로에 대한 자신감을 잃고 개혁 과정에 착수하지만, 결국은 그 개혁이 촉발한 사회 변화의 압력을 이기지 못하고 공산당이 중국 사회에서 밀려나는 상황을 용납할 수 없었던 것이다.

따라서 시진핑은 민간 부문을 약화시키기 위한 일련의 조치를 취했다. 첨단 기술기업을 탄압했고, 억만장자를 억눌러 굴복시켰으며, 국유 기업에 지원을 확대하는 것이 그런 예이다. 그는 자신에 대한 개인 숭배를 조장하고, 공산주의의 이념 요소를 되살리고, 공산당의 고위 관리를 부패 혐의로 숙청하고, 맹목적 민족주의를 강화하는 등 점점 더 마오쩌둥식 지도자가 되어 갔다. 시진핑은 위구르족을 강제수용소에 가두었고, 홍콩의 자치권을 짓밟았으며, 심지어 해외의 반체제 인사를 추적하여 협박하거나 체포하는 등 공산당의 통제와 탄압의 강도를 높였다.[56] 그는 마오쩌둥 같은 독재자가 다시 나타나는 것을 막으려고 덩샤오핑이 도입한 당 주석직 임기 제한을 없앴다.[57] 이제 중국 공산당은 집단 지도 체제가 사라지고 일인 통치 체제로 대체되었다.

미국의 정치학자 엘리자베스 이코노미Elizabeth Economy는 시 주석의 개혁이 중국 사회에 마오쩌둥의 집단화collectivization와 덩샤오핑鄧小平의 온건화moderation에 버금가는 규모의 변화를 가져왔다고 주장한다. 즉 시진핑이 중국의 "세 번째 혁명third revolution"을 일으키고 있다는 것이다.[58] 이 혁명의 대부분은 중국 내부에서 일어나는 문제에 대응하는 것이지만 일부는 외부의 영향, 즉 미국과 서방이 주도하는 세상에 대한 두려움에서 촉발된 것이기도 하다.

서구의 사상적 패권에 대한 두려움

중국과 러시아는 모두 자유주의 국제 질서가 자국의 이익에 부합하지 않으며, 사실 어떤 면에서는 자국에 위협이 된다고 느낀다. 중동에서든 아시아에서든 민주주의의 영역을 확장하려는 미국의 노력은 이 두 나라의 두려움을 정당화하는 것처럼 보였다. 그러나 최근에는 미국적 가치가 자국 내에서도 위협적으로 보이기도 한다. 푸틴과 시진핑이 저항하려는 것은 미국의 자유 민주주의 정치 체제뿐 아니라 미국의 사회적 자유주의도 해당된다.

러시아는 늘 서구의 기술력과 경제력을 원했지만 서구의 가치에 대해서는 양면적 태도를 취해 왔다. 1697년 표트르 대제가 네덜란드 공화국을 비밀리에 방문했을 때, 그는 무엇보다도 당대의 기술 선두 주자로부터 근대적 선박 건조 방식을 배우려고 찾아온 것이었을 뿐 네덜란드의 자유주의 정치나 소수자에 대한 관용을 배우기 위해서가 아니었다. 3세기 후인 1994년 러시아 지도자가 유럽연합과 파트너십 및 협력 협정을 체결했을 때에도 그들은 문화적 유대감보다는 경제적 이익에 더 중점을 두었다.[59] 러시아에서는 19세기 이후부터 러시아 농민의 공동체에 뿌리박은 삶이 모스크바와 상트페테르부르크의 엘리트가 누리는 뿌리 없는 세계주의적 삶보다 우월하다는 강한 믿음이 있었다.[60] (이런 정서는 《전쟁과 평화》와 《안나 카레니나》에서 귀족에 대한 톨스토이의 신랄한 묘사에서 쉽게 찾아볼 수 있다.) '진정한' 러시아인이라면 거의 당연하게 외래적인 모든 것을 불신했다.

차르 시대 이후 많은 변화가 있었지만 푸틴의 통치 이념은 여러 면에서 '정통성, 전제주의, 민족성'이라는 전통적 원칙, 즉 러시아 고유의 종교, 통치자, 문화에 대한 충성심을 반영하고 있다.[61] 현대 러시아에서 이러한 전통의 러시아적 가치가 부활한 것은 어떤 의미에서 1990년대를 풍미했던 다양성, 민주주의, 세계주의라는 서구적 이상에 대한 반발이기도 했다. 이러한 전통의 러시아적 가치의 한 가지 예를 예상치 못한 곳에서 찾아볼 수 있다. 바로 러시아의 바이커 운동biker movement이다. 이 운동은 1980년대 후반 서구의 개인주의에서 영감을 받아 반문화를 수용하고 소비에트 독재에 반대하는 한 무리의 유사 자유주의quasi-liberalism 집단에서 시작되었다.

수십 년이 지난 후 러시아의 바이커들은 성모 마리아와 스탈린의 상징물을 착용한 채 푸틴의 지시를 따르는 민족주의적이고 종교적인 보수 폭력배로 변모하여, 반체제 인사와 반정부 시위대를 무자비하게 폭행했다. 그 중 하나인 '밤의 늑대들Night Wolves'은 사악한 서구의 영향력에 맞서 '진정한 종교의 최후 보루'인 '신성한 러시아'를 수호하는 것이 자신들의 사명이라고 여긴다.[62]

푸틴은 또한 가부장제와 남성성이라는 구시대의 규범을 장려한다. 서구의 관찰자는 웃통을 벗어젖히고 말을 타거나 얼음물 속으로 뛰어드는 등 그의 남자다운 과시적 행동을 비웃을지도 모른다. 그러나 푸틴은 외교 정책에서도 일종의 마초주의를 즐기는 것이 분명하다. 2007년 앙겔라 메르켈 독일 총리가 푸틴의 별장을 방문했을 때, 그는 개 공포증이 있는 메르켈 총리를 자신의 대형 블랙 래브라도로 위협했다.[63] 최근에는 푸틴이 우크라이나에 대한 러시아의 군사 행동을 퇴폐적인 서방이 러시아 사회에 성적 일탈을 강요하는 것을 막으려는 노력의 일환이라고 설명했다. 그는 서방의 퇴폐 문화를 방치할 경우 "어머니와 아버지"가 "부모 1번, 부모 2번, 부모 3번"으로 대체될 것이라고 주장하기도 했다.[64] 우크라이나 침공 이후 서방 기업과 친서방 러시아인이 대거 러시아를 탈출한 것은 푸틴에게 여러모로 환영할 만한 일이었다. 그가 이질적 가치로 여기는 것이 러시아에서 자발적으로 제거되었기 때문이다. 2022년 12월, 푸틴은 문화 전쟁을 더욱 강하게 밀어붙이려고 모든 미디어에서 성 소수자 관계를 표현하는 것을 금지하는 법안을 제정했다.[65]

2023년 7월에는 성 전환에 사용되는 호르몬 치료와 수술을 모두 불법화하는 또 다른 법안에 서명했다.[66]

푸틴과 시진핑 같은 사람의 마음속에 자유주의는 냉전 이후 미국의 지정학적 패권의 결과로 생긴 일종의 이념적 패권이다. 시진핑의 중국은 서방의 오염을 차단하는 데 있어 오히려 러시아보다 훨씬 더 단호하다. 시진핑 주석은 이러한 서구의 위협에 대응하여 마오쩌둥식 문화대혁명을 보다 완화된 형태로 추진하고 있다고 해도 지나친 주장은 아닐 것이다.

1966년부터 1976년까지 지속된 중국의 문화대혁명 기간에 숙청과 폭력적 소요 사태로 인해 수십만 명이 사망하고 수백만 명이 투옥되거나 유배되었으며, 많은 지식인이 자살하도록 내몰렸다. 마오쩌둥은 중국을 유토피아로 건설하고자 하는 열정적 젊은이로 구성된 '홍위병' 집단에게 낡은 관습, 문화, 습관, 사상 등 '네 가지 낡은 것'을 부수라고 요구했다. 이 '낡은 것'에는 수천 년 동안 중국 문화를 형성해 온 가부장제, 위계질서, 조화라는 유교적 신조가 포함되어 있었다. 그러자 중국 사회는 총체적 혼돈 상태에 빠졌다. 노동자는 당의 상급자를 모욕하고, 자녀는 부모를 비난하고, 학생은 자신의 교사에게 반항하고 이들을 때리거나 심지어 죽이기까지 했다.[67] 문화대혁명은 인류 역사상 그 어떤 사건보다도 완벽한 사회 혁명에 가까웠다. 중국의 전통적 질서를 완전히 뒤집어엎었기 때문이다.

마오쩌둥이 일으킨 광기는 어린 시진핑에게 큰 충격을 주었다.

당 고위 관리였던 그의 아버지는 직위가 박탈되었고 투옥과 굴욕을 겪었다. 열다섯 살이었던 시진핑은 시골의 외딴 마을로 보내졌고, 때로는 동굴에서 살기도 하고 도랑 파는 일도 하면서 7년 동안 유배 생활을 해야 했다. 오늘날 시 주석 자신이 추진하는 '문화 혁명'은 사실 문화적 반혁명counterrevolution이다. 이 혁명은 보수적이고 복고적이며 전통문화로 돌아가자는 운동이기 때문이다.

시진핑 주석의 '중국몽Chinese Dream'은 그의 표현대로 '중화 민족의 위대한 부흥'을 뜻하는 것으로 민족주의, 다수 민족인 한족의 우위, 전통적 사회 질서 등을 포괄하는 개념이다. 시 주석의 지도 아래 중국은 소수 민족을 박해하고 종교 단체를 억압했으며 영어 교육과 사용을 배제했다.[68] 또 중국은 애국심을 고취하는 방향으로 노선을 선회했다. 마오쩌둥은 대량 학살에 가까운 실정과 폭정에도 불구하고 부분적으로는 "여성이 하늘의 절반을 떠받친다婦女頂半邊天"라는 그의 페미니스트적 격언과 더 많은 여성을 대학과 과학계에 진출시킨 공로를 인정받고 있다.

시 주석의 정부 정책은 여성의 선택권보다 가족의 통합을 우선시한다. 2021년에 통과된 이른바 '이혼숙려법cooling-off law'(이혼하려는 부부에게 일정한 냉각기를 갖도록 한 후 이혼 의사를 재확인하는 제도_옮긴이)은 판사가 불화한 부부에게 문제 해결을 시도하고 나서 나중에 다시 오라고 권고함으로써 이혼을 억제했다.[69] (이 법이 시행된 후 몇 달 동안 이혼 건수가 3분의 2 이상 감소했다.) 중국은 현재 출생률을 높이고 '한 자녀 정책'의 재앙적 결과를 되돌리려고 필사적이다. 그러나 남성은 자신의 정자를 보존할 수 있지만 미혼 여성이 난자를 동결하는 것은 금지되어 있다.[70] 한편, 중국의 규제 당국은 성 소수자 우호 단체를 모두 해체하고, K팝 스타나 서구의 인기 연예인을 따라 남녀 구분이 없거나 여성스러운 옷차림을 하는 중국의 남자 연예인을 단속해 왔다.[71] 이러한 온갖 보수적 변화 속에서 시 주석은 경제뿐 아니라 중국 사회의 구조까지 통제하려 하고 있다. 그는 서구 자유주의에 저항하기 위해 문명적 결속력을 바탕으로 고유하고 동질적인 중국 문화를 보존하려 한다.

시진핑의 최고위 정치 고문이자 중국 공산당 이론가 왕후닝王滬寧은 자유주의 자체를 공산당의 적으로 간주한다. 가명으로 활동하는 중국 관찰자 N. S. 라이언스N. S. Lyons의 설명에 따르면, 왕후닝은 장쩌민에서 후진타오에 이르는 모든 세대의 지도자에게 조언을 하는 이념적 책사로 등장했으나, 그를 7명으로 구성된 중앙정치국 상무위원 자리에 앉힘으로써 중국의 내부 핵심층까지 승격시킨 것은 오직 시진핑뿐이다.[72] 톈안먼 광장의 민주화 시위를 낳은 1980년대 개혁의 여파가 가시지 않았을 무렵, 왕후닝은 '후대에 나타난 일종의 중국판 알렉시스 드 토크빌'처럼 6개월간 미국을 여행할 수 있는 기회를 얻었다.[73] 왕후닝은 미국에서 겪은 일에 혐오감을 느꼈다. 만연한 마약 사용, 노숙자, 범죄, 기업의 횡포 등에 반감을 품은 그는 자유주의적 현대성 자체에 반기를 들었다. 이 여정을 담은 그의 견문록《미국 대 미국America against America, 美国反对美国》은 30년 동안 중국의 정책을 이끈 지침서가 되었다. 중국으로 돌아온 왕후닝은 정치 개혁과 느슨한 당의 통제를 가장 신랄하게 반대하는 인물이 되었다. 더 이상 이상주의자가 아니었던 그는 미국식 현대성이 사회의 소중한 의미의 원천을 모두 와해시키는 위험한 용해제라고 생각했다.

이러한 그의 인식은 '허무주의적' 서구 문화를 수용한 중국의 유명 인사가 표적이 된 이유를 설명해 준다. 또 중국이 서구 모델처럼 완전히 개방되고 자유로운 소비 사회가 되는 것을 시 주석이 반대하는 이유도 설명해 준다. 다시 말해 시 주석은 세계화와 고도성장이 중국의 힘을 키울 수는 있으나, 기존의 규범을 파괴하고 개인에게 자신의 정체성을 표현할 수 있는 자율성을 부여하는 대가를 치러야 한다는 점을 인식하고 있다. 시 주석은 성장의 과실은 유지하되 이러한 사회 변화의 속도를 조절하거나 완전히 멈추기를 원한다. 그러나 역사는 장기적으로 볼 때 이 같은 전략이 성공할 수 없음을 시사한다.

중국과 러시아의 문화적 탄압은 세계를 변화시키는 자유주의 혁명에 대한 보수주의자의 반발로 보아야 한다. 중국과 러시아가 자유주의 국제 질서에 반기를 드는 이유는 서구가 행사하는 물리적 힘의 패권뿐 아니라 서구가 주도하는 사상적 패권에도 도전하기를 원하기 때문이다. 그리고 이 두 가지 패권이 모두 자신들을 위협한다고 여긴다.

자유롭지도, 국제적이지도, 질서정연하지도

중국과 러시아의 도전이 자유주의 국제 질서의 몰락을 의미할 것인가? 아직은 아니다. 볼테르는 신성 로마 제국에 대해 신성하지도, 로마답지도, 제국도 아니라고 말했다. 역사학자 니얼 퍼거슨도 자유주의 국제 질서에 대해 자유롭지도, 국제적이지도, 질서 정연하지도 않다고 말했다.[74] 그리고 우리가 종종 이 자유주의 국제 체제를 과대평가하는 것도 사실이다. 자유주의 국제 질서는 단지 어느 정도만 자유롭고 개방적이었을 뿐이며, 강대국 대부분이 받아들였지만 전부는 아니었다. 또 대규모 전쟁의 발발을 막기는 했지만 소규모 전쟁과 분쟁은 막지 못했다. 그러나 국제연합(UN), 국제통화기금(IMF), 유네스코(UNESCO), 유니세프(UNICEF), 세계무역기구(WTO) 등 알파벳 대문자의 조합으로 표기되는 여러 국제기구로 이루어진 1945년 이후의 국제 체제는 처음에는 다소 소박하게 시작해서 점점 더 많은 세계를 포괄하는 규모로 성장했다. 특히 냉전 종식 이후에는 그 확장세가 더욱 두드러졌다. 유연성은 이 체제가 가진 강점 가운데 하나이다. 자유주의 국제 질서는 나이지리아에서 사우디아라비아와 베트남에 이르기까지 다양한 정권에 적응해 왔다. 이 체제는 다수의 국가 간 평화, 안정, 문명화된 행동을 (보장하지는 않지만) 장려하는 포괄적인 틀을 제공하기에 온갖 종류의 위기, 전쟁, 국가 붕괴를 견디며 유지되어 왔다. 자유주의 국제 질서는 공산주의와 이슬람 테러도 무사히 극복해 냈다. 그리고 자유주의 국제 질서가 그토록 오랫동안 유지될 수 있었던 이유는 결국 대다수 국가와 대다수 사람이 평화와 안정, 즉 자유로운 교역과 번영이 가능한 개방된 세상을 이루기 위해 노력하기 때문이다.

오늘날 세계 질서가 직면한 근본적 도전은 이 질서를 구상하고 구축하고 유지해 온 미국이라는 국가가 더 이상 패권국으로서의 역할을 수행할 능력이나 욕구가 없다는 점이다. 미국 대중은 자국이 세계적 역할을 유지하는 것을 두고 그 어느 때보다도 양면적 태도를 보인다. 더 중요한 것은 미국이 여전히 중추적 역할을 하고 있지만 이제는 더 이상 압도적 우위에 있지 않다는 점이다. '주변부 국가의 부상'으로 인해 적극적으로 영향력을 행사하려는 국가가 더 많이 등장했으며, 그 누구도 순순히 미국의 지시를 따르지 않고 각자의 이익을 적극적으로 추구하는 세상이 되었다.

따라서 새로운 탈미국 시대post-American era가 조성되고 있다. 그렇다면 그런 시대는 과연 어떤 모습일까? 자유주의적 초강대국이 없이도 자유주의 국제 질서가 유지될 수 있을까? 기존의 국제 체제는 영국과 미국이라는 두 지배적 국가가 자유, 민주주의, 법치, 인권이라는 계몽주의적 이상을 수용하면서 두 세기에 걸쳐 발전해 왔다. (주지하다시피 이러한 이상적 덕목은 때로 실천보다는 열망에 더 가까웠던 것도 사실이다.)

물론 이 세계 질서의 가장 큰 과제는 러시아의 영토 수복 욕구와 중국의 부상을 관리하는 것이다. 그러나 해결해야 할 다른 문제도 있다. 기후 변화, 팬데믹, 테러리즘, 예측 불가능한 신기술의 확산 등은 모두 전 세계의 협력이 필요한 문제이다. 이러한 도전에 대응하기 위해서는 억지deterrence, 개입intervention, 협력cooperation 등 다양한 전략의 조합이 필요하다. 그러지 못하면 현존하는 국제 질서가 지속적으로 약화되는 것을 목격할 것이다. 민족주의적 경쟁이 심화하면 신보수주의 정치학자인 로버트 케이건Robert Kagan이 "정글"이라고 불렀던 무질서의 상태로 돌아갈 수 있다.[75] 즉 국제적으로 통용되는 규칙, 규범, 가치가 거의 없고 폭력과 불안정성이 팽배한 세계를 맞게 될 수도 있다.

현재의 국제 체제를 보존하는 것은 무엇보다 러시아의 침략에 맞서는 것을 의미한다. 러시아는 이러한 질서의 가장 즉각적 위협이며 이를 방치해서는 안 된다. 1945년 이후 거의 보편적으로 유지되어 온 국제 안정을 뒷받침하는 가장 근본적 규칙, 즉 국경을 무력으로 변경하지 않는다는 원칙이 위태로워지고 있기 때문이다. 안타깝게도 러시아는 우크라이나 침공 이후에도 세계로부터 완전히 고립되지 않았으며, 여전히 지구상의 많은 국가와 우호적 관계를 유지하고 있다. 그러나 러시아는 세계에서 가장 부유하고 생산성 높은 대다수 국가로부터 고립되어 있다. 러시아는 기술적으로 쇠퇴하고 경제적으로 침체되며 외교적으로 취약해질 수밖에 없는 미래에 직면해 있으며, 점점 더 중국의 속국으로 전락할 처지에 놓여 있다. 이러한 사실이 세계에서 가장 부유한 국가의 지원을 받는 우크라이나가 이 싸움에서 승리할 것이라고 보장하지는 않는다. 북베트남은 경제적 동력도 없었고 남부의 반공주의 경쟁자보다 외부의 지원도 훨씬 적었지만 베트남 전쟁에서 승리했다. 우크라이나는 전쟁에서 승리하거나 적어도 자국의 지속적 평화를 중재할 정도의 성과를 거두어야 할 것이다. 그러나 어느 경우든 러시아는 이미 스스로의 운명을 결정한 것으로 보이며, 그것이 러시아의 국가 체제를 다른 나라의 모델로 제시할 수 있을 만큼 활기찬 선진국이 되는 미래는 아닐 것이다.

중국은 이전과는 다른 훨씬 더 광범위한 도전에 직면하고 있다. 중국은 앞으로도 수십 년 동안 강력한 군사력, 막대한 인구, 성취와 혁신의 문화를 갖춘 세계 2위의 경제 대국이자 기술 선진국으로 남을 것이다. 순전히 하드 파워 hard power(군사력과 경제력 등 가시적으로 측정할 수 있는 경성 권력 硬性權力_옮긴이) 측면에서 보면 우리는 양극 bipolar의 세계로 나아가고 있다. 미국과 중국은 전통적인 경제력, 기술력, 군사력의 측면에서 다른 모든 국가를 압도한다. 그러나 중국은 여러 면에서, 특히 국력을 영향력으로 전환하는 측면에서는 훨씬 취약하다. 중국은 사실상 동맹국이 없고 의제 설정 능력이 부족하며, 대부분의 인접 국가와 전 세계 많은 지역으로부터 갈수록 의심을 사고 있다. 중국의 경제적 전망과 인구 통계학적 추세는 암울하다. 그러나 중국은 여전히 미국을 제외한 다른 어떤 나라보다 훨씬 더 많은 자원을 보유하고 있다.

그렇다고 해서 두 나라의 갈등이 불가피하다는 의미는 아니다.

중국과 미국이 대립적인 제로섬 관계로 나아간다면 세계화를 바탕으로 한 국제적 연계망이 와해되고, 세계가 경제 영역과 안보 영역으로 분열되며, 개방적 국제 질서가 붕괴될 가능성이 크다. 우리가 그런 세상으로 접어들고 있다는 징후가 몇 가지 있다. 인공지능 모델과 반도체 같은 첨단 기술은 이미 '자유 세계'의 기술 플랫폼과 중국의 기술 플랫폼으로 분리되고 있다. 그러나 우리는 중국과의 치열한 경쟁 속에서도 평화롭게 살아갈 방법을 찾을 수 있으며, 이는 전 세계 국가 대부분이 열렬히 기대하는 결과이다.

무엇보다 미국과 중국 이외의 국가가 마주할 상황을 고려해야 한다. 미국은 유럽의 경제 성장이 중국과의 우호적인 무역 관계에 달려 있다는 현실에 직면하게 될 것이다. 아시아에서는 거의 모든 국가가 중국을 최대 교역 상대로 삼고 있다. 중국은 남미와 아프리카에서 최대의 대외 무역 파트너이다.[76] 이 모든 국가는 중국과 강력한 교역 관계를 유지하고, 더 저렴한 중국 기술을 활용하며, 중국이 제공하는 온갖 원조와 차관 및 기술 노하우를 지원받기를 원한다. 동시에 많은 국가가 중국을 경계하면서 미국과의 강력한 지정학적 유대 관계를 원하기도 한다. 사실 이들은 국제 무대에 펼쳐진 메뉴판에서 미국 요리 일부와 중국 요리 일부를 각각 골라 단품으로 주문하고 싶어 한다. 미국이나 중국이 정식 코스 요리만 고르라고 고집한다면, 즉 중국을 거부해야만 미국과 가까워질 수 있고 그 반대의 경우도 마찬가지라면, 각국은 곤경에 처하게 될 것이다. 러시아를 억제하고 무력화시키기 위한 경제 제재가 실패한 것은 세계 경제가 제재를 빠져나갈 수 있을 만큼 광활한 공간이며, 많은 국가가 미국이 무엇을 원하든 원치 않든 상관없이 어떤 나라와도 기꺼이 교역할 수 있기 때문이라는 사실을 되새겨 봐야 한다.

미국은 중국이 경쟁자이자 고객이며 적대자이자 협력자라는 복잡한 관계를 반영하는 대중국 전략이 필요하다. 기술을 예로 들어 보자. 지난 몇 년 동안 미국은 첨단 기술에 대한 중국의 접근을 줄이려고 노력해 왔다. 군사적 용도로 사용될 수 있는 (가장 정교한 컴퓨터 칩과 같은) 최고 수준의 기술은 접근을 제한한 반면에, 일반 컴퓨터 칩과 같은 대부분의 품목은 중국이 자유롭게 구매할 수 있도록 허용했다. 미국은 또 국가 안보상의 우려를 이유로 중국이 특정 기술을 판매하거나 특정 기업을 인수하지 못하도록 규제했다. 바이든 행정부는 이 정책을 가장 중요한 핵심 기술이 집중된 '작은 마당small yard' 주위에만 '높은 울타리high fence'를 세워 두는 것이라고 설명한다.[77] 이는 합리적 구상이기는 하지만 실제로 실행하기보다는 이론적으로 말하기가 더 쉽다. 정치인은 더 많은 중국산 제품의 수입을 금지하려고 서로 경쟁할 것이고, 미국 기업은 중국 기업과의 경쟁을 막으려고 로비를 펼칠 것이다. 중국산 자동차가 왜 미국의 국가 안보에 위협이 되는지를 둘러싼 논쟁은 앞으로도 계속될 것으로 보인다.

두 나라가 경쟁자로서 공존할 수 있는 안정적 균형점을 찾을 수 있을까? 시진핑 체제에서 중국의 목표는 불분명하다. 중국은 집(자유주의 세계 질서_옮긴이)을 불태우려는 반항적 불량 국가인 러시아처럼 행동하지는 않지만, 종종 질서의 근간을 약화시키는 방식으로 행동하기도 한다. 시진핑은 더 고립된 정치 체제, 자급자족 경제, 서구의 감성과 문화에 영향을 덜 받는 사회를 원한다. 현재 빚어지고 있는 양국 간의 갈등은 이미 긴장을 고조시키고 있으며, 이는 행동action과 대응reaction, 오해misperception와 불통miscommunication으로 이어질 수 있다. 그 과정에서 미국과 중국은 점점 더 적대적 관계로 치닫게 될 것이며, 자칫하면 거의 80년 만에 처음으로 강대국 간 전쟁이 일어날 수도 있다.

개발도상국 가운데 세계에서 가장 인구가 많고 경제 규모가 다섯 번째로 큰 인도만큼 미중 경쟁에 큰 영향을 미치는 국가는 없을 것이다.[78] 인도는 갈수록 힘을 키우고 있으며, 중국의 영향력을 상쇄하는 균형추가 되고 있다. 그러나 중동의 사우디아라비아, 동남아시아의 인도네시아 및 베트남, 아프리카의 남아프리카 공화국과 나이지리아, 케냐 등 다른 중간 규모의 강국도 중국에 대항하는 데 중요한 역할을 할 수 있다.

그러나 현재로서는 서방의 힘이 여전히 강하다는 사실을 인식하는 것이 중요하다. 우크라이나를 지원하는 (미국, 캐나다, 유럽, 동아시아의 민주주의 국가, 호주, 싱가포르, 그리고 '범서방권the West Plus'으로 불리는 일부 국가 등) 연합국은 전 세계 GDP의 거의 60퍼센트를 차지한다. 우크라이나 위기와 러시아의 위협으로 유럽은 더욱 통합되었고, 서방 국가는 그 어느 때보다 더 긴밀하게 결속되어 있다. 이 동맹을 굳건하게 유지하는 것은 쉽지 않은 과제이다. 그러나 많은 국가가 미국과 소련 사이에서 제3의 길을 찾으려 했던 냉전 시대보다 더 큰 도전은 아닐 것이다. 이 도전에 성공한다면 범서방권은 평화와 자유의 영역을 강화하고 확장할 수 있을 것이다.

유럽연합을 창설한 외교관은 역사에 대한 깊은 이해를 바탕으로 유럽에서 다시는 전쟁이 발발하지 않도록 하겠다는 결의를 다졌다. 오늘날의 유럽 지도자도 일상적 결정에 이와 비슷한 역사적 책임 의식을 불어넣기 시작했다.[79] 유럽연합은 창설 이래 원대한 이상을 꿈꿔 왔으나, 분열을 완전히 극복하거나 일관된 단결력을 발휘하지는 못했다. 유럽이 마침내 세계 무대에서 전략적 역할을 주도적으로 할 수 있게 된다면 러시아의 침공으로 인한 지정학적 결과가 가장 크게 달라질 수 있을 것이다.

미국 역시 보다 역사 의식을 가지고 행동하고, 지난 세기가 남긴 핵심 교훈을 기억해야 한다. 즉 가장 강력한 주도국이 고립과 보호주의로 후퇴하는 국제 체제는 침략과 반자유주의로 귀결되는 반면, 초강대국이 적극적으로 관여하는 체제는 평화와 자유주의를 안전하게 지킬 수 있다는 점이다. 그렇다면 미국의 패권 약화로 인한 리더십 공백은 과연 누가 메울 것인가? 미국은 보다 통일된 유럽 및 일본, 한국, 호주, 싱가포르 등 동맹국들과 공동의 대의를 실현할 수 있을 것이다. 이 연합체에 인도와 튀르키예 및 일부 다른 국가도 사안별로 이따금 합류할 수도 있을 것이다. 단일 패권국이 혼자서 국제 질서를 지탱하는 대신 공동의 이익과 가치를 중심으로 뭉친 강대국 연합에 의해 국제 질서가 유지될 것이다.

국내외의
반자유주의적 민주주의

국제적으로 자유주의 질서를 수호해야 하는 과제 외에도 사회 내에서 자유주의 체제를 수호해야 하는 더 큰 과제가 있다. 그리고 이 두 가지는 서로 연계되어 있다. 인도를 생각해 보자. 인도에서는 경제적 도약과 함께 힌두 우월주의의 한 형태인 '힌두트바Hindutva'라고 불리는 포퓰리즘적 민족주의가 급부상하고 있다. 나렌드라 모디의 인도는 미국이 대응해야 할 더 광범위한 세계적 문제, 즉 반자유주의적 민족주의 정치를 표방하는 잠재적 동맹국에 어떻게 접근할 것인가 하는 문제를 압축적으로 보여 준다.

빅토르 오르반과 블라디미르 푸틴이 취임하기 전인 1997년, 서방이 세계 각국에서 선거를 치르는 것을 환호하던 시기에 나는 '반자유주의적 민주주의' 현상을 인식하게 되었다.[80] 러시아, 슬로바키아, 페루, 필리핀 같은 국가에서 선출된 지도자가 권력을 남용하고, 국민의 권리를 박탈하며, 고전적 자유주의 입헌 정부의 본질을 공허하게 만드는 허울만 민주주의적인 선거 제도가 시행되고 있었던 것이다. 그 이후로 안타깝게도 민주주의를 후퇴시킨 국가의 명단은 훨씬 더 길어졌다. 튀르키예와 헝가리 같은 서방 동맹국은 민주주의가 크게 퇴보했고, 이스라엘과 인도 같은 다른 민주주의 국가는 여전히 활기를 띠고 있지만 우려스러운 사태가 전개되고 있었다. 러시아와 벨라루스처럼 내가 초기에 이런 행태를 식별했던 일부 국가는 선거 조작까지 감행하는 독재 국가로 변모했다.[81] 프리덤하우스의 통계 자료에 따르면 지난 16년 동안 자유 민주주의는 양적 질적으로 쇠퇴하고 있으며, 사회학자 래리 다이아몬드Larry Diamond는 이를 "민주주의의 후퇴democratic recession"라고 일컬었다.[82]

전 세계 포퓰리즘 독재자는 종종 다원주의, 관용, 세속주의와 같은 개방된 사회의 가치가 서구에서 유입된 것이라고 주장한다. 그들은 자신들이야말로 서구 자유주의와 구별되는 진정한 국가 정치 문화를 구축하고 있다고 말한다. 그리고 이러한 사회에서 국제주의와 자유주의 사상이 쇠퇴하면서 그 사상들이 결국 서구에서 교육을 받았거나 영감을 받은 일부 엘리트층에 기반을 두고 있었으며, 그 저변에는 덜 관용적인 민족주의가 잠복하고 있었다는 사실이 드러날 가능성이 있다. 영국의 유서 깊은 명문 학교인 해로우스쿨과 케임브리지대학교에서 교육받은 인도의 초대 총리 자와할랄 네루Jawaharlal Nehru는 미국 대사에게 "나는 인도를 통치하게 될 마지막 영국인"이라고 말한 적이 있다.[83] 네루를 비롯해 독립 이후에 인도를 이끈 지도자가 세운 국가는 영국 및 서구와의 깊은 유대관계에서 얻은 가치를 바탕으로 건설되었다. 그들이 세운 인도는 세속적이고 다원주의적이며 민주적이고 사회주의적인 국가였다. 나는 인도가 엄청난 역기능과 부패를 초래한 사회주의적 유산의 대부분을 버렸을 때 가장 먼저 축하했다. 그러나 지금 세계 각국이 재고하고 있는 서구에서 유입된 사상은 사회주의만이 아니다. 표현의 자유, 독립적인 사법부, 종교적 관용 등 온갖 종류의 계몽적 사상이 인도, 튀르키예, 브라질과 같은 나라에서 사라지고 있다. 러시아와 중국이 여러 나라에서 반反서방적 불만을 부추기는 것은 사실이다. 그러나 이들은 이러한 국가에 이미 존재하는 서구에 대한 반발심을 이용하고 있을 뿐이다. 세계 많은 곳에서 자유주의 국제 질서를 핵심 구성 요소로 삼는 계몽적 구상은 서구 지배의 유산으로 간주되고 있다.

　물론 서구에서도 계몽적 구상을 거부하는 사람이 있다. 많은 유권자가 기존 질서와 그 안에 내재된 가치와 완전히 상반되는 입장을 내세우는 포퓰리스트를 선택하고 있다. 사람들은 이 모든 변화와 변혁으로 인해 더 많은 혼란과 무질서, 그리고 자신들이 성장해 왔던 세상의 상실을 의미할 수 있는 미래에 압도당하고 불안해하며 두려움을 느끼고 있다. 일부 사람은 집을 불태우는 한이 있더라도 급진주의로 나아갈 각오가 되어 있다. 이러한 유형의 반자유주의적 변종이야말로 우리가 마주하고 있는 진보의 가장 큰 위협일는지 모른다.

맺음말

풍요와 자유의 대가, 고독과 상실감의 시대

미국의 영향력 있는 저널리스트 월터 리프먼 우리가 최근에 겪은 것과 맞먹는, 수십 년간 아찔할 정도의 경제적 기술적 발전을 겪은 후 '포효하는 1920년대Roaring Twenties'가 정점에 이른 1929년에 베스트셀러 《도덕 서설A Preface to Morals》을 발표했다. 이 책은 리프먼이 당시 핵심 문제라고 여겼던 사안을 정면으로 다뤘다. 리프먼이 보기에 20세기 중반의 현대적 생활 방식을 만들어 낸 여러 가지 혁명적 사건은 심리적으로도 큰 영향을 미쳤다. 사람들은 오랫동안 그들의 삶을 지탱해 온 안전판이었던 신앙, 전통, 공동체를 상실한 채 혼돈에 빠졌다. 리프먼이 책에 썼듯이, "사람들은 선조의 생활 방식이 해체됨에 따라 자신이 왜 태어났는지, 왜 일해야 하는지, 누구를 사랑해야 하는지, 무엇을 존중해야 하는지, 슬프고 비참해질 때 어디로 가야 하는지 확신을 잃었다."[1] 리프먼은 고대 그리스의 희곡 작가 아리스토파네스Aristophanes의 희곡에서 인용한 "제우스를 몰아낸 소용돌이가 왕이다Whirl is King, having driven out Zeus"라는 문장으로 책을 시작했다.[2] 이 문장은 달리 말하면 '(기존의) 관습과 질서가 혼돈으로 대체되었다'는 뜻이다. 리프먼은 "현대성modernity이라는 산acids은 너무나 강력해서 사람이 받아들일 수 있는 새로운 정설이 될 만한 사상으로 정립되는 것을 용납하지 못하기에, 이미 밀려난 전통 규범을 대체할 만한 새로운 신념 체계나 새로운 권위는 존재할 수 없다"라고 주장했다.[3] 또는 이 책의 서두에 인용한 문구에 마르크스와 엥겔스가 쓴 것처럼, "모든 견고한 것은 해체되어 공중으로 사라지고, 모든 신성한 것은 모독당하고 세속화된다"라는 말이 맞을지도 모른다.

이 책의 주제는 끊임없는 작용과 반작용 즉 진보와 그에 대한 반발이다. 여기에 소개된 네덜란드, 영국, 미국의 사례처럼 지속적 번영을 이룩한 가장 성공적인 혁명조차 심각한 저항을 불러일으켰다. 프랑스 혁명의 실패는 급진적 변화에 대한 공포로 이어졌고, 오늘날까지 그 그림자를 드리우며 현대판 보수주의의 기원이 되었다. 오늘날 국제 정치 무대에서도 밀고 당기는 역학 관계를 볼 수 있다. 시진핑과 푸틴은 수년간의 세계화와 통합화 과정을 거치면서 자신들의 나라가 정권의 손아귀에서 벗어나 보편적 가치의 영향을 더 많이 받게 되는 것을 우려했고, 범세계주의적 가치에 앞서 자국의 국가 이익과 독자 문화를 다시 내세우기 시작했다. 도널드 트럼프, 브렉시트파, 빅토르 오르반, 자이르 보우소나루, 그리고 전 세계의 포퓰리스트 동조자도 이와 유사한 충동을 느낀다. 이들은 현대성이라는 산(酸)이 전통적 생활 방식을 좀먹고 있다는 우려를 이유로 기성 정당, 사법부, 언론 등 국내의 자유주의 사상과 제도를 공격한다. 고전적 자유주의의 선구자인 네덜란드에서도 최근 헤이르트 빌더르스(네덜란드 극우 정당인 자유당PVV 대표_옮긴이)의 승리로 이러한 반자유주의 포퓰리즘의 변종이 득세하고 있다.

세계 자유주의의 위기는 진공 상태에서 나타난 것이 아니다. 이 위기는 급변하는 사회와 이러한 모든 변화의 두려움을 이용하는 지도자가 만들어 낸 결과이다. 사실 사람들 대부분에게 세계화와 디지털 혁명은 무수히 많은 긍정적 방식으로 세상을 변화시켰다. 이러한 변화의 동력은 기술을 민주화했고, 혁신을 불러일으켰으며, 기대수명을 늘렸고, 부를 확산시켰으며, 전 지구를 구석구석 연결했다. 오늘날 지구상에서 100년 전에 태어나 성장했더라면 지금보다 더 나았으리라 생각하는 사람은 거의 (아마도 전혀) 없을 것이다. (무엇보다도 100년 전에는 평균 기대수명이 지금의 절반에 불과했을 것이다.)[4]

그러나 사회를 그토록 빠르게 현대화시키는 요인은 당연히 매우 파괴적이기도 하다. 생활 환경의 개선은 종종 전통적 생활 방식을 뒤엎어 많은 사람을 불안하게 만든다. 물질적 진보는 평균적인 생활 수준을 높일 수 있으나 동시에 개별 공동체와 특정 개인의 삶을 산산이 부술 수도 있다. 일부에게는 해방처럼 느껴지는 정체성 혁명이 많은 사람에게 깊은 불안감을 안겨 주기도 한다. 민간 기업이 국경을 넘어서 효율성과 '규모의 경제'를 얻게 되면서 사람들은 저렴한 가격의 혜택을 누리지만 동시에 무력감도 느낀다.

남아프리카 공화국이 아파르트헤이트Apartheid(백인 우월주의에 근거한 인종 차별 정책_옮긴이)에서 민주주의로 나아가는 데 중추적 역할을 한 데스몬드 투투Desmond Tutu 대주교는 "인간이 된다는 것은 자유로워지는 것"이라고 쓴 적이 있다.[5] 우리는 모두 자유롭기를 원한다. 우리는 선택권, 자율성, 자기 삶에 대한 통제권을 원한다. 이집트의 파라오로부터 탈출한 이스라엘 백성들까지 거슬러 올라가는 이러한 주장의 증거는 여러 시대에 걸쳐 산더미처럼 쌓여 있다. 최근에는 베를린 장벽을 넘어 빠져나온 동독 주민, 민주주의를 요구하는 아랍인, 국경을 넘어 남쪽으로 몰래 탈출해 온 북한 주민, 미국과 유럽으로 몰려드는 이민자, 자유로운 세상에서 살기 위해 목숨까지 바치는 우크라이나 국민에게서 그런 증거를 찾아볼 수 있다. 그러나 우리는 사람들이 자유를 받아들이면 결국 깊은 불안을 느낄 수 있다는 사실도 안다. 자유와 자율은 종종 권위와 전통을 희생하는 대가를 치르고 나서야 얻어진다. 종교와 관습의 구속력이 약해지면서 개인은 이익을 얻지만 공동체는 손해를 보기도 한다. 그 결과 우리는 더 풍요롭고 자유로워질 수 있지만 고독해지기도 한다. 우리는 그 상실감 즉 프랑스 철학자 블레즈 파스칼Blaise Pascal이 "무한의 심연the infinite abyss"이라고 불렀던 공허함을 채워 줄

무언가를 어딘가에서 찾는다.⁶

역사를 통틀어 통치 권력은 의미 있는 삶이 무엇인지 정의하고, 사람들에게 이를 위해 노력하도록 지시하는 일이 자주 있었다. 중세 시대에는 신과 신이 선택한 수호자인 군주의 영광을 위해 봉사하는 것이 최고의 소명이었다. 나중에는 조국이나 공산주의의 대의를 위해 봉사하는 것이 많은 사람에게 최고의 소명이 되었다. 지금은 이란과 북한 등 단지 몇몇 나라에서만 여전히 국가가 주도하는 이념을 중심으로 국민의 삶을 규정하는 통치 방식이 통용되고 있을 뿐이다. 그 이유는 이러한 접근 방식이 거의 모든 경우에 하나같이 처참한 실패로 귀결되었기 때문이다.

반면에 자유주의 국가는 시민에게 어떻게 사는 것이 좋은 삶인지를 말해 주지 않고 그 선택을 각 개인에게 맡긴다. 대신 선거, 표현의 자유, 사법 제도 등 일련의 절차를 마련하여 자유, 공정한 경쟁, 기회의 평등을 보장한다. 자유주의적 현대 사회는 각자가 행복과 만족을 추구할 수 있도록 개인의 삶과 자유를 보호한다. 즉 다른 사람의 행복과 만족을 침해하지 않는 한 각자 자신의 삶을 원하는 대로 자유롭게 정의하도록 하는 것이다. 그러나 이러한 자유는 사람을 불안하게 할 수 있다. 덴마크의 철학자 쇠렌 키에르케고르Søren Kierkegaard는 "불안은 자유로 인한 현기증"이라고 말했다.⁷ 개인이 자신의 삶의 의미를 구축하는 것은 쉽지 않다. 그보다는 성경이나 코란에 의지하는 것이 훨씬 더 쉽다. 자유주의의 합리적 사고방식은 한때 인간을 감동시켜서 성당을 짓고 교향곡을 작곡하게 했던 신에 대한 경이로운 믿음을 대체하기에는 턱없이 부족하다고 여기는 사람이 많다. 또한 자유주의는 민족주의의 나팔 소리처럼 사람들이 쉽게 무기를 들도록 선동할 수도 없다.

프랜시스 후쿠야마는 그의 유명한 논문 〈역사의 종말The End of History〉을 책으로 펴내면서, 자유 민주주의의 승리를 설명하는 대목에서 자신의 특징적 문구에 몇 단어를 추가해 제목을 《역사의 종말과 최후의 인간The End of History and the Last Man》이라고 붙였다. 후쿠야마가 우려한 것은 공산주의에 대한 자유 민주주의의 승리가 서구 사회를 풍요롭고 평온하게 만들겠지만, 동시에 모든 사람을 수동적인 '최후의 인간'으로 만들 수도 있다는 것이었다. 이 문구는 독일 철학자 프리드리히 니체Friedrich Nietzsche로부터 유래했는데, 니체가 말하는 '최후의 인간'은 조용히 현실에 안주하는 인간으로 자신의 안락함을 추구할 수 있도록 평화와 질서만을 갈망한다.[8] 니체는 이 '최후의 인간'을 자신의 의지로 세상을 만들어 가는 강인하고 창의적인 '초인Übermensch, superman'과 대비시킨다. 후쿠야마는 자유주의 체제가 인간 행동의 필수적 동기인 경쟁의식, 야망, 인정 욕구 등을 사람들로부터 박탈하게 되는 상황을 우려했다. 공산주의에 승리한 후 후쿠야마가 떠올린 이미지는 수호해야 할 위대한 이념적 대의가 없는 사람이 물질적 필요와 욕구를 추구하며 공허하고 외롭고 우울한 하루하루를 보내는 것이었다.

이 공허함 속으로 포퓰리즘, 민족주의, 권위주의가 파고들어 온다. 이 반자유주의 이념은 독일계 미국인 심리학자 에리히 프롬Erich

Fromm이 '자유로부터의 도피'라고 불렀던 것을 사람들에게 제공한다. 파시즘의 부상을 연구한 저명한 심리학자 프롬은 인간이 자유로 인해 한 번 혼란을 겪으면 겁을 먹게 된다고 했다. "겁에 질린 개인은 자신을 묶어 줄 누군가 또는 무언가를 찾게 된다. 그런 사람은 더 이상 스스로 개별적 자아로 존립하는 것을 견디지 못하고, 자유로 인한 부담 즉 자아를 제거함으로써 불안감을 떨치고 다시 안정감을 느끼려고 미친 듯이 노력하게 된다."[9]

빅토르 오르반 헝가리 총리는 자신의 반자유주의 이념을 설명하면서 자유주의가 지나치게 개인과 자아에 초점을 맞추고 있다고 주장했다. 그는 2023년 터커 칼슨과의 인터뷰에서 "'나'보다 더 중요한 것 즉 가족, 국가 또는 신처럼 자아보다 더 중요한 것이 있다"라고 말했다.[10] 오르반의 정책은 (알려진 바에 따르면) 가족과 국가, 신앙을 바탕으로 삼고, 프롬이 말한 대로 '자아의 부담을 덜어 내는 것'을 목표로 한다. 블라디미르 푸틴도 같은 맥락에서 러시아인에게 개인의 자기 표현이라는 서구의 기만적 말을 따르지 말고, 대신 러시아를 다시 위대하게 만드는 데 동참하자고 호소한다. 시진핑도 서구의 개인주의와 구별되는 중국 고유의 문화를 찬양하는 위대한 국가 부흥 프로젝트에 대해 비슷한 어조로 말한다. 서구에서도 포퓰리스트들이 신앙, 국가, 전통이 무엇보다도 중요하다고 부르짖는다.

이러한 주장은 강력한 공감을 불러일으킨다. 사회 심리학자 조너선 하이트가 주장했듯이 좌파의 도덕성은 도덕의 다섯 가지 기본 원칙 가운데 배려와 공정성이라는 두 가지 원칙만 다룬다. 우파의 도덕성에는 충성심, 권위, 존엄성 등 다른 가치도 포함된다.[11] 예를 들어 공화당 유권자가 미국 국가가 울릴 때 기립하지 않는 미식축구 선수나 인종 차별이 미국 건국의 중심이었다고 주장하는 사람에 대해 분노하는 것은 바로 이 세 가지 가치 때문이다. 이들은 헌신, 질서, 순수성이라는 가치를 옹호할 지도자를 원한다. 그러나 이러한 인간 본래의 충동은 역사적으로 많은 기여를 했지만 동시에 많은 고통과 억압을 초래하기도 했다는 사실을 잊지 말아야 한다.[12]

그렇다면 포퓰리즘 이데올로기가 현대성이 만들어 낸 마음의 공허를 메울 수 있을까? 나는 그렇지 않을 것으로 본다. 결국 인간은 모두를 위한 자유가 가져올 결과에 불안해하는 만큼 여전히 자신을 위한 자유를 원한다. 사람은 매일 다양한 방식으로 이를 보여 준다. 사회를 변화시키는 모든 힘, 즉 리프먼이 말한 '현대성의 산酸'은 인간이 자유로운 선택을 한 결과이다. 어찌 되었든 사람들이 기도하러 나오기로 결정한다면 교회는 비어 있지 않을 것이다. 젊은이가 더 높은 임금의 더 나은 일자리를 찾아 떠나지 않는다면 작은 마을과 공동체는 공동화되지 않을 것이다. 소비자가 클릭 한 번으로 구매하는 편리함을 거부하고 동네 가게를 찾는다면 온라인 혁명으로 인해 동네 소매점이 문을 닫지는 않을 것이다. 사람이 친척과 가까이 지내고 항상 같은 신앙을 가진 배우자와 결혼한다면 가족 관계가 느슨해지지는 않을 것이다. '우리'야말로 총체적으로 보면 많은 사람이 불안을 느끼는 세상이 되도록 행동하는, 바로 그 변화를 일으키는 요인인 셈이다.

1950년대 시카고 남부에서 자란 저널리스트 앨런 에런홀트Alan Ehrenhalt는 이러한 역학 관계에 대한 가장 통찰력 있는 설명을 들려준다. 에런홀트가 자신의 저서 《잃어버린 도시The Lost City》에서 언급했듯이, 그의 어린 시절에는 지역 공동체의 촘촘한 연결망이 삶을 지탱하고 풍성하게 해 주었다.[13] 그는 왜 그런 공동체가 사라졌는지 이해하려고 다시 그곳으로 돌아갔다. 에런홀트는 '선택'이라는 간단한 해답을 얻었다. 예전에는 대출을 받을 수 있는 유일한 곳이 지역 은행뿐이었고, 일자리를 구할 수 있는 곳은 지역의 공장뿐이었으며, 이 두 가지를 모두 도와줄 수 있는 사람은 지역의 지도자뿐이었기에 사람들은 자신이 사는 지역에 갇힐 수밖에 없었다. 교회에 출석하는 것은 종교적 의무이기도 했지만, 목사가 은행원에게 좋게 말해 줄 수 있기 때문에 생활 면에서 경제적 이익도 있었다. 경제가 지역에서의 직접적 접촉과 인맥에 덜 얽매이게 되고, 지역 밖에서 더 나은 다른 가능성을 발견하면서 사람들은 동네를 벗어나 이사를 떠났다. 남아 있는 사람들 사이에서도 기술은 때로 놀라운 방식으로 상황을 변화시켰다. 에런홀트는 여름이면 다 같이 모여서 놀거나 단체로 영화관에 가던 풍요로운 공동체 생활을 기억한다.[14] 그런데 에어컨이 보급되면서 사람들은 야외에 앉아 있는 시간이 줄어들었고, 텔레비전이 보편화되면서 영화관으로 함께 나들이 가는 일도 줄어들었다.

공동체는 위계와 제약을 통해 형성되고 유지된다. 우리는 권위를 떨쳐 내고 강압에서 벗어날 때 많은 것을 얻지만, 필연적으로 공동체를 잃는다. 그리고 공동체를 잃으면 우리는 그 잃어버린 공동체를 그리워하고 향수에 젖어 옛 시절을 추억한다. 리프먼은 예전 사람들이 세상의 작동 방식을 어떻게 받아들였는지 이렇게 설명했다. "어떤 사건이 일어나는 것을 하나님의 뜻이 구현된 것이라고 믿었을 때는 '당신의 뜻이 이루어지이다'라고 말할 수 있었다." 그러나 믿음 없이 살게 되면 사정이 달라진다. "사람들은 모든 일이 다 수결이나 상사의 명령, 이웃의 의견, 수요와 공급의 법칙, 이기적인 사람들의 결정 등에 따라 결론이 난다고 믿게 되면, 불가피하게 양보해야 하는 상황에서는 어쩔 수 없이 양보를 한다. 그러나 그는 그런 현실을 받아들이지만 수긍하지는 않는다."[15] 다시 말해 사람은 현대 사회의 현실에 굴복하면서도 공장 폐쇄나 이국적 문화의 영향 등을 정당화하는 논리는 거부할 수 있다는 뜻이다. 그리고 그런 현실의 정당성을 믿지 못하는 사람은 상사, 이웃, 엘리트가 자신에게 굴복을 강요하는 거대한 음모의 일부라고 선동하는 이데올로기의 유혹에 넘어가, 결국 그들의 사악한 계획에 희생당하기 쉽다. 그는 자유롭지만 강압을 받고 있다고 느끼고, 어떤 식으로든 반격할 방법을 찾는다.

격변의 시대,
어떻게 할 것인가

전 세계 거의 모든 곳에서 우리는 신, 종교, 전문가, 정치인, 제도, 규범 등에 대한 신뢰의 상실이 미치는 영향을 볼 수 있다. 그 영향은 종종 전통적 생활 방식이 붕괴한 원인을 외모가 다르거나 외국 억양으로 말하거나 낯선 신을 숭배하는 사람들 탓으로 돌리는 위험한 형태로 표출될 수 있다. 일부 학자는 서구에서 나타나는 포퓰리즘적 분노의 기저에는 점점 현실화되고 있는 인구구조의 변화, 이른바 '거대한 교체great replacement'에 대한 나이 든 백인의 두려움이 자리 잡고 있다는 사실을 발견했다. 최근 들어 많은 선동가가 이 같은 불안과 공포를 부추기는 언사를 자주 사용하고, 그런 불안 심리를 악용하는 정책을 옹호해 왔다. 그러나 모든 반작용을 단순히 인종주의로만 설명하는 것은 잘못이다. 변화하는 세상에 대한 불안감, 확실성의 상실, 공동체의 붕괴 등 더 광범위한 불안이 존재하기 때문이다. 이러한 문제에는 진지한 고민과 대응이 필요하다.

그 대응책의 일환으로 지역 공동체를 강화하면서 사람들이 덜 방황하고 안정될 수 있도록 돕는 구체적 정책과 프로그램이 필요하다. 무료 유치원, 보육에 대한 보조금 지원, 유급 육아 휴직과 같은 프로그램은 가정생활을 강화할 수 있다. 지역 인프라를 구축하고 교육 시설에 투자하고 시민 참여를 장려하면 각 개인이 지역 공동체와 더 긴밀하게 연결될 수 있다. 오늘날의 대학은 자신의 핵심 사명과 거의 관련이 없는 정치적 대의에 집착하는 데서 자신의 존재 의의를 찾기보다는, 배움과 자유로운 생각의 교환을 중심으로 한 공동체를 만들기 위해 노력해야 한다. 부의 재분배와 함께 시장에 대한 합리적 규제도 노동 계급이 느끼는 불안정성을 줄일 수 있다. 조 바이든은 대학 교육을 받지 못한 미국인을 진심으로 생각하는 보기 드문 워싱턴의 정치인이다. 그가 추진하는 여러 정책과 정부 지원 프로그램은 미국의 낙후된 지역을 돕는 데 쓰이고 있다. '인플레이션 감축법'(IRA)에 의해 시작된 투자의 상당 부분은 임금 수준과 대학 졸업자 비율이 평균 이하인 (그리고 대부분 공화당이 확고한 강세를 보이는) 지역에 배정되고 있다.[16]

그러나 장기적 추세를 생각해 보자. 한 통계 분석에 따르면 2010년 이후 10년 동안 미국의 53개 광역 대도시권이 전체 인구 증가의 71퍼센트와 전체 고용 증가의 3분의 2, 전체 경제 성장의 4분의 3을 차지했다.[17] 또 20개 대도시가 전체 일자리 증가의 50퍼센트를 차지했다. 팬데믹 이후 근무 형태의 변화로 이 추세가 완화될 수는 있겠지만 완전히 되돌릴 수는 없을 것 같다.

우리는 갈수록 더 이질적으로 바뀌어 가는 지역 사회를 함께 묶을 수 있는 공동체를 만들 방법이 필요하다. 나는 그 방법의 하나로 미국에서 일종의 '보편적 국가 봉사universal national service' 제도를 시행할 것을 오랫동안 주창해 왔다. 2차 세계대전 이후 수십 년은 전시에 복무했다는 공통 경험이 한 세대의 미국인을 함께 묶어 주었기에, 국가가 더 강한 일체감을 가지고 더 잘 작동했던 시기로 기억된다. 미키 카우스Micky Kaus가 그의 저서《평등의 종말The End of Equality》에서 언급했듯이, 미국의 가장 부유한 상속자이자 초우트Chaote(초우트 로즈메리 홀Chaote Rosemary Hall, 미국 코네티컷주에 있는 명문 고등학교_옮긴이)와 하버드대학교를 졸업한 존 F. 케네디는 기계공, 공장 노동자, 트럭 운전사, 어부였던 동료 해군 선원과 함께 태평양 전장에서 초계어뢰정PT boat의 정장艇長으로 참전했다.[18] 오늘날에도 금융인과 소프트웨어 엔지니어의 자녀가 공립학교에서 가르치고 국립공원에서 일하며 건설 노동자, 교사, 농부의 자녀와 함께 군복무를 한다면, 몇 년 후에는 계층 간 이해의 격차를 해소하고 미국의 극심한 양극화를 치유할 수도 있을 것이다.[19]

경제적 수단만으로는 문화적 요소가 많은 부분을 차지하는 문제를 완전히 해결할 수 없다. 우리는 모든 사람이 규칙에 기반하고 공정하다고 여길 수 있는 이민 제도를 만들어야 한다. 기후 변화, 빈곤, 정치 불안 등으로 인해 서구 국가로 밀려드는 이주의 물결은 감당할 수 없을 정도로 거세지고 있다. 2022년 미국의 남쪽 국경을 무단으로 넘은 이민자 수는 240만 명에 달했다.[20] 많은 이민자가 미국 국경까지 데려다 주는 대가로 카르텔에 돈을 지불하고, 미국 국경에 도착한 후에는 망명자 지위를 신청한다. 망명자 지위를 신청하면 오랜 기간에 걸쳐 미국에 체류하면서 자신의 망명 사유를 설명할 수 있는 기회를 얻는다. 그 과정에서 일부는 미국 경제의 그늘로 빠져들기도 한다.

유럽에서도 비슷한 일이 벌어지고 있다. 홀로코스트the Holocaust의 여파로 탄생한 유럽의 망명 정책은 출신 신분이나 신앙 또는 정치적 견해로 인해 개인적으로 가혹한 박해에 직면한 소수 사람을 위해 고안되었다. 이제 이 시스템은 온갖 종류의 위기를 피해 홍수처럼 끊임없이 쏟아져 들어오는 사람들의 압력을 이기지 못하고 무너지고 있다. 그리고 이러한 통제되지 않은 이주의 물결이 계속되면서 이들 불법 이민자가 무정부 상태를 일으키고 있다는 인식만큼 오늘날 포퓰리즘을 자극하는 문제는 없다. 시리아의 난민 위기가 유럽 포퓰리즘 우파의 부상을 가속화했다고 해도 지나친 말이 아니다. 작가 데이비드 프럼의 말처럼 "자유주의자가 오로지 파시스트만이 국경을 강화할 것이라고 주장한다면, 유권자는 파시스트를 고용해서라도 자유주의자가 실행하기를 거부하는 일을 할 것이다."[21]

이 같은 시기에는 다른 새로운 정책을 시행하거나 기존 정책을 조정하는 방안을 생각해 볼 수 있다. 그러나 현재 일어나고 있는 변화의 저변에 깔린 엄청난 심리적 특성을 감안해 볼 때 이러한 부분적 정책 변화는 하찮아 보인다. 싱가포르 건국의 아버지인 리콴유는 이 변화를 예견한 위대한 정치가 중 하나이다. 나는 그의 생애 마지막 20년 동안 여러 차례 그와 대화할 기회를 가졌는데, 리콴유가 몇 번이고 되풀이해서 강조한 주제에 깊은 인상을 받았다. 사람들은 종종 그를 한 세대 만에 싱가포르를 빈곤에서 번영으로 이끌었다거나 능란한 외교 정책을 펼쳤다는 이유로 칭송했다. 하지만 그는 자신의 가장 큰 업적은 싱가포르라는 모래톱 위에 중국인, 말레이인, 인도인, 그 밖의 여러 인종으로 구성된 다민족 국가를 건설한 것이라고 생각했다. 이러한 초유의 국가 건설 실험을 성공시키기 위해 그는 다문화주의의 미래상에 초점을 맞춰 단호하고 결연하게 관련 정책을 추진했다. 즉 각 민족(또는 인종)별로 고립된 집단 거주 지역에서만 살지 않고 여러 민족이 함께 공유하는 공간에서 자녀를 양육할 수 있도록 혼합형 주거 정책mixed housing과 혼합형 학교 교육mixed schooling을 의무적으로 시행토록 한 것이다. 그는 "우리는 공동의 시민 문화를 구축할 필요가 있었다"라고 강조했다.

그러나 리콴유는 이들 공동체가 각기 자신들의 언어, 의식, 축제, 신앙을 유지하도록 적극적으로 권장했다. 그는 빠르게 발전하는 동아시아에서는 너무나 많은 사람이 자신들이 어디에서 왔는지 잊어버렸다고 우려했다. 리콴유는 "우리는 과거를 뒤로하고 떠났다"라면서 "(그로 인해) 과거의 일부인 우리에게 아무것도 남지 않을 것이라는 잠재된 불안이 있다"라고 말했다.[22] 그는 말레이시아가 학교 교육의 기본 공용어를 영어에서 말레이어로 전환하던 1960년대와 1970년대에 자녀에게 최고의 교육을 시키고 싶다는 이유에서 호주와 캐나다로 이민을 떠났던 말레이시아인의 경험을 들려줬다. "(이민 가정의) 아이는 성장하여 10대 후반이 되어 집을 떠났다. 그리고 갑자기 부모는 이 모든 일이 공허하다는 것을 깨달았다. 그들은 자녀에게 영어로 현대식 교육을 시켰는데 그 과정에서 자녀를 완전히 잃어버린 것이다." 오늘날까지도 싱가포르의 지도자는 시민들이 근본 없이 떠도는 여피족이 되지 않도록 지역 사회와 문화에 뿌리 내리게 하기 위해 힘쓰고 있다. 싱가포르인은 싱가포르를 고도로 기능적인 선진 경제와 능력주의 체제로 유지하려고 노력하지만, 동시에 스스로를 '아무 곳Anywhere'이나 상관없는 존재가 아니라 '어떤 곳Somewhere'에 기반을 둔 존재라고 생각하는 사람으로 가득 찬 나라로 만들려고 애쓰고 있다. 그러나 사람들에게 새로운 기회를 제공하는 것과 전통적 정체성을 보존하는 것 사이에는 미묘한 균형이 존재한다.

말레이시아 부모에 대한 리콴유의 이야기는 모든 이민자에게 익숙할 것이다. 아무리 자녀에게 모국의 언어와 전통을 배우고 유지하라고 강조해도 자녀는 새로운 세상에서 살면서 성장하고 있으며, 부모가 찔끔찔끔 강요하는 옛 문화보다는 새로운 문화에 의해 정체성을 형성하는 데 훨씬 더 큰 영향을 받는다. 사실 내가 이 책에서 수백 년의 역사에서 말해 온 변화와 진보, 그리고 상실과 반발의 이야기는 새로운 나라가 제공하는 모든 경제적 기술적 발전을 받아들이고 싶어 그곳으로 이주한 이민자의 삶을 통해 비유적으로 표현될 수 있다. 그들은 적응하고 성공하여 자녀를 키우고 있으며, 그들의 자녀는 조상의 땅에서는 상상할 수 없었던 기회를 누리고 있다. 하지만 나이가 들어 은퇴하면 그들이 남겨 두고 온 문화와 공동체를 그리워한다. 어떤 이들은 옛 음악을 듣거나 옛날 영화를 보며 비슷한 경험을 가진 비슷한 심정의 이민자들끼리 소그룹을 만들어 모임을 갖고, 또 다른 이들은 고국에서 더 많은 시간을 보낼 방법을 찾기도 한다. 그들은 한때 간절히 떠나고 싶어 했던 고향을 다시 갈망하게 되는 것이다.

그렇다면 리콴유가 상상했던 방식으로 현대화의 부작용을 막는 방호벽을 구축할 수 있을까? 한동안 일본이 이러한 문제의 해결책을 제시한 것처럼 보였다. 일본은 사회 불평등의 추세를 완화함으로써 의식적으로 자본주의를 억제하려고 노력했다. 또 일본 전통문화의 핵심 요소를 많이 유지했고, 노동력 부족에도 이민자를 거의 받아들이지 않았다. 실제로 일본은 우파 포퓰리즘을 거의 찾아볼 수 없는 보기 드문 선진 산업 국가로, 집권 자민당이 현재 7년째 계속 정권을 잡고 있다. 그러나 일본은 그 대가를 치렀다. 경제는 역동성과 혁신성이 떨어졌다. 일본 사회는 여전히 위계적이고 가부장적이다. 그리고 노동력 부족 현상은 더욱 심해졌다. 일본은 다방면에서 변화를 일으키기 시작했지만 아직 갈 길이 멀다.

어쨌든 우리는 모두 점점 더 기존 문화의 일부를 뒤로한 채 떠나고 있는 것이 사실이다. 백인 노동 계급 미국인들 사이에서도 소외감을 느끼는 사람들이 있다. 2016년에 실시한 한 설문 조사에서는 거의 절반에 가까운 응답자가 "상황이 너무 많이 변해 내 나라에서 이방인처럼 느낄 때가 많다"라는 말에 동의했다.[23] 모든 게 유동적인 것처럼 보인다. 사람들은 고향을 떠나 새로운 곳에 정착해 새로운 삶을 꾸리고 새로운 사람을 만나는 등 어느 곳에서나 계속 옮겨 다니고 있다. 인종 간 결혼은 혼혈을 의미한다. 다른 인종(또는 민족) 간 결혼으로 태어난 자녀는 서로 다른 문화 전통의 일부를 선택해야 하며, 그런 선택 행위로 인해 이미 기존 문화 질서의 권위와 위계를 무너뜨리고 있다. 이 모든 일은 장벽과 편견을 허물어뜨리고, 더 깊고 개인적 차원에서 공통의 인간성을 포용하려는 인류의 스릴 넘치는 모험의 일부이다. 따라서 급속하게 미래로 나아가는 와중에 그저 "과거를 붙잡으라"는 충고는 잘 통하지 않을 것 같다. 사실 많은 국가가 이제는 온갖 인종적 배경, 계급, 신념을 가진 사람을 모두 포용하고, 한때는 음지에 있던 사람도 환한 대낮의 햇빛 속에서 자부심을 가지고 당당히 걸을 수 있도록 허용하는 등 '보편 국가universal nation'를 건설하고 있다.

자유에 대한 믿음

자유주의가 안고 있는 문제는 자유주의가 여러 면에서 지나치게 성공적이었다는 점이다. 자유주의는 그동안 전 세계에 걸쳐 정치 현대화의 주요 동력이 되어 왔고, 그것은 지금도 마찬가지이다. 군주제, 귀족제, 교회의 위계질서, 검열, 법적 차별, 국가 독점 등으로 점철되었던 수 세기 전의 삶이 어땠는지를 한번 돌이켜 보라. 시간이 지나면서 이러한 전통과 관행은 모두 자유주의 사상의 강력한 매력으로 인해 균열이 생기고 결국은 허물어졌다. 자유주의는 개인의 자유와 권리를 찬양하고, 폭정과 국가 통제에 반대하며, 평범한 사람에게 권한을 부여하는 사상이다. 사유 재산을 존중하고 개방된 시장과 무역, 자유로운 교환을 활용하는 경제적 자유주의 사상은 전 세계 거의 모든 곳에 정착했다. 다만 경제적 형평성과 공정한 경쟁을 보장하기 위해 종종 중요한 조정 과정을 거치는 경우가 있었다. 그러나 자유주의는 완벽한 시스템이 아니며, 자유주의의 단점과 과잉은 자유주의의 적이 자유주의를 공격하기에 충분한 먹잇감을 제공한다. 이것은 역사적으로 매우 뿌리 깊은 싸움이다.

정치의 밀고 당기는 역동성은 자유주의자가 더 많은 자유, 개방성, 개인의 권리를 주장했던 북유럽과 영국, 미국 같은 곳에서 가장 잘 발휘되었다. 자유주의자는 종종 기존 질서를 유지하려는 보수 세력의 반대에 부딪혔다. 그러나 시간이 지나면서 정당 정치의 경쟁이 마법을 부림에 따라 진보와 보수 모두 유연해졌고, 이들 국가는 자유주의자가 원했던 것보다는 느리지만 보수주의자가 희망했던 것보다는 빠르게 앞으로 나아갈 수 있는 방법을 찾았다. 변화는 사회의 결을 거스르는 것이 아니라 사회의 결에 따라 자연스럽게 일어났다. 이러한 유기적인 상향식 혁명은 프랑스 혁명이 실패한 곳에서 성공했다. 프랑스의 접근 방식은 국가의 발전 단계는 거의 고려하지 않은 채 위에서부터 급진적 사상을 강요하는 것이었다. 그 결과 과격한 혼란, 사회적 혼돈, 광범위한 폭력, 그리고 궁극적으로는 독재를 불러왔다.

프랑스 혁명이 보여 주듯이 서로 대립하는 세력 중 어느 한쪽이 모든 선한 가치를 독점할 수 있는 것은 아니다. 그것은 역사를 근본적으로 잘못 읽은 것이다. 나는 자유를 확대하고 법치를 수호하고자 하는 사람을 가리킬 때 '자유주의적liberal'이라는 용어를 사용했다. 보수주의는 본질적으로 이런 종류의 자유주의와 반대되는 것이 아니다. 보수주의는 연속성과 신중함의 관점을 취함으로써 역사에서 오랫동안 의연하게 자신의 자리를 지켜 왔다. 보수주의자는 종종 변화의 필요성을 인정하지만 변화가 너무 빨리 그리고 너무 멀리 진행되면 사회 구조가 흔들릴 것을 우려한다. 현대 보수주의자가 자주 거론하는 보수주의의 상징적 인물은 앞서 살펴본 것처럼 프랑스 대혁명을 설득력 있게 반박하여 명성을 얻은 영국의 하원 의원 에드먼드 버크이다. 그러나 버크는 사실 고전적 의미의 자유주의자였다. 그는 미국 혁명을 열렬히 지지했으며, 인도에서 영국이 자행한 부패한 통치를 공격하여 이름을 떨쳤다. 버크는 프랑스 혁명이 너무 급진적이라고 믿었다. 즉 사회 저변으로부터 자연스럽게 나온 것이 아니라 추상적 이론에 기반한 운동이라는 것이었다. 프랑스 혁명은 자유주의를 내세웠지만 실제로는 매우 반자유주의적이었다. 버크는 이 혁명이 폭력과 무정부 상태로 끝날 것이라고 경고했고 그의 예상은 적중했다.

저명한 현대 보수주의자인 조지 윌George Will 역시 고전적 자유주의자이다. 그는 자신의 저서 《보수의 감성The Conservative Sensibility》에서 보수주의는 자유주의를 보존하려는 이념이라고 주장한다. 그에게 미국 건국의 아버지들이 제시했던 정부의 원래 개념은 고전적 자유주의 사상과 원칙이었다. 그리고 윌은 진정한 보수주의자라면 당연히 이러한 사상과 원칙을 수호해야 한다고 믿는다. 실제로 공화당과 민주당은 모두 전통적으로 이 같은 고전적 자유주의를 지지해 왔다. 다만 한쪽은 덜 개입적인 정부가 자유와 번영을 촉진한다고 생각하는 경향이 있는 반면에, 다른 쪽은 국민의 권리를 보호하고 기회의 평등을 증진하려면 더 적극적인 정부가 필요하다고 생각하는 경향이 있다. 양쪽 모두 지나치게 극단적으로 나아갈 소지가 있지만, 각자 자신만의 고유한 가치를 지니고 있다. 양당은 모두 오르반이나 트럼프의 퇴행적 반자유주의 이념을 거부한다. 오르반과 트럼프의 반자유주의 이념은 조지 윌이 "왕좌와 제단throne-and-altar"식 보수주의라고 부르는 유럽의 구시대적 발상을 떠올리게 한다.[24] 바로 권위주의에 가까운 반동적 세계관이다. 윌은 당연히 이런 반자유주의 이념은 현대 세계에서 설 자리가 없다고 말한다. 자유주의가 보수주의자조차 소중히 여기는 가치가 되었다는 사실보다 더 큰 성공의 증표는 없다.

오늘날 계몽적인 미래 구상을 수용하면서 지금까지 이룩한 진전을 축하하고 사회를 계속 발전시키고자 하는 사람들이 해야 할 일은 과거의 투쟁에서 배우는 것이다. 우선 지적 오만에 빠지지 말아야 한다. 이론적으로 올바른 발전 방향이라고 해서 그것이 우리가 추구해야 할 순수한 미덕이라거나, 오늘날에도 구현되어야 하는 가치라고 믿지 말라는 것이다. 또 국가를 새로운 계획을 위한 실험용 쥐로 취급해서는 안 된다. 위로부터의 변화를 강요하지도 말아야 한다. 대신 사회의 구조 안에서 실제로 존재하는 공동체 및 그 구성원과 함께 자신들이 추구하는 대의를 사람들에게 교육하고 설득하고 납득시키도록 노력해야 한다. 어떤 시점에 널리 확산되는 메시지가 싫다고 해서 표현의 자유를 포기해서는 안 된다. 사람을 독립적인 개인이 아니라 계층이나 범주로 보는, 근본적으로 반자유주의적 정체성 정치에 현혹되지 말아야 한다. 너무 성급하고 지나치게 강압적으로 밀어붙이다 보면 진전보다 반발이 더 큰 경우가 많다. 타협은 민주주의의 불가피한 측면이라는 점을 인정해야 한다. 민주주의는 다른 사람의 열정과 열망도 감안하기 때문에 미덕이라는 사실을 인정하자는 것이다.

1960년대와 1970년대의 서구 특히 미국을 되돌아보자. 이 시기에는 악명 높았던 짐 크로법이 철폐되는 등 자유를 위한 여러 가지 중요한 진전이 있었다. 이 책의 앞부분에서 지적했듯이 이 시기에 아마도 가장 중요하고 지속적 변화는 역사상 거의 모든 사회에서 '2등 시민'으로 살아왔던 여성의 해방이었을 것이다. (이러한 극적 진전에 대한 반발은 이슬람 근본주의에서 기독교 보수주의에 이르기까지 모든 반동적 운동에 영향을 미쳤다.) 그러나 이 진보의 물결 뒤에는 과도한 요구, 급진주의, 폭력도 공존했다. 1971년부터 1972년까지 18개월 동안 체제 내 개혁의 가능성을 두고 믿음을 잃은 급진주의자가 미국 내에서 저지른 폭탄 테러가 2500여 건에 달했다.[25] 미국의 웨더맨Weathermen(미국의 급진 좌파 학생 운동 단체_옮긴이)과 블랙팬서, 유럽의 붉은 여단Red Brigade(이탈리아의 극좌 과격파 테러 조직_옮긴이)은 진보적 대의를 더 진전시키지 못한 채 수십 년 동안 지속된 반발을 불러일으켰다. 고립되고 원자화된 우리 시대에도 혁명(또는 흔히 말하는 반혁명)의 열망은 여전하다. 자유주의적 미래 구상의 핵심 측면에 대한 우파의 경멸은 위협적이며, 가장 큰 위험을 예고한다. 그러나 좌파에서도 많은 사람이 자유주의의 규칙과 절차, 특히 표현의 자유를 무시하면서 단지 (자신들이 보기에) '올바른right' 결과만을 얻기 원한다. 이들은 '잘못된wrong' 생각을 가진 사람의 발언을 금지하고, 쿼터나 법령을 통해 인종적 평등을 이루려 한다. 또 교육이나 예술 자체가 아니라 정치적 목표를 달성하기 위해 교육이나 예술을 이용하려고 한다. 망명 신청자의 권리 보호처럼 이론적으로 자신들의 사상을 선善이라고 확신하는 이들은 이 추상적인 선의 개념을 아무렇지도 않게 이를 꺼리는 사회에 강요한다. 그러나 타협하지 않는 좌파나 반동적 우파의 하향식 급진 행동은 종종 진보보다 오히려 더 큰 혼란을 불러온다.

20세기 말 철학자 이사야 벌린Isaiah Berlin은 자신만이 해답을 가지고 있다고 굳게 믿으며 규칙, 절차, 타협에 중점을 둔 자유주의를 받아들이지 못하는 사람의 위험성을 되돌아봤다. 이는 좌우를 막론하고 반자유주의 성향의 사람들에게 경종을 울리는 말이다.

만약 당신이 인간의 모든 문제에 해결책이 있다고 진정으로 확신하고 그것을 이루기 위해 필요한 일을 하기만 하면 얼마든지 도달 가능한 이상적 사회를 구상할 수 있다고 믿는다면, 당신과 당신의 추종자는 그러한 낙원의 문을 열기 위해서라면 어떠한 대가라도 치를 수 있다고 믿고 있는 것이 분명하다. 단지 어리석고 악의적인 자들만이 이 단순한 진리가 그들에게 제시될 때 저항할 것이다. 저항하는 사람들은 설득해야 하고, 설득할 수 없다면 그들을 제지하는 법을 통과시켜야 하며, 그래도 효과가 없다면 불가피하게 강압적 수단을 써야 할 것이다. 필요하다면 폭력, 테러, 학살까지도 불사해야 할 것이다. 우리는 어떤 일이든 경중을 따지고 그 효과를 가늠해야 한다. 그리고 협상하고 타협하여 어떤 형태의 삶이 그와 경쟁하는 다른 형태의 삶에 의해 짓밟히는 것을 막아야 한다. 나는 이런 방식이 이상주의적이고 열정적인 젊은 남녀가 앞에 내걸고 행진하기를 원하는 깃발이 아니라는 것을 너무나 잘 알고 있다. 그것은 너무 길들여지고, 너무 이성적이며, 너무 부르주아적으로 보여서 대중의 감정을 사로잡지 못하기 때문이다. 그러나 실제에서뿐 아니라 이론적으로도 원하는 모든 것을 다 가질 수 없음을 명심하기 바란다. 이를 부정하고, 인류에게 유일하고 진정한 이상이라는 이유로 모든 것을 아우르는 단 하나의 이상만을 추구한다면, 그 결과는 예외 없이 강압으로 귀결되고 만다. 그리고 그다음은 파괴와 유혈뿐이다. 달걀은 깨졌지만 오믈렛은 아직 보이지 않고, 깨질 준비가 된 무수한 달걀들 즉 희생될 인간의 생명만이 남게 된다. 결국 열성적 이상주의자는 오믈렛을 만들어야 한다는 생각은 잊어버린 채 계속 달걀을 깨기만 한다.[26]

극단주의가 일시적 만족감을 줄 수 있지만 점진적 개혁이야말로 지속적 변화를 가져오는 경우가 더 많다. 자유주의자는 시간이 자신들 편이며 그들의 반대편이 항상 악하거나 어리석지만은 않다는 사실을 이해할 수 있다면, 폭넓은 지지를 얻을 수 있고 더디지만 꾸준한 진전을 이룰 수 있을 것이다. 이러한 혼란을 억제하려는 사람들 입장에서도 자신들이 아무리 변화에 저항하더라도 단지 변화를 요구하는 사람의 좌절감을 병 속에 가두어 놓을 수 있을 뿐, 결국 변화의 압력은 혁명으로 분출되고야 만다는 사실을 기억해야 한다. 현재 상태를 전면적으로 보존하려 하기보다는 과거 영국 보수당의 선례를 따르는 것이 더 낫다. 그들은 '개혁하면 보존할 수 있다'는 신조에 따라 1832년 이후 대개혁법의 점진적 민주화 방식을 통해 평화를 이루어 냈다.[27] 19세기 후반 영국의 대표적 보수주의자 벤저민 디즈레일리도 새로운 노동 계급 유권자를 받아들였고, 그들의 정치적 지지를 구했으며, 종종 그들의 지지를 얻었다. 오늘날 보수주의자 대부분은 노동자, 노인, 여성, 소수자를 위한 기회와 혜택을 증진시키는 조치를 대부분 수용하고 옹호한다. 이러한 정책은 처음 제시되었을 당시에는 보수주의자가 격렬하게 반대했던 것이다.

바이든 대통령도 타협의 논리를 이해하고 있는 것 같다. 2016년처럼 또 다른 포퓰리즘적 국수주의가 폭발할 것을 두려워한 그는 종전의 신자유주의적 합의를 부분적으로나마 온건하게 순화시킨 형태의 포퓰리즘적 정책으로 전환해야 할 필요성을 인정했다. 그 일환으로 바이든은 새로운 무역 협정 체결을 반대하고, 미국 제조업에 보조금을 지원했으며, 멕시코-미국 국경의 극히 일부나마 장벽을 건설했다. 내가 보기에 그의 주장은 전체 자유주의 체제의 붕괴 위험을 감수하면서 버티는 것보다는 조금 양보하는 것이 더 낫다는 것이다. 이는 더 완벽한 통합을 향한 긴 여정의 시작이다.

남아 있는 가장 큰 과제는 그 여정에 도덕적 의미를 불어넣고, 한때 종교가 그랬던 것처럼 자부심과 목적의식을 부여하여 마음의 빈 구멍을 메우는 것이다. 영국과 미국 같은 곳에서 급격한 변화에도 불구하고 공산주의나 파시스트 혁명이 일어나지 않은 한 가지 이유는 종교, 전통, 공동체와 같은 사회의 오래된 요소가 변화의 폭풍 속에서 배가 전복되지 않도록 하는 평형수平衡水 역할을 했기 때문이다. 역사학자 거트루드 힘멜파브Gertrude Himmelfarb는 이를 급변하는 사회를 안정시킨 전통의 저수지, 즉 "빅토리아 시대의 도덕적 자본"이라고 불렀다.[28] 리콴유도 그 생각을 이해하고 지지했을 것이다. 그러나 경제 성장, 기술 발전, 도시화, 세속화, 인종 간 결혼 등이 모두 과거 사회를 붙잡아 주던 닻을 부식시키고 있다. 사회를 안정시킬 새로운 방식은 사람들이 표류하지 않도록 목표를 제시해 줘야 한다. 공동체는 자유주의 사상과 관행을 중심으로 형성될 필요가 있다. 예를 들어 오늘날 브뤼셀에서는 유럽연합이 영혼 없는 관료주의로 여겨지지만, 사실 그것은 수 세기 동안 서로 전쟁을 벌였던 국가가 이제 하나의 긴밀한 정치 공동체로 살아간다는 위대한 구상이 구체적으로 실현된 것이다. 싱어송라이터 보노Bono는

"유럽에 대한 이러한 구상은 노래로 만들어지고, 크고 밝은 파란색 깃발(유럽연합기旗_옮긴이)을 휘날릴 자격이 있다"라고 썼다.[29] 그리고 자유와 모든 사람에게 적용되는 개인의 권리, 종교의 자유, 민주주의 등 이 모든 자유주의 사상이 우리의 가슴을 자부심으로 채우고, 우리 삶에 의미를 부여하며, 우리는 모두 지구상에서 시간을 허비하는 '최후의 인간'이 아님을 깨닫게 해 줄 수 있어야 한다.

위대한 미술 사학자 케네스 클라크Kenneth Clarke는 그의 저서 《문명Civilization》에서 로마처럼 한때 세계를 지배했고, 기술적으로 진보했으며, 높은 문화 수준을 자랑했고, 경제적으로 번영했던 문명이 몰락하여 야만적 암흑기로 들어서게 된 이유에 천착했다. 그는 물질적 원인 외에도 정신적 원인이 있었다고 결론지었다. "문명을 죽이는 것은 무엇보다도 자신감의 결여 때문이다. 우리는 냉소주의와 환멸에 의해 폭탄만큼이나 효과적으로 우리 자신을 파괴할 수 있다." 현대 문명은 평범한 인간에게 그 어느 때보다 더 큰 자유, 부, 존엄성을 부여했다. 또 수십억 명의 사람에게 다양한 방식으로 힘을 실어 주었다. 만약 이 문명이 붕괴되어 새로운 암흑기가 도래한다면 그것은 우리의 좁은 안목, 내부의 반목 및 다툼, 사소한 경쟁으로 인해 우리가 인간의 마음과 정신을 해방시키고 현대 세계를 창조한 역사상 가장 위대한 전통의 계승자라는 사실을 망각했기 때문일 것이다. 그리고 인류의 가장 위대한 업적은 아직 나오지 않았다.

감사의 말

이 책의 계약서를 보고 나서 10년 전에 서명했다는 사실에 깜짝 놀랐다. 그동안 자유주의 교육에 관한 책과 코로나 팬데믹 이후의 세계에 관한 책 등 짧은 책 두 권을 쓰느라 이 책을 완성하는 데 시간이 좀 걸렸다. 그러나 원래 구상보다 주제가 더 광범위해지는 바람에 그에 대한 자료를 읽고 연구하고 생각하는 데 대부분의 시간을 보냈다. 브렉시트와 도널드 트럼프의 당선 이전에도 정치적 논의가 새로운 방향으로 나아가고 있다는 것이 분명했고, 나는 이러한 변화의 기저에 있는 더 깊은 요인을 밝혀내고 싶었다. (책의 원제는 《좌우를 넘어서Beyond Left and Right》였다.) 나는 시간이 지나면서 여러 국가가 어떻게 그리고 왜 다르게 발전하는지에 늘 관심이 많았다. 2003년 저서인 《자유의 미래: 국내외 반자유주의적 민주주의The Future of Freedom : Illiberal Democracy at Home and Abroad》에서는 포퓰리즘의 대두, 민주주의에 대한 위협, 그리고 현대화의 힘난한 도정道程을 분석했다. 그런데 그 후 20년 동안 이러한 추세는 더욱 암울해졌고 또 복잡하게 진행되었다.

이 방대한 여정에서 나는 뛰어난 동료의 도움을 받았다. 2019년 이래 조너선 에스티는 이 프로젝트에서 주 조사원으로서 역사적 사실 조사를 주도했고 원고 작업이 어느 정도 진행된 후에는 편집을 맡았다. 그는 현재 존스홉킨스 국제대학원 박사 과정에 재학 중이다. 예일대를 갓 졸업한 앤드루 소로타가 2022년에 바통을 이어받아 프로젝트의 철학적 방향을 더욱 정교하게 다듬고, 이 책이 완성되기까지 지치지 않고 원고 작업을 밀어붙였다.

조너선과 앤드루는 진정한 지적 파트너로서 초고를 비평하고 제안을 하면서 늘 책을 개선해 나갔다. 그들은 또 내가 수석 고문으로 재직 중인 혁신적 자선사업 단체인 벤처 '슈미트 퓨처스Schmidt Futures'의 다른 프로젝트에서도 나와 함께 일한 적이 있다. 이 단체는 에릭과 웬디 슈미트 부부가 설립한 곳이다.

책을 다듬는 마지막 단계에 CNN에서 내가 진행하는 프로그램의 프로듀서인 조나 베이더와 외교 전문지 《포린 어페어스》의 편집장이자 저명한 작가인 스튜어트 라이드 등 판단력과 지성을 갖춘 두 사람에게 원고 검토를 요청했다. 두 사람 모두 바쁜 일정 중에도 시간을 내어 원고를 검토하고 적절한 질문을 해서 원고의 논지를 강화해 주었다.

세계화와 정체성 정치에 관한 장을 위해 철저한 조사와 편집을 해 준 닉 코헨과 요하네스 랭에게 감사드린다. 나탈리 버스메이커는 원고 전체를 꼼꼼하고 철저하게 팩트 체크를 해 주었고, 앤드루 무어는 여러 아이디어에 훌륭한 피드백을 제공해 주었다. 이들 네 사람 역시 슈미트 퓨처스에서 근무하고 있다.

빅토리아 시에, 안나 밀러, 셀리나 쉬, 클레어 잘라, 카티아 조리치 등 여러 사람이 추가로 사실 확인과 퇴고 작업을 도와주었다. 또 이 책에 대해 생각하고 읽고 연구하는 10년 동안 저를 도와준 모든 분께 감사드린다. 존 쿡슨은 영국의 정치와 무역 정책에 대해 훌륭한 작업을 해 주었다. 게이번 기디언은 네덜란드와 영국의 역사를 깊이 천착했다. 스콧 리머는 민족주의 이론을 조사해 주었고, 애덤 아자브는 우파와 좌파의 기원에 대한 논의에 중요 정보를 제공해 준 프랑스의 고문서 기록 자료를 번역했다.

말할 필요도 없이 이분들 중 누구도 이 책에서 내가 범한 어떠한 실수나 잘못에 책임이 없으며, 내가 쓴 모든 내용에 동의한다고 상정할 의도가 없음을 밝혀 둔다.

드레이크 맥필리는 20년이 넘는 기간 동안 내가 다섯 권의 책을 내는 과정에서 편집자로 일해 왔으며, 이러한 작업에서 없어서는 안 될 인내심 있는 친구이자 철학자이자 안내자였다. 아쉽게도 이 책은 우리가 함께 작업한 마지막 책이 될 것이다. 드레이크가 수년 동안 사장과 대표직을 역임한 노턴출판사에서의 놀라운 경력을 뒤로 하고 퇴임할 예정이기 때문이다. 펭귄출판사의 전설적 편집자 스튜어트 프로핏이 다시 한 번 영국과 영연방 국가에서 이 책을 출판하는 데 동의했다. 그의 의견은 비판적일 때에도 늘 보물처럼 소중하다. 프로핏은 독자를 위해 책의 범주를 명확히 구분하는 부제를 붙여 달라는 분별 있는 조언을 해 주었다. 내 에이전트인 앤드루 와일리의 인내심은 놀라울 정도이다. (그는 이메일에 가장 빨리 응답한 사람으로 상을 탈 만하다.) 작업 과정 내내 순조롭게 일이 진행되도록 도와준 드레이크의 부편집장 캐롤라인 애덤스와 원고를 빠르게 잘 교정해 준 샬럿 켈치너에게 감사드린다.

  CNN 직원들에게도 감사의 말을 전하고 싶다. 멜라니 갤빈은 내 스케줄을 능숙하게 관리해 준다. 갤빈은 여러 일정을 동시에 진행하면서도 단 한 번도 문제가 생긴 적이 없었다. 제니퍼 다간은 미디어 출연 섭외를 도와주고, 크리스 굿은 뉴스레터와 소셜 미디어 계정을 관리한다. 톰 골드스톤은 신뢰할 수 있는 파트너이자 친구로서, 제시카 거터리지의 도움을 받아 매주 프로그램을 진행한다. 댄 로건은 나의 다큐멘터리 부서를 훌륭하게 이끌고 있다. 이들은 최고 수준의 프로그램을 만들기 위해 매일 나와 협력하는 최고 수준의 프로듀서, 제작 보조, 인턴으로 구성된 팀을 감독한다. 또한 CNN의 여러 편집자와 제작진, 기술 스태프, 메이크업 아티스트 등이 없었다면 이 프로그램은 불가능했을 것이다. 일일이 이름을 거론하기에는 너무 길지만 이분들이 매일 하는 일에 깊이 감사드린다. 내 조사 보조원인 클레어 잘라와 매주 내 칼럼이 실릴 수 있도록 해 주는 《워싱턴포스트》의 데이비드 시플리와 마이크 래러비, 크리스티언 캐릴, 그리고 나머지 오피니언 팀원에게도 진심으로 감사드린다.

  이와 같은 집약적 프로젝트를 진행하다 보면 가족과 친구에게 많은 부담을 지우게 된다. 슈미트 퓨처스를 통해 이 책이 나올 수 있도록 연구비를 지원했을 뿐 아니라, 수년 동안 훌륭한 친구이자 사려 깊은 대화 상대가 되어 준 에릭 슈미트에게 특별한 감사를 전하고 싶다. 내 아이들 오마르와 라일라, 소피아, 전처 폴라, 형제 아샤드와 만수르, 여동생 타스님, 그리고 그들의 배우자인 앤과 레이첼, 비크람에게도 고마움을 전한다.

    나는 이 책을 인도와 미국에서, 고등학교에서 대학에 이르기까지 인생을 살아가면서 멘토가 되어 준 모든 분께 바친다. 나는 대학원을 졸업한 후 직장 생활을 시작했다. 나는 운이 모든 사람의 성공에 큰 역할을 한다고 굳게 믿지만, 시간과 노력을 들여 가르치고 안내하며 성장할 수 있는 기회를 주는 사람이 있다는 것도 운의 일부라고 생각한다. 이 모든 분이 없었다면 나는 지금 자리에 있지 못했을 것이다.

옮긴이 말

오늘날 전 세계적으로 많은 사람이 이념적 정체성 혼란을 겪고 있다. 최근 들어 좌파와 우파, 민주주의와 권위주의, 자본주의와 사회주의 등 기존의 질서와 체제를 규정하던 이념적 경계가 흐릿해지는 가운데 복고적 민족주의와 부족주의, 정치적 올바름Politically Correctness이라는 PC주의와 포퓰리즘(대중적 인기 영합주의) 등 과거와는 차원이 다른 새로운 정치적 행태 또는 성향이 각국의 정치 지형을 좌우하고 있기 때문이다.

세계 민주주의 본산이라 할 미국에서도 민주 질서를 부정한 도널드 트럼프가 두 번째로 대통령에 당선되었는가 하면, 러시아의 독재자 블라디미르 푸틴이 러시아 민족주의를 앞세워 우크라이나를 무력으로 침공함으로써 국제 질서를 제국주의적 영토 전쟁의 시대로 되돌리려 하고 있다. 또 중국의 시진핑은 대내적으로는 공산당 독재 체제를 강화하면서 대외적으로는 중화 민족주의를 내세운 패권적 야욕을 노골적으로 드러내고 있다. 인도, 튀르키예, 헝가리, 베네수엘라, 필리핀 등 제도적 민주주의를 표방하는 나라들에서도 민주주의를 위협하는 반자유주의적 권위주의와 포퓰리즘이 득세하고 있다. 우리나라에서도 자유 민주주의적 헌정 질서를 위태롭게 하는 극단적 진영 논리가 횡행하고 있다.

왜 이런 일이 벌어지는가. 세계는 과연 어디로 가고 있는가. 인터넷을 통한 정보의 홍수 속에 가짜 뉴스가 판치고, 정치인의 감언이설과 선동적 언사가 여과 없이 무차별로 확산되는 가운데 무력한 개인은 도대체 갈피를 잡을 수 없다. 무언가 엄청난 변화가 일어나고 있는 것은 분명한데, 그 변화의 방향과 종착점을 가늠하기도 어렵거니와 그 과정에서 터져 나오는 온갖 주장의 선악과 진위를 가리기조차 쉽지 않다. 과거의 관습과 질서는 해체되고 있으나 이를 대체할 새로운 신념 체계는 정착되지 못한 혼돈의 상황이 벌어지고 있다. 이 책은 이러한 혼돈을 초래한 원인을 규명하고, 가능한 대안을 모색해 보자는 취지에서 출발했다.

저자는 혼돈의 원인을 찾는 작업을 '혁명Revolution'의 어원을 밝히는 데서 시작한다. 오늘날의 혼돈이 다양한 혁명적 변화에서 비롯되었다고 보기 때문이다. '되돌리다'는 뜻의 라틴어 '레볼베르revolvere'에서 유래한 레볼루션이라는 단어는 고정된 축을 중심으로 그 주위를 도는 물체의 지속적 움직임을 뜻하는 '회전'이라는 의미와 더불어 사회의 급진적이고 근본적 변화, 체제 전복 등을 뜻하는 '혁명'이라는 의미를 모두 담고 있다.

오늘날 레볼루션이란 단어는 일반적으로 두 번째 정의인 '혁명'의 의미로 쓰인다. 저자 역시 사방에서 벌어지고 있는 극적이고도 급진적 변화를 염두에 두고 이 책의 원제를《혁명의 시대 Age of Revolutions》로 삼았다. 국제 체제는 냉전 종식 이후 미국 중심의 일극 체제에서 떠오르는 중국과 실지 회복을 노리는 러시아의 도전으로 빠르게 변화하고 있고, 각국의 정치 질서는 기존의 좌우 구도를 넘어서는 새로운 정치 지형을 형성하기 시작했다. 개방된 시장과 자유 무역을 기조로 하던 국제 경제 질서는 코로나 팬데믹 이후 보호주의로 급격히 회귀하고 있다. 디지털 혁명과 인공지능의 등장으로 정보의 유통과 지식의 확산이 유례없는 속도로 전개되면서 계층 간 불평등과 개인의 고립화도 빠르게 진행되고 있다. 이 모든 현상은 과거에는 볼 수 없었던 혁명적 변화가 아닐 수 없다.

저자는 이러한 혁명적 변화의 이면에는 레볼루션의 또 다른 의미인 '회전' 또는 '되돌림'의 역학이 작용한다고 분석한다. 즉 급격한 변화는 안정적이고 평화롭던 '좋았던 시절'에 대한 향수와 동경을 불러일으키고, 변화에 뒤처지거나 변화로 인해 불이익을 당했다고 생각하는 계층 또는 집단의 반발을 부른다는 것이다. 과거 영국에서 산업 혁명에 맞선 반발이 러다이트 운동(기계 파괴 운동)을 일으켰고, 작금에 미국에선 과도한 PC주의와 세계화에 대한 반발이 '미국을 다시 위대하게'라며 마가 Make America Great Again(MAGA)를 내세운 트럼프의 재집권을 가능케 했다.

저자는 오늘날 벌어지는 혁명적 변화의 원인을 규명하고, 앞으로의 전개 방향을 가늠하기 위해 두 단계의 분석 방식을 동원한다. 첫 번째 단계는 역사적으로 이전의 혁명적 시대에 관해 그 기원과 전개 과정, 여파를 살펴보는 것이다. 이 책 1부에서 다루는 네덜란드 혁명, 영국의 명예혁명, 프랑스 혁명, 산업 혁명, 미국 혁명 등에 관한 종적 분석이다. 두 번째 단계는 현재 진행되는 주요 변화 양상을 분야별로 살펴보는 것이다. 이 책 2부에서 다루는 세계화 혁명, 정보 혁명(디지털 혁명), 정체성 혁명, 지정학적 혁명 등의 횡단면적 분석이 여기에 해당한다.

오늘날 세계가 직면하고 있는 혼돈의 원인을 다양한 형태로 진행되는 급격한 변화에서 찾고, 이 변화를 모두 혁명으로 규정하고 논의를 전개하는 방식에 일부 독자는 불편함을 느낄지도 모르겠다. 특히 1부에서는 16세기 네덜란드 혁명에서 시작된 근대 서구의 정치 혁명사를 소상하게 서술한 뒤, 2부에서는 현재 진행되는 분야별 변화를 동일한 혁명의 범주에 포함해 분석한 책의 구성이 독자를 혼란스럽게 만들 여지가 있는 것도 사실이다. 이는 세계 곳곳에서 벌어지는 급격한 변화를 강조하려고 혁명이라는 범주로 유형화하고, 혁명을 분석의 기본 틀로 삼아 논의를 전개한 결과로 보인다. 즉 이 책에서는 혁명의 정의를 정치적 체제 변혁에 국한하지 않고, 사회를 근본적이고 구조적으로 바꾸는 급격한 변화를 모두 혁명으로 간주한다. 서구의 정치 혁명 역사와 오늘날의 분야별 변화를 같은 층위로 놓고 비교하는 방식이 불편하거나 동의하기 어렵다면 1부와 2부를 분리해서 읽는 것도 한 가지 방법이다. 1부와 2부는 각기 자기 완결성을 갖춘 독립적 저작물로 간주해도 무방하다.

저자는 이러한 분석을 통해 모든 혁명의 발생과 전개 과정에는 일정한 패턴이 있다고 주장한다. 기술이 발전하고 그로 인해 경제 활동의 방식이 변화하면 사회 전반에 광범위한 구조 변화가 일어난다. 이는 사회 구성원의 정체성 변화로 나타나고 이러한 변화의 압력이 정치 시스템의 변경을 촉발한다는 것이다. 기술, 경제 구조, 정체성 변화 등 세 가지 요소가 혁명의 동인動因이자 혁명의 경로를 좌우하는 핵심이라는 말이다. 여기에는 당연히 반발과 역풍이 뒤따르기 마련이다. 이를 점진적으로 원만하게 수용하면서 대처하면 개혁과 진보로 이어지고, 그러지 못하면 탄압과 반란이라는 폭력적 혼란이 일어난다. 말하자면 완만하고 절충적 변화를 꾀하는 온건한 혁명은 성공하는 반면에 특정 이념에 경도되어 급진적 변혁을 추구하는 위로부터의 과격한 혁명은 실패로 끝난다는 게 저자의 결론이다.

문제는 모든 혁명이 역사의 진보와 문명의 발전에 긍정적이라는 보장이 없다는 점이다. 레볼루션이라는 단어가 가지는 중의성重義性에서 드러나듯이, 진보와 발전을 향한 급격한 변화를 추구하는 혁명이 있는가 하면, 퇴행과 복고를 지향하는 과거 회귀적 혁명도 있다. 저자는 이 두 가지 판이한 성격을 가지는 혁명을 구분하는 기준을 자유주의에서 찾는다. 즉 전자는 자유주의적 혁명이고 후자는 반反자유주의적 혁명이다. 자유주의적 혁명은 진보와 발전을 가져오지만 반자유주의적 혁명은 퇴행과 억압을 부른다. 이 기준에 따르면 트럼프는 스스로를 미국을 위대한 국가로 변화시키려 하는 혁명가revolutionary라고 생각하지만, 실은 미국을 1950년대의 황금시대로 되돌리고 싶어 하는 반자유주의자이다.

그렇다면 저자가 내세우는 자유주의란 과연 무엇인가. 저자는 자유주의liberalism를 '일반적으로 개인의 권리와 자율성, 표현의 자유와 종교의 자유, 개방적 무역과 시장 경제, 법 앞의 평등과 법치 질서 내에서의 국제 협력 등을 포괄하는 개념'이라고 규정한다. 이런 의미에서 자유주의는 오늘날 미국에서 좌파 또는 진보적 성향의 뜻으로 쓰이는 리버럴liberal이라는 말과는 거리가 있다. 이를 구분하려고 이 책에서는 의도적으로 고전적 자유주의classical liberalism라는 용어를 쓰기도 한다. 저자는 다양한 형태의 혁명을 서술하면서 가치 중립적인 관찰자에 머물지 않고 자유주의적 가치를 기준으로 혁명을 평가한다. 자유주의적 가치가 개인의 자유와 자율성을 증대시켜서 기술 혁신, 경제 성장, 문화적 개방성을 가져왔고 그 결과 대다수 사람의 삶의 질을 향상시켰다고 믿기 때문이다.

오늘날 세계 각지에서 권위주의적 독재나 극단적 진영 논리, 무분별한 포퓰리즘이 횡행하게 된 것도 자유주의의 퇴조와 무관하지 않다. 온갖 혁명적 변화의 소용돌이 속에서 불거진 불만과 반발을 자양분 삼아 반자유주의적 정치 세력이 득세하게 된 것이다. 급격한 변화는 기존 질서와 관행을 해체하고, 사회의 불안과 이념적 공허감을 불러일으키며, 심하게는 집단적 공포로 이어진다. 자유주의적 대의에 대한 확신과 공동체에 대한 신뢰가 무너진 틈을 타고 과거를 그리워하고 복고적 감성을 앞세운 포퓰리즘, 민족주의, 권위주의가 파고든다. 시진핑과 푸틴은 중화주의의 부활과 대러시아의 수복을 내세우며 세계 질서를 뒤흔들고, 도널드 트럼프와 영국의 브렉시트파는 자국 우선주의를 표방하며 세계와 단절된 보호주의와 고립주의로 회귀하려 한다. 헝가리의 빅토르 오르반, 브라질의 전 대통령 자이르 보우소나루, 인도의 나렌드라 모디 등도 복고적이고 국수적인 전통 가치를 강조하면서 자유주의적 보편 가치를 공공연히 훼손한다. 이들 포퓰리스트에게 공통적으로 나타나는 특징은 표현의 자유와 국가 기관의 독립성 같은 자유주의적 규범과 관행을 무시하고 과거의 권위주의적 통치 행태를 보인다는 점이다.

더 심각한 문제는 해당 나라의 대중이 선동적 포퓰리즘에 포섭되어 민주적 제도와 절차를 통해 '자발적으로' 이들 반자유주의적 지도자를 선택했다는 사실이다. 영국인은 국민투표로 유럽연합(EU) 탈퇴를 결정했으며, 미국인은 트럼프를 압도적 지지로 다시 대통령으로 뽑았다. 중국과 러시아는 차치하더라도 헝가리, 브라질, 튀르키예, 필리핀, 인도 등 외견상 민주주의를 표방하는 국가에서도 국민이 선거라는 민주적 절차를 통해 기꺼이 반자유주의적 인물을 지도자로 선출했다. 멀게는 독일에서 아돌프 히틀러라는 희대의 독재자가 선거에서 국민의 압도적 지지로 집권한 사례가 있지만 냉전 종식 이후 확산되던 자유주의적 질서가 퇴조하기 시작한 것은 비교적 최근 현상이다. 저자는 이를 '반자유주의적 민주주의illiberal democracy'로 규정한다. 혁명적 변화가 불러온 불안과 반발이 자유 민주주의liberal democracy의 위기로 이어지고 있다는 말이다. 자유 민주주의를 헌법의 기본 질서로 삼는 우리나라에서도 반자유주의적 세력이 득세할 조짐을 보이고 있다. (자유주의의 대척점에 있는 개념인 'illiberalism'이란 영어 단어를 직역하면 '비非자유주의'이지만 역자는 자유주의에 역행한다는 의미에서 '반反자유주의'로 번역했다.)

이러한 자유주의의 위기를 어떻게 헤쳐 나갈 것인가. 저자가 제시하는 대안은 급변하는 세상에서 개인이 느끼는 불안과 상실을 덜어 줄 수 있도록 변화 속도를 조절하고, 불평등을 완화하는 정책을 추진하며, 지역 공동체를 강화함으로써 국민으로서의 동질감을 회복하자는 것이다. 이러한 대안이 어쩌면 지나치게 소박하고 한가하게 들릴 수도 있다. 이미 극단적 포퓰리즘에 노출된 대중을 설득하기에는 너무 원론적이고 미시적 대책이기 때문이다.

결국 저자는 사회가 극단적인 반자유주의적 포퓰리즘의 폐해를 깨닫고, 자유 민주주의 질서를 회복하는 것 외에는 달리 길이 없다고 본다. 그러면서 자유주의자가 변화의 불가피성을 수용하고 점진적 개혁으로 불만과 반발을 완화해 나간다면 대중의 폭넓은 지지를 얻고 더디지만 꾸준한 진전을 이룰 수 있을 것으로 기대한다. 그러나 자유주의의 위기는 이미 현실화되었고, 반자유주의의 폐해는 쌓이기 시작했다. 새로운 가치 체계와 질서를 세우기에는 시간이 걸릴 수밖에 없다. 어쩌면 자유주의 질서를 회복하기도 전에 인류 문명이 퇴보할지도 모른다. 저자는 책 말미에 사회의 전통적인 공동체 의식이 변화의 폭풍 속에서 배가 전복되지 않도록 하는 평형수平衡水 역할을 한다고 썼다. 그리고 만일 사회를 지탱하는 공동체 의식마저 상실한다면 인류의 번영을 가져다준 현대 문명이 붕괴하여 새로운 암흑기가 도래할 수도 있다고 경고한다.

이 책은 도널드 트럼프가 미국 대선에서 재집권하기 전에 집필되었다. 트럼프 같은 반자유주의적 지도자가 등장하게 된 배경을 설명하고 그 위험성을 경고하려는 의도가 깔려 있다. 그러나 저자의 경고에도 불구하고 트럼프는 미국 국민의 압도적 지지로 재선되었고, 예상했던 대로 취임 직후부터 과격한 반자유주의적 정책을 쏟아 냈다. 이제 미국 국민은 자신들의 선택이 과연 옳은 결정이었는지를 재고하기 시작한 것으로 보인다. 이 시점에 저자가 이 책을 통해 일관되게 주장하는 메시지를 되새겨 보면 좋을 듯하다. 혁명 즉 모든 급격한 변화에는 반발과 역풍이 뒤따르기 마련이고, 이를 잘 관리하지 못하는 혁명 또는 혁명적 변화는 실패한다는 것이다.

주

들어가는 말·다양한 형태의 혁명들

1. Emily Herbert, *Robin Williams: When the Laughter Stops 1951–2014* (London: Blake, 2014), "Twenty Great Robin Williams' Jokes."
2. 1996년 후보로 지명된 밥 돌Bob Dole은 2016년 92세의 나이에 트럼프를 지지한 유일한 예외이다.
3. 토니 블레어Tony Blair의 TUC 연설 전문은 *Guardian*, September 12, 2006 참조.
4. *Merriam Webster Online*, s.v., "Revolution."
5. Howard W. French, "The History of Tough Talk on China," *Wall Street Journal*, December 10, 2016.
6. Laura Paisley, "Political Polarization at Its Worst since the Civil War," *USC Today*, November 8, 2016; and Rachel Kleinfeld, "Polarization, Democracy, and Political Violence in the United States: What the Research Says," Carnegie Endowment for International Peace, September 5, 2023 참조.
7. George F. Will, "The End of Our Holiday from History," *Washington Post*, September 12, 2001.
8. Alfred, Lord Tennyson, "Morte d'Arthur," Poetry Foundation.
9. Louis-Henry-Charles de Gauville, *Journal du Baron de Gauville, député de l'ordre de la noblesse, aux Etats-généraux depuis le 4 mars 1789 jusqu'au 1er juillet 1790* (Paris: Gay, 1864), 20.

10 Timothy Tackett, *Becoming a Revolutionary: The Deputies of the French National Assembly and the Emergence of a Revolutionary Culture (1789–1790)* (University Park: Pennsylvania State University Press, 2006), 201, quoted in John Richard Cookson, "How French Racehorses Are to Blame for U.S. Partisan Politics," *National Interest*, July 7, 2016.

1 최초의 자유주의 혁명, 네덜란드

1   토머스 케이힐Thomas Cahill의 그리스인, 유대인, 아일랜드인에 관한 저서와 아서 허먼Arthur Herman의 *How the Scots Invented the Modern World: The True Story of How Western Europe's Poorest Nation Created Our World & Everything in It* (New York: Three Rivers, 2001) 참조.

2   Jonathan I. Israel, *The Dutch Republic: Its Rise, Greatness, and Fall; 1477–1806*, The Oxford History of Early Modern Europe (Oxford: Clarendon, 1998); and Simon Schama, *The Embarrassment of Riches: An Interpretation of Dutch Culture in the Golden Age*, 1st ed. (New York: Knopf, 1987) 참조.

3   Angus Maddison, *Dynamic Forces in Capitalist Development* (Oxford: Oxford University Press, 1991), 30.

4   Wantje Fritschy, *Public Finance of the Dutch Republic in Comparative Perspective* (Leiden: Brill Academic, 2017).

5   "Murano Glass," *Scholarly Community Encyclopedia*, citing David J. Shotwell, *Glass A to Z* (Iola, WI: Krause, 2002), 586–87 참조.

6   Geoffrey Parker, *The Military Revolution: Military Innovation and the Rise of the West, 1500–1800*, 2nd ed. (Cambridge: Cambridge University Press, 1996).

7   이 이야기는 제러드 다이아몬드Jared M. Diamond의 《총, 균, 쇠Guns, Germs, and Steel: 인간 사회의 운명》(뉴욕: W. W. Norton, 1999)에 잘 설명되어 있다. 경제 사학자 브래드 드롱Brad DeLong은 최근 다이아몬드가 한 설명의 장점과 한계를 둘러싼 논쟁을 평가하면서 '총, 균, 쇠, 석탄, 노예 제도, 해상 제국, 반도, 산맥, 강우량, 우연이 서구의 지배를 더 잘 설명할 수 있는 핵심 변수라고 제시했다. Brad DeLong, "Guns, Germs, Steel, Coal, Slavery, Sea-borne Empires, Peninsulas, Mountain Ranges, Rainfall, & Chance: Jared Diamond's 'Guns, Germs, & Steel' After Twenty-Five

Years," *Brad DeLong's Grasping Reality*와 William H. McNeill, *Plagues and Peoples* (New York: Anchor, 2010) 참조.

8   Johan A. W. Nicolay, "Terp Excavation in the Netherlands," *Encyclopedia of Global Archaeology* (2014): 7271–73.

9   Jan de Vries, "On the Modernity of the Dutch Republic," *Journal of Economic History* 33, no. 1 (1973): 191–202.

10 Jan Luiten van Zanden, *The Long Road to the Industrial Revolution: The European Economy in a Global Perspective, 1000–1800* (Leiden: Brill Academic, 2009), 98–100.

11 Russell Shorto, *Amsterdam: A History of the World's Most Liberal City* (New York: Vintage, 2014), 178.

12 Letter from Richard Clough to Thomas Gresham, Antwerp Wednesday 21 August 1566, from *Relations politiques des Pays-Bas et de L'Angleterre sous le règne de Philippe II*, 4th ed. J.M.B.C. Kervyn de Lettenhove (1885) 337–39; 341–44.

13 Nicholas Sander, "A Treatise of the Images of Christ and of His Saints, 1566," collected in Robert S. Miola, *Early Modern Catholicism: An Anthology of Primary Sources* (Oxford; New York: Oxford University Press, 2007), 59.

14 외견상 대체로 그렇다는 뜻이다. 네덜란드는 해외에 제국을 건설하는 과정에서 억압적이고 잔인한 방식으로 수십만 명의 노예 노동자를 징집하여 인도네시아 등지의 농장에서 일하게 했다. 그러나 당시 다른 주요 국가와 비교했을 때 네덜란드의 국내 통치 방식이 내가 설명한 대로 독특했던 것은 사실이다.

15 Oscar Gelderblom, "The Golden Age of the Dutch Republic," in *The Invention of Enterprise*, ed. David S. Landes, Joel Mokyr, and William J. Baumol (Princeton, NJ: Princeton University Press, 2010), 161.

16 Jan Lucassen and Richard W. Unger, "Shipping, Productivity and Economic Growth," in *Shipping and Economic Growth 1350–1850*, ed. Richard W. Unger (Leiden: Brill Academic, 2011), 7:31.

17 Tim Blanning, *The Pursuit of Glory: The Five Revolutions that Made Modern Europe, 1648–1815* (New York: Penguin, 2008), 188.

18 Blanning, *Pursuit of Glory*, 96.

19 Robert K. Massie, *Peter the Great: His Life and World* (New York: Wings, 1991), 180–86.

20 Blanning, *Pursuit of Glory*, 98.
21 Blanning, *Pursuit of Glory*, 98.
22 Sir William Temple, *Observations upon the United Provinces of the Netherlands* (London: Edward Gellibrand, 1676), 99–100, quoted in Marjolein 't Hart, "Cities and Statemaking in the Dutch Republic, 1580–1680," *Theory and Society* 18, no. 5 (1989): 663–87.
23 Matías Cabello, *The Counter-Reformation, Science, and Long-Term Growth: A Black Legend?*, 미출판.
24 Oscar Gelderblom, "The Golden Age of the Dutch Republic," in *The Invention of Enterprise*, ed. David S. Landes, Joel Mokyr, and William J. Baumol (Princeton, NJ: Princeton University Press, 2010).
25 Alexandra M. De Pleijt and Jan Luiten Van Zanden, "Accounting for the 'Little Divergence': What Drove Economic Growth in Preindustrial Europe, 1300–1800?," *European Review of Economic History* 20, no. 4 (2016).
26 Kees Klein Goldewijk, "Three Centuries of Global Population Growth: A Spatial Referenced Population (Density) Database for 1700–2000," *Population and Environment* 26, no. 4 (2005): 343–67, 356.
27 Paul Kennedy, *The Rise and Fall of the Great Powers: Economic Change and Military Conflict from 1500 to 2000* (New York: Random House, 1987), 69.
28 Liam Brunt and Cecilia García-Peñalosa, "Urbanisation and the onset of modern economic growth," *Economic Journal* 132, no. 642 (2022).
29 Israel, *Dutch Republic*, 681.
30 Oscar Gelderblom, "The Golden Age of the Dutch Republic," in *The Invention of Enterprise*, ed. David S. Landes, Joel Mokyr, and William J. Baumol (Princeton, NJ: Princeton University Press, 2010), 159.
31 Karel Davids, "Openness or Secrecy? Industrial Espionage in the Dutch Republic," *Journal of European Economic History* 24, no. 2 (1995).
32 James D. Tracy, *The Founding of the Dutch Republic: War, Finance, and Politics in Holland 1572–1588* (Oxford: Oxford University Press, 2008), 312.
33 Israel, *Dutch Republic*, 2.
34 Israel, *Dutch Republic*, 2.

35 Shorto, *Amsterdam*, 274.
36 Israel, *Dutch Republic*, 612, 633.
37 Philip Mansel, *Louis XIV: King of the World* (Chicago: University of Chicago Press, 2020), 562–63.

2 온건했으나 진정으로 혁명적인 명예혁명, 영국

1 Thomas Babington Macaulay, *History of England from the Accession of James II* (1848), Volume 2, Chapter 10.
2 Walter Scheidel, *Escape from Rome: The Failure of Empire and the Road to Prosperity* (Princeton, NJ: Princeton University Press, 2019), 363.
3 J. K. 롤링J. K. Rowling의 마법의회 위젠가모트Wizengamot와 혼동하면 안 된다.
4 Scheidel, *Escape from Rome*, 365.
5 James W. Wood et al., "The Temporal Dynamics of the Fourteenth Century Black Death," *Human Biology* (2003), cited in Sharon N. DeWitte, "Age Patterns of Mortality During the Black Death in London, A.D. 1349–1350," *Journal of Archaeological Science* 37, no. 12 (December 2010).
6 그 중에서도 특히 다음을 참조. Guillaume Vandenbroucke, "From Ye Olde Stagnation to Modern Growth in England," *Economic Synopses*, no. 3 (2023); Mark Bailey, "Society, economy and the law in fourteenth-century England," University of Oxford; Gregory Clark, "Microbes and Markets: Was the Black Death an economic revolution?" *Journal of Demographic Economics* 82, no. 2 (2016): 139–65.
7 Deirdre N. McCloskey, "Bourgeois Virtues?," *Prudentia*, May 18, 2006. 부르주아의 덕목에 관한 더 많은 정보는 다음을 참조. Deirdre N. McCloskey, *The Bourgeois Virtues: Ethics for an Age of Commerce* (Chicago: University of Chicago Press, 2007).
8 Barrington Moore, *Social Origins of Dictatorship and Democracy: Lord and Peasant in the Making of the Modern World* (Boston: Beacon, 1993), 30.
9 Eric Hobsbawm, *The Age of Revolution* (New York: Vintage, 1996), 51.
10 Patrick Wallis, Justin Colson, and David Chilosi, "Structural Change and Economic Growth in the British Economy before the Industrial Revolution, 1500–1800,"

Journal of Economic History 78, no. 3 (2018): 27.

11   Christopher Brooks, "The English Civil War and the Glorious Revolution," in *Western Civilization: A Concise History* (Portland: Portland Community College, 2019).

12   "전쟁이 끝날 때까지 약 6만 2000명의 군인이 사망했고, 아마도 10만 명 이상이 전쟁과 관련된 질병으로 사망했다.": Jonathan Healey, *The Blazing World: A New History of Revolutionary England, 1603–1689* (New York: Knopf, 2023), 203.

13   그의 아들 찰스 2세는 이러한 계획을 계속 이어 나갔을 것이다. 새뮤얼 페피스 Samuel Pepys의 일기에는 "나는…프랑스 왕과의 연합에 일정 금액의 돈을 투입하려고 한다. 이 돈이면 국왕이 의회를 필요로 하지 않도록 도울 수 있을 것이다. 1669년 4월 28일 수요일"이라고 기록되어 있다. *The Diary of Samuel Pepys*.

14   "September 1642: Order for Stage-plays to Cease," in *Acts and Ordinances of the Interregnum, 1642–1660*, ed. C. H. Firth and R. S. Rait (London: His Majesty's Stationery Office, 1911), 26–27. British History Online.

15   "Overview of the Civil War," UK Parliament.

16   Howard Nenner, "Regicides," *Oxford Dictionary of National Biography*, September 23, 2004.

17   팸플릿 전문은 다음과 같다. "네덜란드 남성의 혈통Pedigree: 또는 족보relation, 그들이 처음 어떻게 사육되었으며, 버터 상자에 담긴 말똥처럼 더럽고 비천한 조상의 후손이 되었는지를 보여 줌.… 런던: 1653년 인쇄됨. 콘힐의 성 미카엘 교회 문에서 판매됨."

18   "Friday 19 July 1667," *The Diary of Samuel Pepys*.

19   "Monday 29 July, 1667," *The Diary of Samuel Pepys*.

20   Steve Pincus, *1688: The First Modern Revolution* (New Haven, CT: Yale University Press, 2011), 233–34.

21   1702년 빌렘 3세가 사망한 후 네덜란드는 한동안 총독 없이 지내기로 결정하고 네덜란드의 공화제 정부 형태를 공고히 했다. 공화정은 프랑스 혁명 전쟁으로 붕괴되기 전까지 한 세기를 더 지속했다. 1815년 빈 회의에서 네덜란드는 오라녀 가문이 공식적으로 네덜란드 군주가 되면서 왕국으로 다시 태어났고, 오늘날까지도 그 지위를 유지하고 있다.

22   Pincus, *1688: The First Modern Revolution*, 94.

23   아마도 영국은 대런 애스모글루Daron Acemoglu와 제임스 A. 로빈슨James A. Robinson

같은 학자가 "좁은 통로the Narrow Corridor"라고 부르는 폭정과 무정부 상태 사이의 길에 영구적으로 머무는 인류 역사상 최초의 사회가 되었을지 모른다. 참조: Daron Acemoglu and James A. Robinson, *The Narrow Corridor: States, Societies, and the Fate of Liberty* (New York: Penguin, 2019).

24　Douglass C. North and Barry R. Weingast. "Constitutions and Commitment: The Evolution of Institutions Governing Public Choice in Seventeenth-Century England," *Journal of Economic History* 49, no. 4 (1989): 803–32.

25　John Brewer, *The Sinews of Power: War, Money and the English State, 1688–1783* (Cambridge, MA: Harvard University Press, 1990), 154–55.

26　종교적 관용에 대한 자세한 내용은 다음을 참조. Mark Koyama and Noel D. Johnson, *Persecution and Toleration: The Long Road to Religious Freedom* (New York: Cambridge University Press, 2019).

27　Israel, *Dutch Republic*, 630.

28　Mansel, *King of the World*, 318.

29　"Huguenots and the World of Finance: Part One," *Huguenot Society*, April 25, 2022.

30　Karel Davids, *The Rise and Decline of Dutch Technological Leadership* (Leiden: Brill, 2008), 153–54.

31　Israel, *Dutch Republic*, 1014.

32　메인Maine의 발상은 우리에게 현대 세계를 가져다준 '네 가지 R'에 대한 경제학자 디어드리 맥클로스키Deirdre McCloskey의 이론으로 확장되었다. 독서reading, 개혁reformation, 봉기revolt(네덜란드), 혁명revolution(1688년 영국) 등 네 가지 'R'은 17세기 후반 영국에서 다섯 번째이자 궁극적으로 결정적 'R'인 부르주아에 대한 재평가revaluation 즉 'R'에 의해 유발된 보통 사람에 대한 평등주의적 재평가'로 절정에 이른다. Scheidel, *Escape from Rome*: 489에서 인용.

33　Sidney W. Mintz, quoted in Jan de Vries, *Industrious Revolution* (New York: Cambridge University Press, 2008), 31.

34　"Daily supply of calories per person," 1800, Our World in Data, citing S. Broadberry, B. Campbell, A. Klein, M. Overton, and B. Van Leeuwen. (2015). British Economic Growth, 1270–1870. Cambridge: Cambridge University Press and Table 1.2 from Fogel, R. W. (2004). The escape from hunger and premature death, 1700–2100: Europe, America, and the Third World (Vol. 38). Cambridge University Press.

35 Daniel Defoe, *The Complete English Tradesman* (1726), chapter 22, quoted in Robert C. Allen, *British Industrial Revolution in Global Perspective* (New York: Cambridge University Press, 2009), 25.
36 Scheidel, *Escape from Rome*, 382.
37 Scheidel, *Escape from Rome*, 369.
38 Hobsbawm, *Age of Revolution*, 106.
39 가장 유명한 휘그 사관 역사가인 매콜리 경Lord Macaulay은 1848년 출간한 그의 저서 《영국의 역사 History of England》에서 "지난 160년 동안 우리나라 역사는 물리적 도덕적 지적으로 대단히 발전한 역사"라고 선언하며 시작했다.

3 분열과 혼란을 남긴 혁명, 프랑스

1 Herbert Butterfield, *Christianity and History* (New York: Scribner, 1949), 11.
2 네덜란드는 합스부르크 왕가에 맞서 80년 전쟁을 치렀고 국내에서도 쿠데타가 여러 차례 일어났지만, 당시 유럽 표준보다는 훨씬 덜 폭력적인 정치 질서를 만들어냈다. 1688년 영국의 명예혁명은 유혈 사태가 현저히 적었지만 그에 앞선 1642-1651년의 영국 내전 English Civil War에서는 훨씬 더 많은 유혈 사태가 있었다.
3 Mansel, *King of the World*, 634.
4 Robert Darnton, *The Revolutionary Temper: Paris, 1748–1789* (New York: W. W. Norton, 2023).
5 Simon Schama, *Citizens: A Chronicle of the French Revolution* (New York: Knopf, 1990), 1028.
6 Schama, *Citizens*, 1031.
7 "The Proclamation of the Duke of Brunswick, 1792," in *Readings in European History*, ed. J. H. Robinson (Boston: Ginn, 1906), 2: 443-45.
8 Malcolm Crook, *Elections in the French Revolution: An Apprenticeship in Democracy, 1789–1799* (Cambridge: Cambridge University Press, 2002), 85. 크룩은 유권자가 납세자여야 한다는 요건이 삭제되었지만, 1792년에도 집안 하인과 '피부양 가족'으로 간주되는 사람은 여전히 유권자 명단에서 제외되었다고 지적했다.
9 Lemarchand Guy, "Sur les élections pendant la Révolution: Patrice Gueniffey," *Le*

nombre et la raison. La Révolution française et les élections. In: *Annales de Normandie,* 47c année, n°5, 1997. Etudes médiévales. Journées d'histoire du droit—1996. pp. 607–12.

10 포퓰리스트이자 지적이고 이상주의적이며 무자비한 로베스피에르에 대한 자세한 소개는 소설가 고 힐러리 맨텔 Hilary Mantel의 전기적 인물 소설《울프 홀 Wolf Hall》을 참조. 맨텔은 토머스 크롬웰 Thomas Cromwell과 헨리 8세 Henry VIII 등 권력의 전당에서 무자비한 힘을 휘둘렀던 역사적 인물을 묘사한 것으로 잘 알려졌다.: Hilary Mantel, "'What a man this is, with his crowd of women around him!'," *London Review of Books,* March 30, 2000.

11 본문의 삽화 참조: Anonymous, *Robespierre guillotinant le bourreau,* Louvre, Paris, France. 이 풍자 만화는 로베스피에르가 1791-1793년 헌법을 짓밟고 프랑스의 다른 모든 사람을 단두대로 처형하는 모습을 묘사한 후 마지막으로 '사형 집행인'마저 단두대로 처형하는 장면으로 끝난다.

12 공식적으로 사형 선고를 받은 희생자 중 약 59퍼센트는 노동자 또는 농민, 24퍼센트는 중산층, 8퍼센트는 귀족, 6퍼센트는 성직자, 기타 1.5퍼센트로 추산되었다.: per estimates by Donald Greer, *Incidence of the Terror during the French Revolution* (Cambridge, MA: Harvard University Press, 1935), 97. 이 추정치는 재판 없이 린치를 당한 더 많은 희생자를 고려하지 않은 수치이다.

13 Schama, *Citizens,* 1477.

14 Jacques Mallet du Pan, *Considérations sur la nature de la Révolution de France, et sur les causes qui en prolongent la durée* (1793), 63.

15 William Doyle, *The Oxford History of the French Revolution,* 2nd ed. (Oxford: Oxford University Press, 1990), 278.

16 David Bell, *Men on Horseback: The Power of Charisma in the Age of Revolution* (New York: Farrar, Straus and Giroux, 2020). 벨은 이 책에서 왕의 신성한 권리가 무너진 이후 나폴레옹식 모델은 민주주의와 군사주의에 대한 대중의 충동을 '강자 숭배'로 융합하여 자신을 '국민적 인물'로 부각시킴으로써 권력을 장악하는 길을 보여 주었다고 주장한다.

17 Schama, *Citizens,* 184.

18 Mansel, *King of the World,* 123.

19 Schama, *Citizens,* 189.

20 마찬가지로 프랑스 철학자 몽테스키외는 '부드러운 gentle' 또는 평화로운 상거래를 뜻하는 '달콤한 상거래 doux commerce'라는 용어를 지지했다. 그러나 정복을 위한 전쟁이 상호 이익이 되는 무역으로 대체된다는 이러한 비전은 자코뱅당이나 나폴레옹, 또는 역대 프랑스 정권이 아니라 19세기 자유 무역을 지향하던 영국이 더 많이 구현한 비전이었다. Baron de Montesquieu, *The Spirit of the Laws*, trans. Thomas Nugent, ed. Franz Neumann (New York: Hafner, 1949).

21 Quoted in Mansel, *King of the World*, 180.

22 Mansel, *King of the World*, 357, 643.

23 Table from Stephen Broadberry and Leigh Gardner, "Africa's Growth Prospects in a European Mirror: A Historical Perspective," working paper series at the University of Warwick (2013): 18.

24 Blanning, *Pursuit of Glory*, 54–56.

25 샤마는 《시민 Citizens》에서 이 장면을 이렇게 묘사한다.: "카리스마 넘치는 물리학의 시대…그들은 해방적 사건 즉 자유롭게 떠도는 미래를 목격하고 있었고…철학자가 상상했던 자유의 축제 즉 관객이 아닌 체험자로서 고귀한 숭고함을 엿볼 수 있는 예시를 보여 주었다." Schama, *Citizens*, 131.

26 Rachel Hammersley, "Parallel revolutions: seventeenth-century England and eighteenth-century France," in *The English Republican Tradition and Eighteenth-Century France: Between the Ancients and the Moderns* (Manchester: Manchester University Press, 2016) 참조.

27 Monsieur Navier, "Address" (1789), in Richard Price, "A Discourse on the Love of Our Country" (1789), quoted in Steve Pincus, *1688: The First Modern Revolution* (New Haven, CT: Yale University Press, 2011), 11.

28 Peter McPhee, "The French Revolution, Peasants, and Capitalism," *American Historical Review* 94, no. 5 (1989): 1265–80 참조.

29 이 주장에 대한 가장 유명한 지지자는 조르주 르페브르 Georges Lefebvre이다.: Georges Lefebvre, *The Coming of the French Revolution*, trans. R. R. Palmer (Princeton, NJ: Princeton University Press, 2015).

30 우리는 자코뱅당의 갑작스럽고 과감한 토지 개혁 프로그램에서 스탈린의 고속 집단화 같은 치명적인 집단화 정책이나 마오쩌둥의 대약진 운동 등 나중에 실패한 실험의 희미한 단초를 볼 수 있다.

31 Hobsbawm, *Age of Revolution*, 158–59.

32 Margaret Thatcher, *The Downing Street Years* (New York: HarperCollins, 1993), 753.

33 Ed Simon, "Why the French Revolution's 'Rational' Calendar Wasn't," *JSTOR Daily*, JSTOR, May 23, 2018.

34 Fondation Napoléon / K. Huguenaud, GRAFFITIS À L'ENTRÉE DU TEMPLE D'ISIS À PHILAE, 1798, Egypt.

35 "The Lévée en Masse" (August 23, 1793), Fordham Modern History Sourcebook.

36 Schama, *Citizens*, 858.

37 William Wordsworth, "The Prelude," Book 11, Vol. 4 (1850).

38 Roberts, *Napoleon: A Life*, 37.

39 Francis Fukuyama, *Political Order and Political Decay* (New York: Farrar, Straus, and Giroux, 2015), 17.

40 독립 후 수십 년 동안 성장을 저해했던 인도의 인허가 규제license Raj와 다를 게 없다.

41 Roberts, *Napoleon: a Life*, 936–37. 프랑스 대육군의 생존자 수에 대한 역사적 추정치는 4만 명에서 12만 명까지 다양하다.

42 Alistair Horne, *Seven Ages of Paris* (New York: Knopf, 2002), 181–82.

43 Jean-Alexandre-Joseph Falguiere, La Triomphe de la Revolution, 1882, wax figure, 97 × 130 × 99 cm, Musee de Grenoble, Grenoble, France.

44 샤를 드골은 나중에 선거를 통해 '비준'되었지만 1958년 초법적 쿠데타로 권력을 장악했다.

45 나폴레옹 이후 시대를 조명한 그의 역사서 제목에서 따온 말이다.: Adam Zamoyski, *Phantom Terror: The Threat of Revolution and the Repression of Liberty, 1789–1848* (United Kingdom: William Collins, 2014).

46 Zamoyski, *Phantom Terror*, 96.

47 Count Franz Anton von Kolowrat, letter of June 1833, quoted in Zamoyski, *Phantom Terror*, 342.

48 인용문 전문은 다음과 같다. "여러분, 이것이 저의 근본적 신념입니다.: 저는 지금 이 순간 우리가 휴화산 위에서 잠자고 있다고 생각합니다. 저는 깊이 확신합니다. …방금 말씀드렸듯이 이 악이 언제 어떻게 닥칠지 모르지만 조만간 가장 심각한 혁명을 불러올 것입니다. 상황이 그렇다는 것을 믿어도 됩니다." Alexis de Tocqueville, *Recollections of Alexis de Tocqueville* (New York: 1893).

49 1848년에 대한 최근의 서사적 설명은 Christopher Clark, "The Revolutionary Waves of 1848," in *Revolutionary World*, ed. David Motadel (Cambridge: Cambridge University Press, 2021) 참조.

50 Giuseppe Tomasi di Lampedusa, *Il Gattopardo*, trans. Archibald Colquhoun (New York: Pantheon, 1960), 22.

51 Leon Trotsky, "Two Speeches at the Central Control Commission, 1927," trans. John G. Wright, *The Stalin School of Falsification* (New York: 1972).

52 Guillaume Daudin, Kevin O'Rourke, and Leandro Prados de la Esosura, "Trade and Empire, 1700–1870," OFCE, 23.

53 Alfred Cobban, *A History of Modern France*, Vol. 2 (Penguin, 1963), 49–52, quoted in Andrew Roberts, *Napoleon: A Life* (New York: Penguin, 2015), 571.

54 Hobsbawm, *Age of Revolution*, 177–78.

55 Daron Acemoglu et al., "The Consequences of Radical Reform: The French Revolution" (Cambridge, MA: National Bureau of Economic Research, April 2009), https://doi.org/10.3386/w14831.

56 Eric Hobsbawm, *The Age of Capital, 1848–1875* (New York: Vintage, 1996), 15.

4 혁명의 모태이자 전 세계를 근대화한 산업 혁명

1 Hobsbawm, *Age of Revolution*, 29.

2 경제 사학자 조엘 모키르 Joel Mokyr는 1992년 저서 《아테나의 선물 The Gifts of Athena》에서 '서번트 savants'(이론적 과학 사상가)와 '패브리컨트 fabricants'(손을 더럽히는 산업 노동자)를 구분했다. Joel Mokyr, *The Gifts of Athena* (Princeton, NJ: Princeton University Press, 2002).

3 William M. Cavert, *The Smoke of London: Energy and Environment in the Early Modern City, Cambridge Studies in Early Modern British History* (Cambridge: Cambridge University Press, 2016), 21.

4 Vaclav Smil, *Energy and Civilization: A History* (Cambridge, MA: MIT Press, 2018), 12, 301.

5 Alessandro Nuvolari and Christine Macleod "Patents and Industrialisation: An

Historical Overview of the British Case, 1624–1907," *SSRN (Social Science Research Network)* (2010), 6.

6 Robert Burrell and Catherine Kelly, "Parliamentary Rewards and the Evolution of the Patent System," *Cambridge Law Journal* 74, no. 3 (2015): 423–49.

7 S. R. Epstein, "Craft Guilds, Apprenticeship, and Technological Change in Preindustrial Europe," *Journal of Economic History* 58, no. 3 (1998): 684–713.

8 Blanning, *Pursuit of Glory*, 243–44.

9 David Cannadine, *Victorious Century: The United Kingdom, 1800–1906* (New York: Viking, 2018).

10 Robert C. Allen, "Engels' Pause: Technical Change, Capital Accumulation, and Inequality in the British Industrial Revolution," *Explorations in Economic History* 46, no. 4 (2009): 418–35, see Fig. 1 and Table 1.

11 J. Braford DeLong, *Slouching Towards Utopia: An Economic History of the Twentieth Century* (New York: Basic, 2022), 18.

12 데이터는 정확하지 않지만 이 기간의 기대수명은 초반에 37.5세, 후반에 41세 정도임을 보여 준다. "Life Expectancy, 1743 to 1875," Our World in Data 참조.

13 북미와 오세아니아로의 대규모 이주에도 불구하고 영국 인구가 급증했다. (참조: 이 수치는 감자 기근으로 인해 인구가 감소한 아일랜드는 제외한 것이다.) "Population of England over history, Our World in Data, https://ourworldindata.org/grapher/population-of-england-millennium" 참조.

14 "Impact of the Industrial Revolution," in *Britannica.com*.

15 Tim Hitchcock, "London, 1780–1900," Digital Panopticon.

16 "Railways in Early Nineteenth Century Britain," UK Parliament.

17 "British Railways," *Britannica.com*.

18 Daniel Boorstin, *The Discoverers* (New York: Vintage, 1983), 71–73.

19 Boorstin, *Discoverers*, 89.

20 Oxford English Directory Online, s.v. "week-end."

21 Ian Buruma, *Anglomania: A European Love Affair* (New York: Vintage, 200), 138.

22 Buruma, *Anglomania*, 150.

23 Buruma, *Anglomania*, 156.

24 King Lear, ed. Barbara A. Mowat and Paul Werstine (New York: Simon & Schuster,

2015), 1.4.

25 Bret Devereaux, "Collections: Clothing, How Did They Make It? Part III: Spin Me Right Round....," A Collection of Unmitigated Pedantry, March 19, 2021, citing E. W. Barber, *Women's Work: The First 20,000 Years: Women, Cloth, and Society in Early Times* (New York: W. W. Norton, 1996).

26 Devereaux's estimate cites work by John S. Lee, *The Medieval Clothier*, Working in the Middle Ages Vol. 1 (Woodbridge: Boydell, 2018); Eve Fisher, "The $3500 Shirt—A History Lesson in Economics," SleuthSayers, June 6, 2013; Gregory S. Aldrete, Scott Bartell, and Alicia Aldrete, *Reconstructing Ancient Linen Body Armor: Unraveling the Linothorax Mystery* (Baltimore: Johns Hopkins University Press, 2013). 그의 추정치는 고대와 중세의 수치를 평균하여 근대 이전의 수치를 산출한 것이며, 중세 후기에 물레가 산업화 시대 이전의 효율성을 가장 크게 향상시켰다는 점을 강조하고 있다는 점에 유의하라.

27 J. R. R. Tolkien, *The Two Towers* (Boston and New York: Houghton Mifflin, 1954, reprint 1994), Book Three, Chapter 4, "Treebeard," in 462.

28 J. R. R. Tolkien, *The Return of the King* (Boston and New York: Houghton Mifflin, 1955, reprint 1994), Book 11, Chapter 8, "The Scouring of the Shire," 981.

29 다이아몬드는 이 용어를 산업화 이전의 정착된 농경 사회가 아니라 산업화와 농업화 이전의 유목 수렵 채집 사회를 가리키는 말로 사용한다.

30 Frederic Harrison, "Words on the Nineteenth Century," quoted in Walter E. Houghton, *The Victorian Frame of Mind, 1830–1870* (New Haven, CT: Yale University Press, 1963), 42.

31 Oliver Goldsmith, "The Deserted Village," Poetry Foundation.

32 Robert C. Allen, "Engels' Pause: Technical Change, Capital Accumulation, and Inequality in the British Industrial Revolution," *Explorations in Economic History* 46, no. 4 (2009): 418–35.

33 나는 다음의 근거에 의존해 이를 설명했다: W. Arthur Lewis, "Economic Development with Unlimited Supplies of Labour," *Manchester School* 22, no. 2 (1954): 139–91, as cited in Allen, "Engels' pause"; as well as Carl Benedikt Frey, *The Technology Trap: Capital, Labor, and Power in the Age of Automation* (Princeton, NJ: Princeton University Press, 2019), 131–37.

34 참조: Richard Conniff, "What the Luddites Really Fought Against," *Smithsonian Magazine*, March 2011.

35 Neil Johnston, "The History of the Parliamentary Franchise," House of Commons Library, Research Paper 13/14, March 1, 2013. 저자는 인구 약 2400만 명의 나라에서 1832년 개혁법 이전에는 자격 있는 유권자가 51만 6000명에 불과했던 것으로 추정한다.

36 E. A. Wasson, "The Penetration of New Wealth into the English Governing Class from the Middle Ages to the First World War," *Economic History Review* 51, no. 1 (1998): 28, fig. 1.

37 Hillary Burlock, "Rotten Boroughs," Eighteenth-Century Political Participation and Electoral Culture Project, UK Arts and Humanities Research Council, Newcastle University and Liverpool University, 2020–23.

38 Richard D. Altick, *The English Common Reader: A Social History of the Mass Reading Public, 1800–1900*, 2nd ed. (Columbus: Ohio State University Press, 1998), 324–26.

39 Emma Griffin, *Liberty's Dawn: A People's History of the Industrial Revolution* (New Haven, CT: Yale University Press, 2014), 220.

40 Thomas Babington Macaulay, "Ministerial Plan of Parliamentary Reform—Adjourned Debate" (speech, London, March 2, 1831), accessed via House of Commons Hansard.

41 1832년 대개혁법 이후 잉글랜드와 웨일스에는 성인 남성 인구 1300만 명 중 65만 명의 유권자가 있었다. John A. Phillips and Charles Wetherell, "The Great Reform Act of 1832 and the Political Modernization of England," *American Historical Review* 100, no. 2 (1995): 414 참조.

42 아직 달성되지 않은 유일한 차티스트의 목표는 매년 실시되는 의회 선거이다. 격년으로 의회 선거를 치르는 미국에서 거의 끊임없는 정치 싸움이 벌어지는 것을 고려하면, 이 개혁안을 채택하지 않은 데에는 그럴 만한 이유가 있을 것이다.

43 Adam Zamoyski, "Scandals," in *Phantom Terror: Political Paranoia and the Creation of the Modern State* (New York: Basic, 2015), 368.

44 "Constructing the most accurate clock in the world," UK Parliament.

45 Adam Zamoyski, "Order," in *Phantom Terror: Political Paranoia and the Creation of the Modern State* (New York: Basic, 2015), 94.

46 Walter Scheidel, *Escape from Rome: The Failure of Empire and the Road to Prosperity* (Princeton, NJ: Princeton University Press, 2019), 383.

47 George Julian Harney to Friedrich Engels, March 30, 1846, in *The Harney Papers*, ed. Frank Gees Black and Renée Métivier Black (Assen: Van Gorcum, 1969), 240, quoted in Henry Weisser, "Chartism in 1848: Reflections on a Non-Revolution," *Albion* 13, no. 1 (1981): 14.

48 Miles Taylor, "The 1848 Revolutions and the British Empire," *Past & Present* 166, no. 1 (2000): 146–80.

49 "What Was Chartism?," National Archives (UK).

50 Henry Weisser, "Chartism in 1848: Reflections on a Non-Revolution," *Albion*, 13, no. 1 (1981): 16.

51 Avner Greif and Murat Iyigun, "Social Institutions, Violence, and Innovations: Did the Old Poor Law Matter?," December 25, 2012; and Marjorie Keniston McIntosh, "The Poor Laws of 1598 and 1601," in *Poor Relief in England, 1350–1600* (Cambridge: Cambridge University Press, 2011), 273–93.

52 Griffin, *Liberty's Dawn*, 27–28.

53 Timothy 6:10, King James Version.

54 Thomas Carlyle, "The Everlasting No," in *Sartor Resartus* (1833), 164–65, quoted in Walter E. Houghton, *The Victorian Frame of Mind, 1830–1870* (New Haven, CT: Yale University Press, 1963), 73–74.

55 John Ruskin, *The Stones of Venice* (London, Smith, Elder, 1853).

56 Ruskin, *Stones of Venice*, 162–63.

57 Douglas A. Irwin and Maksym G. Chepeliev, "The Economic Consequences of Sir Robert Peel: A Quantitative Assessment of the Repeal of the Corn Laws," *Economic Journal* 131, no. 640 (2021): 3322–37.

58 W. D. Rubinstein, "Wealth, Elites and the Class Structure of Modern Britain," *Past & Present*, no. 76 (1977): table 1, "Occupations of Wealth-Holders: Concise Ranking," 102.

59 George Eliot, *Middlemarch* (United Kingdom: Wordsworth, 1998), 458–59.

60 Alexander C. R. Hammond, "Heroes of Progress, Pt. 41: John Stuart Mill," *Human Progress* blog, Cato Institute.

61　Charles R. Morris, *The Dawn of Innovation: The First American Industrial Revolution* (New York: PublicAffairs, 2012), 70.

62　Kennedy, *Rise and Fall of the Great Powers*, 153.

63　John Darwin, *The Empire Project: The Rise and Fall of the British World-System, 1830–1970* (Cambridge: Cambridge University Press, 2009), 37.

64　Joel Mokyr, review of *How the World Became Rich: The Historical Origins of Economic Growth* by Mark Koyama and Jared Rubin, EH.net, July 2022.

65　George Orwell, *The Road to Wigan Pier* (London: Penguin Classics, 1937; reprint 2007), 229; cited in Alex Tabarrok, "Orwell's Falsified Prediction on Empire," Marginal Revolution, May 30, 2023.

66　Tabarrok, "Orwell's Falsified Prediction," Marginal Revolution, May 30, 2023, relying on data from Maddison Project Database 2020.

67　Kennedy, *Rise and Fall of the Great Powers*, 227.

5　미국의 산업화로 이룬 변화, 미국 혁명

1　Chrystia Freeland, "America, Land of the Equals," *New York Times*, May 3, 2012.

2　Alexis De Tocqueville, "Individualism Stronger," in *Democracy in America*, vol. 2, *Influence Of Democracy On Progress Of Opinion*. Later historians agree: Daniel Walker Howe, *What Hath God Wrought: the Transformation of America, 1815–1848* (Oxford: Oxford University Press, 2009), 490 참조.

3　Samuel Huntington, "Tudor Polity and Modernizing Societies," in *Political Order in Changing Societies* (New Haven, CT: Yale University Press, 1968), 134–35.

4　Bernard Bailyn, *The Ideological Origins of the American Revolution* (Cambridge, MA: Belknap, 1992), 283.

5　Quoted in Howe, *What Hath God Wrought*, 562–63.

6　Charles R. Morris, *The Dawn of Innovation: The First American Industrial Revolution* (New York: PublicAffairs, 2012), 89.

7　Edward G. Hudon, "Literary Piracy, Charles Dickens and the American Copyright Law," *American Bar Association Journal* 50, no. 12 (1964): 1157–60.

8   Paul Wiseman, "In trade wars of 200 years ago, the pirates were Americans," Associated Press, March 28, 2019.

9   최초의 전신 메시지로 쓰여 놀라움과 우려를 불러일으켰던 이 성경 구절은 역사학자 대니얼 워커 하우Daniel Walker Howe가 전신과 철도 시대의 미국 역사서에 제목으로 가져다 썼다. *What Hath God Wrought: The Transformation of America, 1815–1848*.

10 Abraham Lincoln, writing to Joshua Speed, quoted in Richard Cawardine, *Lincoln: A Life of Purpose and Power* (London: Vintage, 2003), 12, cited in Howe, *What Hath God Wrought*, 596.

11 Chester W. Wright, *Economic History of the United States* (New York: McGraw Hill, 1941), 707.

12 Adam Tooze, *The Deluge: The Great War, America and the Remaking of the Global Order, 1916–1931* (New York: Penguin, 2015).

13 Morris, *Dawn of Innovation*, 82.

14 Morris, *Dawn of Innovation*, 89.

15 Bradford J. DeLong, *Slouching Towards Utopia: an Economic History of the Twentieth Century* (New York: Basic, 2022), 62.

16 Robert Gordon, *The Rise and Fall of American Growth: The U.S. Standard of Living since the Civil War* (Princeton, NJ: Princeton University Press, 2017), 6.

17 Jonathan Rees, *Industrialization and the Transformation of American Life* (Armonk, NY: M. E. Sharpe, 2013), 44.

18 Walt Whitman, "Crossing Brooklyn Ferry," Poetry Foundation, https://www.poetryfoundation.org/poems/45470/crossing-brooklyn-ferry.

19 Walt Whitman, "I Sit and Look Out," The Walt Whitman Archive.

20 Frances Dickey and Jimmie Killingsworth, "Love of Comrades: The Urbanization of Community in Walt Whitman's Poetry and Pragmatist Philosophy," *Walt Whitman Quarterly Review* 21, no. 1 (2003): 1–24.

21 David Kennedy, *Freedom from Fear: The American People in Depression and War, 1929–1945* (Oxford: Oxford University Press, 2001), 14.

22 Gordon, *Rise and Fall of American Growth*, 30.

23 Sam Bass Warner Jr., *The Urban Wilderness: A History of the American City* (New

York: Harper and Row, 1972), 93.

24 Gordon, *Rise and Fall of American Growth*, 36.
25 Quoted in Michael Lind, *Land of Promise: An Economic History of the United States* (New York: HarperCollins, 2013), 223.
26 Seymour Martin Lipset and Gary Wolfe Marks, *It Didn't Happen Here: Why Socialism Failed in the United States* (New York: W. W. Norton, 2001), 263.
27 David Roediger, *The Wages of Whiteness: Race and the Making of the American Working Class* (Brooklyn: Verso, 1991).
28 Theodore Roosevelt, quoted in Frank Ninkovich, *Modernity and Power: A History of the Domino Theory in the Twentieth Century* (Chicago: University of Chicago Press, 1994), 4.
29 이 사례는 1992년 로스 페로Ross Perot의 선거 운동과 유사할 수 있다. 이 선거 운동은 실패했지만 2016년 주요 정당인 공화당이 포퓰리즘에 점령당하는 것을 예고했다.
30 Thomas Frank, *The People, No: A Brief History of Anti-Populism* (New York: Metropolitan, 2020), 69.
31 Henry M. Littlefield, "The Wizard of Oz: Parable on Populism," *American Quarterly* 16, no. 1 (1964): 47–58.
32 Bill D. Moyers, "What a Real President Was Like," *Washington Post*, November 13, 1988.
33 David M. Kennedy and Elizabeth Cohen, "Progressivism and the Republican Roosevelt," *The American Pageant* (New York: Houghton Mifflin, 2001).
34 Theodore Roosevelt, *The Works of Theodore Roosevelt, National Edition* (New York: Charles Scribner's Sons, 1926), 16–84.
35 Kathleen M. Dalton, "Theodore Roosevelt, Knickerbocker Aristocrat," *New York History* 67, no. 1 (1986): 40.
36 Dalton, "Theodore Roosevelt, Knickerbocker Aristocrat," 41.
37 Walter Lippmann, "Puritanism De Luxe in the Coolidge Era," *Vanity Fair*, May 1926.
38 Peter Clements, "Silent Cal," *History Today*, September 2003.
39 Terry Golway, "The making of the New Deal Democrats," *Politico*, October 3, 2014.
40 Bernard Bellush, *Franklin D. Roosevelt as Governor of New York* (New York: Columbia

University Press, 1955), 282.

41 Kennedy, *Freedom from Fear*, 11–13.
42 Kennedy, *Freedom from Fear*, 43.
43 Kennedy, *Freedom from Fear*, 55.
44 Franklin D. Roosevelt, "Annual Message to Congress," The American Presidency Project, January 4, 1935.
45 Kennedy, *Freedom from Fear*, 247.
46 Sheri Berman, *The Primacy of Politics: Social Democracy and the Making of Europe's Twentieth Century* (Cambridge: Cambridge University Press, 2006).

6 불평등과 상대적 박탈감의 심화, 세계화 혁명

1 Ivan T. Berend, *Decades of Crisis: Central and Eastern Europe before World War II* (Berkeley: University of California Press, 2001), 14.
2 Jeffry A. Frieden, *Global Capitalism: Its Fall and Rise in the Twentieth Century* (New York: W. W. Norton, 2007), 8.
3 Nicolas Barreyre, "The Politics of Economic Crises: The Panic of 1873, the End of Reconstruction, and the Realignment of American Politics," *Journal of the Gilded Age and Progressive Era* 10, no. 4 (2011): 403–23.
4 Johan Norberg, *Open: The Story of Human Progress* (New York: Atlantic, 2020), 21–22.
5 '세계화'라는 용어는 1990년대까지 널리 사용되지는 않았지만 그 근본적 역학 관계는 1800년대 초부터 작용해 왔다.
6 Kevin H. O'Rourke and Jeffrey G. Williamson, "When Did Globalisation Begin?" *European Review of Economic History* 6, no. 1 (2002): 23–50.
7 Frieden, *Global Capitalism*, 5.
8 Frieden, *Global Capitalism*, 4.
9 19세기에 접어들면서 생활 수준이 기하급수적으로 향상되기 전까지 수천 년 동안 소득이 제자리걸음을 보인 역사의 '하키 스틱' 그래프를 상기해 보라. 1800년에는 전 세계 인구의 90퍼센트가 하루 1달러 미만으로 생활했지만 오늘날에는 전 세계 인구의 10퍼센트만이 이러한 극빈 상태에 살고 있다. 경제학자 디어드리 맥클로

스키의 연구에 따르면, 1800년 이후 상품과 서비스에 대한 평균 접근성은 3000퍼센트 증가했으며 문해율은 약 80퍼센트 증가했다. Norberg, *Open: Story of Human Progress*, 167-68.

10   Colin Williscroft, *A Lasting Legacy: A 125 Year History of New Zealand Farming since the First Frozen Meat Shipment* (NZ Rural Press, 2007).

11   Frieden, *Global Capitalism*, 5; Nayan Chanda, *Bound Together: How Traders, Preachers, Adventurers, and Warriors Shaped Globalization* (New Haven, CT: Yale University Press, 2008), 56.

12   *The telegraphic messages of Queen Victoria and Pres. Buchanan*, August 16, 1858, photograph, https://www.loc.gov/item/2005694829/.

13   Chanda, *Bound Together*, 66-67, 207.

14   Hobsbawm, *Age of Capital*, 34.

15   DeLong, *Slouching Towards Utopia*, 38, citing W. Arthur Lewis, *The Evolution of the International Economic Order* (Princeton, NJ: Princeton University Press, 1978), 14.

16   Hobsbawm, *Age of Capital*, 47.

17   Mark Mazower, *Governing the World: The History of an Idea, 1815 to the Present* (New York: Penguin, 2013), 26.

18   Mazower, *Governing the World*, 19-20.

19   Fareed Zakaria, *Ten Lessons for a Post Pandemic World* (New York: W. W. Norton, 2020), 219, citing William E. Gladstone, "Third Midlothian Speech, West Calder, 27 November 1879," English Historical Documents, 1874-1914, edited by W. D. Hancock and David Charles Douglas, citing Political Speeches in Scotland (1880), 1:115-17.

20   Oona A. Hathaway and Scott J. Shapiro, *The Internationalists: How a Radical Plan to Outlaw War Remade the World* (New York: Simon and Schuster, 2017), 188 참조.

21   Peter Alexis Gourevitch, "International Trade, Domestic Coalitions, and Liberty: Comparative Responses to the Crisis of 1873-1896," *Journal of Interdisciplinary History* 8, no. 2 (1977): 281-313.

22   Richard Jensen, "Daggers, Rifles and Dynamite: Anarchist Terrorism in Nineteenth Century Europe," *Terrorism and Political Violence* 16, no. 1 (2004): 116-53.

23   Jensen, "Daggers, Rifles and Dynamite," 134; Mary S. Barton, "The Global War on

Anarchism," *Diplomatic History* 39, no. 2 (2015): 303–30.

24 Quoted in David Harris, "European Liberalism in the Nineteenth Century." *American Historical Review* 60, no. 3 (1955): 514.

25 Gourevitch, "International Trade, Domestic Coalitions, and Liberty: Comparative Responses to the Crisis of 1873–1896," 281–313

26 Quoted in David S. Mason, *A Concise History of Modern Europe: Liberty, Equality, Solidarity* (New York: Penguin, 2013), 95.

27 Mason, *A Concise History of Modern Europe: Liberty, Equality, Solidarity*, 100.

28 Frieden, "Failures of Development."

29 Mario J. Crucini and James Kahn, "Tariffs and the Great Depression Revisited," Staff Reports, Federal Reserve Bank of New York, 2003, 5.

30 Adam Tooze, *The Wages of Destruction: The Making and Breaking of the Nazi Economy* (New York: Viking, 2007), 8–12.

31 Berman, *Primacy of Politics*.

32 DeLong, *Slouching Towards Utopia*, 190.

33 Maurice Obstfeld, "Globalization and Nationalism: Retrospect and Prospect," Italian Economic Association Annual Meeting, October 24, 2019.

34 Henry R. Luce, "The American Century," *Diplomatic History* 23, no. 2 (1999): 159–71.

35 Frieden, *Global Capitalism*, 278–81.

36 "World GDP Over the Last Two Millennia," Our World in Data, citing Max Roser, "World GDP Over the Last Two Millennia."

37 Marc Levinson, "The Trucker," in *The Box: How the Shipping Container Made the World Smaller and the World Economy Bigger*, 2nd ed. (Princeton, NJ: Princeton University Press, 2016), Chapter 3.

38 Chanda, *Bound Together*, 57; Ben Thompson, "The History of the Shipping Container created in 1956," IncoDocs (blog), August 31, 2018.

39 Frieden, *Global Capitalism*, 289.

40 Don Harris, *Pan Am: A History of the Airline that Defined an Age* (Anaheim: Golgotha, 2011), 35.

41 Our World in Data, 2023, citing Bastian Herre, Veronika Samborska, and Max

Roser, "Tourism—International arrivals by world region"; Harris, *Pan Am: A History of the Airline that Defined an Age*, 60.

42 Harris, *Pan Am*, 41.

43 "Our World in Data, 2023, citing Bastian Herre, Veronika Samborska, and Max Roser, "Tourism—International arrivals by world region."

44 Frieden, *Global Capitalism*, 297–99.

45 "Top marginal income tax rate, 1971 to 2017," Our World in Data.

46 Adam Tooze, *Crashed: How a Decade of Financial Crises Changed the World* (New York: Viking, 2018), 30.

47 Aled Davies, *The City of London and Social Democracy* (Oxford: Oxford University Press, 2017), 80.

48 Rana Foroohar, *Makers and Takers: The Rise of Finance and the Fall of American Business* (New York: Crown, 2016), 16.

49 Daniel Chudnovsky and Andrés López, "Foreign Investment and Sustainable Development in Argentina" (discussion paper, Working Group on Development and Environment in the Americas, 2008), 6.

50 Chanda, *Bound Together*, 254.

51 Tooze, *Crashed*, 54.

52 Jordan Weissman, "How Wall Street Devoured Corporate America," *Atlantic*, March 5, 2013.

53 Tooze, *Crashed*, 123.

54 Luca Ciferri, "New flagship model will complete Skoda rebirth," *Automotive News Europe*, July 2, 2001.

55 Tooze, *Crashed*, 120.

56 Filipe Larrain B., Luis F. Lopez-Calva, and Andres Rodriguez-Clare, "Intel: A Case Study of Foreign Direct Investment in Central America," CID Working Paper No. 58, Center for International Development at Harvard University, December 2000, 13.

57 Brian Reinbold and Yi Wen, "How Industrialization Shaped America's Trade Balance," Federal Reserve Bank of St. Louis, February 6, 2020.

58 Jeffrey D. Sachs, *Ages of Globalization* (New York: Columbia University Press, 2020), 179.

59 "World GDP over the Last Two Millennia," Our World in Data, citing Roser,

"Economic Growth—The World Economy over the Last Two Millennia."

60 Fareed Zakaria, *The Post-American World* (New York: W. W. Norton, 2008), 7, 21.

61 Our World in Data, July 19, 2022, citing Bastian Herre, "People around the world have gained democratic rights, but some have many more rights than others."

62 Zakaria, *Post-American World*, 44.

63 Francis Fukuyama, *The End of History and the Last Man* (New York: Free Press, 2006).

64 서구에서 자유 민주주의로 가는 길이 얼마나 길고 험난했는지에 대한 자세한 내용은 다음을 참조. Sheri Berman, *Democracy and Dictatorship in Europe: From the Ancien Régime to the Present Day* (New York: Oxford University Press, 2019).

65 Stephen Kotkin, *Uncivil Society: 1989 and the Implosion of the Communist Establishment* (New York: Modern Library, 2010).

66 Mark Beissinger and Stephen Kotkin, "The Historical Legacies of Communism: An Empirical Agenda," in *Historical Legacies of Communism in Russia and Eastern Europe*, ed. Mark Beissinger and Stephen Kotkin (Cambridge: Cambridge University Press, 2014).

67 Quoted in Timothy J. Colton, *Russia: What Everyone Needs to Know* (New York: Oxford University Press, 2016), 104

68 Joseph Stiglitz, *Globalization and Its Discontents Revisited: Anti-Globalization in the Era of Trump* (New York: W. W. Norton, 2018), 191.

69 Zakaria, *Post-American World*, 102.

70 Nicholas R. Lardy, "Issues in China's WTO Accession," *Brookings Institution*, May 9, 2001, https://www.brookings.edu/testimonies/issues-in-chinas-wto-accession/.

71 Lardy, "Issues in China's WTO Accession."

72 Alessandro Nicita and Carlos Razo, "China: The Rise of a Trade Titan," UNCTAD, April 27, 2021.

73 Raymond Vernon, "International Investment and International Trade in the Product Cycle," *Quarterly Journal of Economics* 80, no. 2 (1966): 190–207.

74 David Barboza, "An iPhone's Journey, From the Factory Floor to the Retail Store," *New York Times*, December 29, 2016.

75 "Why Did the China Shock Hurt so Much?," *The Economist*, March 7, 2019.

76 Thomas Friedman, *The World Is Flat: A Brief History of the Twenty-First Century* (New

York: Picador, 2007), 563.

77 As cited in Fukuyama, *End of History and the Last Man*, 175.
78 Mark J. Perry, "New US Homes Today Are 1,000 Square Feet Larger Than in 1973 and Living Space per Person Has Nearly Doubled," American Enterprise Institute, June 5, 2016.
79 "Percentage of Households by Number of Vehicles, 1960–2020," The Geography of Transport Systems.
80 Mark J. Perry, "Even with Baggage Fees, the 'Miracle of Flight' Remains a Real Bargain; Average 2011 Airfare Was 40% Below 1980 Average," American Enterprise Institute, October 6, 2012; "Domestic Round-Trip Fares and Fees," Airlines for America, June 1, 2023.
81 Eliza Barclay, "Your Grandparents Spent More of Their Money on Food than You Do," NPR, March 2, 2015.
82 Peter Liquori, "The History of American-Made Clothing," Goodwear, August 30, 2017.
83 United States Census Bureau, "1960 Census: Population, Supplementary Reports: Educational Attainment of the Population of the United States"; United States Census Bureau, "Census Bureau Releases New Educational Attainment Data."
84 Christopher J. Conover, "How Private Health Insurance Slashed the Uninsured Rate for Americans: Health Fact of the Week," American Enterprise Institute, September 16, 2011; Jennifer Tolbert, Patrick Drake, and Anthony Damico, "Key Facts about the Uninsured Population," KFF, December 19, 2022.
85 Michelle Millar Fisher and Amber Winick, "A Brief History of the Sonogram," *Smithsonian Magazine*, September 22, 2021; "CT scan and MRI introduced," PBS, *People and Discoveries* databank.
86 Rebecca L. Siegel et al., "Cancer statistics, 2023," *CA: A Cancer Journal for Clinicians* 73, no. 1 (2023): Table 6.
87 "Historical Income Tables: People," United States Census Bureau, table P-4.
88 Harold James, *The Creation and Destruction of Value: The Globalization Cycle* (Cambridge, MA: Harvard University Press, 2012); Stiglitz, *Globalization and Its Discontents Revisited: Anti-Globalization in the Era of Trump*.

89　Quinn Slobodian, *Globalists: The End of Empire and the Birth of Neoliberalism* (Cambridge, MA: Harvard University Press, 2018).

90　Helen Thompson and David Runciman, "Helen Thompson/Disorder," February 24, 2022 in *Talking Politics*, podcast, MP3 audio, 48:26.

91　Karl Polanyi, *The Great Transformation* (1944).

92　"Household debt, loans and debt securities," International Monetary Fund.

93　Geoffrey Kabaservice, "The Forever Grievance," *Washington Post*, December 4, 2020; Jeremy W. Peters, "The Tea Party Didn't Get What It Wanted, but It Did Unleash the Politics of Anger," *New York Times*, August 28, 2019.

94　"Remarks by National Security Advisor Jake Sullivan on Renewing American Economic Leadership at the Brookings Institution," The White House, April 27, 2023.

95　Adam S. Posen, "The Price of Nostalgia," *Foreign Affairs*, May 2021.

7 모두가 고독한 왕이 된 세상, 정보 혁명

1　Tyler Cowen, *The Great Stagnation: How America Ate All the Low-Hanging Fruit of Modern History, Got Sick, and Will (Eventually) Feel Better* (New York: Dutton, 2011).

2　Francis J. Gavin, "How 1970s California created the modern world," Engelsberg Ideas, Axel and Margaret Ax:son Johnson Foundation, April 3, 2023.

3　"What Share of People Are Online?," Our World in Data.

4　The Radicati Group, "Email Statistics Report, 2022–2026," Statista, November 2022.

5　Shradha Aneja, "ChatGPT hits 100 million users in two months—here's how long Instagram and TikTok took," *Business Insider India*, February 6, 2023.

6　Erik Brynjolfsson and Avinash Collis, "How Should We Measure the Digital Economy?," *Harvard Business Review*, November 2019.

7　Erik Brynjolfsson and Andrew McAfee, *The Second Machine Age: Work, Progress, and Prosperity in a Time of Brilliant Technologies* (New York: W. W. Norton, 2016), 109, relying on data from Daniel Weld, "Internet Enabled Human Computation," July 22, 2013, Slide 48.

8   International Federation of the Phonographic Industry, "IFPI:05 Digital Music Report," 6; International Federation of the Phonographic Industry, "Digital Music Report 2009," 6.

9   Wikipedia: Size comparisons, "Comparison of encyclopedias," comparing Wikipedia circa 2023 to the last printed Britannica of 2013.

10 "Britannica for Sale," *Christian Science Monitor*, 1995.

11 "Unique devices," Wikimedia Statistics.

12 Brynjolfsson and McAfee, *Second Machine Age*, 116.

13 John Maynard Keynes, *The Economic Consequences of Peace* (1999), 11.

14 "Book Sales Statistics," WordsRated, June 13, 2023; April Berthene, "Ecommerce is 46.0% of All Apparel Sales," Digital Commerce 360, June 28, 2021; "What Is the Share of E-Commerce in Overall Retail Sales?," CBRE, May 16, 2022.

15 Yoni Applebaum, " 'I Alone Can Fix It'," *The Atlantic*, July 21, 2016.

16 Marshall McLuhan and Lewis H. Lapham, *Understanding Media: The Extensions of Man* (Cambridge, MA: MIT Press, 1994), 18.

17 학자 태너 그리어Tanner Greer가 수집한 데이터에 따르면 전국적으로 100만 명 이상의 회원을 보유한 미국 협회의 수는 20세기 초 이후 크게 감소했다.: Tanner Greer, "A School of Strength and Character," *Palladium*, March 30, 2023.

18 Joshua Hochberg and Eitan Hersh, "Public Perceptions of Local Influence," *SageJournals*, January 14, 2023.

19 Daniel A. Cox, "Men's Social Circles Are Shrinking," Survey Center on American Life, AEI, June 29, 2021.

20 "Our Epidemic of Loneliness and Isolation," US Department of Health and Human Services, 4, citing research by psychologists like Julianne Holt-Lunstad, among others.

21 Zach Rausch and Jon Haidt, "The Teen Mental Illness Epidemic Is International, Part 1: The Anglospher," After Babel, Substack, March 29, 2023.

22 Olivia Solon, "'Incel': Reddit Bans Misogynist Men's Group Blaming Women for Their Celibacy," *Guardian*, November 8, 2017.

23 Hannah Arendt, *Origins of Totalitarianism* (New York: Harcourt, 1968), 478.

24 David Goodhart, *The Road to Somewhere: The Populist Revolt and the Future of*

Politics (London: Hurst, 2017).

25 "Josh Hawley: Coastal Elitist and Ticking Missouri Time Bomb," *St. Louis American*, March 22, 2018.

26 David Skolnck, "Vance flips on people leaving hometowns," *Vindicator*, August 13, 2022.

27 Alan Ehrenhalt discusses this in his 1996 book: Alan Erenhalt, *The Lost City: Discovering the Forgotten Virtues of Community in the Chicago of the 1950s* (New York: Basic, 1996).

28 Judy Bachrach, "WIKIHISTORY: Did the Leaks Inspire the Arab Spring?" *World Affairs* 174, no. 2 (2011): 35–44.

29 Claudia Rosett, "The Age of the Celebrity Tyrant," *Forbes*, August 27, 2009.

30 Roy Greenslade, "How Syria's 'Desert Rose' became 'the First Lady of Hell,'" *Guardian*, August 1, 2012.

31 Brynjolfsson and McAfee, *Second Machine Age*, 11.

32 "A Guide to Economic Inequality," *American Compass*, April 27, 2021.

33 Ada Palmer, "We Are an Information Revolution Species," Microsoft.

34 "Full Text of Clinton's Speech on China Trade Bill," *New York Times*, March 9, 2000.

35 Noah Smith, "It's Not Cancel Culture, It's Cancel Technology," Noahpinion, Substack, February 16, 2021.

36 Alexandra Alter, "She Pulled Her Debut Book When Critics Found It Racist. Now She Plans to Publish," *New York Times*, April 28, 2019.

37 Philip Bump, "Six in 10 Republicans still Think 2020 Was Illegitimate," *Washington Post*, May 24, 2023.

38 Maroosha Muzaffar, "Deepfake Putin Declares Martial Law and Cries: 'Russia Is under Attack,'" *Independent*, June 7, 2023.

39 Nilesh Christopher, "An Indian Politician Says Scandalous Audio Clips Are AI deepfakes. We Had Them Tested," *Rest of World*, July 5, 2023.

40 "Employed Full Time: Wage and Salary Workers: Cashiers Occupations: 16 Years and Over," FRED Economic Data, St. Louis Fed.

41 "Hand Car Washes," UK Parliament, November 6, 2018.

42 "Will the US Go into Recession?," Goldman Sachs, April 19, 2022.

43　Jane Black, "How to Make an Unloved Job More Attractive? Restaurants Tinker With Wages," *New York Times*, September 20, 2021; Jeanna Smialek and Sydney Ember, "Companies Hoarding Workers Could Be Good News for the Economy," *New York Times*, October 12, 2022.

44　Derek Thompson, "A World Without Work," *Atlantic*, July 2015.

45　"The Future of Jobs Report 2020," World Economic Forum, October 20, 2020.

46　이 부분은 2023년 4월 30일 내가 진행한 CNN 프로그램에서 방영된 내용을 각색한 것으로 다음의 인터넷 주소에서 찾아볼 수 있다.: Fareed Zakaria (@FareedZakaria), "Today's last look: ChatGPT is going to help software 'eat the world'," X, April 30, 2023, https://twitter.com/FareedZakaria/status/1652837826323439618. 이 프로그램은 케드로스키Kedrosky와 놀린Norlin의 블로그 게시물에서 영감을 받았다.: "Society's Technical Debt and Software's Gutenberg Moment," *Irregular Ideas with Paul Kedrosky & Eric Norlin of SKV*, SKV, March 21, 2023.

47　Alexandra Garfinkle and Dylan Croll, "How Business Is already Using ChatGPT and other AI Tech," Yahoo, February 14, 2023; Andrew Perlman, "The Implications of ChatGPT for Legal Services and Society," Center on the Legal Profession, Harvard Law School, March 2023.

48　Techzine, "Salesforce Einstein GPT for Sales," YouTube, March 7, 2023, video, https://www.youtube.com/watch?v=UH4lIIcAZdY; Salesforce Artificial Intelligence," Salesforce.

49　J. J. Zhuang, "Introducing the Instacart Plugin for ChatGPT," Instacart, March 23, 2023.

50　"Society's Technical Debt and Software's Gutenberg Moment," *Irregular Ideas with Paul Kedrosky and Eric Norlin of SKV*, SKV, March 21, 2023.

51　Andrej Karpathy (@karpathy), "The hottest new programming language is English," Twitter, January 24, 2023, https://twitter.com/karpathy/status/1617979122625712128.

52　Ben Shapiro, "Should We Limit Technology to Protect Jobs? | With Tucker Carlson," Youtube, video, https://www.youtube.com/watch?v=awM0nrlOZxk.

53　Lisa Baertlein, "Focus: Jobs at Stake as California Port Terminal Upgrades to Green Technology," Reuters, June 8, 2023.

54 Stephen Moore, "Missing Milton: Who Will Speak For Free Markets?," *Wall Street Journal*, May 27, 2009.

55 Thompson, "World without Work."

56 David Kestenbaum, "Keynes Predicted We Would Be Working 15-Hour Weeks. Why Was He So Wrong?," NPR, August 13, 2015.

57 Henry A. Kissinger, Eric Schmidt, and Daniel Huttenlocher, *The Age of AI and Our Human Future*, 16–18. 나는 슈미트 퓨처스의 선임 고문으로 일하고 있으며 이 책의 집필에 대한 지원을 받았음을 밝혀 둔다.

58 Ken Goldberg, "Let's Give AI a Chance," *Boston Globe*, May 30, 2023.

59 Robert F. Service, " 'The Game Has Changed.' AI Triumphs at Protein Folding," *Science* 6521, no. 370, December 4, 2020.

60 Jennifer A. Doudna and Samuel H. Sternberg, *A Crack in Creation: Gene Editing and the Unthinkable Power to Control Evolution* (New York: Mariner, 2018), xvi.

61 Bill Clinton, "Announcing the Completion of the First Survey of the Entire Human Genome" (speech, Washington, DC, June 26, 2000), The White House at Work.

62 "DNA Sequencing Costs: Data," National Human Genome Research Institute.

63 Gregory Zuckerman, *A Shot to Save the World: The Inside Story of the Life-or-Death Race for a COVID-19 Vaccine* (New York: Penguin, 2021), 231.

64 Zuckerman, *A Shot to Save the World*, 157.

65 Zuckerman, *A Shot to Save the World*, 220.

66 Stuart A. Thompson, "How Long Will a Vaccine Really Take?," *New York Times*, April 30, 2020.

67 Fareed Zakaria, "Some Republicans Are Pushing People to Get Vaccinated. It May Be Too Late," *Washington Post*, July 22, 2021.

68 Jill Colvin, "Biden's Vaccine Rules Ignite Instant, Hot GOP Opposition," AP News, September 10, 2021.

69 Tom Nichols, "How America Lost Faith in Expertise," *Foreign Affairs*, February 13, 2017.

70 Susan Hockfield, *The Age of Living Machines: How Biology Will Build the Next Technology Revolution* (New York: W. W. Norton, 2020), 135.

71 Pamela Ronald, "The Case for Engineering Our Food," filmed in March 2015 in

Vancouver BC, Canada, TED video; A. S. Bawa and K. R. Anilakumar, "Genetically Modified Foods: Safety, Risks and Public Concerns—A Review," *Journal of Food Science and Technology* 50, December 19, 2012.

72 Ed Regis, "The True Story of the Genetically Modified Superfood That Almost Saved Millions," *Foreign Policy*, October 17, 2019.

73 Mark Lynas, "The True Story about Who Destroyed a Genetically Modified Rice Crop," *Slate*, August 26, 2013.

74 Helen Regan, Rebecca Wright, and Alexandra Field, "The Scientist, the Twins and the Experiment That Geneticists Say Went Too Far," CNN Health, CNN, December 1, 2018.

75 Zakaria, *Ten Lessons for a Post-Pandemic World*, 119, citing Yuval Noah Harari, *Homo Deus: A Brief History of Tomorrow* (New York: HarperCollins, 2018).

76 Natasha Singer, "New A.I. Chatbot Tutors Could Upend Student Learning," *New York Times*, June 8, 2023.

77 Zakaria, *Ten Lessons for a Post-Pandemic World*, 120.

78 Aristotle, *Politics*, trans. CDC Reeve (New York: Hackett, 1998) Book 1, Chapter 4, lines 33–38.

8 두려움과 불안이 이끈 정체성 혁명

1 Mark Kurlansky, *1968: The Year That Rocked the World* (New York: Random House, 2004), 5.

2 "Les Murs Parlent," *Le Monde*, May 3, 1973.

3 Joel Achenbach, "'A Party That Had Lost Its Mind': In 1968, Democrats Held One of History's Most Disastrous Conventions," *Washington Post*, August 24, 2018.

4 Kurlansky, *1968: Year that Rocked the World*, 282–83.

5 Sylvia Poggioli, "Valle Giulia Has Taken on Mythological Stature," NPR, June 23, 2008.

6 David Frum, *How We Got Here: The 70's: The Decade That Brought You Modern Life* (New York: Basic, 2001), 349.

7 Ronald Inglehart, "The Nature of Value Change," in *The Silent Revolution* (Princeton, NJ: Princeton University Press, 1977).
8 미국과 영국의 참정권 운동의 성과를 무시하는 것은 아니지만, 그들의 참정권 운동은 사회를 혁명적으로 변화시키는 것이 아니라 여성에게 투표권을 확대하는 것을 주된 목표로 한 개혁주의 운동이었다.
9 Mark Lilia, "Still Living with '68," *New York Times Magazine*, August 16, 1998, 34.
10 최근 보수적인 폴란드에서 거의 전면적으로(낙태가) 금지된 것은 예외이다.
11 Patrick Joseph Buchanan, "Culture War Speech: Address to the Republican National Convention," Transcript of speech delivered on August 17, 1992, Voices of Democracy: The U.S. Oratory Project.
12 Karl Marx and Frederick Engels, *Communist Manifesto*, trans. Samuel Moore, 14, Marxists Internet Archive.
13 Lewis L. Gould, *The Republicans: A History of the Grand Old Party* (Oxford: Oxford University Press, 2014), 238; Emmanuel Saez and Gabriel Zucman, "The Rise of Income and Wealth Inequality in America: Evidence from Distributional Macroeconomic Accounts," *Journal of Economic Perspectives* 34 no. 4 (2020): 21.
14 Dorothy Sue Cobble, *For the Many: American Feminists and the Global Fight for Democratic Equality* (Princeton, NJ: Princeton University Press, 2021), 4.
15 Ira Katznelson, *Fear Itself* (New York: W. W. Norton, 2013), 15.
16 Katznelson, *Fear Itself*, 95.
17 Katznelson, *Fear Itself*, 260.
18 Katznelson, *Fear Itself*, 165.
19 "Summary of Conclusions and Proposals," *The American Political Science Review* 44, no. 3 (1950): 1–14.
20 Bob Dylan, "The Times They Are A-Changin'," *Bob Dylan Newsletter*.
21 Richard Zacks, "Easy Come, Easy Go," in *Rolling Stones: The Seventies*, ed. Ashley Kahn, Holly George-Warren, and Shawn Dahl (Little, Brown, 1998), 54.
22 Frum, *How We Got Here*, xxi.
23 Jon B. Gettman, "Crimes of Indiscretion: Marijuana Arrests in the United States," NORML, 2005, 28.
24 Frum, *How We Got Here*, 149.

25 Frum, *How We Got Here*, 4

26 "Public Trust in Government: 1958–2022," Pew Research Center, June 6, 2022.

27 Inglehart, *The Silent Revolution*, 104.

28 Ronald Inglehart, "The Silent Revolution in Europe: Intergenerational Change in Post-Industrial Societies," *American Political Science Review* 65, no. 4 (1971): 996. 이는 상관관계에 근거하여 연령을 통제하지 않았지만 잉글하트의 연구 결과는 여전히 세대 간의 현저한 단절을 보여 준다.

29 Kurlansky, *1968: The Year That Rocked the World*, 145.

30 Robert Gerald Livingston, "Violence Is the Only Way," *New York Times*, January 3, 1988.

31 "Marriages, divorces (time series)," Statistisches Bundesamt.

32 Hugh McLeod, "The Religious Crisis of the 1960s," *Journal of Modern European History / Zeitschrift Für Moderne Europäische Geschichte / Revue d'histoire Européenne Contemporaine* 3, no. 2 (2005): 205.

33 "Being Christian in Western Europe," Pew Research Center, May 29, 2018.

34 Tony Judt, *Postwar*, 488.

35 서독은 기술적으로는 1974년에 처음 낙태를 합법화했지만 1975년 헌법재판소에 의해 이 법은 무효화되었다. 그 후 1976년에 개정된 법이 통과되어 현재까지 약간의 수정을 거쳐 효력을 유지하고 있다. Deborah L. Goldberg, "Developments in German Abortion Law: A U.S. Perspective," *UCLA Women's Law Journal*, 1995 참조.

36 Everett Carll Ladd, "The Shifting Party Coalitions—from the 1930s to the 1970s," in *Party Coalitions in the 1980s*, ed. Seymour Martin Lipset (San Francisco: Institute of Contemporary Studies, 1981).

37 Ralph Ellison, *Invisible Man* (New York: Random House, 1952), 3.

38 James C. Cobb, "When Martin Luther King Jr. Was Killed, He Was Less Popular than Donald Trump is Today," *USA Today*, April 4, 2018.

39 Harry Enten, "Americans see Martin Luther King Jr. as a Hero Now, but that Wasn't the Case during His Lifetime," CNN, January 16, 2023.

40 "CBS News Poll: U.S. Involvement in Vietnam," January 28, 2018.

41 Richard Nixon, "Address Accepting the Presidential Nomination at the Republican National Convention in Miami Beach, Florida" (speech, August 8, 1968), The

American Presidency Project.

42 Rick Hampton, "1970 Kent State Shootings Are an Enduring History Lesson," *USA Today*, May 3, 2010.
43 Steven Pinker, "Decivilization in the 1960s," in *The Better Angels of Our Nature: Why Violence Has Declined* (New York: Penguin, 2012).
44 Astead W. Herndon and Sheryl Gay Stolberg, "How Joe Biden Became the Democrats' Anti-Busing Crusader," *New York Times*, July 15, 2019.
45 Frum, *How We Got Here*, 262.
46 Alana Semuels, "Where the White People Live," *The Atlantic*, April 10, 2015.
47 Kurlansky, *1968: Year That Rocked the World*, 43.
48 Lewis Gould, *The Republicans: A History of the Grand Old Party* (New York: Oxford University Press, 2014), 52.
49 Katznelson, *Fear Itself*, 175.
50 Rick Perlstein, *Reaganland: America's Right Turn 1976–1980* (New York: Simon & Schuster, 2020), 19.
51 Charles Kaiser, "'We May Have Lost the South': What LBJ Really Said about Democrats in 1964," *Guardian*, January 23, 2023.
52 Perlstein, *Reaganland: America's Right Turn 1976–1980*, 19.
53 "Trends in Contraceptive Practice: United States, 1965–76," CDC, 2023.
54 "Betty Freidan and *The Feminine Mystique*," *The First Measured Century*, FMC Program Segments 1960–2000, PBS.
55 Dorothy Sue Cobble, *For the Many*, 374.
56 Frum, *How We Got Here*, xxi.
57 Barbara A. DeBuono et al., "Sexual Behavior of College Women in 1975, 1986, and 1989," *New England Journal of Medicine*, March 22, 1990.
58 "Number and rate of divorces and number and percent of children under 18 involved annually in divorces: 1950 to 1993," National Center for Education Statistics.
59 Betty Friedan, *The Feminine Mystique* (New York: W. W. Norton).
60 "Stay-at-home mothers through the years," U.S. Bureau of Labor Statistics, September 2014.
61 "The Data on Women Leaders," Pew Research Center, September 13, 2018.

62 "Homosexuals in the Federal Government and Personnel Security," Eisenhower Library.

63 Tom W. Smith, "Public Attitudes toward Homosexuality," NORC/University of Chicago, September 2011.

64 Albert L. Winseman, "Religion 'Very Important' to Most Americans," Gallup, December 20, 2005.

65 Perlstein, *Reaganland: America's Right Turn 1976–1980*, 348.

66 Liliana Mason, *Uncivil Agreement: How Politics Became Our Identity* (Chicago: University of Chicago Press, 2018), 36–39.

67 Ezra Klein, *Why We're Polarized* (New York: Simon and Schuster, 2020), 59.

68 "Reagan Gets Backing of Right to Life Group for Stand on Abortion," *New York Times*, June 28, 1980.

69 Christina Wolbrecht, *The Politics of Women's Rights: Parties, Positions, and Change* (Princeton: Princeton University Press, 2000), 88.

70 Hanna Kozlowska, "Phyllis Schlafly, ArchEnemy of American Feminists, Died at 92," *Quartz*, September 6, 2016.

71 Perlstein, *Reaganland: America's Right Turn 1976–1980*, 724.

72 Perlstein, *Reaganland: America's Right Turn 1976–1980*, 626.

73 Perlstein, *Reaganland: America's Right Turn 1976–1980*, 911.

74 E. J. Dionne Jr., "There Is No 'Catholic Vote.' And Yet, It Matters," Brookings Institute, June 18, 2000.

75 Justin Nortey, "Most White Americans who regularly attend worship services voted for Trump in 2020," Pew Research Center, August 30, 2021.

76 Jacob Weisberg, "The Road to Reagandom," *Slate*, January 8, 2016.

77 Gary Gerstle, *The Rise and Fall of the Neoliberal Order: America and the World in the Free Market Era* (New York: Oxford University Press, 2022), 156.

78 "The Clinton Presidency: Historic Economic Growth," The Clinton-Gore Administration: A Record of Progress; Gerstle, *The Rise and Fall of the Neoliberal Order: America and the World in the Free Market Era*, 157.

79 "'Meet the Press' transcript for Sept. 30, 2007," NBC News, September 30, 2007.

80 Halimah Abdullah, "Reagan and Thatcher: 'Political soul-mates,'" CNN, April 9,

2013.

81 "The lasting legacy of Mrs Thatcher," *Financial Times*, April 8, 2013.

82 Peter Gatrell, *The Unsettling of Europe: How Migration Reshaped a Continent* (New York: Basic, 2019), 144.

83 Ian Aitken, "Enoch Powell dismissed for 'racialist' speech," *Guardian*, April 21, 1968.

84 Marcus Collins, "Immigration and opinion polls in postwar Britain," *Modern History Review* 18 no. 4 (2016): 8–13.

85 Gatrell, *Unsettling of Europe*, 290.

86 Liesbet Hooghe, "Europe Divided? Elites vs. Public Opinion on European Integration," IHS Political Science Series, April 2003, 2.

87 "Italian Minister Calls on Navy to Open Fire on Illegal Immigrants," *Sydney Morning Herald*, June 17, 2003.

88 Alexandra Grass, "Stammwählerschaft ist auf knapp 50 Prozent geschrumpft," *Wiener Zeitung*, July 4, 2000.

89 Jasmin Luypaert, "Decline of Mainstream Parties: Party Responses After Electoral Loss in Flanders," presented at the Belgian State of the Federation on December 2019, 3.

90 "Infographic—Irregular Arrivals to the EU (2008–2023)," European Council, June 2023.

91 Cynthia Kroet, "Germany Set Immigration Record in 2015," *Politico*, July 14, 2016.

92 Danielle Lee Thompson, "The Rise of Sweden Democrats: Islam, Populism and the End of Swedish Exceptionalism," Brookings Institute, March 5, 2020.

93 Thompson, "The Rise of Sweden Democrats."

94 Mark Gevisser, "How Globalisation Has Transformed the Fight for LGBTQ+ Rights," *Guardian*, June 16, 2020.

95 Ian Traynor, "Swiss vote to ban construction of minarets on mosques," *Guardian*, November 25, 2009; Marco Muller, "Which countries Have a 'Burqa Ban'?," Deutsche Welle (DW), August 1, 2019; Dustin Jones, "Switzerland Approves 'Burqa Ban' to Prohibit Some Face Coverings In Public," NPR, March 7, 2021.

96 Mason, *Uncivil Agreement*, 132.

97 Steven Levitsky and Daniel Ziblatt, "The Unraveling," in *How Democracies Die* (New York: Penguin Random House, 2019) 참조.

98 Lydia Saad, "Bush Presidency Closes With 34% Approval, 61% Disapproval," Gallup, January 14, 2009.

99 Peter Baker, "Mourning 'Compassionate Conservatism' Along With Its Author," *New York Times*, February 10, 2023.

100 Roberto Suro, Richard Fry, and Jeffrey S. Passel, "IV. How Latinos Voted in 2004," Pew Research Center, June 27, 2005.

101 "CNBC's Rick Santelli's Chicago Tea Party," The Heritage Foundation, February 19, 2009, 2:55 to 4:36, https://www.youtube.com/watch?v=zp-Jw-5Kx8k&t=145s&ab_channel=TheHeritageFoundation.

102 Bob Cesca, "Keep Your Goddamn Government Hands Off My Medicare!," *HuffPost*, September 5, 2009.

103 Lymari Morales, "Obama's Birth Certificate Convinces Some, but Not All, Skeptics," Gallup, May 13, 2011; Stephanie Condon, "One in Four Americans Think Obama Was not Born in U.S.," CBS News, April 21, 2011.

104 Jennifer Agiesta, "Misperceptions Persist about Obama's Faith, but Aren't so Widespread," CNN, September 14, 2015.

105 Fox Butterfield, "Trump Urged to Head Gala of Democrats," *New York Times*, November 18, 1987.

106 Ilan Ben-Meir, "That Time Trump Spent Nearly $100,000 On an Ad Criticizing U.S. Foreign Policy In 1987," Buzzfeed News, July 10, 2015.

107 Hunter Schwarz, "The Many Ways in which Donald Trump Was once a Liberal's Liberal," *Washington Post*, July 9, 2015.

108 Fareed Zakaria, "The Abortion Battle May Be the Precursor to Even Larger Struggles," *Washington Post*, May 5, 2022.

109 Klein, *Why We're Polarized*, xiii.

110 "Presidential Approval Ratings—Donald Trump," Gallup.

111 Lane Cuthbert and Alexander Theodoridis, "Do Republicans Believe Trump Won the 2020 Election? Our research Suggests They Do," *Washington Post*, January 7, 2022.

112 Maxine Najle and Robert P. Jones, "American Democracy in Crisis: The Fate of Pluralism in a Divided Nation," PRRI, February 19, 2019.

113 Pippa Norris and Ronald Inglehart, *Cultural Backlash: Trump, Brexit, and*

Authoritarian Populism (Cambridge: Cambridge University Press, 2019), 15–16.
114 "U.S. Foreign-Born Population Trends," Pew Research Center, September 28, 2015.
115 "Voting and Registration in the Election of November 1970," Bureau of the Census, figure 2; "Voter Turnout Demographics," United States Elections Project.
116 Daniel Cox, Rachel Lienesch, and Robert P. Jones, "Beyond Economics: Fears of Cultural Displacement Pushed the White Working Class to Trump," PRRI, May 9, 2017.
117 Norris and Inglehart, *Cultural Backlash*, 353.
118 Fareed Zakaria, "The Democrats should rethink their immigration absolutism," *Washington Post*, August 3, 2017.
119 Derek Thompson, "Three Decades Ago, America Lost Its Religion. Why?," *Atlantic*, September 26, 2019.
120 Ronald F. Inglehart, *Religion's Sudden Decline: What's Causing It, and What Comes Next?* (Oxford: Oxford University Press, 2021), 14
121 Inglehart, *Religion's Sudden Decline*, 15.
122 Michelle Margolis, "When Politicians Determine Your Religious Beliefs," *New York Times*, July 11, 2018.
123 Zakaria, "The Abortion Battle May Be the Precursor to Even Larger Struggles."
124 Ronald Brownstein, "How religion widens the partisan divide," CNN, October 22, 2019.
125 Klein, *Why We're Polarized*, 12.
126 Milan Singh, "The rise of the liberal Democrat," Slow Boring, August 5, 2023.
127 Klein, *Why We're Polarized*, 130.
128 Lydia Saad, "Socialism as Popular as Capitalism among Young Adults in U.S.," Gallup, November 25, 2019.
129 "Students Show Mixed Support for Police and Movement to Defund," Generation Lab, July 6, 2020.
130 Peter Smith, "Moscow Patriarch Stokes Orthodox Tensions with War Remarks," AP News, March 8, 2022.
131 Pjotr Sauer, "Putin says West Treating Russian Culture Like 'Cancelled' JK Rowling," *Guardian*, March 25, 2022.

9 지정학적 긴장과 상호 의존성 사이, 지정학적 이중 혁명

1 Graham T. Allison, *Destined for War: Can America and China Escape Thucydides's Trap?* (Boston: Houghton Mifflin Harcourt, 2017), vii.
2 Allison, *Destined for War*. (앨리슨 자신은 이 딜레마를 '투키디데스의 함정Thucydides' trap'이라고 부른다.)
3 Allison, *Destined for War*.
4 이 단락은 2008년 출간된 내 책 《탈미국의 세계The Post-American World》에서 발췌했다.
5 "Globalization over 5 Centuries," Our World in Data. Data from Mariko J. Klasing and P. Milionis, "Quantifying the Evolution of World Trade, 1870–1949," *Journal of International Economics* 92, no. 1 (2014): 185–97; A. Estevadeordal, B. Frantz, and A. Taylor, "The Rise and Fall of World Trade, 1870–1939," *Quarterly Journal of Economics* 118, no. 2 (2003): 359–407; World Bank—World Development Indicators; Robert C. Feenstra, Robert Inklaar, and Marcel P. Timmer, "The Next Generation of the Penn World Table," *American Economic Review* 105, no. 10 (2015): 3150–82.
6 "International Tourism Growth Continues to Outpace the Global Economy," United Nations World Tourism Organization, January 20, 2020; "International Tourism Swiftly Overcoming Pandemic Downturn" United Nations World Tourism Organization, September, 19, 2023.
7 John Lewis Gaddis, *The Long Peace: Inquiries Into the History of the Cold War* (Oxford: Oxford University Press, 1989).
8 Fareed Zakaria, "A Conversation with Lee Kuan Yew," *Foreign Affairs*, March 1, 1994.
9 Fareed Zakaria, "The Rise of Illiberal Democracy," *Foreign Affairs*, November 1, 1997; and Fareed Zakaria, *The Future of Freedom: Illiberal Democracy at Home and Abroad* (New York: W. W. Norton, 2007).
10 Hugo Grotius, *The Rights of War and Peace* (2005 ed.) vol. 1 (Book 1) (Indianapolis: Liberty Fund, 1625).
11 Immanuel Kant, "Toward Perpetual Peace," in *Kant: Political Writings* (Cambridge: Cambridge University Press, 1991).
12 "Chasing Freedom: The Royal Navy and the suppression of the transatlantic slave

trade," *1807 Commemorated*, Institute for the Public Understanding of the Past and the Institute of Historical Research, 2007.

13 Niall Ferguson, *The Pity of War* (New York: Basic, 1999).

14 William Ewart Gladstone, "Remember the Rights of the Savage" (speech, Dalkieth, UK, November 26, 1879), *Journal of Liberal History*, Liberal History Democrat Group.

15 이 단락과 다음 세 단락은 2019년 《포린 어페어스》 기고문 〈미국 패권의 자멸 The Self-Destruction of American Power〉(July–August 2019)에서 발췌한 것이다. Reprinted by permission of *Foreign Affairs*, copyright 2019 by the Council on Foreign Relations.

16 R. W. Apple Jr., "The Houston Summit; A New Balance of Power," *New York Times*, July 12, 1990.

17 "Tsongas Campaign Rally," video, C-SPAN, March 16, 1992.

18 Charles Krauthammer, "The Unipolar Moment," *Foreign Affairs* 70, no. 1 (1990): 23–33.

19 Charles Krauthammer, "The Unipolar moment," *Washington Post*, July 20, 1990.

20 Mark Wintz, "Origins of the Crisis: The Breakup of Yugoslavia," in *Transatlantic Diplomacy and the Use of Military Force in the Post-Cold War Era* (New York: Palgrave Macmillan, 2010).

21 "Rubin, Greenspan & Summers," *Time*, February 15, 1999.

22 심지어 중화인민공화국조차 (심하게 조작된) 일종의 선거를 치르고 있으며, 많은 독재 정권이 스스로를 '민주적'이라고 포장하고 있다.

23 Zakaria, *Post-American World*.

24 IMF가 제공한 1990년 명목 GDP 수치와 2023년 추정치를 기준으로 한다.

25 "The top 10 largest economies in the world in 2023," *Forbes India*, October 16, 2023.

26 "GDP (current US$)," World Bank.

27 "U.S. Defense Spending Compared to Other Countries," Peter G. Peterson Foundation, April 24, 2023.

28 "GDP (current US$)—China, United States," World Bank.

29 "GDP (current US$)–India, United States, China, Brazil, Turkey, Saudi Arabia," World Bank.

30 Devon Pendleton, "These Are the World's Richest Families," Bloomberg, October 28, 2022.

31   Rosie Lesso, "What Are the 5 Tallest Buildings in the World?," The Collector, February 16, 2023.

32   Andrew Hyde, "China's Emerging Financial Influence at the UN Poses a Challenge to the U.S.," Stimson Center, April 4, 2022.

33   Bonnie S. Glaser and Courtney Fung, "China's Role in the United Nations," German Marshall Fund of the United States, December 1, 2022.

34   Fareed Zakaria, "The New China Scare," *Foreign Affairs*, December 6, 2019.

35   Xi Jinping, "Secure a Decisive Victory in Building a Moderately Prosperous Society in All Respects and Strive for the Great Success of Socialism with Chinese Characteristics for a New Era," Delivered at the 19th National Congress of the Communist Party of China, Xinhua, October 18, 2017.

36   Fareed Zakaria, "The Decline of U.S. influence Is the Great Global Story of Our Times," *Washington Post*, December 28, 2017.

37   Joshua Kurlantzick, "The Belligerents," *New Republic*, January 27, 2011.

38   Julia Lovell, *Maoism: A Global History* (New York: Alfred A. Knopf, 2019) 참조.

39   "2023: Trade in Goods with China," United States Census Bureau.

40   이 문단과 다음 문단의 일부는 다음 기고문에서 발췌한 것이다. Fareed Zakaria, "U.S. and China are in a Cold Peace," *Washington Post*, August 5, 2021.

41   "GDP (Constant 2015 US$, Russian Federation)," World Bank.

42   "Confiscate Russian Assets? The West Should Resist," The Editorial Board, Bloomberg, July 18, 2023.

43   "Russia's Invasion of Ukraine Exacerbates Hunger in Middle East, North Africa," Human Rights Watch, Human Rights Watch, March 21, 2022.

44   Fareed Zakaria, "Russia's biggest problem isn't the war. It's losing the 21st century," *Washington Post*, June 30, 2023, citing Nicholas Eberstadt, "Russian Power in Decline: A Demographic and Human Resource Perspective," American Enterprise Institute, AEI Foreign & Defense Policy Working Paper 2022–01, August 2022.

45   "School Enrollment, Tertiary (% gross)—Russian Federation, European Union," World Bank; "Literacy Rate, Adult Total (% of people ages 15 and above)—Russian Federation," World Bank.

46   Fareed Zakaria, "Russia Is the last Multinational Empire, Fighting to Keep Its

Colonies," *Washington Post*, March 31, 20.

47 "Putin: Soviet Collapse a 'Genuine Tragedy,'" NBC News, April 25, 2005.

48 Zakaria, "Russia Is the Last Multinational Empire."

49 이 부분은 다음에서 발췌. Zakaria, *Ten Lessons for a Post-Pandemic World*, 197–98 and Zakaria, "The New China Scare." Reprinted by permission of FOREIGN AFFAIRS, January/February 2020. Copyright 2020 by the Council on Foreign Relations, Inc. www.ForeignAffairs.com.

50 다음을 영어로 번역: Notice of the State Council on the Publication of 'Made in China 2025,'" Georgetown Center for Security and Emerging Technology, March 10, 2022; James McBride and Andrew Chatzky, "Is 'Made in China 2025' a Threat to Global Trade?," Council on Foreign Relations Backgrounder 참조.

51 Fareed Zakaria, "What the West is still getting wrong about the rise of Xi Jingping," *Washington Post*, October 6, 2022.

52 "GDP Growth (annual %)–China," World Bank.

53 Tracy Alloway, Joe Weisenthal, and Isabel Webb Carey, "Richard Koo on China's Risk of a Japan-Style Balance Sheet Recession," Bloomberg, July 10, 2023.

54 Zongyuan Zoe Liu, interviewed by Tracy Alloway and Joe Weisenthal, "The Odd Lots," Bloomberg, August 21, 2023.

55 Zakaria, "What the West Is Still Getting Wrong about the Rise of Xi Jingping."

56 Tiffany May, "He Fled China's Repression. But China's Long Arm Got Him in Another Country," *New York Times*, August 26, 2023.

57 Zakaria, "It Takes Two to Tango. But Does China Want to Dance?," *Washington Post*, July 27, 2023.

58 Elizabeth Economy, *The Third Revolution: Xi Jinping and the New Chinese State* (New York: Oxford University Press, 2018).

59 Angela Stent, *Putin's World: Russia against the West and with the Rest* (New York: Twelve, 2019), 51.

60 Stent, *Putin's World*, 27.

61 정치학자 안젤라 스텐트Angela Stent는 누구보다도 이런 전통적 원칙이 반영되었다는 점을 강조했다. Stent, *Putin's World*, 27. 참조.

62 Peter Pomerantsev, *Nothing Is True and Everything Is Possible: the Surreal Heart of the*

New Russia (PublicAffairs; Reprint edition, 2015), 186.

63 Tim Hume, "Vladimir Putin: I didn't mean to scare Angela Merkel with my dog," CNN, January 12, 2016.

64 "'There will be dad and mum': Putin rules out Russia legalizing gay marriage," Reuters, February 13, 2020, another translation: "Extracts from Putin's speech at annexation ceremony," Reuters, September 30, 2022.

65 Emma Bubola, "Putin Signs Law Banning Expressions of L.G.B.T.Q. Identity in Russia," *New York Times*, December 5, 2022.

66 Neil MacFarquhar, "Putin signs a harsh new law targeting transgender people in Russia," *New York Times*, July 24, 2023.

67 Youqin Wang, "Student Attacks against Teachers: The Revolution of 1966," *Issues & Studies* 37, no. 2 (March/April 2001).

68 Li Yuan, 'Reversing Gears': China Increasingly Rejects English, and the World, *New York Times*, September 9, 2021.

69 Helen Davidson, "China Divorces Drop 70% after Controversial 'Cooling Off' Law," *Guardian*, May 18, 2021.

70 Carina Cheng, Oliver Hu and Larissa Gao, "Barred from Freezing Their Eggs at Home, Single Chinese Women Are Traveling Elsewhere," NBC News, September 4, 2023.

71 Robert Burton-Bradley, "Has China's push to ban 'effeminate' and 'sissy' men claimed its first victim? The tragic case of Zhou Peng," *South China Morning Post*, January 4, 2022.

72 이 부분에서는 익명의 중국 연구자이자 논평가인 N. S. 라이언스N. S. Lyons의 탁월한 분석에 의존하고 있다.: N. S. Lyons, "The Triumph and Terror of Wang Huning," *Palladium*, October 11, 2021 참조.

73 Lyons, "Triumph and Terror of Wang Huning."

74 Niall Ferguson, "The Myth of the Liberal International Order," Harvard Belfer Center, January 11, 2018.

75 Robert Kagan, *The Jungle Grows Back: America and Our Imperiled World*, First Vintage Books edition (New York: Vintage, 2019).

76 사하라 이남 아프리카의 경우 "Trade Summary for SSD for Sub-Saharan Africa

2021," World Integrated Trade Solutions, World Bank 참조; 남미의 경우 "China Regional Snapshot: South America," Foreign Affairs Committee 참조.

77　Fareed Zakaria, "Biden's Course Correction on China Is Smart and Important," *Washington Post*, April 21, 2023.

78　"GDP (current US $)—India, China, United States, Germany, Japan," 1960–2022, World Bank.

79　이 단락은 2022년 5월 26일 《워싱턴포스트》에 처음 게재한 파리드 자카리아의 칼럼 "올해 다보스에서 나온 한 가지 희망적인 조짐The one hopeful sign coming out of Davos this year"에서 발췌했다.

80　이 단락은 2021년 7월 29일 《워싱턴포스트》에 처음 게재된 파리드 자카리아의 칼럼 "자유 민주주의로 가는 좁은 길The narrow path to liberal democracy"에서 발췌했다.

81　Fareed Zakaria, "The Narrow Path to Liberal Victory," *Washington Post*, July 29, 2021.

82　Larry Diamond, "All Democracy Is Global," *Foreign Affairs*, September 6, 2022.

83　"'It Was India's Good Fortune to Be a British Colony,'" *Outlook*, February 5, 2022.

맺음말·풍요와 자유의 대가, 고독과 상실감의 시대

1　Walter Lippmann, *A Preface to Morals*, Social Science Classics Series (New Brunswick, NJ: Transaction, 1929, reprint 1982), 21.

2　Aristophanes, Clouds, trans. Lippmann, *A Preface to Morals*, epigraph.

3　Lippman, *Preface*, 19–20.

4　Max Roser, Esteban Ortiz-Ospina and Hannah Ritchie, "Life Expectancy," Our World in Data, first published 2013; last revised October 2019.

5　Desmond M. Tutu, "The First Word: To Be Human Is to Be Free," *Journal of Law and Religion* 30, no. 3 (October 2015): 386–90.

6　Blaise Pascal, *Pensées*, trans. W. F. Trotter, 113.

7　Søren Kierkegaard, *The Concept of Anxiety: A Simple Psychologically Oriented Deliberation in View of the Dogmatic Problem of Hereditary Sin*, trans. Alastair Hannay (New York: Liveright, 2015), 188.

8　Friedrich Nietzsche, *Thus Spoke Zarathustra*, Prologue.

9   Erich Fromm, *Escape from Freedom* (New York: H. Holt, 1994), 150–51.
10 Interview with Viktor Orbán by Tucker Carlson, August 29, 2023, About Hungary (blog), https://abouthungary.hu/speeches-and-remarks/interview-with-viktor-orban-by-tucker-carlson.
11 Jesse Graham, Jonathan Haidt, and Brian A. Nosek, "Liberals and Conservatives Rely on Different Sets of Moral Foundations," *Journal of Personality and Social Psychology* 96, no. 5 (May 2009): 1029–46.
12 후쿠야마는 나중에 인간 사회에서 필요하면서도 역효과를 내는 요소인 '티모스 Thymos' 개념을 발전시켜 다음의 저서에 반영했다. Francis Fukuyama, *Identity: The Demand for Dignity and the Politics of Resentment* (New York: Farrar, Straus and Giroux, 2018).
13 Alan Ehrenhalt, *The Lost City: The Forgotten Virtues of Community in America*, 2nd ed. (New York: Basic, 1996).
14 Ehrenhalt, *Lost City*, 95.
15 Lippmann, *Preface*, 10.
16 "The Inflation Reduction Act and US Business Investment," US Department of Treasury, August 16, 2023.
17 Fareed Zakaria, "National Service Can Bring Us Together as a Nation," *Washington Post*, May 19, 2019, citing data provided by Mark Muro of the Brookings Institution.
18 Mickey Kaus, *The End of Equality*, A New Republic Book (New York: Basic, 1996), 50.
19 Fareed Zakaria, "National Service Can Bring Us Together as a Nation," *Washington Post*, May 9, 2009.
20 "Southwest Land Border Encounters FY22," US Customs and Border Prediction.
21 David Frum, "If Liberals Won't Enforce Borders, Fascists Will," *The Atlantic*, April 2019.
22 Fareed Zakaria, "A Conversation with Lee Kuan Yew," *Foreign Affairs*, March 1, 1994.
23 Daniel Cox, Rachel Lienesch, and Robert P. Jones, "Beyond Economics: Fears of Cultural Displacement Pushed the White Working Class to Trump" Public Religion Research Institute/*The Atlantic Report*, May 9, 2017.
24 George F. Will, *The Conservative Sensibility* (New York: Hachette, 2019), xxviii.
25 Eric Alterman, "Remembering the Left-Wing Terrorism of the 1970s," *Nation*, April 4,

2015.

26 Isiah Berlin, "A Message to the Twentieth Century," Commencement Address at University of Toronto, November 25, 1994, *New York Review of Books*.

27 Thomas Babington Macaulay, *Speeches, Parliamentary and Miscellaneous* (London: H. Vizetelly, 1853), vol. 1, pp. 11–14, 20–21, 25–26.

28 Gertrude Himmelfarb, *On Liberty and Liberalism: The Case of John Stuart Mill* (San Francisco, CA: ICS Press, 1990).

29 Von Bono, "Europe is a thought that needs to become a feeling," *Frankfurter Allgemeine Zeitung*, August 27, 2018.

찾아보기

'그랜드 투어' 185-86
'나에게는 꿈이 있습니다' 연설(킹) 387
'법과 질서' 범죄 방지 정책 375, 390
'스윙 폭동'(1830) 200-1
'어떤 곳'과 '아무 곳' 338-39
'자유의 여름' 유권자 등록 운동 387
'제3세계' 용어의 기원 442
"대각성 운동" 398-401
"무한의 심연" 488-89
"유령 공포" 163
〈내 사랑 루시〉(TV 쇼) 381
〈로키〉(영화) 391
〈매트릭스〉(영화) 367
〈버려진 마을〉(골드스미스) 192
〈보다 책임감 있는 양당제를 향하여〉 380
〈브루클린 선착장을 건너며〉(휘트먼) 237
〈일극의 순간〉(크라우트해머) 443

〈젯슨 가족〉(TV 쇼) 326
〈택시 드라이버〉(영화) 390-91
〈표현의 자유〉(로크웰 그림) 348
〈프랑스의 자유와 영국의 예속〉(그림) 205
《80일간의 세계 일주》(베른) 272
《강대국의 흥망》(폴 케네디) 430
《공산당 선언》 26, 193, 240, 378
《국부론》(스미스) 74, 210
《나 홀로 볼링하기》(퍼트넘) 333
《나머지 절반의 사람들은 어떻게 사는가》(리스) 240
《나의 투쟁》(히틀러) 283
《노예의 길》(하이에크) 402
《다이아몬드 시대》(스티븐슨)
《도덕 서설》(리프먼) 485
《멋진 신세계》(헉슬리)
《문명》(클라크)
《미국 대 미국》(왕후닝) 472

《미국 성장의 흥망》(고든) 321
《미들마치》(엘리엇) 213-14
《반지의 제왕》(톨킨) 190
《보수의 감성》(윌) 504
《사회주의와 자본주의에 대한 한 지적 여성의 안내서》(쇼) 214
《시온 장로 의정서》 352
《안나 카레니나》(톨스토이) 468
《앙시앙 레짐과 혁명》(토크빌) 142
《여성의 신비》(프리단) 394-95
《역사의 종말과 최후의 인간》(후쿠야마) 490
《영국 노동 계급의 상황》(엥겔스) 193
《오즈의 마법사》(바움) 248-49
《올리버 트위스트》(디킨스) 209
《외교》(키신저) 442-43
《위대한 환상》(에인절) 280
《잃어버린 도시》(에런홀트) 493
《전문성의 죽음》(니콜스) 363
《전쟁과 평화》(톨스토이) 468
《전쟁과 평화의 법》(그로티우스) 437
《전체주의의 기원》(아렌트) 336
《젊은 베르테르의 슬픔》(괴테) 162
《정치학》(아리스토텔레스) 15
《제2의 성》(보부아르) 393
《지하로부터의 수기》(도스토옙스키) 216
《천구의 회전에 관하여》(코페르니쿠스) 23
《탈미국의 세계》(자카리아) 432, 450

《톰 브라운의 학창 시절》(휴스) 187
《톰 아저씨의 오두막》(스토) 395
《펠로폰네소스 전쟁사》(투키디데스)
《평등의 종말》(카우스) 497
《표범》(람페두사) 169
《항복》(우엘벡) 411
《혁명의 시대》(홉스봄) 172
《힐빌리의 노래》(밴스)
1630년대 튤립 버블 78
1848년 봉기 44-45, 165-69
1848년 외국인법 207
1873년 금융 위기 277-78
1894년 풀먼 파업 254
1924년 이민법 379
1960년대 시위 운동 374
1965년 투표권법 387
1968년 혁명 371-74
1978년 존스타운 대학살 352
1989년 혁명 165
1990년 이후 주택담보대출 채무 불이행 310-11
1차 세계대전 235, 328, 433, 440
2001년 9.11 테러 공격 30
2008년 금융 위기 31, 293, 310-11, 414
2011년 월가 점령 운동 311, 344
2차 산업 혁명 256, 321
  → 미국의 산업 혁명 참조
2차 영란 전쟁 102
3차 산업 혁명 320, 323

4차 산업 혁명 320, 360
80년 전쟁 68
95개조 논제(루터) 64
AI → 인공지능 참조

가마, 바스쿠 다 56
가톨릭교회
  개신교 개혁과 가톨릭교회 64
  도그마 22, 54
  반개혁 54, 75
  영국에서의 개신교와 가톨릭의 갈등 97-98
  위계적 경향 54
  유럽 군주와 가톨릭교회 59
  종교 재판 54, 75, 86, 164
갈릴레오 22, 183, 347
개디스, 존 루이스 434
개방 대 폐쇄의 정치적 분열 22
개선문 161
개신교 종교개혁 51, 64-66, 96
거듭난 기독교인 399
게이츠, 빌 357, 363
게이해방전선 397
결혼 보호법 412
계약의 세계 112
고든, 로버트 321
고빌 남작 43
고전적 자유주의 29, 50, 144, 366, 482, 487, 504-5
곡물법 211-12, 246

골드버그, 켄 359
골드스미스, 올리버 192, 215, 333
골드워터, 배리 391-92
공리주의 215, 217-18
공산주의 붕괴 24, 27, 294, 296
공포 통치 137
공화당
  도시 엘리트들의 분노 339
  빌 클린턴에 대항한 전략 411-13
  자유방임 정책 245, 250, 258, 260
  종교적 우파 관련 400-2
  좌우의 노선 재정립 244-46, 249-52, 257
  진보적 공화당원 시어도어 루스벨트 253-56
  친기업적 태도 255-56, 257-58
  티파티 313-14, 414
  포퓰리스트의 점령 32, 313, 411-16
관세 및 무역에 관한 일반 협정 287
관용법(1689) 107-8
구, 리처드 465
국가당 83-85, 87, 88, 105
국민 개병제 154, 157
국민의회(프랑스) 42-43, 126, 128
국민전선(프랑스) 312-13, 408
국제연맹 286, 440-41
국제연합(UN) 결성 287
국제은행간통신협회(SWIFT) 은행 결제 시스템 456
국제주의 275, 286-87, 483

국제통화기금(IMF) 287, 293-94, 302, 309, 474
군주제 29, 35, 42, 45, 59, 62, 79, 88, 97, 99, 100, 104, 125, 127, 129, 135, 139, 152, 168, 229, 230
굿하트, 데이비드 338
궁정 정치 79
권리장전(영국) 106, 118, 152
그레이엄, 린지 416
그로티우스, 휴고 84
그리니치 표준시 184
그리스월드 대 코네티컷 394, 395
그리핀, 엠마 199
그린스펀, 앨런 444
근대 올림픽의 창설 187
근대성 117, 123, 142, 162, 183, 192, 208, 213, 216, 248, 263, 281
글래드스턴, 윌리엄 183, 222, 439-40
글래스 스티걸법 404
글로벌 공급망 224, 271-72, 357
금 본위제 246, 248
기술 319-69
  '서번트'(이론적 과학 사상가)와 '패브리컨트'(손을 더럽히는 산업 노동자)' 537n
  기술로 인한 반발 37, 270
  기술에 의한 소득 증가 270
  기술이 일으킨 혼란 269
  네덜란드 36, 51, 63, 69-71, 468
  베네치아에서 기술 52, 54
  비즈니스 및 고용에 미치는 영향 336-39, 353-59
  산업 연구소 236
  생명공학 혁명 360-66
  서유럽 57-58
  스마트폰 184, 325, 334, 341
  영국 111, 115, 176-80
  운송 기술 272-73, 288-90
  인터넷의 탄생 323-24
  자동화와 일자리 304, 306, 353-58
  전신 224, 234, 269, 273-74
  증기선 186, 194, 234, 273, 282, 289
  초기 컴퓨터 개발 323
  포르투갈과 스페인 57
  프랑스 146-47, 158-59
  플라잉 셔틀 176-77, 180
  협동 로봇(코봇) 354-55
  → 디지털 혁명, 산업 혁명, 인터넷 참조
길드 59, 82, 84-85, 111, 166, 208
깅리치, 뉴트 411-13, 416

나폴레옹 법전 141
나폴레옹 보나파르트
  교황과의 협상 156
  국내 정책 136, 140-42, 147, 158-60, 162
  근대화 132, 141, 142-43, 158-59
  대륙 체제 159-60
  러시아 침공 160

무역 정책 159-60
　　보호주의 159
　　워털루 전투 160
　　집권 122, 132, 139-40, 155-56
　　패배 122, 142, 160, 172, 196, 223, 276
　　황제로서의 나폴레옹 122, 140-42, 155-58
나폴레옹 전쟁 196, 198, 223, 276
나폴레옹의 조카(나폴레옹 3세) 168
낙태 17, 374, 377, 385, 395, 398, 399-400, 410, 417, 421
낫적혈구빈혈 365
낭만주의 162-63, 191, 217
냉전
　　강대국에 의한 억제 27
　　공산주의와의 대결 284
　　세계화와 냉전 289, 296, 349
　　정치의 좌우 분열 45, 262
네덜란드
　　1630년대의 튤립 거품 78
　　1672년 프랑스 침공 87-88
　　1688년 이후 영국-네덜란드 융합 90, 101, 104, 105-6
　　2차 영란 전쟁 102-3
　　개신교 종교개혁 51, 66
　　고전적 자유주의 50
　　국가당 83-85, 87
　　국토 면적(1300년~현재) 60-61
　　금융 혁신 51, 72-74
　　기술 혁신 50, 51, 58, 69-71
　　길드 59, 82-83, 84-85, 111
　　네덜란드 공화국 49-51, 62, 76, 78, 79-85, 87-88, 110-11, 299
　　네덜란드 공화국, 말기 87-88
　　네덜란드 공화국, 수립 49
　　네덜란드 사회의 특성 81
　　네덜란드 지방 연합 49, 68
　　네덜란드 혁명 69, 74, 117-18, 125
　　도시화 62, 76-77
　　무역과 해운 70-71
　　물 관리 및 토지 매립 60-62
　　보호 무역주의 111
　　분권형 정치 시스템 59, 68, 79-81
　　비즈니스 친화적 문화 77
　　세계화 51, 68
　　세금 63, 66
　　소분기 109
　　소비주의 78
　　암스테르담은행 73-74
　　암스테르담 증권거래소 73
　　암스테르담의 난민 피난처 74-75, 86, 88
　　영국과의 무력 전쟁과 무역 전쟁 102-4
　　예술과 예술가 49-50
　　이념적 정치적 분열 82-85
　　절대 왕정의 거부 58
　　정체 110-11
　　정체성 혁명 36, 50-51

제방 61, 63, 87
최초의 자유주의 혁명 35, 66-69, 58-63, 66-88
팍스 홀랜디카 69-71, 115
풍차 63, 69, 110
합스부르크 통치자에 대한 반란 51, 66-69, 70, 75, 84
해군 69, 115
황금기 49-50, 78, 92
황금기의 종말 87
네덜란드 공화국 → 네덜란드 참조
네덜란드 동인도회사 73, 102
네덜란드 혁명 61, 69, 74, 88, 117, 125
네루, 자와할랄 483
노동당 220, 241, 405
노란 조끼 시위(2018) 345
노아, 유발 하라리 366
놀린, 에릭 355
농민들의 공포가 부른 폭력 150
농업과 세계화 269
뉴딜 261
뉴욕 103, 234, 237-38, 258
뉴커먼, 토머스 178
뉴턴, 아이작 108
니체, 프리드리히 421, 490
니콜스, 톰 363
닉슨, 리처드 375, 389, 392, 461

다문화주의 499
다비즈, 카렐 78
다우드너, 제니퍼 360
다윈, 존 224, 248
다이아몬드, 래리 483
다이아몬드, 제러드 191
단두대 136-37
단백질 접힘 360
단턴, 로버트 127
달콤한 상거래 534n
대공황 260-61, 282, 379
대륙 체제 159-60
대만 304, 305, 452, 461, 462, 464
대분기 110
대서양 혁명 173
대영 제국
 '스윙 폭동' 200-1
 '장사꾼들의 나라' 206
 1832년 대개혁법 202-3, 208, 216, 209, 540n
 1848년 외국인법 207
 1902년 보호주의 조치 207
 1945년 이후 225, 442
 19세기 반대 의견 탄압 195
 19세기 선도 국가 50, 223-25
 1차 세계대전 439
 개신교와 가톨릭의 갈등 97-98
 곡물법 211-12, 246
 국가 정체성 105-9
 금융 혁신 110-11
 기대수명 증가 181
 기술 혁신 115, 123, 180, 181-84

노동당 220, 241, 405
노예 무역 폐지(1830) 439
대분기 110
도시화 95-96, 146
러다이트 25, 194-99, 200-1, 320
러시아와의 '그레이트 게임' 경쟁 439
미국 혁명과 대영 제국 125
민족주의 112
반곡물법 동맹 211, 255
보수당 18, 211, 213, 221-22, 253, 278, 292, 375, 406, 509
보호주의 224, 230
브렉시트 18, 34, 32
산업 혁명으로 인한 높은 생활 수준 205-6
세계 패권국으로서의 외교 정책 275, 438-39
세금 114-15
소비주의 114-15, 205
신빈민법 385
아시아와 아프리카의 영토 병합 276, 279
아편 전쟁 116, 276
연합법 110, 113
영국 산업화와 대영 제국 223-26
영국독립당(UKIP) 312, 410
영국의 패권 27
영어의 확산 112-13
이민 406-7, 410
인구 증가 182, 538n

자유 무역 194-95, 212-13, 271, 280
자유 무역 분열 211-13
정치의 좌우 분열 44, 207-10, 212-14, 262
제국 특혜 관세 282
차 문화 113
철도 182-83
칼로리 섭취량 114
토리당 207-12, 221
투표권 197, 203, 539n, 540n
팍스 브리태니카 115
해군 102-3
휘그당 100-1, 116, 200, 201-2, 207-23, 216, 221, 234
→ 영국 참조
대처, 마거릿 28, 151, 292, 294, 404, 405, 442
대헌장 91
더글러스, 프레더릭 391
더니든호(선박) 272-73, 289
덩샤오핑 467
데카르트, 르네 76, 77, 86
도덕적 다수 401
도스토옙스키, 표도르 216
독립선언 232
독일
 1848년 혁명 167-68
 1990년대의 통일 407
 1차 세계대전 439

1차 세계대전 후의 고통 440-41
계몽주의에 대한 반발 162
기독교민주연합 384
낙태법 변경 385
낭만주의와 민족주의 162-63
독일 연방 167
독일을 위한 대안(AfD) 409-10
사회민주당 241
사회복지 제도 168
서구의 냉전 384
세속화와 이혼 385
이민에 대한 반발 406, 409
정치의 좌우 분열 44
제국의회 368
제국주의 283
중동 출신 이민자 409
돌, 밥 526n
동성애자 권리 운동의 시작 396-98
드골, 샤를 371-72, 375, 536n
드뇌브, 카트린 385
드롱, 브래드 181, 236, 274, 285, 527n
디리지즘 159
디아스, 바르톨로뮤 56
디즈레일리, 벤저민 278, 509
디지털 시대의 음악 산업 327
디지털 혁명 319-369
　'어떤 곳'인가 '아무 곳'인가 336-39
　변화 속도 194, 320, 323-59
　비즈니스와 고용에 미치는 영향 336-39, 353-59

음악 산업 327
자동화와 일자리 304, 305
→ 인터넷, 기술 참조
디킨스, 찰스 209, 233
디포, 다니엘 114
딥페이크 351-52

라부아지에, 앙투안 138, 146
라이언스, N. S. 472
라파예트 후작 126, 128, 131-34, 135
러다이트 25, 194-99, 200-1, 320
러스킨, 존 209-10, 214
러시아
　EU와의 파트너십 및 협력 협정 468
　GDP 감소와 증가 27-28, 455
　나폴레옹의 침공 122, 160
　농노제 폐지 169
　러시아 문화 수호 426, 468-69, 473
　러시아 혁명 39, 170-71
　바이커 운동 468-69
　불안정성 조장 455
　소련 이후 러시아의 취약성 300-1, 459, 463
　쇠퇴 457, 476
　영국과의 '그레이트 게임' 경쟁 439
　우크라이나 침공 346, 426, 434, 455-56, 459, 460, 469, 476
　자유주의 국제 질서에 대한 반발 467-69
　제재 456, 478-79

중국의 속국이 된 상태 476
중앙아시아와 시베리아에서의 정복 224-25
체첸 전쟁 459
폴란드 침공 129
훼방꾼 나라 432, 454-57
러시아 정교회 426
러시아 혁명 모방 170
레닌, 블라디미르 39, 170-71
레딧 334
레오 12세(교황) 164
레오나르도 다빈치 146
레이건, 로널드 17, 29, 292, 399, 400-1, 402-3
로 대 웨이드 사건 395, 399
로마 멸망 76, 91, 117
로마 정치 79
로버츠, 앤드루 156
로베스피에르, 막시밀리앙
  과대망상증 139
  권력 장악 122, 135-36
  단두대와 숙청 122, 131, 135, 137, 139, 171, 534n
  몰락 140, 131-32, 139
  반종교적 열의 138
  비생산적 규제 136-37, 142, 159
로웰, 프랜시스 캐벗 233
로저, 엘리엇 335
로크, 존 82, 108
로페스 오브라도르, 안드레스 마누엘 20

록펠러, 존 D. 239, 250
롤링, J. K. 426
롬브, 토머스 179-80
루비오, 마르코 313, 416
루빈, 로버트 444
루빈, 제러드 224
루소, 장 자크 79
루스, 헨리 286, 441
루스벨트, 시어도어 245, 253-56
루스벨트, 프랭클린 델라노 258-61, 284, 286, 379-80, 391, 441
루이 13세(왕) 97
루이 14세(왕) 59, 86-88, 103, 104, 117, 125, 144, 145
루이 16세(왕) 43, 120, 126, 129-30
루이 18세(왕) 142
루이 필립(왕) 166
루터, 마르틴 64-65
뤼브케, 하인리히 384
르펜, 마린 312-13, 410
르펜, 장 마리 313
리스, 제이콥 240, 340
리우, 종위안 조이 465
리카도, 데이비드 217
리콴유 435, 498-501, 510
리프먼, 월터 257, 485-86, 494
린드버그, 찰스 282
릴라, 마크 376
링컨, 에이브러햄 234-35

마르크스, 카를 26, 170, 240-41, 358, 378, 486
마리 앙투아네트(왕비) 130, 138
마리화나 382
마셜 플랜 289, 296
마오쩌둥 39, 136, 451, 453, 461, 466, 467, 470, 471, 535n
마조위, 마크 275
마크롱, 에마뉘엘 313
만국 산업생산품 대박람회 215
매디슨, 앵거스 50
매슬로, 에이브러햄 376
매카시, 조지프 396-97
매콜리, 토머스 배빙턴 201-2
매클린, 맬컴 288
매킨리 관세 280
매킨리, 윌리엄 250, 253-54
맥루한, 마셜 331, 349
맥아피, 앤드루 328, 342
맥클로스키, 디어드리 175, 532n
머시, 비벡 333
메르켈, 앙겔라 409, 469
메리 스튜어트(여왕) 101
메인, 헨리 112
메일러, 노먼 390
메테르니히, 클레멘스 폰 163-64, 167
멜로니, 조르자 18
면죄부 64
명예혁명(1688) 175-227
　권리장전 106, 118, 149, 152

빌렘 3세(윌리엄) 89, 104-5, 106, 108
아일랜드 공포 105
의회의 권한과 명예혁명 35, 92, 104, 106, 107
자본주의와 명예혁명 94-95, 112-16, 179
자유주의적 네덜란드 관행의 영향 88, 101, 106, 109
절대주의 거부 97, 100-1, 106, 109
정체성과 명예혁명 105, 106, 112
청교도 통치 이후 98
초당적 합의 106-7, 109
토리당과 명예혁명 106-7
→ 영국 참조
모건, 에드먼드 231
모더나 361, 362
모디, 나렌드라 19, 299, 482
모리스, 딕 403
모리스, 찰스 R. 223
모스, 새뮤얼 234
몽골피에 형제 146
무력 외교 281
무어, 배링턴 2세 95
무역(교역)
　2차 세계대전 이후의 성장 285-86, 289
　교역의 증가(1850-1870) 274
　국가 간 상호 의존성 433-34, 435-37, 453-54, 456

찾아보기 · 581

냉장육 운송, 뉴질랜드 272-73, 289
네덜란드 70-71
　무역 개방 지수 433
　무역 전쟁, 영국과 네덜란드 102-4
　미중 무역 453-54
　보호주의(전간기) 282-83
　생활 수준 향상 272, 545n
　영국과 프랑스의 자유무역협정 (1860) 271-72
　영국의 자유 무역 194-95, 212-13, 271, 280
　유럽 식민 강국들의 무역 279-80
　컨테이너선 70, 288
　프랑스 145, 159-60, 172, 271-72
　환태평양경제동반자협정 316
　→ 세계화 참조
문화 전쟁
　경제 및 계급 갈등을 대체 377, 385-86, 412
　이민과 문화 전쟁 406
　전 세계 문화 전쟁 425-27, 468-69
　종교와 문화 전쟁 398, 402, 424-25
　좌우 분열 422-25
물레 189, 539n
미 의회의사당 폭동 32, 381
미국
　1890년 이후 선도 국가 50
　1960년대 시위 운동 374
　1968년 이후 정치적 양극화 31-32, 363, 386-93, 413, 416-18

　1970년대의 권태로움 322
　관세 34, 233, 255, 263, 280, 282-83, 316, 331, 463
　교회 출석 398, 399, 421, 493
　기술 혁신 233-36
　남부의 짐 크로법 238, 244-45, 251, 379, 506
　남북 전쟁 232, 234-35, 236, 238-39, 243, 244-45, 391
　노예제 종식 232, 242-43
　도금 시대 235, 239, 268, 321, 336
　도시화 237-38
　두 번째 지정학적 혁명 431
　미국 제조업의 쇠퇴 304-5
　미국에 대한 신뢰 상실 449-50
　미국의 영향력 감소 447-49, 475
　미중 무역 453-54
　민권 운동 221, 374, 387-88, 392, 393, 398
　민권법 374, 387, 391, 392
　부족으로서의 정당 417
　산업의 성장 235-36
　상대적 박탈감과 정체감 308-9
　아시아 금융 위기 구제 금융 444
　엘리트에 대한 불신 309, 363, 376, 413, 414
　이민 235, 237-38, 279, 308
　이민에 대한 반발 418-20
　인종 차별 251, 372, 380, 387, 388, 423-24, 492

일극 체제 27-30, 443, 463
일본의 강제 개방 276-77
자유 시장 이념 239, 262
자유주의적 개인주의 전통 242
정부 폐쇄 31, 413
팍스 아메리카나 431-32, 444-45, 455
패권에 대한 도전 30-31, 432-33, 475-79
패권으로의 부상 431
포효하는 1920년대 경제 281-82
해밀턴주의 대 제퍼슨주의 논쟁 243
흑인 미국인에 대한 억압 242-43
→ 미국의 산업 혁명 참조
미국 정치학회 380
미국의 산업 혁명 229-63
　2차 산업 혁명 256-57, 321
　개요 232, 321-22
　경제 성장 237-43
　대륙 횡단 철도 234-35, 238, 244
　벼락부자 239-40, 246
　사회 기반 시설 지출 234-35, 244
　산업 자본주의에 대한 반발 240-43, 246-49, 270
　산업의 성장 235
　섬유 공장 233
　영국 지식재산 도용 233, 236
　자유 시장 이념 239, 257
　자유방임 정책 239, 245, 250, 256, 258, 260, 262

정치의 좌우 재편 244-46, 249-52
착취에 대한 노동자의 저항 242
→ 미국 참조
미테랑, 프랑수아 404
민권 운동(미국) 221, 374, 387-93, 398
민권법 374, 387, 391-92
민주당
　1968년 전당대회 시위 372
　2010년 중간 선거 313
　강한 정부 지지 245, 258
　개별 주의 권리 244-46
　노조와 민주당 379-80
　반엘리트 포퓰리즘 채택 248
　복지 국가 옹호 261-62
　신민주당 404, 405, 412
　이민 422-23
　인종적 적개심 조장 251
　자유방임 정책 261-62
　좌우 노선 재정립 244-46, 249-52
민츠, 시드니 113
밀, 존 스튜어트 215-20

바스티유 함락 127
바움, 라이먼 프랭크 248
바이든, 조 30, 32, 34, 316, 337, 357, 362, 390, 454, 463, 479, 497, 509-10
바이오엔테크 361-62
반곡물법 동맹 211, 255

반자유주의
  반자유주의 포퓰리즘 487
  반자유주의로 인해 묵살된 규범 19,
    29-30
  반자유주의적 민주주의 482-84
  영국 공화정 시대 97-98
  정의 39
  좌파에 의한 반자유주의 424
반종교개혁 54, 75
발미 전투 154
배넌, 스티브 20-22
배척 347
밴스, J. D. 339, 362-63
버너스 리, 팀 324
버넌, 레이먼드 305
버크, 에드먼드 152-53, 504
버터필드, 허버트 124
벌린, 이사야 507
베네치아 52-55
베네치아 제국 53-54
베네치아의 세라타 또는 폐쇄 조치 53
베른, 쥘 272
베를루스코니, 실비오 408
베이커, 짐 401
베일린, 버나드 231
베토벤, 루트비히 판 156
베트남 27, 189, 298, 305, 346, 435,
  459, 474, 480
베트남 전쟁 381, 382, 389, 477
벤 알리, 지네 엘 아비디네 341

벤담, 제러미 217, 275
벨기에 66, 67, 279, 439
벼락부자 240, 246
보나파르트, 나폴레옹 → 나폴레옹 보나
  파르트 참조
보르비콩트 62
보부아르, 시몬 드 385, 393
보수당 18, 211, 213, 221-22, 253,
  278, 292, 375, 406, 509
보우소나루, 자이르 19, 299, 487
보편적 국가 봉사 496
복식부기 52
복음주의 기독교인 399, 401
부루마, 이안 187
부시, 조지 W. 18, 413, 414, 458
부어스틴, 다니엘 184
북대서양조약기구(NATO) 444, 455,
  458-59
북미자유무역협정(NAFTA) 312, 404
분란 공의회(피의 법정) 67
뷰캐넌, 제임스 273
뷰캐넌, 팻 377, 415
브라운슈바이크 공작 130
브라이언, 윌리엄 제닝스 247-52, 268
브레튼우즈 체제 287-88
브렉시트 18, 34, 312
브루노, 조르다노 21-22
브리놀프슨, 에릭 328
브리스, 얀드 62, 78
브리태니커 백과사전 327-28

블래닝, T. C. W. 73
블레어, 토니 20, 34, 405
블레이크, 윌리엄 190
블로흐, 마르크 60
비스마르크, 오토 폰 241, 278, 280, 432
비틀스 381
빅벤 204
빅토리아(여왕) 181, 188, 273
빅토리아 시대(정의) 181
빈 회의 223, 276
빈민법(영국) 208-9, 218
빌더스, 헤이르트 410, 487
빌덴스토름(성상에 대한 공격) 67

사회 민주주의자 261, 379
사회보장 18, 256, 379, 414
사회복지 제도 168
사회적 다원주의 239
사회주의
    공산주의의 몰락 294-95, 296
    미국 젊은이들의 지지 423
    미국의 지지 결여 242-43
    보수주의자들의 반작용 279
    유럽에서의 성장 240-41, 278
    정의 240
    제1인터내셔널 241
산텔리, 릭 414
삼부회(프랑스) 42, 126, 202
상대적 박탈감 307
샌더스, 버니 19, 311

생명공학 혁명 360-66
샤마, 사이먼 50, 142, 155, 535n
샤이델, 월터 92
샹 드 마르 학살 133, 139
서머스, 로렌스 444
석유로 대체 256
석탄 동력 110, 115, 176, 178, 289
석탄 채굴(영국) 95, 178, 188
선거
    모범 사례 444
    반자유주의 민주주의 국가에서의 선거 19-20
    베네치아 선거 52-53
    이탈리아 선거 21-22, 44
    키케로와 선거 16
설리반, 제이크 316
섬유 생산
    미국 233
    영국 176-77, 181, 194, 196
    일본 176
    전 근대 가족이 소비한 시간 188-89
세계무역기구 287, 302, 474
세계은행 293
세계화 267-317
    1990년대 호황 종말 310-15
    1999년 시애틀 반세계화 시위 302-3
    19세기의 발전 271-81
    2차 세계대전 후 국제주의적 미국 285-86
    2차 세계대전 후 재건 283-88

GDP 및 1인당 소득 증가 297
개발도상국 297-98
교통의 발전과 세계화 288-90
국제 은행 대출 295-96
금융 부문 구조 조정 295-96
네덜란드 51, 68
미국인의 삶 개선 307-9, 487
반발 299-303, 306-7
비민주적 구조 309
상대적 박탈감과 세계화 306-10
세계화 쇼크 305
워싱턴 합의 294, 315, 405-6, 444-45, 449-50
유럽 식민지 강대국 279-81
자유주의적 자유 시장 민주주의와 세계화 298, 299
정치적 결과 298
제트기 시대 288-90
차이나 쇼크 303-6
초세계화 294-98, 299, 302, 311, 316
포르투갈과 스페인 55-58, 68
→ 무역(교역) 참조
세속화 385, 420-22, 425, 510
세인트 피터스 필즈 학살(피털루) 199
세인트 헬레나 142
세일즈포스 355
세차와 자동화 353-54
셰이스 반란 229
솅겐 협정 407

소련 붕괴(1991) 27, 325, 431, 455, 459
소로스, 조지 22
소분기 109
소셜 미디어 330, 333-34, 340-41, 343-46, 347, 351, 352
소수계 우대 정책 390
소크라테스 217, 347
소형 범선 57
송가스, 폴 443
쇼, 조지 버나드 214
쇼토, 러셀 76, 82
수에즈 운하 276
수정궁 216, 218
슐래플리, 필리스 400
스마트폰 184, 325, 334, 341
스무트 홀리 관세법 34
스미스, 노아 347
스미스, 애덤 74, 209-10, 214-15
스미스, 앨 258
스웨덴 민주당 410
스코다 자동차사 296
스코프스 '원숭이 재판' 248
스탈린, 요제프 171, 289, 535n
스태그플레이션 291, 292, 321
스탠퍼드, 릴랜드 238
스턴버그, 새뮤얼 360-61
스톤, 어빙 258
스톤월 인 폭동 397
스티븐슨, 닐 367

스페인
  기술 혁신 57-58
  네덜란드의 반란 51, 66-69, 70, 84
  세계화 55-58, 68
  세금 114
  유대인 추방 74
스포티파이 329
스피노자, 바뤼흐 75-77
슬로보디언, 퀸 309
시계 및 시간 기록 184
시리아 내전 33, 341-42
시애틀 302-3
시어도어 루스벨트의 공정 거래 정책 253
시에예스, 아베 126, 140-41, 152
시진핑
  국가 통제 정책 345
  민간 부문 성장 약화 464-66
  외교 정책 451-53, 462-63
  중국 문화 수호 426-27, 471, 491
시카고, 일리노이주 238, 372, 493
신빈민법 208-9, 218
신자유주의 292-94, 311, 377, 403-4
신좌파 385
신흥 시장의 성장 295-97, 446
실리콘 밸리 297, 305, 322
싱가포르 435, 480, 481, 498-500

아랍의 봄(2011) 165, 341, 344
아렌트, 한나 335-36

아르파넷(ARPANET) 323-24
아르헨티나 294
아리스토텔레스 15, 368-69
아리스토파네스 486
아마존 330, 338, 353
아사드, 바샤르 알 341
아서(전설의 왕) 38
아시아 금융 위기(1997) 302
아시아 통화 위기 301
아이디얼 X(선박) 288
아이젠하워, 드와이트 379
아일랜드 203, 207, 220-23
아일랜드 감자 기근 212, 538n
아일랜드 공포 105
아편 전쟁 116, 276
아폴로 11호의 달 착륙 322
악수하는 북부 연방군과 남부 연합군 참전 용사 252
알제리 459
알파폴드 360
암바니 가문 449
암보이나 학살 102
암스테르담 증권거래소 73
암스테르담은행 73-74, 108
앤더슨, 존 399
앤드리슨, 마크 338, 355
앨런, 로버트 C. 193
앨리슨, 그레이엄 430, 563n
양적 완화 311
양제츠 452

에런홀트, 앨런 493
에인절, 노먼 280
엔슬린, 구드룬 384
엘리슨, 랠프 387
엘리자베스 빈민법(구빈민법) 92, 208
엘바(섬) 142, 160
엥겔스, 프리드리히 26, 193, 206, 240, 378, 486
여성
  산업 인력 진입 188-90
  산업화를 통한 해방 188-90
  여성 인권 운동에 대한 반발 400, 506
  투표권 189-90, 394, 556n
  페미니스트 운동 393-97, 400
연방예금보험공사 293
연방준비제도 293, 403
열기구 147
영국
  1066년 노르만 정복 89, 91
  1688년 이후 영국-네덜란드 융합 90
  2차 영란 전쟁 102-3
  개신교 종교개혁 96-97
  공화정 시대 97-98
  관용법(1689) 107-8
  국가 정체성 105-9
  권리장전 106, 118, 149, 152
  근대화, 구조적 요인 93-96
  근대화, 네덜란드 모델에서 104, 107, 109, 117, 123, 136
  네덜란드와의 무력 전쟁과 무역 전쟁 102-4
  도시화 95-96, 146
  세금 97, 114
  소분기 109-10
  양모 생산 94, 101
  엘리자베스 빈민법(구빈민법) 92, 208
  영국 내전 97, 533n
    왕당파 98, 99
    의회 90-93
  자본주의 경제 발전 93-96, 109-12, 116, 178-79
  종교적 관용 107-8
  청교도 98, 107, 108
  해군 102-3
  → 명예혁명과 대영 제국 참조
영국 교회, 성공회 98, 108, 222
영국 동인도회사 102, 152
영국과 러시아의 '그레이트 게임' 경쟁 439
영국독립당(UKIP) 312, 410
영국의 산업 혁명 175-227
  기술 혁신 176-79
  높은 생활 수준 205-6
  러다이트 25, 194-99, 200-1, 320
  반대 의견에 대한 탄압 195, 199-200, 201, 207
  석탄 연료로 가동되는 공장 및 제분소 110, 178
  스포츠 180, 186-88

시계와 시간 기록 183
양극화 278-79
여가 시간 및 여행 185-88
여성의 산업 노동력 진입 188-90
영국에서 시작된 이유 176-80
일상생활에 미친 영향 181-88, 192, 205-6, 321
정체성 정치 221-23
정치의 좌우 재편 212-14
철도 182-83
특허법 179
품위의 타락으로 인식 190-94
혁명을 막기 위한 개혁 200-3
→ 명예혁명, 대영 제국 참조
영국의 특허법 179
영란은행 108, 293
영어의 확산 112-13
옐친, 보리스 301
오라녀 가문 80, 83-84, 105, 531n
오라녀공 빌렘 1세(윌리엄) 83
오라녀공 빌렘 3세(윌리엄 3세) 87, 89, 101
오르반, 빅토르 18, 299, 482, 419
오바마, 버락 313, 337, 414-15, 419
오버턴의 창 149
오스트리아
 1848년 혁명 164, 167
 냉전 384
 자유당 408
 폴란드 침공 129

프랑스 혁명 129-31, 153-54
오스트리아 헝가리 제국 168
오웰, 조지 218, 225
오케슨, 지미 410
오픈AI 356
올드 새럼 197, 203
와인버그, 잭 383
와츠앱 332
와트, 제임스 178
왕당파 98-99
왕치산 31
왕후닝 472-73
욕구의 단계(매슬로) 376
우드스톡 뮤직 페스티벌 382
우엘벡, 미셸 411
우크라이나
 나토 가입 제안 458
 러시아-우크라이나 전쟁 33, 351, 426, 434, 455-56, 457, 460, 469, 476, 477
 연합군 지원 456, 476-77, 480
 키예반 루스 459
움베르토 1세(왕) 278
워싱턴 합의 294, 315, 405, 444-45, 449
워싱턴, 조지 132
워즈워스, 윌리엄 156, 217
워터게이트 스캔들 382
워털루 전투 160
원두당 99, 100

원주민 인구 58
원형감옥(파놉티콘) 217-20
월드 와이드 웹 324-24
월리스, 조지 392
월마트 298
웨더 언더그라운드 381
웨스트민스터 궁전 203
웨즐리, 아서 319
위구르족 466
위그노 86, 108-9, 144
위키리크스 341
위키피디아 327-28
위트레흐트 연합 68, 69
윌, 조지 504-5
윌리엄 4세(왕) 202, 204
윌리엄스, 로빈 15
윌슨, 우드로 255, 286, 440-41
유고슬라비아 전쟁 407
유대인 54, 74, 76, 141, 279
유럽 협조 163
유럽석탄철강공동체 284
유럽식 결혼 풍조 93
유럽연합(EU)
   1990년대 동유럽 투자 295-96
   러시아와 파트너십 및 협력 협정 468
   미래의 지정학적 역할 481
   보완성의 원칙 68
   브렉시트 18, 34, 312, 410
   비민주적 구조 309
   비정상적 이민자 409-10

솅겐 협정 407
   시민의 통제력 상실 407-8
   이민에 대한 반발 405-8, 409-10
   중도적 합의의 실패 405-8
   포퓰리즘 405-6, 408, 410
유먼스, 에드워드 리빙스턴 239
유엔 안전보장이사회 286, 451
유엔 인간개발지수 51
유엔 총회 434
유전자 변형 생물(GMO) 364
유튜브 335
   → 디지털 혁명, 기술 참조
의료보험 18, 308
의회
   발전 과정 91-92
   부패한 자치구 197, 203
   웨스트민스터 궁전 203, 221
   의석 배분 197-98
   찰스 1세와의 분쟁 97
   찰스 2세와의 분쟁 99
   특허법 179-80
이란 39, 41, 344, 489
이민
   19세기 미국 235, 237-38, 279
   망명 정책 497-98
   미국에서의 반발 418-20
   유럽연합에서의 반발 405-8, 409-10
   이민과 인구 통계학적 변화 418-20
   최근의 미국 308, 497

친이민 정책과 민주당 422-23
이스라엘, 조나단 50, 80-81, 84
이코노미, 엘리자베스 467
이탈리아 18, 21-22, 44, 52, 91, 164,
    168, 169, 182, 384-85, 408
인간 유전체 프로젝트 361
인간과 시민의 권리 선언 128
인공지능(AI) 24, 320, 351, 352, 368
인공지능의 시대 359
인구 통계학적 이행 93
인도 19, 32, 224-25, 235, 282, 299,
    305, 346, 351, 445, 448-49, 452,
    461, 480, 482-84
인도네시아 57, 70, 77, 102, 302, 480,
    528n
인민 헌장 203
    → 차티스트 참조
인셀(비자발적 독신주의자) 335
인쇄기 64, 344
인스타카트 356
인종
    '분리하되 평등한' 인종 분리 정책
        251
    독일과 일본의 이념 283
    미국 내 차별 243, 251, 379-80
    민주당이 조장한 인종적 적대감 251
    폭동 374
인클로저 운동 94
인터넷
    검열 345-46, 353

단점과 과제 331-36
레딧 334
불평등에 대한 인식 340-43
사용자 수 325
소셜 미디어 330, 333, 334, 340-46,
    351, 352, 425
스포티파이 329
심리적 효과 335-36
아르파넷 324-25
아마존 330, 338, 353
온라인 판매 328-29
와츠앱 332
월드 와이드 웹 324-25
위키피디아 327-28
유튜브 335
인스타그램 325-332
잘못된 정보 350-51
정보의 민주화 343-46
챗GPT 325, 355-56
탄생 324-25
트위터 330, 334, 344, 349
페이스북 325, 328, 332, 334, 346
페이팔과 팔란티어 325-26
인텔 296-97
인플레이션 29, 247, 291, 403
인플레이션 감축법 454, 496
일반적인 산업 혁명
    개요 36-37, 175-76
    산업 혁명의 개수 25
    세계 GDP 176, 177, 288

일본
  2차 세계대전 후 회복 28, 287
  미국에 의한 강제 개방 276-77
  미군 주둔 461
  사회 불평등 완화 노력 501
  석유 금수 283
  섬유 산업 176
  장기 경제 침체 445
  제국주의 283
잉글하트, 로널드 376, 383, 557n

자립 경제 체제 282, 284
자모이스키, 애덤 163, 164
자유방임주의
  '최후의 인간' 490-91
  기원 145
  람페두사, 주세페 토마시 디 169
  마거릿 대처의 정책 28-29, 292
  미국에서의 자유방임주의 239, 245, 250, 256, 258, 260, 262
  영국의 좌우 분열 207-10, 213-14
자유주의
  가장 큰 강점과 약점 422, 502-3
  계몽 시대의 목표 150
  고전적 자유주의 29, 50, 366, 487, 504-5
  규칙에 기반한 질서 30, 437, 439, 497
  역사의 종말로서의 자유주의 299, 444, 490

자유 민주주의의 성장 298, 299-300
자유 민주주의의 규칙과 규범 19, 32, 435
자유로 인한 불안 488-89
자유에 대한 믿음 502-11
자유의 고독 151, 488
자유주의 국제 질서 432-34, 441-42, 467, 474-81, 483-84
정의 29, 39-40, 432-33
자카리아, 파리드 569n
자코뱅 135, 138, 139, 153, 157, 163, 375, 534n, 535n
장기 불황 277
장기 평화 434
장원 제도 144
장쩌민 472
재봉틀 234
전국여성기구 395
전신 273-74
정복왕 윌리엄 89
정체성
  계급 갈등에 우선하는 사회적 문제 37, 94-95, 376-78, 385-86
  네덜란드에서의 정체성 36, 50-51
  명예혁명과 정체성 105, 106, 112
  변화로 인한 반발 37
  산업 혁명과 정체성 36, 220-23
  영국의 산업 혁명과 정체성 220-23
  푸틴과 정체성 정치 37
  프랑스 혁명과 정체성 정치 123-24,

162
정체성 혁명
  1500년 이후 북유럽에서의 정체성 혁명 90
  1960~1970년대 세속화와 이혼 385, 395
  1960년대 시위 운동 372-73, 375, 381-83
  1980년대 시작된 문화 전쟁 377
  네덜란드에서의 정체성 혁명 36, 50-51
  매슬로의 욕구의 단계와 정체성 혁명 375-78
  미국의 시민권 운동 221, 251, 387-88, 390, 391-92
  반발 387-89
  원인 36-37, 39, 375-77
  유럽의 탈물질주의 세대 383-84
  페미니즘 운동 393-97, 400
정치, 단어의 기원 15
제2공화국(프랑스) 166
제네바 79, 325
제방 61, 63, 87
제임스 2세(왕) 100, 103-4, 106
제트기 시대 288-90
제퍼슨, 토머스 128
조지 4세(왕) 200
존(영국 왕) 91
존슨, 린든 251, 387, 391, 392
존슨, 마이크 29-30

존슨, 보리스 18
종교재판 75, 86
좌우 분열
  1848년 혁명과 좌우 분열 44-45
  논쟁의 종결 17, 19-20, 45, 262-63
  문화 양극화 416-17, 422-25
  미국 산업 혁명의 재편 244-46, 249-52
  부족으로서의 정당 416-17
  사회 민주주의로 정착 213, 262, 379
  세대 격차 419
  영국 산업 혁명의 재편 44, 207-10, 212-14, 262
  영국에서의 좌우 분열 44, 207-10, 212-14, 262
  우파와 관련된 종교성 398
  인도에서의 좌우 분열 262
  좌익 및 우익의 도덕성 원칙 492
  좌파와 관련된 세속주의 398, 421-22
  좌파의 문화적 극단주의에 대한 인식 422-25
  프랑스 혁명에서 좌우 분열의 기원 41-46, 127
  특성 16-17
주변부의 부상 445-50, 475
주식 시장 붕괴(1929) 282
주앙 1세(포르투갈 왕) 55
중국
  '제로 코로나' 정책 465

1500년대 초 내륙 국가로 전환 57
21세기의 패권 449
개발도상국으로서의 중국 27
검열 345-46
경제 및 지정학적 경쟁자로서 중국 316
경제 성장 464
마오쩌둥의 문화대혁명 470-71
만리방화벽 345-46
미국의 대중국 정책 316, 460-63, 479-80
미중 무역 454
서구 경제와의 탈동조화 465
성장의 황금기 종말 464
세계무역기구 301
소셜 미디어 345
신장 및 티베트 정복 225
아편 전쟁 276
유엔 평화유지군 파견 451
유엔에 대한 자금 지원 451
인구 통계학적 추이 93, 464, 472
자유주의 국제 질서에 대한 반발 467-73
정치적 부상 37, 432, 450-54
중국 공산주의 혁명 39
중국 내전 453
중국 문화의 수호 471-72
차이나 쇼크 303-5
태양광 패널 생산 454
톈안먼 광장 시위 472
한 자녀 정책 464, 471
홍콩과 중국 345, 452, 466
중국인 배제법 279
증기력
  기관차 179
  섬유 생산 178, 188, 194
  영국의 공장 및 제분소 110, 178, 194
  증기 기관의 발명 178-79
  증기선 개발 243
증기선 273
지난 2000년 동안의 세계 GDP 176
지식재산 233
지정학적 혁명 429-484
  국가 간 상호 의존성 433-34, 435
  두 번째 지정학적 혁명 431
  미국 주도의 자유주의 질서에 대한 도전 37
  미국 패권에 대한 도전 30-31, 432, 475-79
  미국에 대한 신뢰 상실 449-50
  미국의 영향력 감소 447
  미국의 패권적 부상 431
  세 번째 지정학적 혁명 431-32
  세계 민주화(1900-2022) 435
  자유주의 국제 질서 436, 439, 442, 451, 453
  주변부의 부상 32, 432, 445-50
  최초의 지정학적 혁명 430-31
  탈미국의 세계 432, 446-47, 450, 475

짐 크로법 244, 251, 379, 506

차 문화 113
차티스트(인민헌장주의자) 203, 207, 540n
찰스 1세(왕) 97, 99, 100
찰스 2세(왕) 99-100, 531n
채플린, 찰리 282
챗GPT 325, 355-56
처칠, 윈스턴 284
철도
   대륙 횡단 철도 234-35, 238, 244
   미국 최초의 철로 232
   영국 철도의 발전 182-83, 194
   의회 열차 183, 186
   증기 기관차 178-79
   철도 운임 정산소 184
   철도규제법 183
   최초의 도시 간 철도 182, 319-20
청교도 98, 107, 108, 438
체임벌린, 조지프 280
체코 공화국 458
초기 컴퓨터 323-24
초세계화 295-99, 302, 311, 316
총독 53, 66, 80, 102
최초의 산업 혁명 → 영국의 산업 혁명 참조
축구 180, 187-88
침묵공 윌리엄 83

카네기, 앤드루 219
카르파티, 안드레이 356
카터, 지미 399, 401
칸트, 임마누엘 438
칼라일, 토머스 209
칼뱅, 장 66
칼뱅주의 66, 67, 82, 98
칼슨, 터커 357, 420, 491
캐럴, 찰스 232
케냐 450, 460, 480
케네디, 데이비드 261
케네디, 로버트 372
케네디, 존 F. 350, 391, 497
케네디, 폴 226, 430
케드로스키, 폴 355
케이, 존 176, 180
케이건, 로버트 476
케인스, 존 메이너드 328-29, 358
켄트주립대학교 총격 389
코로나 백신 361-64
코로나 팬데믹 33, 349, 433
코블, 도로시 수 379
코빈, 제레미 19
코빗, 윌리엄 198, 205
코스타리카 297
코야마, 마크 224
코웬, 타일러 322
코페르니쿠스 혁명 24, 359
코페르니쿠스, 니콜라우스 23-24
콜럼버스, 크리스토퍼 56

콜베르, 장 밥티스트 145
콩도르세 후작 138
쿠르디, 알란 409
쿠르트, 게오르그 키싱어 384
쿠베르탱, 피에르 드 186-88
쿡, 토머스 186
쿨리지, 캘빈 257-58, 281
크라우트해머, 찰스 443
크롬웰, 올리버 99, 533n
크리스천 보이스 401
크리스퍼 유전자 편집 기술 360, 365-66
크리켓 187, 188, 449
클라르스펠트, 베아테 384
클라크, 케네스 511
클리블랜드, 그로버 254, 261
클린턴, 드윗 234
클린턴, 빌 29, 345-46, 361, 392, 403-5, 411-13
클린턴, 힐러리 337, 419
키릴 1세(총대주교) 426
키신저, 헨리 359, 442
키에르케고르, 쇠렌 489
키케로 16
킹, 마틴 루서(주니어) 372, 387, 388

태국 301-2, 305
태머니 홀(뉴욕) 238
태킷, 티모시 43
태프트, 윌리엄 하워드 255

터프(인공 언덕) 61
테니스 코트의 서약 126
테러리스트와 테러리즘
　1800년대 후반의 암살 사건 278
　9.11 테러 공격 30
　공포 통치 122, 134-39, 164
　단어의 기원 137
　생태 테러 350
　웨더 언더그라운드 381
테일러, 마일스 206
템플, 윌리엄 74
톈안먼 광장 시위 472
토르데시야스 조약 56
토리당 100, 101, 207-13
토리당과 명예혁명 106-7
토크빌, 알렉시스 드 142, 165, 230, 307, 333, 472
톨킨, J. R. R. 190
톰슨, 헬렌 309
투즈, 애덤 295-96
투키디데스 429
투키디데스 함정 430
투투, 데스몬드 488
튈르리 궁전 43, 120, 131
트럼프, 도널드
　2016년 2월 선거 유세 17, 314, 416, 417
　2020년 선거가 도난당했다는 주장 32, 418
　과거로부터의 이념적 이탈 17-18, 32

관세 및 무역 정책 34, 315-17, 463
　　백인 유권자 지지 308-9, 401-2
　　비백인 유권자 지지 425
　　소통 방식 330-31
　　오바마의 출생에 대한 질문 414-15
　　인종적 적대감과 외국인 혐오증 415
　　지지율 418
　　혁명가 자처 401
트로츠키, 레온 171
트루먼, 해리, 284
트위터 330, 334, 344, 349
티파티 313-14, 414
틱톡 316
틸, 에멧 387-88
틸, 피터 326

파나마 운하 244, 328
파리 코뮌 241
파리스, 피에르 아드리앙 41-43, 127
파머, 에이다 343
파스칼, 블레즈 488
파스퇴르, 루이 331
파월, 에녹 406
파커, 도로시 257
파크스, 로사 387
파파야 윤문병 364
팍스 브리태니카 115
팍스 아메리카나 431-32, 444, 455
팍스 홀랜디카 69, 71
팬암 289-90

퍼거슨, 니얼 439, 474
퍼트넘, 로버트 333
페로, 로스 312, 544n
페리, 매튜 277
페미니스트 운동 393
페이스북 325, 328, 332, 334, 346
페이팔과 팔란티어 325-26
페인 올드리치 관세법 255
페피스, 새뮤얼 103, 531n
펠로폰네소스 전쟁 429
펠리페 2세(왕) 59, 67
평등권 수정안 400
포드, 베티 400
포드주의 256
포르투갈 55-58, 70
포즌, 애덤 317
포퓰리스트당 242, 247-48, 259
포퓰리즘과 포퓰리스트
　　'폐쇄적' 정책 21
　　고전적 자유주의에 대한 공격 29-30
　　규범을 무시하는 태도 19
　　금융 위기 후 포퓰리즘 부상 311-14
　　기술 혁신 320
　　미 공화당 점령 32, 313, 411-16
　　미국 산업 자본주의에 대한 반발 242, 246-48, 269-70
　　새로운 포퓰리즘의 부상 262
　　소득 불평등 342-43
　　신앙, 국가, 전통 491
　　유럽연합에서의 포퓰리즘 408, 409-

10, 487, 498
이민에 대한 반발 407-8, 419-20, 498
이탈리아에서의 포퓰리즘 21
프랑스 혁명 120, 132, 139, 153-55
현대성이 남긴 공허함으로 침투 490-91, 492
폭스바겐 그룹 296
폴라니, 칼 309
폴슨, 행크 31
폴웰, 제리 400
표트르 대제(차르) 71
푸스, 자크 443
푸틴, 블라디미르
    국제 질서 훼손 454-55
    남자다운 과시적 행동과 마초주의 469
    러시아 문화 수호 426, 468
    서구적 가치에 대한 반발 467-69
    세계화에 대한 반발 299, 486
    소련 붕괴 459
    우크라이나 전쟁 426, 455-57, 460-69
    정체성 정치와 맹목적 애국주의 37
풀턴, 로버트 234
풍차 63, 69, 110
프란츠 요제프 1세(황제) 280
프랑수아 1세(국왕) 146
프랑스
    1848년 봉기 165-66, 168, 172

1968년 혁명 371-72, 375
2018년 노란 조끼 시위 345
과학 혁신 146-47, 158-59
국민전선 312-13, 408
낙태법 385
네덜란드 침공 87-88
도시화 결여 146
무역 145, 159-60, 172, 271-72
미국 혁명 개입 125-26, 132
보호주의 158-59
세금 114, 133
알제리 전쟁 459
앙시앙 레짐 127, 143
영국과의 자유무역협정(1860) 271
오스트리아와 프로이센의 침공 122, 130-31
위그노 탄압 86, 108
육상 강국 148
이민에 대한 반발 410-11
제2공화국 166
제5공화국 371
제국, 1945년 이후 442
칼로리 섭취량(18세기) 114
파리 코뮌 241
프랑스 공화국 131, 134, 135, 138, 140, 151
혁명 이후 정치적 불안정 162-64
프랑스 혁명 119-173
    '자유, 평등, 박애' 135
    1848년 봉기 165-66, 168, 172

농민들의 공포가 부른 폭력 150
개요 120-22
공공안전위원회 135, 154
공포 정치 122, 135, 137, 139, 164, 170
국민 개병제 154-55, 157
국민공회 135
국민의회 42-43, 126-27, 128
기원 124-28
낮은 투표율 133
농민의 관점 150
단두대 122, 125, 131, 135, 136-37, 139, 163, 164, 166, 171, 534n
달력 151
대공포 127
러시아 혁명 모방 39, 170-71
루이 16세 43, 120, 126, 129-30
루이 16세가 쓴 붉은 모자 120-21
바스티유 함락 127
봉건제 폐지 122, 128
삼부회 42, 126, 202
새 프랑스 지도 151-52
샹 드 마르 학살 133
성과 157, 172
양극화와 극단주의 120, 123-24, 153-54
영국 및 네덜란드와의 비교 125, 130, 142-43, 148-52
오스트리아와 프로이센의 침공 122, 130-31

유럽 보수주의자들의 반발 163-65
자본주의와 프랑스 혁명 136, 142, 144, 172
자코뱅 135, 138, 139, 153, 157, 163, 375, 534n, 535n
정체성 정치 123-24, 162
정치의 좌우 분열 41-46, 126-27
정치적 불안정 162-64
제2공화국 166
테니스 코트 서약 126
튈르리 궁전 43, 120, 131
포퓰리즘과 민족주의 130, 132, 149-50, 153-54, 155
프랑스 공화국 131, 134, 135, 138, 140, 151
하향식 관료주의 개혁 123, 137, 142, 159
혁명의 실패 35, 45, 118, 120-24, 142-43, 172-73, 503-4
→ 나폴레옹 보나파르트, 로베스피에르, 막시밀리앙 참조
프럼, 데이비드 373, 498
프로이센 129, 167, 168
프롬, 에리히 491
프리단, 베티 394-96
프리덤하우스 483
프리드먼, 밀턴 292, 357
프리드먼, 토머스 306
프리든, 제프리 271
플라이트(선박) 70-71

플라잉 셔틀 176-77, 180
플래시 대 퍼거슨 251
피임약 394
핀커스, 스티븐 106
필, 로버트 211-12

하딩, 워렌 281
하우, 일라이어스 234
하이에크, 프리드리히 402-3
하이트, 조너선 334, 491-92
학교 통합을 위한 버스 통학 390
한국 27, 298, 301, 305, 433, 449, 461, 464, 481
항해왕 엔히크 55
해리슨, 프레더릭 192
허스키슨, 윌리엄 319-20
허젠쿠이 365-66
헌팅턴, 새뮤얼 231
헐, 코델 284
험프리, 허버트 372, 374, 375
헤트 루 63
헨드릭스, 지미 382
헨리 8세 96, 533n
혁명 일반
　국가 간 혁명 26-34
　기원 20-26
　발전과 반발의 패턴 24-25
　이중적 의미 22-24, 39-40
현대 세계의 '네 가지 R' 532n
현대화에 대한 이슬람의 반발 425-26
현실주의 정치 432, 436, 437, 457, 462
협동 로봇(코봇) 354
홀리, 조시 339
홉스봄, 에릭 150, 172-73, 175, 274
홍콩 452
화웨이 316, 452
황금쌀 364-65
후버, 허버트 34, 259-61
후진타오 462, 472
후쿠야마, 프랜시스 157, 299, 444, 490, 570n
휘그 사관 116-17
휘그당(영국) 100-1, 116, 200, 201-2, 207-23, 216, 221, 234
휘그당과 명예혁명 106-7
휘트먼, 월트 237
흑사병 93
히틀러, 아돌프 283
힘멜파브, 거트루드 510